中国农村金融发展报告 2019—2020

REPORT OF CHINA RURAL FINANCE DEVELOPMENT 2019-2020

张承惠　潘光伟　朱进元◎主编

本研究项目得到清华大学五道口金融学院、
中国农村金融杂志社的资金支持

中国发展出版社
CHINA DEVELOPMENT PRESS

图书在版编目（CIP）数据

中国农村金融发展报告．2019－2020/张承惠，潘光伟，朱进元主编．—北京：中国发展出版社，2021.9

ISBN 978－7－5177－1233－6

Ⅰ.①中… Ⅱ.①张… ②潘… ③朱… Ⅲ.①农村金融—研究报告—中国—2019－2020 Ⅳ.①F832.35

中国版本图书馆 CIP 数据核字（2021）第 165372 号

书　　名：中国农村金融发展报告．2019－2020
主　　编：张承惠　潘光伟　朱进元
出版发行：中国发展出版社
联系地址：北京经济技术开发区荣华中路 22 号亦城财富中心 1 号楼 8 层（100176）
标准书号：ISBN 978－7－5177－1233－6
经 销 者：各地新华书店
印 刷 者：北京市密东印刷有限公司
开　　本：787mm×1000mm　1/16
印　　张：21.5
字　　数：372 千字
版　　次：2021 年 9 月第 1 版
印　　次：2021 年 9 月第 1 次印刷
定　　价：80.00 元
联系电话：（010）68990642　68990692
购书热线：（010）68990682　68990686
网络订购：http://zgfzcbs.tmall.com
网购电话：（010）68990639　88333349
本社网址：http://www.develpress.com
电子邮件：fazhanreader@163.com

本书编委会名单

PREFACE 序言一

2019～2020年，在以习近平同志为核心的党中央领导下，中国取得了脱贫攻坚战的全面胜利，创造了人类减贫史上的奇迹。党的十八大以来脱贫攻坚实践的一个显著特征，就是坚持精准扶贫方略，注重综合运用各种扶贫资源、政策工具，用发展的办法消除贫困。其中，城乡各类金融机构面向农业农村的金融服务创新以及普惠金融、金融科技的广泛应用发挥了重要作用。

我感到，这种作用可以体现在以下几个方面。一是大型金融机构通过产业扶贫贷款、基础设施贷款、助学贷款、农业保险等政策性业务，有力改善了当地经济发展条件，在阻断贫困传递方面发挥了有效作用，从而带动贫困地区整体脱贫。二是大型商业银行借助金融科技降低普惠金融服务的成本和风险，提高服务能力，增强了农户对信贷等正规金融服务的可及性。在此基础上，商业银行越来越重视将金融服务与农产品销售等需求主动对接，以增强对农户的吸引力。三是地方性中小银行以及农村合作信用机构以专业化服务为导向，围绕当地农村金融服务需求创新产品和服务，把线下熟悉基层情况的优势与完善线上服务结合起来，改善风控效果。这些实践也充分表明，只要采取科学合理的经营策略，中小银行服务小客户可以更好地分散风险，并与大银行形成有效分工。四是跨行业合作的优势持续显现。银行、保险、期货在风险管理上各具特色，可以互补合作，形成服务"三农"的合力。比如，保险公司与商品交易所的期货公司合作管理价格波动风险，可以降低农户收入波动风险，有效促进银行积极发放农户贷款。

党的十九届五中全会着眼全面建设社会主义现代化国家大局，提出全面实施乡村振兴战略。乡村振兴战略虽然与脱贫攻坚接续，但是瞄准的是更高标准的要求，需要的政策支持力度更大，尤其需要建设更为有效的农村金融体系，为农业农村发展提供更加强大的资金支持。

首先，现代化转型意味着农业的产业结构、技术水平、产品质量、价值链分工、组织形态、配套服务、产业协同的全面升级，对配套金融服务提出了更高要求。现阶段，100 万个家庭农场、220 万个农民合作社、89.3 万家农业社会化服务组织、9 万家农业龙头企业，亟须金融机构围绕农资采购、农业生产、农产品仓储与销售等环节发展农业产业链金融，并促进相关服务整合，形成协同效应。①

其次，建设美丽乡村和促进城乡一体化、农村一二三产业融合发展，使农村产业结构更趋多元、产业价值链持续提升、城市功能逐步向农村延伸。面向城市消费者的乡村旅游、休闲、度假等服务业快速发展，拓宽了农民在第三产业就业创业的渠道，亟须金融机构跟进服务，创新产品和服务。

再次，全面建成小康社会之后进一步实现共同富裕，需要更加关注农民稳定增收的问题。一方面，金融机构要主动创新产品和服务，比如加大对农产品价格保险、收入保险等服务的推广力度，降低农业经营风险，稳定农民收入；另一方面，金融机构要适应农民收入水平提高后的投资、消费行为变化，及时创新服务，比如基于在线支付数据完善客户的信用评估机制，针对农村客户创新投资理财服务。

当前，面对新的要求，金融机构支农服务体系还存在一些亟须解决的问题。例如，农村地区金融机构的存贷比有待提高、新型农业经营主体融资供需缺口有待缩小、一些农村商业银行（简称农商银行或农商行）的“垒大户”和脱农化倾向有待扭转。为此，需要进一步加强和改进服务。我认为，比较重要的工作有以下方面：一是聚焦服务乡村产业振兴改进金融服务。围绕粮食生产、农村特色产业等关键环节，创新信贷客户的信用评估和增信机制，与农业产业链的实际需求有机结合，积极运用现代金融科技解决信息不对称问题。二是加强跨行业协同支农。借鉴“期货+保险”的经验，整合各类金融机构、农业购销机构、地方政府

① 资料来源：国务院新闻办公室。

机构的服务体系和数据资源，推进功能互补、业务流程对接，更有效地化解风险。三是加强支农政策整合协同。促进农业技能培训、农产品购销服务、财政补贴激励、金融风险化解、融资条件改善等政策有机结合，进一步增强降风险、控成本、增收入的助农效果。

作为金融战线的一名老兵，由于曾深度参与农村信用社改革的工作经历，我对农村金融有着别样的情怀。我一直关注农村金融发展情况，期待农村金融改革发展新成果。“中国农村金融发展报告”作为国务院发展研究中心金融研究所的年度综合研究项目，自2014年以来持续跟踪研究中国农村金融改革发展的重大问题，注重理论和实践的结合，很有意义。2019～2020年度研究报告围绕脱贫攻坚和农村金融的服务创新，在综合分析形势任务与理论机制基础上，提供了大量实践案例分析，包括各类代表性机构的典型创新做法，相信可以为有关方面提供有益的借鉴。

国务院发展研究中心原主任

中国发展研究基金会理事长、研究员

2021年7月

PREFACE 序言二

张承惠研究员及其团队撰写的《中国农村金融发展报告2019—2020》业已完成，与过往的报告相比，有鉴于2019～2020年这一特殊年份的背景，报告的亮点更多，也更贴近中国的现实，非常值得一读。报告所提供的乡村振兴背景下我国农村金融服务需求的新变化，各类金融机构为农村农业领域提供金融服务的创新探索，都会让金融研究者从中获得重要且丰富的启示和体会。

一、金融在乡村振兴战略中同样身负重任

2019～2020年，是中国完成脱贫攻坚这一伟大历史任务的收官阶段，也是中国启动乡村振兴战略的关键阶段。中国推进脱贫攻坚得益于各方协同发力，金融服务在其中功不可没：为贫困地区基础设施建设提供的融资服务，改善了当地经济发展环境；为贫困地区产业发展提供的融资支持，带动了当地就业，所获薪酬收入为贫困户摆脱贫困提供了助力；为贫困户生产经营活动提供的资金支持和农业保险，助其在形成自我发展能力的同时，既摆脱了贫困处境，也降低了生产经营风险。

作为系统性工程，乡村振兴战略侧重于从顶层设计角度为农村发展指明方向，旨在促进农村经济、文化、社会、生态的全面发展和整体提升，这更需要金融在其中发挥重要作用。从构建新发展格局来看，实现乡村振兴战略不仅关系到中国农业和农村发展的深度转型，更直接关系到国内大循环的形成和良性运行，这又对农村金融服务提出了新的更高要求。譬如，伴随着现代农业的发展，金融服务如何在融资规模、期限、授信条件等方面与越来越趋向规模化、产业化、机械化

和综合化的新型农业经营主体的实际条件更趋匹配；又如，在农业转型的过程中，针对市场需求增长较快的行业，如何为农村客户提供更加匹配的融资服务以及咨询、营销等综合配套服务，提升服务的附加值；再如，如何才能为农村创业创新包括发展农村第二、第三产业提供更加灵活的金融服务产品，以更加重视客户盈利能力和现金流，降低对抵押担保的过度依赖。

未来一段时期将是乡村振兴战略的深入推进期，金融必将在乡村振兴战略中发挥更大的作用。因此，金融机构只有不断完善内部管理机制，创新业务模式，增强金融服务的供需匹配性，以发展农村普惠金融为导向，才能真正提高农村金融服务的可得性、便捷性和客户满意度。

二、金融是有效衔接扶贫战略和乡村振兴战略的桥梁

巩固脱贫攻坚成果的重点在于防止贫户返贫，保障乡村振兴发展底线。乡村振兴的重点任务在于发挥农村优势要素资源，推进农业农村现代化。金融扶贫在脱贫攻坚和服务乡村振兴方面均具有不可替代的重要作用，我国农村金融要想从“金融扶贫”阶段更好地融入金融服务乡村振兴阶段，关键在于如何适应乡村振兴的金融需求，实现脱贫攻坚与乡村振兴两个不同时期金融供给的有效衔接。当然，在实践中乡村振兴与脱贫攻坚协同推进的体制机制仍存在不少问题，诸如政策衔接机制不畅、组织保障不完善、农村发展基础薄弱等。这就需要我们在巩固金融脱贫攻坚成果的同时，也要下大力气去解决乡村振兴中存在的阻碍和问题。

一是保持金融扶贫政策的稳定。扶贫政策的延续是已脱贫人口稳定脱贫的重要保障，要稳定精准扶贫政策，将脱贫后扶贫小额信贷政策和机制常态化，持续满足农户的合理信贷资金需求，促进村级基础金融服务提质扩容，为实施乡村振兴战略提供优质高效的金融支持，满足村民的金融服务需求。二是加大金融资源向乡村振兴重点领域的倾斜力度。建立分层分类的农业经营主体金融支持体系，鼓励家庭农场、农民合作社、农业社会化服务组织、龙头企业等新型农业经营主体通过土地流转、土地入股、生产性托管服务等多种形式实现规模经营。探索完善对各类新型农业经营主体的风险管理模式，增强金融资源承载力。鼓励发展农业供应链金融，将小农户纳入现代农业生产体系，强化利益联结机制，依托核心

企业提高小农户和新型农业经营主体融资的可获得性。鼓励金融机构通过完善绿色信贷体系和发行绿色金融债券等方式，加快创新“三农”绿色金融产品和服务，助力打好污染防治攻坚战。三是强化金融产品和服务方式创新。积极拓宽农业农村抵质押物范围，推动厂房和大型农机具抵押、仓单和应收账款质押、动产质押、农业保单融资等信贷业务，依法合规推动形成全方位、多元化的农村资产抵质押融资模式。积极运用大数据、区块链等技术提高涉农信贷风险的识别、监控、预警和处置水平。加强涉农信贷数据的积累和共享，通过客户信息的整合和筛选，创新农村经营主体信用评价模式，在有效做好风险防范的前提下，逐步提升发放信用贷款的比重。鼓励金融机构开发针对农村电商的专属贷款产品和小额结算功能，打通农村电商资金链条。四是加强农村金融基础设施建设，营造良好的金融生态环境。大力推动移动支付等新型支付方式的普及应用，鼓励和支持各类支付服务主体到农村地区开展业务，积极引导移动支付便民工程全面向乡村延伸，在可持续的前提下全面提升农村地区支付水平，改善农村支付环境。加快推进农村信用体系建设，全面开展信用乡镇、信用村、信用户创建活动，发挥信用信息服务农村经济主体融资功能。加大金融消费权益保护宣传力度，增强农村金融消费者的风险意识和识别违法违规金融活动的能力，构建农村地区良好的金融生态环境。此外，还应加强乡村振兴中金融政策与财政、产业扶贫政策的协调。

三、金融科技的发展为农村金融服务插上了翅膀

2019~2020年，也是数字技术在金融领域深化应用的重要阶段。农村地区的移动支付业务快速普及，使农村金融机构人工服务的电子化替代率快速上升，在农村地区办理银行业务的便捷性持续改善。而移动通信与大数据分析、人工智能等技术的结合，则为农村金融机构深度利用数据、改善信贷决策提供了支撑。可以说，科技创新已成为农村金融机构转型发展的“第一动力”。

金融科技的深度应用，催生了一系列新产品、新业态、新模式，为农村金融发展提供了源源不断的创新活力。《中国农村金融发展报告2019—2020》中列举的诸多案例表明，农村中小银行虽非金融科技的引领者，但也同样紧随潮流、乘势而上，踩着自己的节拍为搭建地方金融的特色生态体系而努力。“大平台 + 小法

人”的模式为农信系统的数字化转型奠定了坚实的基础，当前广泛应用的人工智能、区块链、云计算、大数据、物联网等技术，以及流行的大数据营销、“刷脸付”“指纹付”等生物识别技术和物联网动产贷款等技术，在农信系统的数字化转型和农信机构的业务应用中均已触及。农村金融机构与金融科技公司在系统的开发、运行、维护以及数据要素、金融产品等方面的深入合作所带来的线上与线下的深度融合，让金融科技价值在农村金融市场逐步实现最大化，手机银行、综合金融服务平台、聚合支付等对当地场景金融的深入挖掘，则通过对社区金融与生活服务的全覆盖而逐步形成当地的综合金融服务生态圈。坚持传统服务方式与智能化服务创新并行，为老年人提供更周全、更贴心、更直接的便利化服务，是农信系统用温度去缩小“数字鸿沟”的实际行动。

在迈入数字时代的当口，农村金融服务亟须借力数字普惠金融之势，打开业务发展新空间。当前，数字普惠金融已经成为金融发展的必然趋势，尤其是新冠肺炎疫情大大提高了农村客户对线上服务的认知度和接受度，催生线上业务交易的大幅增长，倒逼农村金融机构加快数字普惠金融发展。与此同时，目前各银行业金融机构均加速布局和发力普惠金融，日趋激烈的市场竞争也要求农村金融机构顺应行业发展大势，构筑市场竞争新优势。鉴此，农村金融服务亟须紧跟金融科技发展趋势，探索布局移动金融，综合运用互联网技术和移动终端服务，促进基础金融服务的创新升级；同时也要围绕提高成本效率、改善风控进一步创新业务模式，借助数字技术的优势改善信息不对称的问题，以优化风险控制效果；并重点结合农村生产、消费的金融服务需求，转变传统风控模式，使金融产品与农村客户的实际条件更加契合。

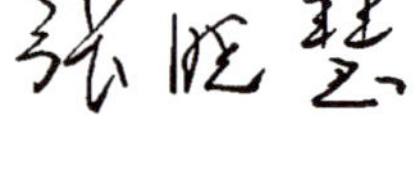

中国人民银行原行长助理

清华大学五道口金融学院院长、研究员、

博士生导师

2021 年 6 月

PREFACE 序言三

习近平总书记指出，我们要坚持用大历史观来看待农业、农村、农民问题。①稳住农业基本盘、守好“三农”基础是应变局、开新局的“压舱石”。党的十八大以来，党中央坚持把解决好“三农”问题作为全党工作的重中之重，把脱贫攻坚作为全面建成小康社会的标志性工程，组织推进人类历史上规模空前、力度最大、惠及人口最多的脱贫攻坚战，启动实施乡村振兴战略，推动农业农村取得历史性成就、发生历史性变革。农业综合生产能力稳步提升，总体增长态势良好，农民生活水平持续改善，收入水平较2010年翻一番，乡村面貌焕然一新。贫困地区发生翻天覆地的变化，解决困扰中华民族几千年的绝对贫困问题取得历史性成就，为开启全面建设社会主义现代化国家新征程奠定了坚实基础。

党的十九届五中全会强调提出优先发展农业农村，全面推进乡村振兴，为新发展阶段“三农”工作指明了方向。2021年中央一号文件提出巩固拓展脱贫攻坚成果同乡村振兴有效衔接，推动“三农”工作重心历史性转移。农村金融是支持服务“三农”发展的重要力量。近年来在党中央、国务院高度重视下，农村金融改革工作不断深化，多层次、广覆盖、可持续的农村金融服务体系初步建立，金融资源更多地投入农村经济社会发展的重点领域和薄弱环节。银行业金融机构把普惠金融重点放在乡村，积极将服务向“三农”倾斜，围绕“三农”特点，建立健全“三农”服务机制，深入推进金融产品和服务方式创新，切实履行好扶农、惠农、强农的使命，较好地支持保障乡村振兴和农业农村现代化建设，促进了我

① 《坚持用大历史观看待“三农”问题》，《经济日报》，2021年2月8日。

国农村地区经济的持续健康发展。

民族要复兴，乡村必振兴。全面实施乡村振兴战略的深度、广度、难度都不亚于脱贫攻坚。与此同时，实施乡村振兴战略释放出农业农村对金融的巨大需求，也为金融机构业务发展提供转型契机，必将成为金融投资新的热点和增长点。农村金融服务好乡村振兴战略，不仅是落实中央决策部署的政治使命，也是时代赋予其拓展“三农”新市场的历史性机遇。面对新的形势、任务和要求，农村金融必须加大创新力度，紧盯实施乡村振兴战略需求去创新，紧盯广大农民、产业发展和乡村基础设施建设需求去创新，创新金融服务乡村地区的工作模式，深化体制机制改革，提升风险防范能力，以金融科技赋能提升金融支持乡村振兴的质量和效率，探索支持农业绿色发展、现代化发展、高质量发展的新模式、新机制，积极助力农业供给侧结构性改革，构建农村一二三产业融合发展体系，为支持乡村振兴战略贡献更大力量。

《中国农村金融发展报告 2019—2020》是国务院发展研究中心自 2014 年以来，连续组织编写的第六本年度报告。报告中大量的实地调研报告和深入分析，系统展示了农村经济发展的新形势、新特点，以及各专业领域、各类银行机构、保险机构在农村金融服务领域的新经验、新思考，凝聚了业内代表性学者和金融机构的心血和思想智慧，为农村金融的发展提供了参考依据，具有很好的行业指导性作用。值此报告出版之际，我对国务院发展研究中心一直持续关注和深入研究农村金融工作，以及对长期坚守在一线的农金“坚守者”表示敬意和感谢。乡村振兴是一项长期性、系统性工程，我相信，在党中央的正确领导下，在监管部门的引领下，农村金融将以时不我待、只争朝夕的精神，积蓄磅礴的奋斗力量，持续巩固拓展脱贫攻坚成果，奋力谱写新时代乡村全面振兴的新篇章！

是为序。

潘光伟

中国银行业协会党委书记、专职副会长

2021 年 4 月

PREFACE 序言四

中华人民共和国的农村金融事业发端于1951年5月中国人民银行召开的第一次全国农村金融工作会议，到2021年刚好70周年。站在“两个一百年”奋斗目标的历史交汇点上，着眼“十四五”规划和2035年远景目标，立足巩固脱贫攻坚成果和实施乡村振兴战略，中国农村金融肩负着更大的历史使命，也迎来了更大的发展机遇。

作为中国银保监会主管主办、面向全国农村金融领域的权威媒体，《中国农村金融》杂志自1989年成立以来，因农而生、伴农成长，忠实记录农村金融的点滴变化，始终坚持为农村金融的改革与发展鼓与呼。党的十八大提出要倡导“命运共同体”意识，以“互联互通、互学互鉴，共创共享、共进共赢，开放包容”为核心理念来构筑“命运共同体”已成为新时代的最强音。如何不忘初心、牢记使命，推动全国农信（农村信用合作社）机构之间加强“互学互鉴”与“共创共享”，以构筑农信发展共同体与命运共同体，已经成为全国农信机构高质量发展面临的一项重要而紧迫的任务。

为此，在中国银保监会的坚强领导与大力支持下，中国农村金融杂志社在继续办好办精《中国农村金融》的同时，主动担当作为，于2019年12月和全国30家省级联社（农商银行）联合发起组建“中国农金30人论坛”，以创新的理念、机制和方式来传播中国银保监会的监管政策与工作要求，推动全国农信机构协同创新解决经营管理和风险监管中的共性问题，提升了全国农信机构作为支农支小主力军、普惠金融引领者、乡村振兴主办行的社会地位和品牌形象。

做好新时代的农村金融，既需要从历史中传承优良传统，也需要着眼于当下和未来进行求新求变。当前主要从以下三个方面着力。

一是坚守一个定位。越是平凡事，越是见初心。以农信社、农商银行为主体的农村金融从中华人民共和国成立初期的信用合作，到改革开放年代的县域统筹，再到21世纪的省级联社成立、农商行改制，一路走来，始终扎根大地，用小作为创造大事业，用微服务提供大能量，做默默无闻人，干默默奉献事。无论是农户信贷，还是产业支持，抑或是各类金融服务，农村金融都是距离大地最近、服务“三农”最多、发挥作用最大的金融服务机构。其历史功绩不容抹杀，现实作用不容低估，未来价值不容小看。

越是艰难时，越要守初心。当下，农村金融一方面要紧跟农业现代化、农村城镇化、产业融合化等新的变化，与时俱进地提供新的服务方式，成为农村客户首选银行；另一方面也要主动转型，向内生长，立足新发展阶段，贯彻新发展理念，构建新发展格局，实现自身更高质量、更有效率、更加公平、更可持续的发展。在这种局面下，更加需要按照党中央、国务院和监管部门的有关要求，不忘初心，回归本源，立足本土，坚守定位，做普惠金融的引领者。这既是时代赋予的历史使命，也是实现自身更好更快发展的正确道路。

二是勇担两项使命。主要矛盾决定主要任务。当前农村金融的主要使命已经转变为巩固脱贫攻坚成果和承接乡村振兴战略。这两项使命相互交织，互相促进，你中有我，我中有你，一脉相承，有效衔接。脱贫攻坚是乡村振兴的序曲和基础，乡村振兴是脱贫攻坚的高潮和升华。

农信机构是脱贫攻坚的排头兵。在脱贫攻坚中，农村金融做到了“六个精准”，发挥了重要作用。“六个精准”具体指：精准对接贫困地区发展规划，找准金融支持的切入点；精准对接特色产业金融服务需求，带动贫困人口脱贫致富；精准对接贫困人口就业就学金融服务需求，增强贫困户自我发展能力；精准对接易地扶贫搬迁金融服务需求，支持贫困人口搬得出、稳得住、能致富；精准对接重点项目和重点地区等领域金融服务需求，夯实贫困地区经济社会发展；精准定位自身价值，充分应用各类先进工具和特色产品，加强内部保障机制建设，全面、切实、有效地作出应有的贡献。在这场伟大的征程中，涌现出了许多可歌可泣、值得永远铭记的人和事，无论是荣获“全国金融系统脱贫攻坚先进集体”的内蒙古自治区农村信用社联合社脱贫攻坚金融工作小组、荣获“全国金融系统脱贫攻坚先进个人”的宁夏回族自治区固原市农村商业银行袁相鼎，还是浙江省农信联社的“丰收驿站”、湖北省农信联社的“微贷店小二”、贵州省农信联社的“金融夜校”，都是先进组织和个人的代表。他们的背后，是百万农村金融工作者在脱贫攻坚中的作为与担当。全国农信机构在赢得党中央、国务院的高度认可和最高褒奖的同时，也在“人类发展史上的伟大传奇”中留下了浓墨重彩的一笔，在“为国际减贫事业提供了中国方案”里提供了金融参考案例。

农信机构要争当乡村振兴的主办行。乡村振兴是实现2035年远景目标和第二个百年奋斗目标的重要内容。农村金融要继续奋斗，砥砺前行，做到“六个进一步”，发挥更加重要的作用。“六个进一步”具体指：进一步衔接好脱贫攻坚的阶段性和乡村振兴的常规性，保证步步为营、稳步推进；进一步围绕藏粮于地、藏粮于技，找准做好国家粮食安全的金融服务契合点；进一步聚焦产业兴旺，在一二三产业融合中大力推动供应链金融等服务模式创新；进一步做好新型农业经营主体和传统农户的金融服务，推出更加便捷、更优利率、更大普惠的信贷服务；进一步结合农村产权制度改革，积极拓宽农业农村抵质押物范围，创新内部信贷管理机制，推动新技术大规模应用，完善绿色金融产品和服务体系；进一步加强自身改革和发展，以自身发展保障使命担当的效果。通过全面、有效地融入乡村振兴的各个环节，加大金融资源向乡村振兴的重点领域和薄弱环节不断倾斜，实现乡村振兴与自身发展的同步提升。

三是实现“三个转型”。对于农信机构来说，业务定位就是政治站位。坚守定位、承担使命，需要在经营和管理上实现三大转型：零售业务转型是“表层”，数字化转型是支撑，理念和管理模式转型是“根本”，三位一体，缺一不可。

业务方面，需要进行零售业务转型。零售业务转型主要是通过突出普惠客群和小微企业的支持力度，保证不脱农、不出圈，在地域、业务两个维度，探寻差异化、特色化发展路径，构建立体式零售业务体系。要延伸零售业务的长度，在以传统农户为主的金融服务基础之上，增加和拓展新型农业经营主体、农业产业等不同服务对象，努力做到金融服务“全覆盖”；要拓展零售业务的宽度，增加首贷户比例，扩大授信和预授信范围，努力做到户户有授信、人人有支持；要下沉零售业务的纵深度，通过负债端降成本、内部FTP（文件传输协议）转移定价等方式，带动和降低客户融资成本；要做实不同维度的零售业务覆盖面，延续点多面广、人缘地缘等优势，通过网点转型、线上与线下结合等方式，进一步增强客户服务体验，提供更加优质、更加全面、更加实用的金融服务。

技术方面，需要进行数字化转型。一方面，要充分发挥人工智能、大数据、云计算、区块链等新型技术在普惠金融中的应用，提升普惠效率，扩大普惠范围，增强普惠体验，确保普惠成效；另一方面，要充分结合农村金融的实际，注重农村客群和农业产业的典型特征，发挥农村金融的线下优势和软信息的作用，着力真实数据的价值挖掘，彰显独立法人的敏捷组织优势，强化“小法人 + 大平台”的体制机制创新。通过双管齐下，实现金融科技让农村金融更美好的目标。

管理方面，需要进行精细化转型。管理是为经营服务的，它决定着经营转型的实际效果。农村金融参与主体更多地需要根据农村实际，从规模导向转变为价值发展，从管控模式转变为赋能模式，从自我为主转变为全面融入，在组织激活、员工激发、协同激励等方面进行全面创新和模式重塑。更多地需要算大账、算综合账、算长远账，以降低不必要的浪费。更加注重人的内生动力的精神价值，更加注重培训和科技方面的战略性投入。通过管理创新、体制机制创新的“核裂变”，推动业务发展和承担使命的螺旋式上升。

农村金融是一部“交响曲”，需要财政、银行、信托、证券、保险等多方面合力，更需要研究机构贡献思想和智慧，才能奏出乡村振兴的奋进之歌、全面发展的和谐之曲。《中国农村金融发展报告 2019—2020》顺应新形势，发掘新变化，直击新痛点，聚焦新热点，凸显新亮点，展现新进展，探索新实践，是一本政治站位高、观察维度全、理论与实际结合好的高质量报告，对于更好地做好农村金融工作，具有非常现实的指导意义。为此，推荐给大家，让我们一起为中国农村金融事业添砖加瓦，共同创造中国农村金融更加美好的未来。

中国银行保险传媒股份有限公司党委书记、董事长

中国农村金融杂志社党委书记、社长

2021 年 5 月

PREFACE 前言

《中国农村金融发展报告2019—2020》是我们组织编写的第六本有关农村金融的年度报告。

过去的2020年是极不平常的一年。在这一年中，我国遭遇了新冠肺炎疫情的冲击。这次疫情是中华人民共和国成立以来我国遭遇的传播速度最快、感染范围最广、防控难度最大的重大突发公共卫生事件，不仅对人民的生命健康造成极大威胁，而且给经济带来前所未有的冲击。在这种情况下，农村金融领域也不可避免地受到影响：农村金融机构和客户习惯的面对面展业和服务模式受到冲击，资产质量下降，导致部分农村中小商业银行的经营风险进一步加大。

面对挑战和压力，农村金融机构发愤图强，积极应对。有的积极发展金融科技和线上业务，通过加强科技投入和深化合作，开展产品创新和服务方式创新；有的将注意力集中于主业，集中资源深耕农村金融市场，通过支持复工复产、优化服务来维护和拓展市场；有的加强内部管理，加大化解不良资产力度，有效提升了抗风险能力。可以说，疫情既是挑战，又是机遇；既是压力，又是动力。尽管疫情还没有完全结束，但是农村金融机构在支持和服务“三农”、贯彻落实国家扶贫攻坚和农村振兴战略方面的作用与贡献已经凸显。本书力求全面反映2019～2020年农村金融市场的新变化、农村金融服务的新特点和涉农金融机构的新贡献，使读者能够及时了解中国农村金融事业的现状和发展前景，共同支持农村金融事业的发展。

与往年有所不同的是，今年的报告得到了中国农村金融杂志社的大力支持，增加了对农信系统的介绍，参与写作的人数也大大增加。我相信这些变化对于丰富本报告的内容、拓展读者视野都是有帮助的。

本书由张承惠负责总体框架设计、组织编写，刘万霞统稿。各章的分工和主要执笔人情况如下。

第 1 章：张承惠（国务院发展研究中心金融研究所原所长、研究员）

第 2 章：刘万霞（中国城乡发展国际交流协会研究部副部长）

第 3 章：刘万霞（中国城乡发展国际交流协会研究部副部长）

第 4 章：孙思磊（中国农村金融杂志社融媒体中心主任）

第 5 章：杨青楠（中国银行业协会普惠金融服务部主任）

朱飞燕（农商行银行发展联盟）

第 6 章：张承惠（国务院发展研究中心金融研究所原所长、研究员）

第 7 章：赵应云（湖南省农村信用社联合社党委书记）

第 8 章：李亚华（湖北省农村信用社联合社党委书记、理事长）

第 9 章：蔡　湘（贵州省农村信用社联合社党委书记、理事长）

第 10 章：乔小鹏（中华全国供销合作总社金融服务部发展处处长）

李　博（《中华合作时报·农村金融》总监、记者）

第 11 章：杜晓山（中国社会科学院农村发展研究所研究员，中国小额信贷联盟理事长）

孙同全（中国社会科学院农村发展研究所研究员，农村金融研究室主任）

白澄宇（中国国际经济技术交流中心联合国业务三处处长）

第 12 章：谢志军（国家开发银行乡村振兴部总经理）

高　琳（国家开发银行乡村振兴部资深经理）

李　静（中国农业发展银行农村金融发展研究院处长）

第 13 章：王兆阳（中国农业银行乡村振兴金融部总经理）

曹杰存（中国农业银行乡村振兴金融部副总经理）

谢　青（中国农业银行乡村振兴金融部专家）

李小平（中国建设银行乡村振兴金融部高级副经理）

杨　波（中国邮政储蓄银行三农金融事业部总监）

第 14 章：陈　雷（大连商品交易所研究员）

庄晓飞（大连商品交易所执行经理）
刘　红（郑州商品交易所研究所北京分部部长）
第 15 章：朱俊生（清华大学五道口金融学院中国保险与养老金研究中心研究负责人）
第 16 章：许绍普（安徽亳州药都农商行党委书记、董事长）
邓传忠（武汉农商行党委委员、副行长）
黄　晓（兴福村镇银行综合管理部副总经理）
第 17 章：刘冬文（中和农信项目管理有限公司总裁）
刘致勇（宜信研究院副院长）
第 18 章：董　翀（中国社会科学院农村发展研究所助理研究员）
叶祖滔（福建省南平市建瓯市南雅镇副镇长）
陈静怡（福建省南平地方金融监管局二级主任科员）

本报告连续多年得到国务院发展中心原主任李伟，人民银行原行长助理、清华大学五道口金融学院院长张晓慧，中国银行业协会党委书记、专职副会长潘光伟，中国银行保险传媒股份有限公司党委书记、董事长及中国农村金融杂志社党委书记、社长朱进元等同志的支持；清华大学五道口金融学院和中国农村金融杂志社为本书的撰写和出版提供了资金支持；赵应云、李亚华、蔡湘、许绍普等农商行领导亲自参与写作；杜晓山、孙同全、白澄宇、李博等农村金融领域的资深研究人员，不顾工作繁忙从第一本农村金融发展报告开始，持续支持这本书的编写工作。这些都令我深深感动，在此一并致谢。

张承惠

国务院发展研究中心金融研究所原所长、研究员

2021 年 5 月

CONTENTS

目 录

第 1 章

综　述[①]

2019～2020 年，是中国完成脱贫攻坚和启动乡村振兴战略的关键阶段，也是数字技术在金融领域深化应用的重要阶段。在此期间，中国农村经济社会进一步向好发展。这些对农村金融服务提出了新的更高要求，为推进农村金融机构创新发展提供了重要条件。

一、中国农村金融发展面临新的形势

中国农业和农村发展正处于转型升级的关键阶段，这对农村金融服务提出了更高要求——要求增强金融服务的供需匹配性；要求以发展农村普惠金融为导向，提高农村金融服务的可得性、便捷性和客户满意度。这既要求金融机构在政策指引下完善内部管理机制，创新业务模式，也要求金融机构积极利用信息化技术，借助农村数字普惠金融提升服务效果和成本效率，并更好地控制业务风险。

（一）农业结构正在发生重要变化

中国农业在保持稳定增长的同时，其结构正在发生重要变化。2019～2020 年，中国农村农业改革深入推进，总体发展水平再上新台阶。2019 年第一产业增加值达

① 本章数据和内容要点均摘自各章节，数据来源详见内文。

到70467亿元，比2018年实际增长3.1%；2020年第一产业增加值为77754亿元，同比增长3%。2020年粮食总产量为6.69亿吨，同比增长0.9%，连续6年站稳1.3万亿斤台阶。农产品供给充足，产量趋于稳定。全国猪肉产量2019年同比下降21.3%，2020年下降3.3%，而2020年底生猪存栏同比增长31.0%。2020年牛肉、羊肉、牛奶、禽肉、禽蛋产量分别增加0.8%、1.0%、7.5%、5.5%、4.8%。但农产品进出口逆差扩大。2019年农产品的贸易逆差达718.7亿美元，同比增长26.5%，2020年同比增长32.9%。

通过推进供给侧结构调整，农产品质量稳步提升。截至2019年底，中国无公害农产品、绿色食品、有机农产品和农产品地理标志产品总数达13.8万个，建立了中国农业品牌目录制度。新颁布实施农兽药残留限量标准1152项，农产品质量安全例行监测合格率连续5年保持在96%以上。

与此同时，新型农业经济主体及其服务组织蓬勃发展。2019年，全国农业产业化龙头企业共9.3万家，家庭农场超过76万家；农民合作社超过220万家，其中普通农户占成员总数的80.7%；农业生产性服务组织快速发展，总数超过37万个；建成益农信息社近30万个。

农业生产技术水平不断提高。2019年农业科技进步贡献率达到59.2%，84万多名科技特派员服务6500万名农民，主粮生产基本实现机械化。农业生产数字化水平达20%，物联网、大数据、区块链等现代信息技术对农业生产方式产生重大影响。

一二三产业融合深化发展，农产品向精加工、深加工发展，加工转化率接近68%；建成各类乡村产业园1万多个。2019年，乡村休闲旅游接待游客达32亿人次，同比增长6.7%；全国农产品网络零售额达到3975亿元，比2016年增长1.5倍；返乡入乡创新创业人员累计超过850万人，本乡创新创业人员达3100多万人。

中国农业深度转型，需要农村金融有效发挥服务作用，更好地支持农业供给侧结构性改革。一是为新型农业经营主体的规模化、产业化、机械化、综合化发展提供更加匹配的金融服务，例如在融资规模、期限、授信条件等方面与农村客户的实际条件更趋匹配。二是为农业转型提供支持。例如针对经济作物种植、猪牛羊和家禽养殖等市场需求增长较快的行业，为农村客户提供更加匹配的融资服务及财务、技术、营销等配套咨询服务，提升服务的附加值。三是为农村创新创业，发展农村第二、第三产业提供更加灵活的金融服务产品。例如，基于客户的盈利能力和现金流，降低对抵押担保的过度依赖。

（二）脱贫攻坚持续深入推进

2019～2020 年是中国完成脱贫攻坚这一伟大历史任务的收官阶段。在党中央领导下，中国顺利完成了脱贫攻坚的各项任务。2019 年末，贫困发生率为 0.6%，比上年下降 1.1 个百分点，全国共有 344 个贫困县脱贫摘帽。截至 2020 年 11 月，全国所有贫困县摘帽。贫困地区农村居民收入增长迅速。2019 年，贫困地区农村居民人均可支配收入为 11567 元，同比增长 11.5%，扣除价格因素实际增长 8.0%，增速高于全国农村居民 1.8 个百分点。集中连片特困地区农村居民人均可支配收入为 11443 元。

中国推进脱贫攻坚得益于各方协同发力，包括发挥金融服务作用。主要包括以下方面：一是为贫困地区的基础设施建设提供融资服务，改善当地经济发展环境；二是为贫困地区的产业发展提供融资支持，带动当地就业，促使贫困户获得薪酬收入，从而帮助整个家庭摆脱贫困；三是为贫困户的生产经营活动提供资金支持，形成自我发展能力，从而摆脱贫困处境；四是为贫困户的生产经营活动提供农业保险等服务，降低生产经营风险，形成稳定收入来源。

（三）乡村振兴的基础条件持续改善

乡村振兴的关键在于产业振兴，基础设施、职业人才、人居环境是其中的主要因素，农村居民收入增长是其重要检验依据。中国在这些方面加大推进力度，取得显著效果。

持续改善农村基础设施。促使交通建设项目向进村入户倾斜，实现农村道路及较大规模自然村（组）通硬化路；政策向贫困偏远、发展基础薄弱的地区倾斜。同时，支持乡镇运输服务站建设，推动交通运输与邮政快递在农村地区融合发展，提升农村物流网络覆盖率和服务品质。

加快农村水利基础设施建设。推进重大水利工程、农村饮水安全提升、中小河流治理、大中型灌区续建配套节水改造等农村水利基础设施建设。推进农村能源基础设施建设。开展新一轮农网改造升级，推广电气化技术设备在农村的广泛应用，加快清洁供暖。促进人工智能和云计算、大数据、物联网、5G、卫星定位等技术在农业、乡村旅游、特色农业中的应用。

完善乡村公共就业服务体系。对新生代务工人员开展就业技能、岗位技能提升，技能扶贫和创新创业等培训，并落实相关培训补贴政策。推进“互联网 + 公共就业服务”，推进全国就业信息共享，大力支持外出务工人员返乡创业。

美丽乡村由点到面逐步推开，农村绿色发展成效明显，农村人居环境明显改善。近 30% 农户的生活污水得到处理，90% 以上村庄开展清洁行动。全面优化农村生态环境。全面停止商业性采伐天然林，退耕还林还草 2443. 85 万亩，全国草原植被综合覆盖率达到 55. 7% 。耕地土壤污染治理与修复稳步推进，重度污染耕地得到有效管控。全国湿地保护率达 52. 2% 。

农民收入持续增长。2019 年，农村居民人均可支配收入为 16021 元，实际增长 6. 2% ，比城镇居民增速高出 1. 7 个百分点。城乡居民收入比缩小至 2. 64: 1。

以上这些一方面对农村金融服务助力美丽乡村建设提出更高要求，包括提高金融服务产品与农村需求的匹配程度，提供农村基础设施融资，促进生态投资，发展农村绿色金融和消费金融，以及促进金融服务与生活服务相互衔接等；另一方面也为农村金融服务提供了更好条件，例如物流体系的逐步完善、信息化技术的广泛应用，为农村产业链金融发展、信用风险控制提供了更完善的基础条件。

（四）金融科技深入应用

2019 ~2020 年，中国数字技术的产业化应用深入推进，带动金融科技应用快速发展。在农村地区重点表现在以下方面。一是移动支付业务快速普及。根据中国互联网络信息中心的数据，截至 2020 年 12 月底，中国农村地区移动支付使用率达 79. 0% ，较 2020 年 3 月提升 4. 2 个百分点，城乡使用率差距继续缩小。这说明移动支付已经从青年人向中老年人快速普及。二是农村金融机构人工服务的电子化替代率快速上升。随着手机银行、网上银行快速发展，加上移动支付日趋普及，在农村地区办理银行业务的便捷性得到持续改善，对物理网点的依赖程度日趋降低，而且越来越多的信贷业务环节转到网上办理。三是移动通信与大数据分析、人工智能等技术结合，改善了信贷决策。随着信息化技术持续渗透农村生产、消费的各个环节，以及移动支付得到广泛应用，农村客户的现金流分析和信用评估有了更客观的基础，农村客户信用风险控制有了充分的依据。大数据分析和人工智能技术为数据深度利用提供支撑。四是卫星遥感、气象预报等前沿技术被用于农业保险，完善了农业经营风险管理。这一方面为农业产量预测提供了重要依据，另一方面可以改善农业保险的保障水平，从而改善农户的融资条件。五是在生产、消费的各类场景中嵌入金融服务，提高了金融服务的便捷性、可得性。这类基于场景的金融服务是农村金融机构拓展业务的重要切入点。

在这一背景下，农村金融服务需要围绕提高成本效率、改善风控管理来进一步优化创新业务模式，重点是借助数字技术的信息汇集、传递、分析优势，消除信息不对称，以改善风险控制效果；通过网上服务和自助服务，降低对物理网点和人工服务的依赖。在应用环节，需结合农村生产、消费的金融服务需求，转变传统风控模式，使金融产品与农村客户的实际条件更加契合。

（五）农村及金融领域改革持续深化

农村改革为农村金融提供了支持。一是在完善确权登记颁证、价值评估、交易流转、处置变现等配套机制基础上，发挥集体经营性建设用地使用权、集体资产股份、农村承包土地经营权的抵押功能，促进相关抵押贷款业务发展。二是实行农村集体经营性建设用地直接入市。这些为金融机构服务农业融资提供了条件。

金融改革对农村金融服务提出新要求。一是市场化利率形成、传导和调控机制逐步完善，传导效率逐步提升。贷款市场报价利率（LPR）机制助推降低贷款实际利率。利率市场化持续深化，要求金融机构进一步提升服务能力，加强成本和风险管理。二是要求各金融机构围绕乡村振兴完善金融服务。这包括鼓励开发性、政策性金融机构提供中长期信贷支持；加大商业银行对乡村振兴的支持力度，强化农村中小金融机构支农主力军作用。这要求各类金融机构创新服务产品，优化内部组织架构和治理机制，改善支农服务商业可持续性。三是推进农村普惠金融发展。在完善扶贫小额信贷政策的同时，对资产清晰、现金流稳定的集体经济组织加大支持力度，加强对中小微企业的信贷支持，包括提高信用贷款、中长期贷款占比和“首贷率”。

二、农村金融服务水平有待进一步提升

在具体业务层面，农村金融机构面临一些挑战，除了市场竞争压力增大、支农业务模式有待创新外，还需要完善跨行业协同机制。

（一）信贷融资服务面临挑战

信贷是普惠金融服务的难点问题。农村信贷业务面临多方面挑战，主要包括以下内容。一是利率市场化改革推动存贷款利差持续收窄。以 2018 年末为基数，银行业净息差平均缩小了 3.67%；农村商业银行减少了 17.55%，受影响最大。同时，信贷风险上升态势在短期内难以改变，优质资产获取难度加大。与 2014 年 3 月相比，银行业资产利润率平均下降了 45%；农村商业银行下降幅度最大，达到 61.06%。二是随着市场化竞争加剧，大中型银行业务重心向农村市场下沉，利用规模、品牌、资金优势吸引优质客户。在价格竞争中，农村金融机构负债成本偏高，致使优质客户流失，维持商业可持续性的压力增大。三是农村中小金融机构的利润依赖存贷款利差，由于竞争压力，加上政策性业务缺乏商业可持续性以及大股东施压，出现违规经营问题。例如向关联方发放无担保贷款、违规分红、信贷资金使用违规等。这些问题加大了经营风险。2020 年末，农村商业银行的拨备覆盖率只有 122.19%，在六类金融机构中最低，比 184.47% 的行业平均水平低 62 个百分点。

（二）保险服务水平有待提高

农业保险激励政策的受益面有限，尤其是试点范围有待拓宽。其主要原因包括：一是农业保险补贴由中央、省、县三级财政分担，中西部地区农业大县的财政收入较低，而农业保险补贴支出压力较大，影响参保范围。尤其是随着农户经营规模化发展，这种格局导致保险金额偏低，影响保障水平提升。其关键问题在于财政补贴的差异化程度不够。二是现行保费补贴拨付机制容易导致资金被截留，给农业保险公司带来应收保费风险。同时市场准入机制不明确，招标不规范造成竞争失序，退出机制不完善。三是保险费率与风险不匹配。其中，超赔风险分散方式较为有限，多层次大灾风险分散机制有待完善，大灾保险内涵有待拓展，经营模式创新有待加

强。这种格局不但容易导致逆向选择，还影响价格保险服务的深度渗透，也影响产量保险和收入保险的发展。它将导致农户收入保障机制的基础条件不完善，不利于调动农民从事农业生产经营的积极性，也不利于持续推进农业现代化。

（三）综合配套机制有待完善

农村金融业务的重要特点是客户属于弱势群体。客户不仅存在融资障碍，而且在生产技术、生产营销、财务管理等方面的能力也不足，贫困户尤其如此。从客观要求看，农户需要得到从资金到技术、销售等多方面的服务支持。无论是农村金融组织提供配套增值服务，还是联合相关机构共同服务，都需要加强协调机制。从阶段看，这方面的综合服务机制有待完善。一是金融扶贫协调机制不完善。数据缺乏统一标准，质量难以保证；缺乏长效机制，金融机构内生动力不足。在不少省份存在融资手续繁杂、时间长、要求抵押担保物、贷款数额小且周期短等问题。金融支持与其他扶贫措施的协同程度有待提升。二是缺少真正的农民合作金融组织，新型信用合作组织可持续发展机制不完善，与生产、供销的协同机制有待完善，非营利小额信贷机构没有合法身份。三是对于农村弱势群体，政策性金融的可持续性不足，政府变相兜底存在信用体系风险。“两权”抵押面临抵押权变现困难等问题，其他的担保人、担保物以及反担保面临落实难题。例如农机具折旧快、处置变现难，抵押价值偏低。如何通过化解农户生产经营风险管理来降低信用风险，从而降低对抵押担保的依赖，是下一步需要创新突破的难点问题。

（四）中小金融机构的科技应用面临成本效率障碍

随着经济社会发展的数字化转型，在农村金融领域深度应用金融科技是大势所趋。但是，农村金融服务在这方面存在内生障碍。实际上，深度渗透农村基层、提供关键金融服务的金融机构以小法人为主，这类机构资产规模小，而金融科技的投资门槛高，运行维护成本也高。这使中小金融机构面临两难：不投资则难以适应形势，投资则力不从心。其根本问题在于农村中小金融机构的规模不足，而金融科技应用则以规模效应为基础。

同时，农村中小金融机构还面临客户信用相关数据的有效采集渠道不足等问题。客户信用相关数据采集一方面与政府推动相关，另一方面与金融机构的资源整合能力有关。上述两方面在一定程度上与金融机构的规模相关。农村中小金融机构受资金、人才等因素限制，很难在技术领域取得优势。由于科技投资门槛高、升级快、运维成本高，中小金融机构面临很大的财务压力。此外，信息技术的应用层面存在风险，如网络攻击、数据泄露、系统崩溃和应急预案执行失败等。这些对农村中小金融机构应用金融科技构成挑战。

三、农村金融机构积极创新服务机制

2019～2020 年，各金融机构及相关服务组织围绕中央关于推进脱贫攻坚和促进金融支农的政策导向，积极落实中央决策部署。部分金融机构创新服务模式和产品，完善商业可持续机制，取得了明显效果，有一定的启迪意义。

（一）政策性金融机构切实贯彻中央部署，深化支农服务

围绕推进脱贫攻坚，国家开发银行实施融制、融资、融智“三融”举措，坚持易地扶贫搬迁到省、基础设施到县、产业发展到村（户）、教育资助到户（人）的“四到”思路，并开展深度贫困地区脱贫攻坚、东西部扶贫协作和定点扶贫三大行动。2019 年，国家开发银行发放产业扶贫贷款 1183 亿元，促进贫困地区产业发展和贫困人口增收脱贫；发放易地扶贫搬迁后续发展贷款 212 亿元，助力约 27 万名搬迁群众搬得出、稳得住、能脱贫；聚焦贫困地区“两不愁三保障”等突出问题，发放农村基础设施领域贷款 472 亿元；发放助学贷款 310 亿元，积极推进教育扶贫，阻断贫困代际传递。向“三区三州”① 等深度贫困地区发放扶贫贷款 1436 亿元，发放东西部扶贫协作贷款 389 亿元，向定点扶贫县发放扶贫贷款 20.35 亿元，为贵州务川、正安、道真和四川古蔺等 4 个县培训地方干部 2256 人、技术人员 1673 人。

中国农业发展银行推进资产负债管理体制、以客户为中心的服务管理体系、信贷管理体系、全面风险管理体系、内控合规体制、财务管理体制、运营集约化和人力资源管理八项重点领域改革，全行治理体系和治理能力现代化建设取得积极进展。

---

① 三区三州的“三区”是指西藏自治区和青海、四川、甘肃、云南四省藏区及南疆的和田地区、阿克苏地区、喀什地区、克孜勒苏柯尔克孜自治州四地区；“三州”是指四川凉山州、云南怒江州、甘肃临夏州。

实施重点客户、重点项目、存款优化、民营小企业提升四大工程，推进业务创新转型取得实质进展。一是完善规范“两会一层”运行机制，确定议事规则，健全议事决策机制。二是对标《中国农业发展银行监督管理办法》及系列监管规制，全面开展制度清理和制度全生命周期管理。三是创新业务管理，深化资产负债管理体制改革，推行资产负债组合管理；推进以客户为中心的服务管理体系改革；健全绿色信贷组织架构，推动成立绿色信贷委员会。四是强化财务引领、考核激励约束、运营支撑、信息科技支撑，运行新业务系统。五是推进重点客户、重点项目、存款优化、民营小微企业提升四大工程建设；统筹运用供应链金融、银担合作、担保基金、支农转贷等方式，扩大政策性资金服务民营小微企业的覆盖面，持续加大信贷投放力度。

中国出口信用保险公司在农业“走出去”进程中发挥了“减震器、导航仪、保护伞”的独特作用。一是深化政企联动机制。参与政策咨询与培训、项目推介、融资框架搭建、海外法律与追偿渠道建设、搭建统保平台等活动。二是提升金融服务深度。支持对中国粮食安全有重要战略意义的项目，提供全产业链信用风险保障服务。重点支持“一带一路”沿线国家的农业开发项目，在承保政策、信用期限等方面给予倾斜。加大行业承保支持力度，将农业列为海外投资险积极支持行业。三是提升金融服务广度。在重点国别开发规划中将农业列为重点，将出口信用保险嵌入企业合同谈判、融资安排和风险管理中，帮助企业建立全面风险管理体系。四是提升金融服务水平。创新农业园区整体承保模式，通过国内贸易险、短期出口信用保险、中长期出口信用保险和海外投资保险全险种方式提供支持，研发新的出口信用保险承保模式，加强与国内外银行的合作。

（二）商业性金融机构及交易所切实完善市场化支农机制

中国农业银行推进农村金融服务数字化转型，深化农村普惠金融服务。在总结互联网金融服务“三农”经验的基础上，突出“惠农 e 贷”网络融资、“惠农 e 付”线上支付、“惠农 e 商”农村电商三大业务，扩大服务覆盖面，提升服务能力和水平。一是强化数据和平台支撑。研发上线农户信息档案系统和白名单管理系统，建立健全“惠农 e 通”平台供应链版、惠农通版、批发市场版等多场景服务平台。研发农村集体资产“三资”（资金、资产、资源）管理平台，搭建股权管理、乡村治理和金融服务功能模块，为农村集体资产管理和乡村治理提供新工具。二是创新推广金融应用场景。构建推广“三农”和县域特色场景，加强生态圈建设，推动金融服务与之深度融合，与各电商平台、政务平台对接。2019 年末，全行“惠农 e 贷”贷款余额 1986 亿元，比年初增加 128%；县域支行全部开办该业务，上线商户达 136.49 万户，交易金额 4127 亿元，同比增加 136%；县域互联网消费场景商户达 2.5 万户，惠农商圈商户达 4.2 万户。

中国建设银行搭建乡村振兴综合化管理体系。一是涵盖对公对私、线上线下的乡村振兴贷款产品服务体系。包括农业产业、集体经济组织、农村土地改革、融资担保等产品序列，以及“裕农快贷 +”平台。二是市场营销管理体系。强化分层营销，为客户提供精准服务。强化科技赋能，采用数字渠道营销获客，建设涉农业务生态圈；联合善融商城，提供直播等差异化营销服务。三是风险合规管理体系。构建智能化信贷风险管理体系，建立并完善以合规管理为重点的“裕农通”全面管理体系。四是金融科技保障体系。建设数字化乡村金融统一科技支持平台，建设农业农村生态信息化服务平台。五是大数据支持体系。建设涉农大数据应用平台，积极参与农村信用体系建设。

在此基础上，中国建设银行通过新金融助力乡村振兴。一是服务重心下沉要求。推进政务与公共服务平台建设，搭建乡村智慧政务系统、农村三资监管系统、农村集体产权交易系统、乡村产业大数据信息系统、乡村信用系统。二是助力五级书记[①]抓乡村振兴。依托“裕农通”服务点渠道优势，加大重点领域贷款投放力度。三是助力乡村产业振兴，助力延长产业链条，拓展产业形态。筹建奶业振兴专业支行，设立建行大学乡村振兴学院、内蒙古奶业振兴学院，在部分地区村委会挂牌裕农学堂。四是服务农业生态链建设。例如依托大数据和物联网技术构建寿光蔬菜智慧生态平台体系，推动生产标准化、交易透明化、监管数据化、流通可溯化。五是助力土地集约化经营。中国建设银行土地流转系统相继在河南、江西、河北、云南、山东等多个省份上线。建立“生产托管 + 农村金融 + 资金监管”的数字化综合金融服务系统。六是服务数字农业、智慧农业发展。与地方政府合作共建生产要素供需、初级农产品购销、大宗农产品交易、农产品销售四类产业互联网服务平台，搭建政

① 指省、市（州）、县、乡（镇）、村这五级书记。

府、生产、消费三大产业互联网服务入口，联通农资经营、农业生产、农产品收储、农产品加工销售、农产品消费五类主体，将生产、经营、收储、销售、政务、金融六类服务贯通于“种、管、收、储、运、加、销”的农业产业链运作当中。

中国邮政储蓄银行（简称邮储银行）邮银联动，打造惠农合作项目。基于邮政企业商流、物流、资金流“三流合一”优势，为新型农业经营主体提供金融、寄递和电商综合服务。一是推动“极速贷”“E 捷贷”服务。“极速贷”是邮储银行针对信用优质客户推出的经营性贷款服务，特点是流程短、审批快；“E 捷贷”是邮储银行针对已获得贷款授信的客户推出的线上贷款支用、支付与还款的业务。二是因地制宜发展特色贷。例如“核桃贷”产品可以根据客户需求对贷款利率进行调整，部分额度可以享受政府提供的贴息政策。同时，在金融、寄递、电商、保险等方面开展全方位合作，引入第三方电商运营团队为合作社解决电商运营难题，在电商平台销售。三是通过电商直播帮助销售农产品。例如，邮政集团协同邮储银行为古田银耳直播带货，在多个平台推送产品。

郑州商品交易所（简称郑商所）期现结合的“产业基地”有效地服务农村经济发展。“产业基地”以产业集聚区或行业龙头企业为依托、以企业为培育对象，开展培训、调研、优秀案例总结、宣传推广等市场培育活动；参与活动的龙头企业和风险子公司等每年向郑商所提交年度工作总结和优秀案例报告，郑商所形成《农产品产业基地总结报告汇编》并推广。2020 年，郑商所已与 55 家龙头企业签约建立市场培育“产业基地”。郑商所挖掘并宣传推广典型农业企业利用期货市场的成功经验，引导更多涉农企业利用期货交易规避市场风险，稳定生产经营；并通过龙头企业的示范作用，以点带面，点面结合，带动整个产业链企业通过期货市场避险，促进期货市场服务实体经济。

大连商品交易所（简称大商所）基于“保险 + 期货”、场外期权、基差收购等多种形式，吸收期货公司、保险公司、银行等金融机构共同参与，进一步完善“农民收入保障计划”，深化和拓展模式内涵，融合期货、保险、银行、实体企业等多方市场资源，在各级政府支持推动下保障农业生产者利益，助力扶贫工作。一是县域覆盖试点实现新突破，深化收入保障服务，实现“价量齐保”。在黑龙江、吉林、辽宁、内蒙古、山东 5 个省份的 12 个县域投保面积覆盖相关品种 60% 以上。二是产品设计优化，保费来源更趋多元，政府参与程度更高，项目的商业可持续性增强。

搜集投保信息、集中出单，合理安排产量再保，期货公司理性配置风险对冲，将目标产量和费率设置为三个档次，实现“精准投保，精准核保”，解决了大面积承保导致保险公司风险加大的问题和县域各地块产量差异较大的问题。三是创新养殖类试点，金融助力“脱贫攻坚”。为养殖户提供玉米、豆粕及大商所猪饲料成本指数“保险＋期货”产品。四是推广基差收购，打造全产业链服务。鼓励在县域覆盖项目中附加基差收购，发挥龙头企业的示范效应。五是强化银期合作。基于“保险＋期货”风险保障功能，银行为玉米收入险和饲料成本保险试点项目提供授信支持。

（三）农村中小金融机构积极推进自身转型，强化支农服务的特色优势

农村信用合作社（简称农信社）系统是支农主力，省联社起关键作用。湖南省联社探索与当地经济共生共荣机制。一是建设有温度的百姓银行。强化党建引领，提升发展格局，把党对金融工作的领导渗透各项业务工作之中。持续加强农信文化、价值理念、“挎包精神”的宣传解读，把人人享有普惠性金融服务作为工作使命。二是构建银政深度融合格局。湖南省联社与地方党委推动党建三级共建模式，农村商业银行（简称“农商行”）列席相关工作会议，在政策制定、工作部署、问题研究等方面加强沟通。争取地方党委政府对不良贷款清收、风险资产处置、资本金补充等工作给予支持。选派干部到政府部门和乡村社区挂职；从乡村选拔金融协理员、金融联络员。三是着力重塑信贷主业。对粮食、畜禽、蔬菜、茶叶、油菜、油茶、水果、水产、中药材、南竹等特色产业加大信贷支持，探索“公司（基地）＋农户＋银行”等产业链带动模式，推出特色小额信贷产品，推广线上快贷产品以及个体经营户联保贷、生猪贷、油茶贷、订单贷、存货贷、股权贷、知识产权质押贷、流水贷、公积金贷等特色信贷产品。健全贷款管理、不良认定、问责追责等机制。四是着力发展普惠金融。开展“党建共创、金融普惠”行动，领导带头，推动客户走访全覆盖、金融服务全覆盖、评级授信全覆盖，建立健全辖内所有客户的信息档案管理。建设普惠金融数字化平台，健全普惠金融组织联动机制、信息共享机制、信用保障机制、风险防控机制、成果评价机制。首创“433”评级授信体系（设置个人诚信度、家庭劳动力和人均收入三项指标权重）的金融扶贫制度。五是改善金融生态。与政府、园区、商会、市场联动，通过数据融合平台整合工商、税务、民政、司法、通信、金融等方面信息，将乡村治理积分结果与授信额度、担保要求、

利率优惠、荣誉评定、政治待遇、消费折扣等挂钩，打造金融服务、助农取款、电商服务、政务办理、物流运输服务综合体。

贵州省农信社探索发展农村数字普惠金融。一是发展“黔农云”平台，形成线上与线下综合模式。提供贷款（黔农 e 贷）、存款、生活服务、转账支付、O2O 商圈（生活）、线上商城、务工信息发布等功能，拥有移动 App、PC 电脑和微信端三大渠道应用，以“方便、快捷、灵活”的理念，为客户提供场景化综合金融服务，将线下评级，授信的农户、个体工商户和单位职工贷款发放转移至线上。二是发展纯线上贷款模式。2019 年 8 月，黔农云推出信用中心，同步推出纯线上的黔农快贷信贷产品。基层法人通过黔农云平台信用中心，使用利率模型及授信模型，线上完成客户授信金额及利率测算。2020 年 4 月，贵州农信社推出便民小额快贷产品。基于个人客户授信依据，做到一分钟授信。三是推进电商模式探索。依托黔农云平台，打造了“金融 + 生活服务”生态商圈，黔农云商城吸收各类商户入驻，打造线上商城、生活商圈、劳务用工三大板块，将金融服务全面嵌入个人的衣、食、住、行、购、医、教、康、娱、游等生活场景中，融入企业的产、供、销、储、运各环节，内化到工商、税务、卫健、市政等便民政务服务中。聚焦优势特色产业，对贫困地区扶贫类企业实行优惠政策，全流程运营支撑，探索运用订单预售、基地直采和企业团采等营销模式，促进扶贫产品的销售。

亳州药都农商行应用大数据、区块链技术，促进数据共享、优化业务流程、降低融资成本、提升协同效率，加快大数据、区块链和人工智能等前沿信息技术的融合应用，发展“中医药供应链金融”。一是围绕核心企业及上下游企业，开发了应收账款、应付账款、预付账款、存货质押四大贸易类信贷产品。二是建设了药都农商行 App，除为客户提供供应链金融服务外，还为客户提供信用卡快申、信用和抵押类贷款申请等专业化服务。三是成立供应链金融部，实行专业、专岗、“5 + 2”的工作制度。

长江村镇银行建立“一块责任田”，明确“两到户”，落实“三固定”，抓好“四下沉”，细分“五维服务”，发展普惠金融。一是划分“一块责任田”。搭建起“网点 + 金融服务站 + 联系点 + 客户经理”四级工作架构，进行网格化管理。二是明确“两个到户”。围绕“不落一人”“两不愁、三保障”，员工走村入户，责任人（组）到居民家庭、商圈和单位走访。三是落实“三项固定”。实行固定时间、固定地点、固定人员进村入户，使村镇银行产品和服务渗透村民的日常生产生活中，形成长效机制。四是抓好“四个下沉”。围绕金融服务网格化，实行工作力量下沉、金融服务下沉、宣传活动下沉、管理指导下沉。五是细分“五维服务”。对客户分层分类，按社区、乡镇、商圈、企业和主题五个维度，精准施策、精准服务；加强技能辅导，实行存贷联动服务。

常熟农商银行旗下兴福村镇银行属于投资管理型银行，分布在海南、湖北、江苏、河南、云南5省，实行集中管理，建立了信贷业务、普惠金融、风险合规、财务运营、人力资源、综合管理、审计7个管理部门，实行集中逻辑检验、集中监管报送等10个方面的后台集中管理。一是在信贷逻辑检验方面，打造前台营销调查、中台审批、后台管理操作的流水线“小微信贷工厂”模式，投管行进行集中审贷、集中监督管理，控制操作风险。二是在财务资金管理方面，实行集中清算、集中报支、集中监管报表、集中审计。成立清算中心，集中全面审计、高管经济责任审计、不良贷款责任认定审计工作。三是在内控合规管理方面，逐笔指导清收，加大对不良及逾期贷款清收、重组盘活、诉讼等力度。四是在科技系统支持方面，组建专属科技团队，支持产品、渠道、管理系统的开发和运维工作。五是在征信管理方面，向中国人民银行征信中心统一接入和管理。六是在队伍建设方面，建立“分层进阶、快速培养、梯次成长”的人才培养机制，建立人才选拔库。七是在客户服务方面，统一建立客服中心。八是在企业品牌宣传上，统一使用“兴福”品牌，共享品牌价值、企业文化和发展理念。

（四）新型农村金融服务机构

供销系统在浙江、重庆、山东、河北、四川等地因地制宜开展了不同形式的“三位一体”综合合作探索，分为复合、外联、内联、平台嵌入四种模式。一是浙江省探索“农民合作经济组织联合会”（简称“农合联”）的复合模式。供销合作社牵头农合联大平台，将农民合作经济组织、各类为农服务组织联合起来，围绕农业经营、农村供销、农村金融、涉农管理，提供新型农业社会化服务。参与单位包括供销合作社、农业部门、金融机构等，各自独立运行、协同服务。二是重庆市等地探索供销合作社、农民专业合作社、农村信用社“三社”融合发展的外联模式。依托农村信用社、商业银行引入外部资金，供销合作社负责牵头建立统筹管理、联席会商的运行机制。地方政府建立发展基金，用于基层建设和农业社会化服务，以及信贷风险补偿、贷款贴息和政府购买支农服务等。三是山东省、贵州省等地的内联模式，在供销合作社系统内部推广。依托供销合作社或农民专业合作社促进生产、供销、信用合作，依托产业链串联各项服务功能，在合作社内部开展信用合作，形成闭环的综合服务。四是河北、山东、四川等地的平台嵌入模式。当地供销合作社搭建农村合作金融服务平台、土地托管服务平台，聚集政府、供销合作社、金融机构、涉农单位等各类主体，将生产、供销、信用功能嵌入平台的服务中，为涉农主体提供综合服务。

中和农信是一家扎根农村的小微金融服务机构，其主要客群是县域中低收入群体，通过大数据授信和尽职调查授信（有人工调查），运用格莱珉银行和德国 IPC 小额贷款的调查技术对个人放贷，大部分产品无须担保，贷款申请 3 ~ 5 天办结，线上自助申贷最快 10 分钟到账。中和农信实行连锁运营，具有标准化产品和服务流程；借助移动互联网技术，前端负责获客、展业、贷后管理，后台支持业务发展，内审部门逐年审计；针对员工操作风险，从企业文化、制度流程和惩罚机制方面加强风控，向保险公司投保雇员忠诚险。2020 年，中和农信 App 升级，在信贷业务基础上，围绕电商、金融、服务、公益，提供农资直销、农超对接、精品下乡、小额信贷、小额保险、技术培训、本地生活、紧急救助 8 个板块的综合助农服务。

宜信的宜农贷小额贷款业务引入四方合作机制：出借人基于公益目标通过宜信向小额信贷机构提供低息资金，通过网站或微信了解借款农户信息及出借资金流向，出借门槛为 100 元。宜信公司还发展商业型的宜信租赁，包括农机租赁和活体租赁。农机租赁覆盖耕、种、管、收、烘干、储藏、加工等全产业链的各种设备；活体租赁以奶牛融资租赁为主，包括果树融资租赁和能繁母猪融资租赁。在具体业务中，引入农机经销商、奶业协会、畜牧局、饲料厂等单位进行合作。宜信租赁平台将农机或活体购买下来，再租给承租人。承租人先支付少部分首付即可使用农机或养殖活体，全部还款之后其所有权转让给承租人。这种融资租赁的风控模式场景明确，目标客户风险指标清晰，如奶款账户、出库入库、饲料用量；风控模型基于真实数据，产生的评分可信。评分在 680 分以上的牧场，基本上没有坏账。这种模式实现了多方共赢：农机经销商解决了赊销问题；饲料厂免去了销售中间环节，也解决了赊销问题；农业经营主体解决了流动资金问题，降低了农资采购价格。

（五）地方发展绿色金融的有效模式

福建省南平市为推动绿色经济发展，出台《支持绿色产业发展十条政策》，从绿色经济、绿色效益、绿色创新、绿色生态、绿色生活五大方面创新考核评价机制，建立绿色发展导向，制定绿色金融政策体系。2018 年，《中国人民银行南平市中心支行关于开展绿色信贷政策导向效果评估的通知》将地方法人机构绿色信贷业绩纳入考核评价。2019 年，南平市将绿色金融纳入地方考核评价体系。南平市绿色金融发展的运行机制主要包括以下内容。一是实施绿色金融的推进措施。通过绿色标识认证机制，开辟绿色通道，对绿色信贷给予利率优惠，对高污染、高耗能、高耗水的企业贷款实行“一票否决制”，优先安排绿色信贷规模，逐年提升绿色信贷考核权重。二是建立绿色金融产品和服务体系。实施“生态银行”模式，按照精细调查→全域整合→多元增值→链接信用→价值变现流程，开发生态资源；探索环境权益融资，发展排污权交易和竹林碳汇交易。三是围绕绿色产业，创新信贷产品和服务。实行“一企一策”，推动符合条件的绿色产业企业在主板、中小板、创业板、科创板、新三板和区域性股权市场等融资；围绕绿色保险，支持农村住房保险、森林综合保险、水稻种植保险、能繁母猪保险等财政补贴型农业保险，为小微企业主、个体工商户提供保险保障。四是发展地方政府性融资担保机构，完善尽职免责和考核激励政策，落实多层次银担分险机制，通过风险补偿、降费奖补等财政政策提高绿色担保的业务占比。

形势分析篇

现状与展望

第2章

农村经济新形势与金融需求新变化

一、2019年中国农业发展状况

2019年，党中央、国务院坚持农业农村优先发展总方针，各地各部门以实施乡村振兴战略为总抓手，对标全面建成小康社会的目标扎实推进“三农”工作。这一年，中国农业总体增长态势良好，农民生活水平持续改善，内外部市场运行环境总体平稳，农业现代化向纵深发展。

（一）农业产值稳步提升

2019年，中国第一产业增加值达到70467亿元，比2018年实际增长3.1%。按当年价格计算，第一产业增加值占国内生产总值的比重为7.1%，在国民经济中的占比较2018年下降0.1个百分点，经济结构进一步优化。一季度至四季度，第一产业增加值（当季值）分别为8769亿元、14438亿元、19798亿元和27462亿元，按当年价格计算，比上年同期分别增长2.7%、3.3%、2.7%和3.4%，对国民经济增长的贡献率分别为1.8%、3.4%、4.1%和5.7%。[①]

---

① 国家统计局：《中华人民共和国2019年国民经济和社会发展统计公报》。

（二）农作物产量稳中有升

1. 粮食产量再创新高

2019 年，中国粮食总产量达到 13277 亿斤，比上年增加 119 亿斤，增长 0.9%。从品种看，除稻谷产量有所减少外，其他主要粮食作物产量均有所增加。2019 年，全国谷物产量为 12274 亿斤，增产 0.6%。其中，稻谷产量 4192 亿斤，下降 1.2%；小麦产量 2672 亿斤，增产 1.6%；玉米产量 5215 亿斤，增产 1.4%。2019 年，全国粮食播种面积为 17.41 亿亩，比上年减少 1462 万亩，下降 0.8%。其中稻谷、小麦、玉米三大主粮播种面积为 14.21 亿亩。①

2. 经济作物生产总体稳定

近年来，棉花生产在农业供给侧结构性改革中平稳发展。但由于受到灾害性气候的影响，2019 年全国棉花总产量为 588.9 万吨，比 2018 年下降 3.5%；种植面积为 5008.8 万亩，比 2018 年下降 0.5%；单位面积产量为 117.6 公斤/亩，比 2018 年下降 3.1%。从地区来看，棉花种植进一步向新疆棉区集中，产量占全国的 84.9%，较上年提高 1.2 个百分点。②

（三）重要农产品供给总体充足

2019 年，生猪产能逐渐恢复，牛羊禽蛋供给充足。受非洲猪瘟疫情等因素影响，2019 年猪牛羊禽肉总产量为 7649 万吨，比上年下降 10.2%。2019 年全国生猪出栏 54419 万头，比上年减少 14963 万头，下降 21.5%；猪肉产量为 4255 万吨，减少 1148 万吨，下降 21.2%。2019 年全国牛羊生产稳定增长，产量有所增加。③

为恢复生猪生产，党中央、国务院陆续出台了一系列政策措施。2019 年 12 月，农业农村部组织召开恢复生猪生产保障市场供应工作会议，稳定猪肉市场供应。

（四）农产品质量稳定提升

伴随种植业结构调整以及农业科技投入力度的加大，农业产业更加追求高质量发展，以提高农业经营的收益率，保障农产品质量安全。2018 年底，中国无公害农

---

① 国家统计局：《中华人民共和国 2019 年国民经济和社会发展统计公报》。

②③ 《2019 中国农业经济发展报告及展望》，《经济日报》，2020 年 6 月 19 日。

产品、绿色食品、有机农产品和农产品地理标志获证单位总数为 5.84 万家，产品总数达 12.17 万个。[①]2019 年，中国又新认证绿色食品 13487 个、有机产品 2499 个，登记农产品地理标志 255 个。[②]

农业绿色品牌快速发展，农产品质量安全得到进一步提升和巩固。2019 年，各级农业农村部门坚持推进质量兴农、绿色兴农、品牌强农，推动农产品质量安全水平继续保持稳中向好发展态势，全年农产品质量安全例行监测合格率达 97.4%。[③]

（五）农产品贸易总量快速增长

2019 年国际环境复杂多变，中国积极奉行互利共赢的开放战略，统筹利用两个市场、两种资源，农产品贸易呈现出快速发展态势。

2019 年中国农产品进出口总额为 2300.7 亿美元，同比增长 5.7%。其中，进口额为 1509.7 亿美元，增长 10.0%；出口额为 791.0 亿美元，下降 1.7%；贸易逆差为 718.7 亿美元，增长 26.5%。除谷物外，几乎所有产品进口增长强劲；出口相对乏力，优势出口产品顺差大幅收窄。[④]中国农产品贸易额和贸易逆差均创同期历史新高。

（六）新型农业经济主体蓬勃发展

作为推动农业农村现代化的主力军和实现乡村振兴的重要力量，新型农业经济主体在政府扶持和社会推动下蓬勃发展。

龙头企业带动农业产业化高速发展。首先，全国农业产业化龙头企业规模显著扩大。据农业农村部统计，2019 年，全国农业产业化龙头企业共 9.3 万家，包括国家重点龙头企业 1542 家，年销售收入超过 1 亿元的企业达到 8000 家，突破 100 亿元的超大型企业达到 70 家。其次，全国农业产业化促进了扶贫产业快速发展。2019 年，国家扶贫工作重点县已培育发展市级以上龙头企业超过 1.4 万家，全国新认定了 299 家国家重点龙头企业，扎根贫困地区的企业占 23%。尤为突出的是，在这些企业中，通过互联网方式销售的收入约占总收入的 20%，平均每家企业带动了 2 万

---

① 《全国“三品一标”产品总数超 12 万个》，《农民日报》，2019 年 4 月 15 日第 2 版。

②③ 农业农村部：《今年农产品质量安全例行监测合格率达 97.4%》，2019 年 12 月 23 日。

④ 农业农村部：《2019 年我国农产品进出口情况》。

户农户脱贫致富，已成为发展农业农村经济的重要力量。

家庭农场、合作社取得高质量发展。家庭农场超过 76 万家。根据农业农村部统计，已有 60 万个家庭农场进入家庭农场名录。家庭农场在提升农产品数量和质量、调整农业结构以及提高农民收入方面成效显著。根据农业农村部相关规划，到 2022 年全国家庭农场数量将有望达到 100 万家。截至 2019 年底，全国注册登记的农民合作社超过 220 万家，辐射带动了全国近一半农户。农民合作社中的普通农户占成员总数的 80.7%，成为推进乡村振兴的骨干力量。

农业生产性服务组织快速发展，全国有超过 37 万个，全年托管服务面积达 14 亿亩次，服务小农户 6000 万户，多种形式适度规模经营稳步发展，小农户正在加快融入现代农业发展轨道。①

（七）农业生产技术水平不断提高

2019 年农业科技进步贡献率达到 59.2%，主要农作物自主选育品种提高到 95% 以上，农作物耕种收综合机械化率超过 70%，新创建主要农作物全程机械化示范县 151 个。②

（八）“三产”融合不断深化

2019 年，全国以一二三产业融合发展为路径，大力开展各类融合模式的实践探索，各地区富有地域特色、承载乡村价值的乡村产业逐渐成长起来。

农产品加工业总体保持平衡增长，并不断做精做深。2019 年农产品加工业营业收入超过 22 万亿元，规模以上农产品加工企业 8.1 万家，吸纳 3000 多万人就业。乡村特色产业蓬勃发展。建设了一批产值超 10 亿元的特色产业镇（乡）和超 1 亿元的特色产业村。发掘了一批乡土特色工艺，创响了 10 万多个“乡字号”“土字号”乡土特色品牌。乡村休闲旅游业快速发展。2019 年，休闲农业接待游客 32 亿人次，营业收入超过 8500 亿元。乡村新型服务业加快发展。2019 年，农林牧渔专

---

① 规划实施协调推进机制办公室：《乡村振兴战略规划实施报告（2018—2019 年）》，中国农业出版社 2020 年版。

② 新华社：《2019 年我国农业科技进步贡献率达到 59.2%》，2020 年 1 月 26 日。

业及辅助性活动产值6500亿元，各类涉农电商超过3万家，农村网络销售额1.7万亿元，其中农产品网络销售额4000亿元。农村创新创业规模扩大。2019年，各类返乡入乡创新创业人员累计超过850万人，创办农村产业融合项目的占到80%，利用“互联网+”创新创业的超过50%。在乡创业人员超过3100万人。①

通过产业融合发展，盘活了农村闲置资源，延长了产业链，建立多种形式的利益联结机制，让农民获得更多产业链增值收益。

二、2019年中国农村发展状况

（一）脱贫攻坚成效明显

1. 农村贫困人口继续减少

2019年，按照每人每年2300元（2010年不变价）的农村贫困标准计算，年末农村贫困人口为551万人，比上年末减少1109万人；贫困发生率为0.6%，比上年下降1.1个百分点。②

2. 贫困县摘帽速度加快

2019年，全国共有344个贫困县脱贫摘帽；③ 截至2020年11月，实现所有贫困县摘帽。④

3. 贫困地区农村居民收入增长迅速

2019年，贫困地区农村居民人均可支配收入为11567元，比上年增长11.5%，扣除价格因素，实际增长8.0%；增速高于全国农村平均水平1.8个百分点。其中，集中连片特困地区农村居民人均可支配收入为11443元，增速高于全国农村平均水平。⑤

从结构上看，2019年贫困地区农村居民人均工资性收入为4082元，转移性净

---

① 农业农村部：关于印发《全国乡村产业发展规划（2020—2025年）》的通知。

② 国家统计局：《中华人民共和国2019年国民经济和社会发展统计公报》。

③ 央广网：《我国2019年申请脱贫摘帽的344个贫困县全部脱贫摘帽》，2020年5月18日。

④ 新华社：《中国剩余52个未摘帽贫困县全部实现脱贫出列》，2020年11月24日。

⑤ 国家统计局：《中华人民共和国2019年国民经济和社会发展统计公报》。

收入为 3163 元，财产性净收入为 159 元，此三项收入的增速均高于全国平均水平；经营性净收入为 4163 元，增速高于 2018 年同期水平。从贡献率看，工资性收入、经营性净收入、财产性净收入、转移性净收入各项收入对贫困地区农村居民增收的贡献率分别为 38.0%、23.0%、1.9% 和 37.1%。[①]

总体上看，产业扶贫、就业扶贫、易地扶贫搬迁、生态扶贫等措施的提出及推进，加以对口帮扶、东西协作等机制有效配合，在改善落后地区人民生产生活方面发挥了积极促进作用。

（二）农村基础设施明显改善

1. 抓好农村道路建设

2019 年，交通运输部等八部门联合发布《关于推动“四好农村路”高质量发展的指导意见》，国务院办公厅印发《关于深化农村公路管理养护体制改革的意见》，交通运输部发布《关于贯彻落实习近平总书记重要指示精神做好交通建设项目更多向进村入户倾斜的指导意见》，有序推动农村道路及较大规模自然村（组）通硬化路建设；财政部和交通运输部联合发布《车辆购置税收入补助地方资金管理暂行办法》补充通知，提高了“三州”公路等项目补助标准，安排车购税资金 1952 亿元支持全国农村公路建设，引导各地使用油价补助资金向贫困偏远、发展基础薄弱的地区倾斜。

2. 推进农村交通物流基础设施网络建设

2019 年，交通运输部印发《关于推进乡镇运输服务站建设加快完善农村物流网络节点体系的意见》，支持乡镇运输服务站建设，提升农村物流网络覆盖率和服务品质，印发《关于深化交通运输与邮政快递融合　推进农村物流高质量发展的意见》《关于深化交邮融合推广农村物流服务品牌的通知》，推动交通运输与邮政快递在农村地区融合发展，组织开展“农村物流服务品牌推广工作”，进一步深化交邮融合，促进资源集约高效利用，引领农村物流高质量发展。

3. 加快农村水利基础设施建设

2019 年，水利部印发《关于做好乡村振兴战略规划水利工作的指导意见》，持

---

① 国家统计局：《2019 年贫困地区农村居民收入情况》。

续推进重大水利工程、农村饮水安全巩固提升、中小河流治理、大中型灌区续建配套节水改造、病险水库除险加固等农村水利基础设施工程建设。推动河长制、湖长制向基层延伸，建立以县、乡级为主负责筹集的河湖管理保护资金投入机制。

4. 推进农村能源基础设施建设

推动提升农村电气化水平。2019 年下达农网改造升级工程，中央预算内投资计划 140 亿元，组织开展新一轮农网改造升级，大力推广电气化先进技术设备在农村生产生活领域的广泛应用。开展重点区域电网建设，加快实施清洁供暖，优化农村能源供给结构。

5. 开展农村新一代信息网络建设

推动网络提速降费，大幅降低农村地区电信交费水平。推动大数据、人工智能等新一代信息技术与农业融合发展。2019 年，中央全面深化改革委员会第七次会议审议通过了《关于促进人工智能和实体经济深度融合的指导意见》，促进人工智能和云计算、大数据、物联网、5G、卫星定位等技术在农业生产、乡村旅游、特色农业等经营管理中的应用。推动农村信息消费，扩大信息消费在农村地区的影响力和受众群体。

（三）农村公共服务水平显著提高

1. 农村社会保障体系进一步完善

（1）全国基本养老参保人数稳步上升

截至 2019 年末，全国参加基本养老保险人数为 9.67 亿人，其中全国城镇职工基本养老保险参保人数为 4.35 亿人，城乡居民基本养老保险参保人数为 5.33 亿人。

2019 年，国家共为 2529.4 万建档立卡贫困人口、1278.7 万低保对象和特困人员等贫困群体代缴城乡居民养老保险费近 42 亿元，为 2885.5 万贫困老人发放养老保险待遇，6693.6 万贫困人员从中受益；全国有 5978 万符合条件的建档立卡贫困人员参加基本养老保险，基本实现贫困人员基本养老保险应保尽保。①

社会保障其他方面主要进展。一是社保降费率工作取得积极成效，实现企业特别是小微企业社保缴费负担实质性下降，全年降费 4252 亿元。二是养老保险省级统

---

① 人力资源和社会保障部：《2019 年度人力资源和社会保障事业发展统计公报》。

筹扎实推进，失业保险基金省级统筹的指导意见制定实施，工伤保险省级统筹取得阶段性成效。养老保险基金中央调剂比例提高到 3.5%，划转部分国有资本充实社保基金取得积极进展。三是社会保险待遇水平稳步提高。10 个省份增加城乡居民基本养老保险基础养老金。①

（2）农村养老服务水平显著提升

一是按照国务院办公厅 2019 年印发的《关于推进养老服务发展的意见》等文件要求，民政部会同国家发展和改革委员会、财政部印发《关于实施特困人员供养服务设施（敬老院）改造提升工程的意见》，启动敬老院改造工程，重点提升集中供养和照护服务能力。二是对乡镇敬老院房屋建筑及设施按照功能性质合理分区，与农村基本公共服务、农村互助养老服务相互配合。三是助推农村养老服务消费梯次升级。2019 年，民政部印发《关于进一步扩大养老服务供给 促进养老服务消费的实施意见》，支持养老服务与文化、旅游等行业融合发展。

2. 消除乡村医疗卫生空白点

近年来，我国不断深化改革创新，加大投入力度，着力改善农村卫生条件，建立了农村县、乡、村三级医疗卫生服务网络。一是全面推进贫困地区县乡村三级医疗卫生机构标准化建设。截至 2019 年 9 月，全国累计向乡村两级支援医务人员 9.8 万人，已有 95% 以上的乡镇卫生院至少有 1 名全科医生或执业助理医师；农村大病专项救治病种范围扩大到 25 种。二是持续深化三级医院对口帮扶工作。2019 年，1007 家城市三级医院采取“组团式”支援，大大提升了县级医院的医疗求助能力。② 三是加强医疗机构建设，国家发展改革委会同卫生健康委、中医药局修订印发《中央预算内投资补助地方医疗卫生领域建设项目管理办法》，对中部地区集中连片特殊困难地区（县）、深度贫困县、国家扶贫开发重点工作县项目进行补助。四是深化三级医院对口帮扶，1007 家三级医院与 1172 家县级医院建立了“一对一”帮扶关系。五是推进县域医疗卫生共同体建设，全国 832 个贫困县中的 726 个县建立了县域医共体。六是夯实乡村医疗服务信息化基础，累计安排 6.6 亿元专项资金

---

① 人力资源社会保障部：《2019 年人力资源和社会保障工作主要进展情况及下一步工作安排》。

② 国家卫生健康委员会：《例行新闻发布会文字实录》，2019 年 9 月 23 日。

支持国家级贫困县基层医疗卫生机构远程医疗等设备的配备。[①]

3. 不断提升乡村教育质量

持续推进义务教育学校建设“全面改薄”工程。2014—2018 年，中央财政每年都安排一定增量资金用于薄弱学校建设，实现了专项补助资金连续 5 年有增长，累计投入资金 1699 亿元，带动地方投入 4457 亿元。截至 2020 年 5 月，全国有 31.96 万所义务教育学校（含教学点）办学条件达到“20 条底线”要求，占全国义务教育学校总数的 99.8%，累计有 2767 个县通过义务教育基本均衡发展国家督导评估认定，占全国总数的 95.3%。[②]

进一步改善贫困地区义务教育办学条件。2019 年，教育部、国家发展改革委、财政部联合印发《关于切实做好义务教育薄弱环节改善与能力提升工作的意见》，提出坚持底线思维与能力提升并重，统筹推进城乡义务教育一体化改革发展，切实做好控辍保学，实现义务教育有保障的目标。

4. 加强农村劳动力职业技术培育

自农业部[③]、财政部联合印发《2012 年农村劳动力培训阳光工程项目实施指导意见》的通知以来，各相关单位立足新时代农业农村经济发展和广大农民群众的技能培训需求，结合农业产业发展重大工程项目、农民专业合作社发展和基层农技推广体系改革与建设，开展农业职业技能培训、农业创业培训和农业专项技术培训。2019 年，人力资源和社会保障部印发《新生代农民工职业技能提升计划（2019—2022 年）》，要求对新生代农民工开展就业技能、岗位技能提升，技能扶贫和创业创新等培训，并落实相关培训补贴政策。

5. 完善乡村公共就业服务体系

积极探索建立促进就业创业的政策体系、工作体系和服务体系。一是指导各地继续按照基本公共服务均等化要求，推进“互联网 + 公共就业服务”。二是大力支持进城务工人员等人员返乡创业，积极推动落实创业扶持政策，加强创业培训，优化创业服务。三是强化就业扶贫，推进劳务协作，开展“春风行动”、农村贫困残

---

① 规划实施协调推进机制办公室：《乡村振兴战略规划实施报告（2018—2019）》，中国农业出版社 2020 年版。

② 教育部：《贫困地区办学条件改善成效显著》，2020 年 5 月 25 日。

③ 现为农业农村部。

疾人就业帮扶、就业扶贫行动日等专项服务活动。四是推进全国就业信息共享，推进中国公共招聘网与各地公共就业人才服务机构的联网工作。五是加强进城务工人员工资争议处理工作力度。2019 年，人力资源和社会保障部与最高人民法院等四部门联合印发了《关于实施“护薪”行动全力做好拖欠农民工工资争议处理工作的通知》，完善协商、调解、仲裁、诉讼相互协调和有序衔接的多元处理机制。[①]

（四）农民收入持续增长

2019 年，农村居民人均可支配收入为 16021 元，实际增长 6.2%，比城镇增速高出 1.7 个百分点，城乡居民收入比由 2018 年的2.69:1缩小至 2019 年的2.64:1。从收入结构看，农村居民人均工资性收入 6583 元，占总收入比重的 41.09%；人均经营性净收入 5762 元，占比 35.97%；人均财产性净收入 377 元，占比 2.35%；人均转移性净收入 3298 元，占比 20.59%。[②]

（五）农村绿色发展成效明显

农村人居环境明显改善。2019 年末，农村卫生厕所普及率超过 60%，北京、江苏、福建、广东等地的农村无害化卫生厕所普及率超过 95%。生活垃圾收运处置体系覆盖 84% 的行政村，较 2013 年提高 40 多个百分点。近 30% 农户的生活污水得到处理。90% 以上村庄开展清洁行动，美丽乡村由点到面逐步推开。

农村生态环境不断优化。天然林全面停止商业性采伐，退耕还林还草 2443.85 万亩，全国草原植被综合覆盖度达到 55.7%。耕地土壤污染治理与修复稳步推进，重度污染耕地得到有效管控。全国湿地保护率达 52.2%，河长制、湖长制向基层拓展延伸。[③]

---

① 规划实施协调推进机制办公室：《乡村振兴战略规划实施报告（2018—2019）》，中国农业出版社 2020 年版。

② 国家统计局：《2019 年居民收入和消费支出情况》。

③ 中国农村网：《乡村振兴战略规划重点任务取得显著成效》，2020 年 6 月 4 日。

三、2019 年中国农业农村经济政策

2019 年，中共中央、国务院发布了《关于坚持农业农村优先发展做好“三农”工作的若干意见》，明确了农业农村发展中各关键领域的工作要点。

（一）确保农业生产稳定

努力稳定粮食生产。2019 年，中央全面深化改革委员会第十次会议审议通过《关于实施重要农产品保障战略的指导意见》。国务院办公厅发布了《关于切实加强高标准农田建设提升国家粮食安全保障能力的意见》，分别制定了 2020 年、2022 年、2035 年的高标准农田建设目标。农业农村部颁布施行《农田建设项目管理办法》，规范农田建设项目管理，确保项目建设质量。财政部、农业农村部联合出台《农田建设补助资金管理办法》，规范和加强农田建设补助资金管理，提高资金使用效益，提升农业综合生产能力。

“两区”划定全面完成。《国务院关于建立粮食生产功能区和重要农产品生产保护区的指导意见》明确要求，用 3 年时间完成“两区”划定任务。截至 2019 年底，全国“两区”划定任务基本完成，水稻、小麦、玉米生产功能区以及大豆、棉花、油菜籽、糖料蔗和天然橡胶生产保护区均完成划定任务。

通过强化粮食安全省长责任制考核，稳定优化最低收购价、生产者补贴政策，粮食播种面积保持稳定。

（二）重点有序推进乡村振兴

1. 加强规划和标准引领

全国 31 个省份均发布了省级乡村振兴战略规划，大部分县市编制了规划或实施方案，各地村庄分类基本明确。

统筹推进村庄规划。2019 年，中央农村工作领导小组等五部门联合发布《关于统筹推进村庄规划工作的意见》，推动各类规划在村域层面“多规合一”，力争到 2019 年底，基本明确集聚提升类、城郊融合类、特色保护类等村庄分类；到 2020 年底，结合国土空间规划编制在县域层面基本完成村庄布局工作。

加强国土空间规划的指导。2019 年，中共中央、国务院发布《关于建立国土空间规划体系并监督实施的若干意见》，强化国土空间规划对各专项规划的指导约束作用，将主体功能区规划、土地利用规划、城乡规划等空间规划融合为统一的国土空间规划。同年，还发布了《关于在国土空间规划中统筹划定落实三条控制线的指导意见》，按照生态功能划定生态保护红线，按照保质保量要求划定永久基本农田，按照集约适度、绿色发展要求划定城镇开发边界。

加强创新驱动规划工作。2019 年，科技部发布《创新驱动乡村振兴发展专项规划（2018—2022 年）》，统筹部署农业农村领域基础研究、应用基础研究和技术创新工作，推动科学研究、基地建设、人才队伍一体化发展，提高农业创新力、竞争力和全要素生产率；提出到 2020 年创新驱动乡村振兴发展取得重要进展、到 2035 年创新驱动乡村振兴发展取得决定性进展、到 2050 年建成世界农业科技强国的发展目标。

加强标准化工作指导。2019 年国家市场监督管理总局和农业农村部联合颁布了《关于加强农业农村标准化工作的指导意见》，提出健全农业农村标准化工作体制机制，并制定了到 2022 年和 2035 年农业农村标准化工作目标。

2. 加强产业培育

产业兴旺是乡村振兴的重要基础。2019 年，国务院发布《关于促进乡村产业振兴的指导意见》，明确乡村产业根植于县域，以农业农村资源为依托，以农民为主体，以农村一二三产业融合发展为路径，聚焦重点产业，聚集资源要素，强化创新引领，突出集群成链，延长产业链，提升价值链，加快构建现代农业产业体系、生产体系和经营体系。

广泛实施乡村旅游精品工程。2019 年，农业农村部印发《关于开展 2019 年休闲农业和乡村旅游精品推介活动的通知》，启动全国乡村旅游重点村名录建设工作，推进农业与旅游、文化、生态等产业深度融合，打造和延伸乡村生态产业链，培育乡村旅游品牌。

推动农商互联，完善农产品供应链。2019 年，财政部、商务部联合发布《关于推动农商互联完善农产品供应链的通知》，重点加强产后商品化处理设施建设、发展农产品冷链物流、提升供应链末端惠民服务能力、提升标准化和品牌化水平。

推动返乡入乡创业工作。2019 年 12 月，人力资源和社会保障部、财政部、农业农村部联合发布《关于进一步推动返乡入乡创业工作的意见》，提出以创新带动创业，以创业带动就业，促进农村一二三产业融合发展，实现更充分、更高质量就业，从政策支持、培训、服务、人才等方面为返乡入乡创业提供支持。

3. 促进城乡融合

建立健全城乡融合发展的体制和政策。2019 年，中共中央、国务院发布《关于建立健全城乡融合发展体制机制和政策体系的意见》，以缩小城乡发展差距和居民生活水平差距为目标，以完善产权制度和要素市场化配置为重点，坚决破除体制机制弊端，促进城乡要素自由流动、平等交换和公共资源合理配置，加快形成工农互促、城乡互补、全面融合、共同繁荣的新型工农城乡关系。

4. 推广地方典型经验

推广浙江“千万工程”成功经验。2019 年，中央农村工作领导小组、农业农村部、国家发展改革委联合发布《关于深入学习浙江“千村示范、万村整治”工程经验 扎实推进农村人居环境整治工作的报告》，系统总结推广浙江“千万工程”成功经验，通过典型引路，带动全国乡村振兴。在全国 115 个县市启动乡村治理体系建设试点示范，发布首批 20 个全国乡村治理典型案例。

（三）深化农业供给侧结构性改革

1. 推进质量兴农战略

出台质量兴农战略规划。2019 年 2 月，农业农村部等七部门联合印发《国家质量兴农战略规划（2018—2022 年）》，提出了实施质量兴农战略的发展目标：到 2022 年，质量兴农制度框架基本建立，初步实现产品质量高、产业效益高、生产效率高、经营者素质高、国际竞争力强，农业高质量发展取得显著成效。到 2035 年，质量兴农制度体系更加完善，现代农业产业体系、生产体系、经营体系全面建立，农业质量效益和竞争力大幅提升，农业高质量发展取得决定性进展，农业农村现代化基本实现。确定了加快农业绿色发展、推进农业全程标准化、促进农业全产业链融合、培育提升农业品牌、提高农产品质量安全水平、强化农业科技创新、建设高素质农业人才队伍七个方面的重点任务。

2. 推进农业现代化

加快农业机械化转型升级。全程机械化成效纳入粮食安全省长责任制考核内容。

2019 年，农业农村部印发《加快推进丘陵山区农业机械化》专题调研报告，介绍了近年推进丘陵山区农业机械化的主要做法和成效、存在的困难问题及建议。

加快数字农业和智慧农业布局。2019 年，中共中央办公厅、国务院办公厅印发《数字乡村发展战略纲要》，明确了“四步走”的发展阶段，主要部署了加快乡村信息基础设施建设、发展农村数字经济、强化农业农村科技创新供给、建设智慧绿色乡村等 10 项重点任务。2019 年，农业农村部、中央网络安全和信息化委员会办公室联合印发《数字农业农村发展规划（2019—2025 年）》，明确构建基础数据资源体系、加快生产经营数字化改造、推进管理服务数字化转型、强化关键技术装备创新、加强重大工程设施建设五项主要任务。继续推进数字农业农村试点项目建设，2019 年落实中央预算内投资 2. 88 亿元，建设重要农产品全产业链大数据、数字农业创新中心和数字农业试点县三类试点项目。

完善农产品网络销售体系。2019 年，农业农村部等四部门联合发布《关于实施“互联网 +”农产品出村进城工程的指导意见》，提出要充分发挥网络、数据、技术和知识等要素作用，建立并完善适应农产品网络销售的供应链体系、运营体系和支撑保障体系。

稳步提升农业科技创新水平。通过重大项目和工程，强化农业科技自主创新；围绕优势特色农产品主产县产业发展，推进产学研深度融合；布局建设 100 个科技展示示范基地，在 8 省份实施农业重大技术协同推广计划，组建 4100 多个产业扶贫专家组，加快农业先进适用技术推广应用。继续推进实施《国家农业科技园区发展规划（2018—2025 年）》，截至 2019 年底，已建成国家农业高新技术产业示范区 4 家、国家农业科技园区 270 家。

3. 推进绿色兴农

明确年度绿色发展工作要点。2019 年，农业农村部发布了《2020 年农业农村绿色发展工作要点》的通知，明确提出五个方面 21 条工作要点，五个方面包括：一是积极推进农业绿色生产，增加绿色优质农产品供给；二是加强农业突出环境问题治理，净化产地环境；三是强化农业资源保护，提高资源利用效率；四是持续推进农村人居环境整治，不断改善村容村貌；五是强化统筹和试验试点，夯实农业绿色发展基础。

建立农业绿色发展支撑体系。2019 年，农业农村部印发《农业绿色发展先行先试支撑体系建设管理办法（试行）》，在国家农业绿色发展先行区，进一步建立和完善绿色农业技术体系、标准体系、产业体系、经营体系、政策体系和数字体系，加快形成一批可复制推广的典型模式。

提升水产健康养殖水平。2019 年，农业农村部等联合印发了《关于加快推进水产养殖业绿色发展的若干意见》，促进水产养殖绿色发展。

4. 构建新型农业经营体系

加强新型农业经营主体培育。2019 年 7 月，农业农村部和财政部联合下发了《关于支持做好新型农业经营主体培育的通知》，明确了支持的对象，即农民合作社、家庭农场、农业产业化联合体三类主体，提出坚持政府扶持，协调发展。一是促进家庭农场高质量发展。中央农村工作领导小组等联合发布《关于实施家庭农场培育计划的指导意见》，对家庭培育发展作出总体部署。强化示范家庭农场评定和典型案例示范引导。二是促进规范提升。制定了《关于开展农民合作社规范提升行动的若干意见》《开展农民专业合作社“空壳社”专项清理工作方案》，推进农民合作社高质量发展，加大专项清理工作力度。三是加强试点示范，2019 年新增试点单位 128 个，修订了《国家农民合作社示范社评定及监测办法》。

完善农业社会化服务体系建设。2019 年，中共中央、国务院发布了《关于促进小农户和现代农业发展有机衔接的意见》，积极探索以农业生产托管为代表的多层次、多形式农业社会化服务。中华全国供销合作总社印发《关于全面实施供销合作社农业社会化服务惠农工程的指导意见》，加强基层社为农服务工作顶层设计，明确实施惠农服务平台创建行动和农业生产托管服务拓展行动，推动供销合作社深入参与农业生产性服务。

这些重要部署促进了新型农业经营主体和新型农业服务主体的大批涌现，促进了小农户和现代农业发展的有机衔接，推动了农业社会化服务的快速发展。2019 年，农业生产托管面积超过 14 亿亩，服务小农户超过 6000 万户，占全国农业经营户的 30%。①

① 农业农村部：《对十三届全国人大三次会议第 5424 号建议的答复摘要》，2020 年 9 月 9 日。

（四）决战脱贫攻坚

明确决战脱贫攻坚目标。2019 年的政府工作报告中指出，对标全面建成小康社会任务，扎实推进脱贫攻坚和乡村振兴。坚持农业农村优先发展，加强脱贫攻坚与乡村振兴统筹衔接，确保如期实现脱贫攻坚目标，农民生活达到全面小康水平。2019 年 12 月，中央农村工作会议传达了习近平总书记关于“三农”工作的重要讲话：要坚决打赢脱贫攻坚战，不获全胜决不收兵；要集中资源、强化保障、精准施策，加快补上“三农”领域短板①。

加强脱贫攻坚领导。2019 年 10 月，国务院办公厅发布《关于成立国家脱贫攻坚普查领导小组的通知》，研究提出需领导小组决策的建议方案，督促落实领导小组议定事项，加强与有关地区和部门的沟通协调。

开展消费扶贫，助力脱贫攻坚。2019 年，国务院办公厅发布《关于深入开展消费扶贫助力打赢脱贫攻坚战的指导意见》。着力拓宽贫困地区农产品销售渠道，提升贫困地区农产品供应水平和质量，推动贫困地区休闲农业和乡村旅游加快发展，在生产、流通、消费各环节打通制约消费扶贫的痛点、难点和堵点，保障贫困人口分享农产品销售、休闲农业、乡村旅游等产业收益。

（五）深化农村重点领域改革

1. 推进土地制度改革

2015 年，中央印发《关于农村土地征收、集体经营性建设用地入市、宅基地制度改革试点工作的意见》，全国人大审议通过《关于授权国务院在北京市大兴区等三十三个试点县（市、区）行政区域暂时调整实施有关法律规定的决定》。2019 年 1 月，全国人大常委会决定将农村土地改革试点延期至 2019 年底，同时开启修订相关法律的程序。

深化农村宅基地制度改革。2019 年中央一号文件提出，稳慎推进农村宅基地制度改革，拓展改革试点，丰富试点内容，完善制度设计。2019 年 9 月，中央农村工

---

① 《中央农村工作会议在京召开 习近平对做好“三农”工作作出重要指示》，《光明日报》，2019 年 12 月 22 日第 1 版。

作领导小组、农业农村部发布《关于进一步加强农村宅基地管理的通知》，提出村集体和农民盘活利用闲置宅基地和闲置住宅，通过自主经营、合作经营、委托经营等方式，依法依规发展农家乐、民宿。同年，农业农村部发布《关于积极稳妥开展农村闲置宅基地和闲置住宅盘活利用工作的通知》，指导各地因地制宜选择模式、支持培育相关主体、鼓励创新机制、稳妥推进示范。2019 年，新修订的《中华人民共和国土地管理法》完善了农村宅基地的相关规定，允许进城落户的农村村民依法自愿有偿退出宅基地，鼓励农村集体经济组织及其成员盘活利用闲置宅基地和闲置住宅，将宅基地审批权下放到乡（镇）人民政府。2015 年以来，全国在 33 个试点地区部署农村土地制度改革工作。截至 2018 年底，全国 33 个试点地区共腾退零星、闲置的宅基地 8.4 万亩，办理农房抵押贷款 5.8 万宗、涉及金额 111 亿元。①

深化农村集体经营性建设用地改革。新修订的《中华人民共和国土地管理法》解除了使用集体建设用地主体的限制，明确经本集体经济组织成员的村民会议三分之二以上成员或三分之二以上村民代表的同意，土地所有权人可通过出让、出租等方式将集体经营性建设用地交由单位或个人使用；并完善了相应的土地征收听证程序。

保持土地承包关系稳定。2019 年 11 月，中共中央、国务院发布了《关于保持土地承包关系稳定并长久不变的意见》，明确了巩固和完善家庭承包经营制度的基本方向，保持土地承包关系长期稳定的基本原则不变，第二轮土地承包到期后再延长 30 年；农业部门正在开展延包试点工作，准备在一部分县，主要是先期到期的县，开展第二轮土地承包到期后的延包试点工作。

2. 推进集体产权制度改革

2019 年中央一号文件提出，深入推进农村集体产权制度改革。当年中央农村工作会议提出，要全面推开农村集体产权制度改革试点。自 2015 年以来，中央农村工作领导小组、农业农村部会同有关部门，共组织开展五批农村集体产权制度改革试点，共有 28 个省份、89 个地市、442 个县（市、区）整建制开展试点，并于 2020 年在全国全面推开。2020 年 8 月，全国深化农村集体产权制度改革工作会议召开，全国已有 43.8 万个村完成集体产权制度改革，共确认集体经济组织成员 6 亿多人，全国共清查核实集体账面资产 6.5 万亿元，资源性资产总面积 65.5 亿亩，集体成员

① 农业农村部：《对十三届全国人大二次会议第 2921 号建议的答复》，2019 年 7 月 3 日。

累计分红超过 3800 亿元。

3. 推进农垦改革

2019 年，各级农垦部门深入推进垦区集团化农场企业化改革，全年农垦经济实现生产总值 17886.25 亿元。其中，第一产业增加值 1828.37 亿元，第二产业增加值 3290.01 亿元，第三产业增加值 2767.87 亿元。第一、第二、第三产业增加值占农垦生产总值的比重分别为 23.2%、41.7%和 35.1%。人均生产总值为 56305 元，人均可支配收入持续增长，达到 21213 元，比上年增长 12%。①

贫困农场脱贫攻坚取得新成效。2019 年，农垦局对全国 304 个农场进行“一场一卡一评价”，印发《全国农垦贫困农场脱贫认定工作指南》，已认定脱贫农场超 100 家，截至年底有 50%以上贫困农场完成脱贫认定。

进一步巩固“两个 3 年”改革成果。积极探索农垦国有土地资产化资本化实现路径，海南省农垦投资控股集团在上海证券交易所成功发行全国首单国有土地承包金资产证券化产品，黑龙江农垦行政职能全部移交地方政府。

深入开展农垦现代农业绿色优质高效技术模式提升行动，稳步开展农垦一二三产业融合发展实验试点；深入推进农垦生产和产品标准以及品牌建设。②

4. 推进农业对外开放

贸易谈判推动农产品出口。2019 年，通过多方、双方谈判扩大了中国农产品出口，深入推进“一带一路”农业经贸和科技合作，进一步健全多边、双边及区域合作机制。

提高特色优势农产品竞争实力。2018 年和 2019 年，两批次评选 69 家国家级农产品外贸转型升级基地并授牌，培育农产品外贸转型升级基地。

2020 年 1 月 16 日，财政部、国家发展改革委、农业农村部、商务部、人民银行等五部门联合发布了《关于发布中美第一阶段经贸协议的公告》。按照协议，中国将在未来两年内加大对美农产品进口，其中，2020 年中国要在 2017 年基数之上自美采购和进口规模不少于 125 亿美元的农产品。③

---

① 农业农村部：《2019 年全国农垦经济社会发展统计公报》。

② 农业农村部：《农垦改革取得新进展新成效》，2019 年 12 月 24 日。

③ 资料来源于商务部网站。

四、农村金融需求新变化

（一）农村金融需求主体多元化

1. 农村金融需求主体转变

农村金融需求主体已由农民个体转变为新型农业经营主体。

与传统小、散农户相比，新型农业经营主体具有组织化、规模化、专业化经营优势，已经成为我国农业经济发展的主要推动力，核心企业将成为提高小农户和新型农业经营主体融资可得性的主要力量。它们也应该是农商银行“三农”服务的重点客户群体。

2. 农村人口分化产生新的金融需求主体

随着城镇化及农民工市民化，未来农村人口结构和总量均会发生改变，甚至农村人口数量也会减少，这可能会影响农村金融资源总量和农村金融需求的增减。一是农村中青年成为农村金融需求的主要群体。在当前乡村发展背景下，农村中青年的去留呈现两种趋势。第一种是大多数农村中青年选择到大中城市去工作生活或者居住到本地小城镇，不再务农，这会影响其储蓄、消费和投资地点的选择。其子女也一般选择留居外地，不再回到农村。过去进城务工人员会汇款回家，今后汇款将减少，甚至把存放在家乡的资金取走，用于在城市的开支，因而可能会出现农村储蓄增长减缓甚至下降问题。第二种是受疫情等特殊事件影响，进城务工人员返乡创业的数量趋增。这类群体在创业初期经营规模有限，但具备了一定的偿债能力。他们的借款多用于资金周转，主要诉求是短频快的信贷服务和贷还方式灵活的信贷产品。二是农村人口老龄化和少子化引起的相关金融服务需求变化。老龄人口成为务农骨干的现象在农村地区越来越普遍，但是老龄人口到一定年龄之后就无力务农。村庄空心化和农业人口近乎断档成为农业金融服务需求的新特点。

（二）资金需求规模化

农村基础设施投入所需资金增加。按照“产业兴旺、生态宜居、乡风文明、治理有效、生活富裕”的总要求，这五个方面均涉及大量的农村基础设施投入、建设与维护，涉及经济、生态环境与社会等方面。2018 年，中共中央、国务院印发的《乡村振兴战略规划（2018—2022 年）》明确提出，继续把基础设施建设重点放在农村，持续加大投入力度，加快补齐农村基础设施短板，促进城乡基础设施互联互通，推动农村基础设施提档升级。具体包括：改善农村交通物流设施条件、加强农村水利基础设施网络建设、构建农村现代能源体系、夯实乡村信息化基础；并提出健全适合农业农村特点的农村金融体系，把更多金融资源配置到农村经济社会发展的重点领域和薄弱环节，更好地满足乡村振兴多样化的金融需求。

农村产业发展所需资金增加。随着农业优势产区资源集聚、农村一二三产业融合发展，农业农村对金融的需求不断增加。2019 年中国人民银行等五部门联合印发的《关于金融服务乡村振兴的指导意见》明确提出，一方面将围绕藏粮于地、藏粮于技，做好国家粮食安全金融服务，以国家确定的粮食生产功能区、重要农产品生产保护区和特色农产品优势区为重点，加大对高标准农田建设和农村土地整治的信贷支持和成果转化的投入；另一方面将聚焦产业兴旺，推动一二三产业融合发展，满足农田水利、农业科技研发、高端农机装备制造、农产品加工业、智慧农业产品技术研发推广、农产品冷链仓储物流及烘干等现代农业重点领域的合理融资需求，推动休闲农业、乡村旅游、特色民宿和农村康养等产业发展，加大对现代农业产业园、农业产业强镇等的金融支持力度。

新型农业经营主体发展所需资金增加。随着新型农业经营主体不断发展，农业生产经营的规模化、集约化程度越来越高，并结合土地的流转、农业生产资料的集合、现代农业生产技术的采用，在促进农业生产方式转型升级的同时，对资金供给需求的规模会不断扩大，金融需求的稳定性也会越来越高。2020 年，农业农村部印发《新型农业经营主体和服务主体高质量发展规划（2020—2022 年）》，提出鼓励各金融机构结合职能定位和业务范围，对新型农业经营主体和服务主体提供资金支持；鼓励地方搭建投融资担保平台，推动农业信贷担保体系创新相关担保产品，稳步开展农民合作社内部信用合作试点；推动建立健全农业保险体系，开展中央财政对地方优势特色农产品保险奖补试点，推行农业互助保险等措施。

（三）农村金融产品和服务需求多样化

1. 产品需求多样化

生产性金融需求仍是农村金融需求的主体。乡村振兴推动农业生产方式转型升级，但生产性金融需求依然构成农村金融需求的主体。不管是新型农业经营主体、涉农企业，还是被纳入特定组织形式的农户，他们对生产性金融需求的共同特征是规模大、期限长、需求稳定，有利于信贷风险和贷款成本的下降。“三农”生产性信贷产品需求差异化体现在信贷计划、资金规模、资本金配置等方面，并按照种植业、林业、畜牧业、养殖业等呈现出不同产业类型的资金需求。与此相对应，需求主体对金融机构的贷款条件、贷款流程、贷款方式等也提出了多元化需求。

消费性金融需求标的发生变化。过去农民由于收入水平低，在遇到建造房屋、婚丧嫁娶以及购置大型耐用消费品等资金需求时，往往通过民间借贷方式来解决资金短缺问题。但随着乡村振兴的推进、城镇化水平的不断提高，农民在城镇购房、购车等方面的大额消费支出不断增加，其投资意识和理财意识也不断增强。而农民长期无偿或低成本使用亲朋好友资金的做法不现实，客观上需要农村金融市场来满足其消费需求。

农村财富管理需求增加。从 2010 年开始，农村居民人均可支配收入增速已连续 9 年快于城市居民，农民手中积累的财富不断增长。这些财富需要一些投资渠道来确保其保值增值，而传统的银行存款收益太低，金融投资市场的专业性和风险性又让大多数农民望而却步，民间借贷的风险较大且监管不断加强，因此农民手中富余资金的理财需求日益凸显。

抵押贷款需求不断增加。随着法律法规及相关配套政策的出台，农村产权交易中心或土地流转中心的建成和完善，农村承包地经营权和农民自建住房财产权（包括宅基地使用权）“两权”抵押贷款试点交易平台的建立，农村金融抵押贷款落实的基础条件不断完备，有利于推进“两权”抵押、担保和转让，让农户、新型农业经营主体、集体经济组织等增加融资渠道，扩大经营规模。

信用贷款需求增加。新修订的《中华人民共和国农村土地承包法》中虽明确了土地经营权可用于抵押，但各地在实际操作中受产权交易市场不完善等体制因素的制约，此类贷款仍处于试点发展阶段；另外，《中华人民共和国农村土地承包法》中未明确规定农民的宅基地及房产的抵押权，国家相关政策有待完善。因此，农村金融产品供给中的抵押贷款仍会由于抵押物难以落实而受限。过去农民获得的资金多是通过民间信用借贷获得，但随着资金需求量的增大、民间借贷监管加强，农民从正规金融渠道获得信用贷款的需求增加。这类需求也将随着信用档案体系的建立，区块链技术、互联网普及等基础设施的完善，具备实现的可行性。

2. 服务方式网络化

网络化服务满足农业经营主体日益增长的支付结算需求。一方面，农业经营主体市场交易活动日趋频繁，对转账汇款、代收代付、交易结算等金融服务的需求也不断增加；另一方面，农村地广人稀，人口聚集有限，金融机构网点少。因此，网上结算支付方式更适合农村地区的交易需求。

互联网金融弥补涉农资金的不足。中国社会科学院财经战略研究院发布的《中国“三农”互联网金融发展报告（2017）》显示，目前我国“三农”资金缺口约 3 万亿元，并且难以借助相应渠道进行填补。超过 60% 的农民认为在农业生产中面临资金困难，更有近 70% 的农户认为传统的信贷渠道不畅。随着互联网金融进入农村，互联网金融提供的金融信贷、保险、期货等金融服务，让普通农户能够享受到丰富的金融服务。未来，随着互联网的进一步发展，互联网金融在广大农村地区将迎来新的发展高峰，并将成为“三农”资金的重要来源。

网络化服务需建立互联网金融顾问制度。通过金融产品共享平台提供的金融顾问服务，结合不同农户的需求提供相应的互联网金融服务，引导农户分散投资，逐步养成正确的金融投资观念，提高农户对互联网金融产品的甄别能力。

3. 业务流程精细化

当前很多金融机构进行金融服务的自主性不高，对农村金融业务需求识别不高，而基层农村金融机构具备准确识别农村金融需求的优势。因此，提高农村金融机构的自主化程度，金融机构总部在控制贷款审批权的情况下，将贷款条件、贷款流程、贷款方式等下放至基层金融机构，提高基层金融机构政策的自主性与灵活性，让基层金融机构自己制定精细化、有针对性的业务流程，以真正服务基层农村。

（四）农村重点领域改革对农村金融提出更高要求

1. 农村承包土地经营权抵押贷款需求增加

中央农村工作领导小组、农业农村部在做好顶层设计及政策配套基础上，指导各地在前期村组、乡镇和整县试点基础上，从 2014 年开始整省试点并逐步全面推开，历时 5 年在全国 2838 个县（市、区）、3.4 万个乡镇、55 万多个行政村基本完成承包地确权登记颁证工作，并完成 2838 个县级农村承包地确权颁证的成果汇交、质检，初步建成全国信息应用平台并实现数据汇总、业务管理、成果应用等功能。这将在配合金融机构开展土地经营权抵押贷款方面进一步发挥作用。①

2. 农村集体产权制度改革产生的金融需求

《关于金融服务乡村振兴的指导意见》明确提出，将配合农村土地制度改革和农村集体产权制度改革部署，加快推动确权登记颁证、价值评估、交易流转、处置变现等配套机制建设，推动集体经营性建设用地使用权、集体资产股份等依法合规予以抵押，促进农村土地资产和金融资源的有机衔接。结合农村集体经济组织登记赋码工作进展，加大对具有独立法人地位、集体资产清晰、现金流稳定的集体经济组织的金融支持力度。随着相关制度的出台，集体产权制度的不断完善，符合条件的集体经济组织将产生越来越多的金融需求。

3. 集体经营性建设用地入市产生的金融需求

2020 年 4 月，国家发展改革委印发《2020 年新型城镇化建设和城乡融合发展重点任务》，提出全面推开农村集体经营性建设用地直接入市。出台农村集体经营性建设用地入市指导意见。允许农民集体妥善处理产权和补偿关系后，依法收回农民自愿退出的闲置宅基地、废弃的集体公益性建设用地使用权，按照国土空间规划确定的经营性用途入市。

集体经营性建设用地入市为信用扩张提供了基础条件。根据 2016 年银监会②和国土资源部③联合印发的《农村集体经营性建设用地使用权抵押贷款管理暂行办

---

① 农业农村部：《农村承包地确权登记颁证工作基本完成》，2020 年 11 月 2 日。

② 现为银保监会。

③ 现为自然资源部。

法》，其中第五条明确了可用于贷款抵押的农村集体经营性建设用地的使用权范围，即在符合规划、用途管制、依法取得的前提下，以出让、租赁、作价出资（入股）方式入市的和具备入市条件的农村集体经营性建设用地使用权可以办理抵押贷款。此处“具备入市条件”是指，尚未入市但已经依法进行不动产登记并持有权属证书，符合规划、环保等要求，具备开发利用的基本条件，所有权主体履行集体土地资产决策程序同意抵押，试点县（市、区）政府同意抵押权实现时土地可以入市的情形；尚未入市但改革前依法使用的农村集体经营性建设用地，依法进行不动产登记并持有权属证书，按相关规定办理入市手续，签订土地使用合同，办理变更登记手续的情形。由此可见，农村集体经营性建设用地入市改革的加速推进，无疑可大大增加土地的抵押价值。按此前“三块地”（农村土地、集体经营性建设用地、宅基地）改革试点地区成交均价 114 万元/亩推算，全国存量市场即有 57 万亿元（2017 年末全国全口径涉农贷款余额也仅有 30.95 万亿元），再考虑到土地上的建筑物价值，可以用于抵押融资的土地资产将大大增加。在新冠肺炎疫情冲击导致经济短期下行压力加大的情形下，全国范围内集体经营性建设用地入市改革政策的推广为信用派生提供了基础条件，与货币政策宽松、财政政策扩张等一系列政策相配合，成为稳增长的重要政策工具之一。

农村土地入市后其使用权等同于国有土地，不仅能够在一级土地市场出让、租赁与入股，还能够在二级市场中转让、出租及抵押。农村集体经营性建设用地抵押权的实现，使小微企业也可通过抵押入市土地解决企业资金运营压力，有助于企业经济升级与转型，进而带动此类抵押融资需求的增加。

参考文献

[1] 经济日报社中国经济趋势研究院，中国农业大学国家农业农村发展研究院. 2019 中国农业经济发展报告及展望. 经济日报，2020-6-19

[2] 国家统计局. 中华人民共和国 2019 年国民经济和社会发展统计公报，2020

[3] 规划实施协调推进机制办公室. 乡村振兴战略规划实施报告（2018—2019 年）. 北京：中国农业出版社，2020

[4] 人力资源和社会保障部. 2019 年度人力资源和社会保障事业发展统计公报，2020

[5] 农业农村部. 2019 年全国农垦经济社会发展统计公报，2020

[6] 商务部. 关于发布中美第一阶段经贸协议的公告，2020

[7] 冯兴元，孙同全，韦鸿. 乡村振兴战略背景下农村金融改革与发展的理论和实践逻辑. 社会科学战线，2019（2）

[8] 刘超，朱满德．乡村振兴背景下农村金融需求变化及其应对．北方经贸，2019（7）
[9] 陈铁丽．乡村振兴金融需求多元化与农村金融供给侧改革．农村金融研究，2019（11）
[10] 鲍文爽．互联网金融平台填补农村金融需求空白．经济观察，2019（4）
[11] 农业农村部关于农村土地、宅基地的 11 条答复．微观三农，2020 - 8 - 28
[12] 全国深化农村集体产权制度改革工作会议召开．农业农村部网站，2020 - 8 - 22
[13] 李少武、张衔．三权分置改革中农村土地承包经营权抵押贷款研究．重庆社会科学，2019（1）
[14] 保持农村土地承包关系稳定并长久不变——访中央农办副主任、农业农村部副部长韩俊．人民日报，2020 - 11 - 9
[15] 农村集体经营性建设用地入市带来的 4 大挑战与 8 大机遇．搜狐网，2020 - 7 - 9
[16] 陆岷峰，徐阳洋．中国农村金融发展七十年历程回顾、启发与展望．金融理论与教学，2020（2）

第3章

农村金融相关政策及动向

一、2019～2020年国家金融政策总体形势

2019年至2020年期间，中国经济运行总体平稳，结构持续优化，就业保持稳定，物价结构性上涨特征明显，内外部风险挑战增多，经济下行压力加大。我国坚持金融服务实体经济的根本要求，实施稳健的货币政策，加强逆周期调节，在多重目标中寻求动态平衡。保持银行体系流动性合理充裕，推动信贷结构持续优化，用改革的办法疏通货币政策传导，牢牢守住风险底线。[①]

（一）全面降准增加市场流动性

为支持实体经济发展，优化流动性结构，降低社会融资实际成本，中国人民银行自2019年以来做出以下几次降准决定。

2019年1月4日下调金融机构存款准备金率1个百分点，其中，2019年1月15日和1月25日分别下调0.5个百分点。此次降准将释放资金约1.5万亿元，加上自2019年开展的定向中期借贷便利操作和普惠金融定向降准动态考核所释放的资金，再考虑2019年一季度到期的中期借贷便利不再续做的因素后，净释放长期资金约8000亿元。

---

① 中国人民银行：《2019年第四季度中国货币政策执行报告》。

2019 年 9 月 16 日全面下调金融机构存款准备金率 0.5 个百分点（不含财务公司、金融租赁公司和汽车金融公司）。此次降准释放长期资金约 9000 亿元，其中全面降准释放资金约 8000 亿元。

2020 年 1 月 6 日下调金融机构存款准备金率 0.5 个百分点（不含财务公司、金融租赁公司和汽车金融公司），释放长期资金约 8000 亿元。

（二）引导优化流动性和信贷结构

近年来，中国人民银行综合利用中期借贷便利、再贷款、再贴现以及宏观审慎评估等工具，发挥贷款市场报价利率（LPR）引导降低企业融资成本的作用，在引导优化信贷结构方面取得明显成效。构建了“三档两优”存款准备金框架；充分发挥再贷款、再贴现精准滴灌作用，引导金融机构扩大对涉农、扶贫、小微和民营企业等信贷投放；发挥宏观审慎评估（MPA）工具的结构引导作用；创新并运用定向中期借贷便利（TMLF），支持大型商业银行、股份制商业银行向小微、民营企业提供长期稳定资金。[①]

（三）坚持服务实体经济，防范化解系统性金融风险

当前，货币政策坚持更好地服务实体经济，着力于深化金融供给侧结构性改革，完善激励约束机制，抑制金融脱实向虚，引导金融资源更多流向实体经济尤其是薄弱环节。在经济结构调整过程中，前期积累的风险可能释放。在可能引发系统性风险的关键点上，中国人民银行力争精准发力，履行最后贷款人职责，打好防范化解重大风险攻坚战，守住不发生系统性金融风险的底线。同时强化宏观审慎政策，压实各方面责任，共同发挥好在防控系统性风险中的支柱性作用。在经济结构调整和去杠杆、防风险过程中，小微企业和民营企业受到的阶段性影响较大，融资难问题比较突出，中国人民银行采取了综合措施切实加大对小微企业和民营经济的支持，增强经济内生增长动力。

① 中国人民银行：《2019 年第四季度中国货币政策执行报告》。

（四）强化市场化的利率形成、传导和调控机制

稳步推动管制利率和市场利率“两轨合一轨”。我国的利率市场化改革从 20 世纪 90 年代中期起步，稳妥推进，利率管制基本放开，金融市场基准利率体系基本形成，初步构建起利率走廊机制，市场利率定价自律机制不断健全。稳妥推进贷款利率“两轨合一轨”，重点是进一步培育市场化贷款定价机制。①

2019 年 8 月，中国人民银行推出新的贷款市场报价利率（LPR）形成机制。贷款市场报价利率按中期借贷便利利率加点形成，通过市场化改革打破贷款利率隐性下限，推动降低贷款实际利率。同月，中国人民银行印发公告明确改革完善 LPR 形成机制，促进贷款利率进一步市场化，提高利率传导效率，推动降低贷款实际利率水平。8 月 20 日，中国人民银行授权全国银行间同业拆借中心首次公布新机制下的 LPR，1 年期 LPR 为 4.25%，5 年期以上 LPR 为 4.85%。12 月 28 日，为深化利率市场化改革，进一步推动 LPR 运用，中国人民银行发布《关于存量浮动利率贷款定价基准转换的公告》，要求金融机构遵循市场化、法治化原则，推动存量浮动利率贷款定价基准转换为 LPR 或固定利率。

以银行永续债为突破口补充资本，提升银行可持续支持实体经济的能力。针对银行发行永续债面临的法律、监管、会计等多方障碍，中国人民银行与多部门合作提出应对之策。2019 年 1 月，首单银行永续债成功发行。据统计，2019 年共有 15 家商业银行发行了 5696 亿元永续债，银行预期明显改善，社会信用收缩压力得到缓解。②

（五）完善市场化的人民币汇率形成机制

2019 年，中国人民银行继续推进人民币汇率市场化改革，完善以市场供求为基础，参考一篮子货币进行调节、有管理的浮动汇率制度，人民币汇率弹性增强，有效发挥了汇率调节宏观经济和国际收支自动稳定器的作用。总的来看，2019 年跨境

---

① 中国人民银行：《2019 年第四季度中国货币政策执行报告》。

② 《银行永续债发行主体扩容 15 家银行 2019 年已“补血”5696 亿元》，《经济日报》，2020 年 1 月 7 日。

资本流动和外汇供求基本平衡，汇率预期总体平衡，人民币汇率在合理均衡水平上保持基本稳定。2020 年 8 月初，受中美贸易摩擦进一步升级影响，人民币汇率在市场力量推动下“破 7”，但汇率预期总体保持平衡。此后受国际经济金融形势以及贸易摩擦局势变化，人民币汇率多次破 7。①

二、2019～2020 年农村金融相关政策

（一）加大金融服务乡村振兴的政策支持力度

2019 年，银保监会发布《关于做好 2019 年银行业保险业服务乡村振兴和助力脱贫攻坚工作的通知》，中国人民银行等五部门联合发布《关于金融服务乡村振兴的指导意见》，明确了到 2020 年金融服务乡村振兴的目标，以及到 2035 年、2050 年的中长期目标，提出以市场化运作为导向、以机构改革为动力、以政策扶持为引导、以防控风险为底线等原则。这两个文件从以下几个方面提出了加大金融服务乡村振兴的措施。

1. 健全适合乡村振兴发展的金融服务组织体系

鼓励开发性、政策性金融机构在业务范围内为乡村振兴提供中长期信贷支持。国家开发银行按照开发性金融机构的定位，充分利用服务国家战略、市场运作、保本微利的优势，加大对乡村振兴的支持力度，培育农村经济增长动力。积极引导政策性银行利用发债筹资成本低等优势，以批发资金转贷形式精准支持小微企业。农业发展银行坚持农业政策性银行职能定位，提高政治站位，在粮食安全、脱贫攻坚等重点领域和关键薄弱环节发挥主力和骨干作用。

加大商业银行对乡村振兴支持力度。中国农业银行强化面向“三农”、服务城乡的战略定位，进一步改革完善三农金融事业部体制机制，确保县域贷款增速持续高于全行平均水平，积极实施互联网金融服务“三农”工程，着力提高农村金融服务覆盖面和信贷渗透率。中国邮政储蓄银行发挥好网点网络优势和资金优势，凭借丰富的小额贷款专营经验，坚持零售商业银行的战略定位，以小额贷款、零售金融

① 中国人民银行：《2020 人民币国际化报告》。

服务为抓手，突出做好乡村振兴领域中农户、新型经营主体、中小企业、建档立卡贫困户等小微普惠领域的金融服务，逐步提高县域存贷比并保持在合理范围内。股份制商业银行和城市商业银行结合自身职能定位和业务优势，突出重点支持领域，围绕提升基础金融服务覆盖面、推动城乡资金融通等乡村振兴的重要环节，积极创新金融产品和服务方式，打造综合化特色化乡村振兴金融服务体系。

强化农村中小金融机构支农主力军作用。农村信用社、农村商业银行、农村合作银行坚持服务县域、支农支小的市场定位，保持县域农村金融机构法人地位和数量总体稳定，将新增可贷资金主要用于当地，将存贷比和县域贷款在资产中的占比保持在合理水平。积极探索农村信用社改革路径，理顺农村信用社管理体制，明确并强化农村信用社的独立法人地位，完善公司治理机制，保障股东权利，提高县域农村金融机构经营的独立性和规范化水平，淡化农村信用社在人事、财务、业务等方面的行政管理职能，突出专业化服务功能。强化村镇银行支农支小战略定力，向乡镇延伸服务触角，稳妥组建投资管理型村镇银行和“多县一行”制村镇银行。县域法人金融机构资金投放使用应以涉农业务为主，不得片面追求高收益。把防控涉农贷款风险放在更加重要的位置，提高风险管控能力。积极发挥小额贷款公司等其他机构服务乡村振兴的有益补充作用，探索新型农村合作金融发展的有效途径，稳妥开展合作社内部信用合作试点。

2. 明确金融支持乡村振兴的重点领域

支持农业供给侧结构性改革。优先保障国家粮食安全，重点支持优质特色产业，助力提升农产品质量和促进农业科技成果转化应用。聚焦产业兴旺，推动农村一二三产业融合发展，加大对农业“走出去”项目、各类农机企业和新型农机服务组织的信贷投放，合理开展面向新型农业经营主体的农机融资租赁、信贷担保、保险业务。

助力美丽乡村建设。进一步加大对农村高标准农田、交通设施、水利设施、电网、通信、物流等领域的中长期信贷支持。大力发展绿色金融，重点支持生态体系保护和修复工程。进一步落实农村人居环境整治三年行动方案。促进乡村旅游提质升级。

做好各类现代农业主体金融服务。做好农村产权制度改革金融服务，发展壮大农村集体经济。加快推进新型农业经营主体信用评价体系建设。扩大小农户小额信用贷款覆盖面，满足小农户的有效金融需求。支持返乡务工人员、大学生、转业军人、科技特派员等农村新兴群体的创新创业，推广“政银保”合作融资模式，加大农村创业担保贷款投放力度。扩大大病保险在农村地区的覆盖面，积极参与乡村医疗、养老和健康产业投资。

提升特殊群体金融服务水平。加大助学贷款投放力度，执行优惠利率，满足高校学生合理的金融需求。加大对具有劳动能力老年人的金融支持力度，在风险可控前提下适当放宽老年人的贷款年龄限制。推进营业网点无障碍设施建设，探索新技术，提升残疾人的金融服务体验。

3. 强化金融产品和服务方式创新

拓宽农业农村抵押物范围和风险缓释渠道。稳妥有序推进农村承包土地经营权、农民住房财产权、集体经营性建设用地使用权抵押贷款试点工作，积极稳妥开展林权抵押贷款，推广农业生产设备、运输工具、厂房抵押贷款，探索开展圈舍和活体畜禽抵押、养殖场抵押、乡村景区企业经营权和门票收费权质押、存单质押、应收账款质押贷款和订单融资。鼓励企业和农户通过融资租赁业务，解决农业大型机械、生产设备、加工设备购置更新资金不足的问题。加强与全国农业信贷担保体系和国家融资担保基金等政府性融资担保机构的深度合作。探索土地收储公司参与农村产权抵押贷款风险处置。

创新金融产品。发挥全国信用信息共享平台和金融信用信息基础数据库的作用，探索开发新型信用类金融支农产品和服务。探索产业链金融模式。研发额度小、频度高、季节时限性较强的特色贷款产品和投资理财产品。探索农业保险保单质押贷款、农户信用保证保险贷款等银保合作产品。研发符合农民实际需求的人身保险、财产保险产品。①

优化服务流程和方式。根据自身风险管理能力，运用新技术，区分业务种类，下放涉农信贷审批权限，简化业务流程，合理确定贷款额度、利率和期限；与农业企业、农产品交易平台系统对接，探索全流程在线操作的网络融资服务。不断优化涉农类保险业务的理赔流程，改善农民服务体验。

扩大保险产品试点范围。深入开展三大粮食作物完全成本保险和收入保险试点，

① 中国银保监会：《2019 年中国普惠金融发展报告》。

扩大农业大灾保险试点和“保险 + 期货”试点，稳步开展生猪和蔬菜价格保险试点。鼓励各地开展地方特色优势农产品保险试点、设施农业保险试点，扩大森林保险保费补贴试点范围。

精准滴灌服务小微企业。自 2018 年以来，随着小微企业金融服务工作的推进，大多数商业银行逐步建立起“能贷愿贷会贷”的机制。政策性银行发挥资金充足优势，与地方银行联合开展对小微企业的转贷服务；国有大型银行加快数字化转型，广泛对接公共部门的涉企信息，开发大数据风控模型进行小微企业客户的准入和风控；中小银行利用贴近社区、贴近企业的优势服务地方经济；互联网新型银行利用数字化信贷产品为小微企业提供高频的流动资金。

加快绿色金融发展。2019 年 5 月，为贯彻落实创新、协调、绿色、开放、共享的发展理念，进一步发展我国绿色金融市场，加强绿色金融改革创新试验区建设，中国人民银行印发《关于支持绿色金融改革创新试验区发行绿色债务融资工具的通知》，提出支持试验区内企业注册发行绿色债务融资工具；探索扩大绿色债务融资工具募集资金用途；鼓励试验区内企业通过注册发行定向工具、资产支持票据等不同品种的绿色债务融资工具，增加融资额度，丰富企业融资渠道；因地制宜，研究探索与试验区经济特征相适应的创新产品。

4. 建立健全多渠道资金供给体系

加大多层次资本市场的支持力度。支持符合条件的涉农企业在主板、中小板、创业板及新三板上市和挂牌；加强再融资监管，规范涉农上市公司募集资金投向，避免资金“脱实向虚”。

创新债券市场融资工具和产品。鼓励地方政府发行一般债券，用于农村人居环境整治、高标准农田建设等领域。鼓励商业银行发行“三农”专项金融债券，募集资金用于支持符合条件的乡村振兴建设项目。

发挥期货市场价格发现和风险分散功能。稳步扩大“保险 + 期货”试点，探索“订单农业 + 保险 + 期货（权）”试点，探索建立农业补贴、涉农信贷、农产品期货（权）和农业保险联动机制，形成金融支农综合体系。

持续提高农业保险的保障水平。鼓励地方财政加大农业保险保费补贴力度，拓宽补贴险种，落实农业保险大灾风险准备金制度，组建中国农业再保险公司，完善农业再保险体系。逐步扩大农业大灾保险、完全成本保险和收入保险试点范围。引导保险机构到农村地区设立基层服务网点，下沉服务重心。

5. 加强金融基础设施建设

在可持续的前提下全面提升农村地区支付服务水平。推动移动支付方式在农村的普及，从服务生活向服务农业生产、农村生态延伸。推广符合农村、农业、农民需要的移动支付新产品，支持助农取款服务与信息进村、电商、社保等合作共建。

加快推进农村信用体系建设。按照政府主导、中国人民银行牵头、各方参与、服务社会的整体思路，全面开展信用乡镇、信用村、信用户创建活动，发挥信用信息服务农村经济主体融资功能。强化部门间信息互联互通，推行守信联合激励和失信联合惩戒机制，优化农村金融生态环境。推进农户、家庭农场、农民合作社、农业社会化服务组织、农村企业等经济主体的电子信用档案建设，多渠道整合社会信用信息。

强化农村地区金融消费权益保护。开展“金惠工程”“金融知识普及月”等金融知识普及活动，增加农村金融消费者的风险意识，规范金融机构信息披露和风险提示等行为。

6. 完善政策保障体系

加大货币政策支持力度。通过差别化存款准备金工具引导金融机构加强对乡村振兴的金融支持；合理确定再贷款、再贴现的期限、额度和发放时间，提高资金使用效率，确保支农再贷款资金全部用于发放涉农贷款，以支持实体经济。

更好地发挥财政支持撬动作用。发挥县域金融机构涉农贷款增量奖励政策作用，发挥国家融资担保基金作用，落实金融机构向农户、小微企业及个体工商户发放小额贷款取得的利息免税政策，鼓励地方对农村地区支持环境建设进行财政补贴等。

完善差异化监管体系。适当放宽“三农”专项金融债券的发行条件，取消“最近两年涉农贷款年度增速高于全部贷款平均增速或增量高于上年同期水平”的要求。适度提高涉农贷款不良容忍度，涉农贷款不良率高出自身各项贷款不良率年度目标 2 个百分点（含）以内的，可不作为银行业金融机构内部考核评价的扣分因素。

（二）加大对涉农金融机构的政策支持及监管调整力度

1. 定向降准增加中小银行的长期资金来源

定向降准是完善对中小银行实行较低存款准备金率的“三档两优”政策框架的

重要举措，有利于促进服务基层的城市商业银行和农村金融机构加大对小微企业、民营企业的支持力度。2019 年以来中国人民银行对中小银行的定向降准主要有以下几次：

2019 年 5 月 15 日起对中小银行定向降准。为建立对中小银行实行较低存款准备金率的政策框架，降低小微企业融资成本，中国人民银行决定从 2019 年 5 月 15 日开始，对聚焦当地、服务县域的中小银行，实行较低的优惠存款准备金率。对仅在本县级行政区域内经营，或在其他县级行政区域设有分支机构但资产规模小于 100 亿元的农村商业银行，执行与农村信用社相同档次的存款准备金率，该档次目前为 8%。约有 1000 家县域农商行可以享受该项优惠政策，释放长期资金约 2800 亿元，全部用于发放民营和小微企业贷款。我国存款准备金“三档两优”政策新框架基本形成。

2019 年 9 月 16 日，在全面下调金融机构存款准备金率 0.5 个百分点基础上，为加大对小微企业、民营企业的支持力度，再额外对仅在省级行政区域内经营的城市商业银行定向下调存款准备金率 1 个百分点，于 10 月 15 日和 11 月 15 日分两次实施，每次下调 0.5 个百分点。此次降准释放长期资金约 9000 亿元，其中定向降准释放资金约 1000 亿元。

2020 年 3 月 16 日实施普惠金融定向降准，对普惠金融领域贷款占比考核达标银行给予 0.5 或 1.5 个百分点的存款准备金率优惠，并对此次考核中得到 0.5 个百分点存款准备金率优惠的股份制商业银行额外降准 1 个百分点。此次定向降准释放长期资金 5500 亿元，其中对达到普惠金融定向降准考核标准的银行释放长期资金 4000 亿元。对符合条件的股份制商业银行再额外定向降准 1 个百分点，释放长期资金 1500 亿元，有效增加了银行支持实体经济的稳定资金来源，每年还可直接降低相关银行付息成本约 85 亿元。通过银行传导，有利于降低小微企业、民营企业贷款实际利率，直接支持实体经济。

2020 年 4 月 3 日下调农村信用社、农村商业银行、农村合作银行、村镇银行和仅在本省级行政区域内经营的城市商业银行存款准备金率 1 个百分点，分 4 月 15 日和 5 月 15 日两次实施；并自 4 月 7 日起将金融机构在央行超额存款准备金利率从 0.72% 下调至 0.35%。此次定向降准可释放长期资金约 4000 亿元，平均每家中小银行可获得长期资金约 1 亿元，有效增加中小银行支持实体经济的稳定资金来源，还可降低银行资金成本每年约60亿元；获得定向降准资金的中小银行有近4000家，在银行体系中占比为99%，数量众多、分布广泛，立足当地、扎根基层，是服务中小微企业的重要力量。降准后，超过4000家中小存款类金融机构（包括农村信用社、农村商业银行、农村合作银行、村镇银行、财务公司、金融租赁公司和汽车金融公司等）的存款准备金率已降至6%。从我国历史上以及发展中国家情况看，6%的存款准备金率是比较低的水平。降低中小银行存款准备金率，将增加中小银行的资金实力，有助于引导其以更优惠的利率向中小微企业发放贷款，扩大涉农、外贸和受疫情影响较严重产业的信贷投放，增强对实体经济恢复和发展的支持力度。超额准备金利率的下调，亦可推动银行提高资金使用效率，促进银行更好地服务实体经济特别是中小微企业。

中国人民银行自2019年起调整了普惠金融定向降准小微企业贷款考核标准，将普惠金融定向降准小型和微型企业贷款考核标准由“单户授信小于500万元”调整为“单户授信小于1000万元”。这有利于扩大普惠金融定向降准优惠政策的覆盖面，引导金融机构更好地满足小微企业的贷款需求，使更多的小微企业受益。

2. 用再贴现工具加强对中小银行的流动性支持

2019年，中国人民银行下发了《中国人民银行关于向中小银行提供流动性支持的通知》，增加再贴现额度2000亿元、常备借贷便利额度1000亿元，加强对中小银行的流动性支持，构建防范化解中小银行流动性风险的“四道防线”，保持中小银行流动性充足。

3. 推动中小银行补充资本和完善治理

2020年7月，银保监会等六部门印发了《中小银行深化改革和补充资本的工作方案》，提出在用好现有市场化补充资本的渠道的同时，允许地方政府发行专项债券补充中小银行资本，参与中小银行的资本补充和风险化解。本次地方政府专项债总限额是2000亿元，支持18个地区的中小银行，允许省级政府按照规定发行专项债券，作为认购中小银行的可转换债的合格资本工具。强调保持地方金融组织体系的完整性，保持农信社和农商行县域法人地位总体稳定，保持以社会资本为主的格局不变。

对农村中小银行机构行政管理进行优化调整。2019年，银保监会发布了《农村中小银行机构行政许可事项实施办法》，落实党中央、国务院关于发展普惠金融、服务实体经济的战略部署，持续深化“放管服”改革，进一步推进农村中小银行机构改革发展和风险处置。实施办法主要着眼于持续推进简政放权、进一步完善农村金融服务体系、提升相关股权监管规则一致性、做好银行业对外开放工作。

明确村镇银行的定位及监管要求。2019 年，银保监会发布《关于推进村镇银行坚守定位　提升服务乡村振兴战略能力的通知》，针对少数村镇银行在经营发展中偏离支农支小市场定位的倾向，明确支农支小是村镇银行的培育目标和市场定位，要求村镇银行必须始终坚持扎根县域，专注信贷主业，有效提升金融服务乡村振兴的适配性和能力，建立并完善符合自身特点的治理机制，扎实做好风险防控与处置；专门制定了监测和考核村镇银行坚守定位和服务乡村振兴战略能力的 4 项基础指标，同时要求属地监管部门结合辖区实际，对基础指标进行进一步细化和差异化。

4. 促进政府性融资担保体系发展

为贯彻落实政府工作报告，建立健全政府性融资担保体系，促进政府性融资担保机构聚焦支小支农主业，实现健康可持续发展，2020 年 8 月，银保监会等七部门联合发布了《关于做好政府性融资担保机构监管工作的通知》，从以下几个方面对做好政府性融资担保机构监管工作提出要求：一是开展政府性融资担保机构确认工作；二是要求政府性融资担保机构坚守准公共定位，弥补市场不足，聚焦支小支农主业，稳步提高小微企业和“三农”融资担保在保余额占比；三是内外结合，促进提升政府性融资担保机构服务质效。政府性融资担保机构应当加强自身建设，鼓励银行积极与政府性融资担保机构合作，落实风险分担机制，完善政府性融资担保机构绩效评价体系，落实支小支农贷款担保降费补贴政策。

5. 规范商业银行小微企业金融服务

2019 年，银保监会印发了《关于 2019 年进一步提升小微企业金融服务质效的通知》，旨在增加银行信贷在小微企业融资总量中的比重，带动小微企业融资成本整体下降；提出了信贷投放、成本管理、风险管控等方面的目标，明确了督促银行深化专业机制建设、优化信贷服务技术和方式、研究完善监管政策等方面的政策要求。

2020 年 6 月，银保监会发布了《商业银行小微企业金融服务监管评价办法（试行）》，以全面科学评价商业银行小微企业金融服务工作情况，更好地发挥监管激励和引导作用，进一步提升商业银行服务小微企业质效。评价主要涵盖信贷投放情况、体制机制建设情况、重点监管政策落实情况、产品及服务创新情况、监督检查情况五个方面，评价结果划分为四个等级。

2020 年 6 月，中国人民银行公布了《标准化票据管理办法》，支持各类供应链平台接入相关票据平台，支持中小微企业通过标准化票据融资。

（三）中国人民银行用再贷款货币政策工具服务农村金融

1. 用扶贫再贷款结构性货币政策工具强化产业及地区扶贫金融服务

2019 年 7 月 24 日，中国人民银行全面实施优化运用扶贫再贷款发放贷款定价机制工作，引导金融机构合理确定运用扶贫再贷款资金发放贷款的利率，切实降低贫困地区融资成本。2019 年 8 月 27 日，中国人民银行设立专项扶贫再贷款，支持扩大“三区三州”信贷投放，降低“三区三州”融资成本，促进实现精准扶贫、精准脱贫目标。

2. 用支小再贷款额度支持中小银行扩大对小微企业、民营企业的信贷投放

2019 年 7 月 31 日，为改善小微企业和民营企业融资环境，中国人民银行决定增加支小再贷款额度 500 亿元，重点支持中小银行扩大对小微企业、民营企业的信贷投放，发挥精准滴灌作用，以降低社会融资成本。本次增加额度后，全国支小再贷款额度为 3695 亿元。服务基层、服务实体且符合宏观审慎要求的城市商业银行、农村商业银行、农村合作银行、村镇银行和民营银行借用支小再贷款后能够增加小微企业、民营企业信贷投放，可向中国人民银行当地分支行申请支小再贷款。2019 年以来，中国人民银行加大支小再贷款支持力度，加强再贷款资金投向监测评估，注重定向发力，切实支持小微企业、民营企业。截至 2019 年 6 月末，全国支小再贷款余额为 2267 亿元，同比增加 1323 亿元，创历史新高。①

3. 用再贷款工具支持疫情防控

2020 年 1 月，中国人民银行发布《关于发放专项再贷款支持防控新型冠状病毒感染的肺炎疫情有关事项的通知》，向主要全国性银行和湖北等 10 个重点省（市、区）的部分地方法人银行提供总计 3000 亿元低成本专项再贷款资金，支持抗疫保

---

① 中国人民银行：《人民银行增加支小再贷款额度 500 亿元支持中小银行扩大对小微、民营企业的信贷投放》，2019 年 7 月 31 日。

供。2020 年 2 月，中国人民银行发布《关于加大再贷款、再贴现支持力度促进有序复工复产的通知》，增加再贷款再贴现专用额度 5000 亿元，同时，下调支农支小再贷款利率至 2.5%，为企业有序复工复产提供低成本、普惠性的资金支持。同月，中国人民银行发布《关于运用支农再贷款专用额度支持扩大生猪养殖信贷投放的通知》，安排支农再贷款专用额度 200 亿元，支持扩大生猪养殖信贷投放。

下调再贷款利率，引导金融机构降低对企业的贷款利率，支持实体经济发展。在 2020 年内再次下调再贷款利率，2 月 25 日下调支农支小再贷款利率 0.25 个百分点至 2.5%，支持中小微企业复工复产；7 月 1 日起下调支农支小再贷款利率 0.25 个百分点，调整后，3 个月、6 个月和 1 年期支农支小再贷款利率分别为 1.95%、2.15% 和 2.25%，再贴现利率下调 0.25 个百分点至 2%。

（四）加大金融精准扶贫工作力度

1. 央行发布指导意见明确做好 2019 ~ 2020 年金融精准扶贫工作

2019 年，中国人民银行印发了《关于切实做好 2019 年—2020 年金融精准扶贫工作的指导意见》，指出要改善货币政策传导机制，加强扶贫再贷款管理，落实普惠金融定向降准政策。各银行业金融机构要帮助贫困地区培育特色优势扶贫产业，深化产业扶贫利益联结机制，促进金融支持与产业扶贫有效融合。加大信贷资源投放、网点与服务终端布设，开展金融结对帮扶行动，满足深度贫困地区合理的金融需求。加强易地扶贫搬迁资金管理，强化政策衔接，做好易地扶贫搬迁综合金融服务；明确进一步提升金融体系普惠性，优化贫困地区金融生态环境。强调稳妥办理扶贫小额信贷的续贷和展期，积极应对或将迎来的还款高峰，推动完善扶贫小额信贷风险补偿金的管理使用。高度关注片面追求贷款规模和覆盖面、以扶贫名义过度举债等可能存在的风险。推动金融机构农户小额贷款利息收入免征增值税、涉农贷款增量奖励等政策落实，强化政府性融资担保公司的风险分担能力，加大扶贫贷款贴息力度，提高金融扶贫可持续性。

2. 银保监会加大对深度贫困地区的金融扶贫工作力度

2020 年 3 月，银保监会印发了《关于进一步加大“三区三州”深度贫困地区银行业保险业扶贫工作力度的通知》，提出持续加大银行信贷支持，要求银行业金融机构努力实现“三区三州”深度贫困地区各项贷款平均增速高于所在省份贷款增速，力争 2020 年各深度贫困县存贷比有较大提升；各级银行保险监管部门要设立审批绿色通道，进一步提高“三区三州”深度贫困地区不良贷款容忍度；实现“三区三州”深度贫困县保险机构全覆盖等。

（五）相关法律法规不断完善

2015 年国务院印发了《关于开展农村承包土地的经营权和农民住房财产权抵押贷款试点的指导意见》，为全国范围内逐步推行农村承包土地经营权和农民住房财产权抵押工作指明方向，并规定“因借款人不履行到期债务或者发生当事人约定的情形需要实现抵押权时，允许金融机构在保证农户承包权和基本住房权利前提下，依法采取多种方式处置抵押物”。

2015 年，第十二届全国人大常委员授权国务院在部分试点县（市、区）行政区域分别暂时调整实施有关法律规定，并于 2017 年 12 月 27 日延长授权至 2018 年 12 月 31 日，为开展农村承包土地的经营权和农民住房财产权抵押贷款试点提供了重要法律支撑；中国人民银行于 2016 年 3 月牵头制定出台《农民住房财产权抵押贷款试点暂行办法》和《农村承包土地的经营权抵押贷款试点暂行办法》，在全国 232 个试点地区开展农地抵押贷款，59 个试点地区开展农房抵押贷款，并取得显著成效。

新修订的《中华人民共和国土地承包法》于 2019 年 1 月 1 日起正式施行，其中增加了承包地经营权向金融机构融资担保的条款，即第四十七条：“承包方可以用承包地的土地经营权向金融机构融资担保，并向发包方备案。受让方通过流转取得的土地经营权，经承包方书面同意并向发包方备案，可以向金融机构融资担保。”实现担保物权时，担保物权人有权就土地经营权优先受偿。但“融资担保”这一术语较含糊，未明确是抵押还是质押的融资担保形式。

（六）推进农村普惠金融发展

在实施普惠金融定向降准政策基础上，相关部门出台了以下推进农村普惠金融的政策。

1. 完善扶贫小额信贷相关政策

扶贫小额信贷是银保监会、财政部、中国人民银行、国务院扶贫办于 2014 年联合推出的精准支持建档立卡贫困户的扶贫信贷产品，政策要点是“5 万元以下、3

年期以内、免担保免抵押、基准利率放贷、财政贴息、县建风险补偿金”。截至2020年一季度末，全国扶贫小额信贷累计发放4443.5亿元，累计支持建档立卡贫困户1067.81万户次，在帮助贫困群众发展生产脱贫致富、增强贫困户内生动力、促进贫困地区金融市场发展、改善农村社会治理等方面取得显著成效。①

2020年7月，银保监会等四部门联合发布了《关于进一步完善扶贫小额信贷有关政策的通知》，提出以下主要举措：一是进一步坚持扶贫小额信贷政策，明确脱贫攻坚期内（2020年12月31日前）签订的扶贫小额信贷合同（含续贷、展期合同），在合同期限内各项政策保持不变。二是进一步扩大扶贫小额信贷支持对象，将返贫监测对象中具备产业发展条件和有劳动能力的边缘人口纳入扶贫小额信贷支持范围。三是进一步延长受新冠肺炎疫情影响还款困难的扶贫小额信贷还款期限。对到期日在2020年1月1日后（含续贷、展期）、受疫情影响还款困难的贫困户扶贫小额信贷，在延长还款期限最长不超过6个月的基础上，将还款期限进一步延长至2021年3月底。四是对扶贫小额信贷需求实行名单制管理，对符合条件的贫困户要应贷尽贷。五是加强扶贫小额信贷风险管理，坚持扶贫小额信贷户借、户用、户还，精准用于贫困户及边缘人口的个人发展生产，持续完善风险补偿机制。

2. 规范小额贷款管理

2019年，银保监会等四部门联合印发《关于进一步规范和完善扶贫小额信贷管理的通知》，从坚持和完善扶贫小额信贷政策、切实满足建档立卡贫困户信贷资金需求、稳妥办理续贷和展期、妥善应对还款高峰期、进一步完善风险补偿机制、分类处置未直接用于贫困户发展生产的扶贫小额信贷、强化组织保障等方面提出了规范健康发展扶贫小额信贷的具体措施；重申了扶贫小额信贷坚持“5万元以下、3年期以内、免担保免抵押、基准利率放贷、财政贴息、县建风险补偿金”的政策要点，明确将借款人年龄上限放宽到65周岁。

（七）疫情期间增强对企业的金融支持

1. 出台为相关企业提供优惠信贷的政策

2020年1月31日，中国人民银行等五部门联合印发了《关于进一步强化金融

---

① 中国政府网：《截至一季度末全国扶贫小额信贷累计发放4443.5亿元》，2020年7月5日。

支持防控新型冠状病毒感染肺炎疫情的通知》，提出系列支持措施，包括：提高还贷的宽限期，予以展期或续贷，适当下调贷款利率、增加信用贷款和中长期贷款；提高金融机构服务效率，启动金融机构快速审批通道，简化业务流程；采取就近网点办公、召开视频会议等方式尽快办理审批放款等业务；提高保险理赔率，对感染新冠肺炎或受疫情影响受损的出险理赔客户，金融机构要优先处理，适当扩展责任范围，应赔尽赔。

2. 出台针对中小微企业信贷的金融支持政策

2020 年 3 月，银保监会等五部门联合印发《关于对中小微企业贷款实施临时性延期还本付息的通知》，对 2020 年 1 月 25 日以来到期的困难中小微企业（含小微企业主、个体工商户）贷款本金，以及 2020 年 1 月 25 日至 6 月 30 日中小微企业需支付的贷款利息，银行业金融机构应根据企业申请，给予企业一定期限的临时性延期还本付息安排。还本付息日期最长可延至 2020 年 6 月 30 日，免收罚息。建立绿色通道，简化贷款审批流程；提高小微企业信用贷款、中长期贷款占比和“首贷率”。2020 年 6 月，中国人民银行会同银保监会等八部门出台了《关于进一步强化中小微企业金融服务的指导意见》，从落实中小微企业复工复产信贷支持政策、开展商业银行中小微企业金融服务能力提升工程、改革完善外部政策环境和激励约束机制、发挥多层次资本市场融资支持作用、加强中小微企业信用体系建设、优化地方融资环境、强化组织实施等政策措施，以推动金融支持政策更好地适应市场主体的需要，提高金融政策的“直达性”，促进中小微企业融资“增量、降价、提质、扩面”。

疫情期间，中国人民银行会同有关部门创设了两个直达实体的货币政策工具。一是中小微企业贷款的阶段性延期还本付息。中国人民银行会同银保监会等五部门出台了《关于进一步对中小微企业贷款实施阶段性延期还本付息的通知》，对于 2020 年 6 月 1 日至 12 月 31 日到期的普惠小微贷款（包括单户授信 1000 万元及以下的小微企业贷款、个体工商户和小微企业主经营性贷款），按照“应延尽延”要求，实施阶段性延期还本付息；对于 2020 年 6 月 1 日至 12 月 31 日到期的普惠小微贷款本金，银行业金融机构应根据企业延期还本申请，结合企业受疫情影响情况和经营状况，通过贷款展期、续贷等方式，给予企业一定期限的延期还本安排。还本日期最长可延至 2021 年 3 月 31 日。二是普惠小微信用贷款支持工具。中国人民银行会同银保监会等五部门还出台了《关于加大小微企业信用贷款支持力度的通知》，规定自 2020 年 6 月 1 日起，中国人民银行通过创新货币政策工具使用 4000 亿元再贷款专用额度，购买符合条件的地方法人银行于 2020 年 3 月 1 日至 12 月 31 日新发放普惠小微信用贷款的 40%，以促进银行加大小微企业信用贷款投放，支持更多小微企业获得免抵押担保的信用贷款支持。该通知强调，各银行业金融机构要注重审核第一还款来源，减少对抵押担保的依赖，丰富信用贷款产品体系，确保 2020 年普惠小微信用贷款占比明显提高，贷款期限不少于 6 个月。上述政策有利于银行业金融机构增加小微企业信用贷款和无还本续贷，稳定小微企业融资性现金流，提高小微企业的贷款可获得性，进一步降低小微企业的综合融资成本。

3. 财政部出台系列金融支持政策

2020 年 2 月，财政部发布《关于支持金融强化服务　做好新型冠状病毒感染肺炎疫情防控工作的通知》，对 2020 年新增的疫情防控重点保障企业贷款，在中国人民银行专项再贷款支持金融机构提供优惠利率信贷的基础上，中央财政按中国人民银行再贷款利率的 50% 给予贴息，贴息期限不超过 1 年，贴息资金从普惠金融发展专项资金中安排；加大对受疫情影响个人和企业的创业担保贷款贴息支持力度，对贷款的申请、展期、逾期给予支持；对受疫情影响企业的融资担保业务，减半收取再担保费用。同月，财政部等五部门联合印发了《关于打赢疫情防控阻击战　强化疫情防控重点保障企业资金支持的紧急通知》，就强化疫情防控重点保障企业资金支持提出要求，对疫情防控相关重点保障企业实施名单制管理，通过专项再贷款支持金融机构加大对企业的信贷支持力度，包括优惠利率和财政贴息等。同月，财政部发布了《关于切实支持做好新冠肺炎疫情防控期间农产品稳产保供工作的通知》，提出减免农业信贷担保相关费用的具体政策，包括自即日起至 2020 年 12 月底，国家农业信贷担保联盟有限责任公司对全国省级农担公司再担保业务减半收取再担保费用，并要求各地结合实际出台相应的减免措施；加大对重点地区和项目的财政支持，包括尽快拨付农业生产救灾资金，加大农产品冷藏保鲜支持力度，中央财政农业生产发展等资金向疫情防控重点地区倾斜。财政部还印发了《关于加快拨付贴息资金　强化疫情防控重点保障企业资金支持的补充通知》，明确地方各级财政部门应与本级中国人民银行分支机构、贷款银行加强沟通，实时掌握优惠贷款发放进度，可采取“先拨后结”方式，先行安排贴息资金，及时拨付至符合条件的企业。

（八）加快农业保险高质量发展

建立健全农业保险业务经营管理机制。2020 年 6 月，银保监会发布了《关于进一步明确农业保险业务经营条件的通知》，主要针对行业反映较为集中的农业保险市场准入问题，提出三个方面的改革措施：一是明确农业保险业务经营条件。从总公司和省级分公司两个层面分别制定农业保险业务经营条件。凡符合经营条件的保险机构，均可在本地开展农业保险业务，无须向监管机构提出经营资格申请。二是提高农业保险业务经营标准。2016 年修订后的《农业保险条例》在取消农业保险市场准入审批的同时，仍然保留了保险机构经营农业保险业务应当具备的相应条件，并符合国务院保险监督管理机构规定的其他条件。三是建立并完善退出机制。

加快农业保险高质量发展。2019 年，财政部等四部门联合印发了《关于加快农业保险高质量发展的指导意见》，提出农业保险的主要目标，即到 2022 年基本建成功能完善、运行规范、基础完备，与农业农村现代化发展阶段相适应、与农户风险保障需求相契合、中央与地方分工负责的多层次农业保险体系。稻谷、小麦、玉米三大主粮作物农业保险覆盖率达到 70% 以上，收入保险成为我国农业保险的重要险种，农业保险深度（保费/第一产业增加值）达到 1%，农业保险密度（保费/农业从业人口）达到 500 元/人；到 2030 年，农业保险持续提质增效、转型升级，总体发展基本达到国际先进水平，实现补贴有效率、产业有保障、农民得实惠、机构可持续的多赢格局。提出扩大农业保险覆盖面、提高农业保险保障水平、拓宽农业保险服务领域、落实便民惠民举措等多项政策措施，以提高农业保险服务能力；通过明晰政府与市场边界、完善大灾风险分散机制、清理规范农业保险市场、鼓励探索开展“农业保险 +”等举措，优化农业保险运行机制，强调农业保险基础设施建设。

三、农村金融政策动向

（一）坚持服务实体经济，防范化解系统性金融风险

在经济结构调整过程中，我国金融业的潜在风险隐患依然较大：一是存量风险

尚未彻底化解，一些金融机构历史包袱较重，资本和拨备缺口较大，疫情冲击之下经营风险更加突出；二是不良资产上升压力加大，风险很可能加速显现；三是资金面宽松背景下市场乱象易反弹回潮，一些高风险影子银行业务以新面目卷土重来；四是疫情加快全球经济金融格局调整，不确定、不稳定因素增多，外部输入风险加大。

注重提升服务实体经济质效。货币政策更好地服务实体经济，需着力于深化金融供给侧结构性改革，完善激励约束机制，抑制金融脱实向虚，引导金融资源更多流向实体经济尤其是薄弱环节。在可能引发系统性风险的关键点上，央行将精准发力，履行最后贷款人职责，打好防范化解重大风险攻坚战，守住不发生系统性金融风险的底线。同时，强化宏观审慎政策，压实各方面责任，共同发挥好在防控系统性风险中的支柱性作用。在经济结构调整和去杠杆、防风险过程中，小微企业和民营企业受到的阶段性影响较大，融资难问题比较突出，央行将继续采取综合措施切实加大对小微企业和民营经济的支持，增强经济内生增长动力。金融管理部门将根据新形势新情况，优化监管措施，依法处置违法违规行为，提升服务实体经济质效。①

提高金融支持政策便利度及可持续性。支持中小银行运用大数据进行有效银企对接；深化贷款市场报价利率改革，引导贷款利率继续下行；落实运用再贷款再贴现资金发放优惠利率贷款、支持发放信用贷款等措施，确保小微企业融资“增量、面扩、价降”；开展银行不合理和违规收费检查，引导银行主动减免服务费用、规范和限制小微企业贷款收费；防范金融风险，督促银行保险机构做好压力测试，强化公司治理，提高银行服务实体经济的可持续性。②

（二）统筹金融精准扶贫与乡村振兴金融服务衔接工作

《关于金融服务乡村振兴的指导意见》重点从以下几个领域推动金融支持乡村振兴。

① 中国人民银行党委书记、银保监会主席郭树清专访：《金融助力经济行稳致远》，《人民日报》，2020 年 8 月 14 日。

② 人民银行：《国务院政策例行吹风会“金融机构支持实体经济政策落实情况”文字实录》，2020 年 8 月 25 日。

一是加大金融精准扶贫力度。加大对建档立卡贫困户的扶持力度，用好用足扶贫小额信贷、农户小额信用贷款、创业担保贷款、助学贷款、康复扶贫贷款等优惠政策，满足建档立卡贫困户生产、创业、就业、就学等合理贷款需求。推动金融扶贫和产业扶贫融合发展，按照穿透式原则，建立金融支持与企业带动贫困户脱贫的挂钩机制。

二是做好农村产权制度改革金融服务。配合农村土地制度改革和农村集体产权制度改革部署，加快推动确权颁证、价值评估、交易流转、处置变现等配套机制建设；积极稳妥推广农村承包土地的经营权抵押贷款业务；结合宅基地“三权分置”改革试点进展，稳妥开展农民住房财产权抵押贷款业务；推动集体经营性建设用地使用权、集体资产股份等依法合规予以抵押。

三是重点做好新型农业经营主体和小农户的金融服务。针对不同主体的特点，建立分层分类的农业经营主体的金融支持体系。鼓励发展农业供应链金融，依托核心企业提高小农户和新型农业经营主体的融资可得性。

（三）加快推进农村信用体系建设

大力推进“信用户”“信用村”“信用乡（镇）”的评定与创建。《关于金融服务乡村振兴的指导意见》提出，将按照政府主导、中国人民银行牵头、各方参与、服务社会的整体思路，全面开展信用乡镇、信用村、信用户创建活动，发挥信用信息服务农村经济主体融资功能。强化部门间信息互联互通，推行守信联合激励机制和失信联合惩戒机制，不断提高农村地区各类经济主体的信用意识，优化农村金融生态环境。稳步推进农户、家庭农场、农民合作社、农业社会化服务组织、农村企业等经济主体电子信用档案建设，多渠道整合社会信用信息，完善信用评价与共享机制，促进农村地区信息、信用、信贷联动。①

（四）加快中小银行改革以提升金融机构体系稳健性

央行将以加快中小银行改革为重点，提升金融机构体系稳健性。推进城商行、农信社改革和风险化解工作，加快拓宽风险处置和资本补充资金来源，加快补充资

① 中国人民银行：《朱鹤新副行长赴湖南调研脱贫攻坚和乡村振兴金融服务工作》，2019 年 8 月 27 日。

本，因地制宜、分类施策，把深化改革与化解风险、完善治理结合起来。在改革推进中，注重保持地方金融组织体系的完整性，保持农信社或农商行县域法人地位总体稳定。[①] 中国人民银行将会同有关部门推动健全银行资本补充的体制机制，支持银行利用永续债、二级资本债等创新型资本工具，多渠道补充资本；推动用好地方政府专项债券资金补充中小银行资本。[②] 根据实践发展需要，重点加大对股东的穿透式监管，细化完善农商行股东关联交易监管规制，分类有序推进农商行股权托管工作。坚持提升农村中小银行公司治理能力，在当前和今后相当长一段时间，把探索建立适应小法人特点的公司治理机制作为重中之重，推动农村中小银行实现高质量发展。[③]

（五）推动完善农村金融相关法律和规章制度

《关于金融服务乡村振兴的指导意见》提出，配合乡村振兴相关法律法规的研究制定，相关部门将研究推动农村金融立法工作，强化农村金融法律保障。结合农村承包土地的经营权和农民住房财产权抵押贷款试点经验，推动修改完善农村土地承包法等法律法规，制定“两权”抵押等相关法律制度，加快补齐地方金融监管制度短板。研究修订互联网保险业务监管制度，为相关工作开展提供法律保障。[④]

参考文献

[1] 中国银保监会. 2019 年中国普惠金融发展报告，2019

[2] 中国人民银行党委书记、银保监会主席郭树清专访. 金融助力经济行稳致远. 人民日报，2020 - 8 - 14

[3] 银行永续债发行主体扩容　15 家银行 2019 年已“补血”5696 亿元. 经济日报，2020 - 1 - 7

[4] 中国人民银行. 2020 人民币国际化报告，2020

[5] 中国银保监会公告. 全面开展股东股权排查整治工作夯实农村中小银行公司治理基础，2019

---

① 《全力支持经济社会恢复发展　牢牢守住风险底线——访中国人民银行党委书记、中国银保监会主席郭树清》，新华网，2020 年 8 月 13 日。

② 中国人民银行：《国务院政策例行吹风会“金融机构支持实体经济政策落实情况”文字实录》，2020 年 8 月 15 日。

③ 中国银保监会：《全面开展股东股权排查整治工作　夯实农村中小银行公司治理基础》，2019 年 4 月 29 日。

④ 中国银保监会：《2019 年中国普惠金融发展报告》。

第4章

在时代浪潮中再启转型发展新引擎

2020 年是极不平凡的一年，面对严峻复杂的国际形势，特别是新冠肺炎疫情的冲击，在党中央、国务院的坚强领导下，我国经济社会发展克服种种困难和挑战，交出了一份人民满意、世界瞩目、可以载入史册的答卷。作为支农支小金融主力军的农村中小银行，积极担当、主动作为，在服务实体经济、疫情防控和决战决胜脱贫攻坚战中发挥了重要作用。

党的十九届五中全会明确提出要加快构建以国内大循环为主体、国内国际双循环相互促进的新发展格局，作出优先发展农业农村、全面推进乡村振兴的战略部署。面对新形势、新任务和新要求，2020 年我国农村中小银行认真贯彻新发展理念，主动融入新发展格局，加快自身转型发展步伐，致力于在服务乡村振兴中实现高质量发展。

高质量发展、全面建成小康社会、“双循环”新发展格局、乡村振兴战略……在这一系列宏大的时代命题和历史任务面前，作为农村金融主力军和乡村振兴主办银行，农村中小银行承担着新的使命任务，也面临新的机遇挑战。

如何抓准机遇、乘势而上，在服务实体经济高质量发展和乡村振兴中实现自身高质量发展转型？如何补齐短板、防范风险，在应对复杂多变的金融风险风浪中行稳致远？这是一份关乎“责任担当”的时代答卷，更是一份关乎“生存发展”的命运答卷。2020 年，面对复杂多变的经济金融形势和风险挑战，农村中小银行积极探索转型之路，围绕战略差异化、管理精细化、服务特色化，开启了一段新的发展征程。

一、战略转型：以差异化发展培育新动力

2020 年，我国国内外发展环境发生了深刻变化，世界百年未有之大变局加上新冠肺炎疫情在全球蔓延，使世界经济政治格局的不稳定性、不确定性日益增加。同时，国内宏观经济从规模速度型向内涵增长型转变，高质量发展初现成效，但发展不平衡、不充分的问题仍然突出，创新能力不适应高质量发展要求等短板依然存在。

随着我国经济步入高质量发展新阶段，金融市场化改革日益深化，银行业发展所处的内外部环境发生深刻变化。经济结构调整推动社会融资模式由单一化向多元化转变，倒逼银行业加快战略转型的步伐。与此同时，银行业金融机构同业竞争日趋白热化，竞争同质化态势愈演愈烈。尤其是金融新业态的快速崛起、现代金融科技应用的加速突破，给银行业原有的发展模式带来显著冲击。

面对转型发展的新课题，以差异化发展战略培育具有独特竞争力的比较优势，跳出同质化竞争的恶性循环，成为农村中小银行进行战略转型的首要选项。围绕“打造服务‘三农’的专业银行、服务社区的零售银行”的差异化转型目标，农村中小银行积极探索符合自身功能定位和禀赋条件的转型路径。

近年来，我国农村中小银行的改革发展取得了巨大成果，究其原因，除了体制改革红利效应之外，更为关键的是始终坚持服务“三农”、服务小微企业、服务县域经济的战略定位，在市场定位和业务拓展方面实现了差异化发展，在与其他商业银行的竞争中充分发挥了比较优势。近年来，“坚持服务‘三农’、服务小微企业、服务县域经济的市场定位”是我国农村信用合作社（简称农信社）进行全面布局的战略根基，差异化发展的理念始终贯穿于各地农信社的改革发展战略中。从发展战略到经营机制，从农村村落到城市社区，从产品到服务，围绕培育差异化战略转型，广大农村中小银行积极探索布局。

农村中小银行作为立足县域的地方金融机构，必须与地方经济深度融合，着力构建与地方经济共生共荣、互惠共赢的大格局，推动形成命运共同体、发展共同体、利益共同体，更好地满足经济发展和人民群众需要，同时更好地促进和实现自身高质量发展。

在战略层面，大多数农信社在引入社会资本参与改制时，都明确强调参与改制

的社会资本首先必须与农信社达成高度的战略认同，即要认同农信社服务“三农”、服务小微企业、服务县域经济的战略定位，以及与此相适应的经营方式。通过这种股权结构的前置式安排，确保农商银行发展的差异化市场定位和经营策略。同时，不少农商银行进一步探索确立系统的专业化策略，确保差异化发展战略的落地，探索在董事会下设立战略委员会，结合自身禀赋、市场定位、地区规划和金融需求状况确定战略目标，制订中长期发展规划和实施计划，构建差异化经营的商业模式。

在经营策略方面，不少农商银行将“做小、做散、做特”作为具体的经营指针，积极调整信贷结构。在信贷资源配置上，向“三农”、小微领域的小客户、小项目倾斜，严格控制大项目和大额度贷款规模。在内部经营架构上，积极探索，通过建立三农事业部、小微金融事业部、专营中心、专营支行等，逐步建立专业化的人才队伍、业务流程和考核机制，以专业化提升服务效率。在产品设计上，积极围绕“三农”和小微客户的需求，进行有针对性的产品设计和创新，满足“三农”、小微客户的多元化金融服务需求。

在网点布局方面，积极响应国家关于大力发展普惠金融的政策精神，进一步下沉网点资源，开展金融服务进村入户活动，地毯式开展农户信息建档和预授信，真正把金融服务送到田间地头。地处城区的农商银行，则把服务的触角向社区延伸，通过设立社区银行或社区金融服务中心的方式，为社区居民提供便利的金融服务。通过社区服务策略，提升社区居民对于农商银行业务的客户黏度和忠诚度，巩固农商银行在县域社区的差异化竞争优势。

二、管理转型：以精细化管理构建新机制

近年来，我国农村中小银行的改革取得了显著成效，但其经营管理依然受到粗放式发展的制约，不少机构仍然没有摆脱拼速度、拼份额、拼规模的“速度情结”，发展模式和盈利模式依然缺乏竞争力。当前，我国农村金融市场正在发生深刻变化，处于一个从“量变”到“质变”的调整期，以前大干快上的粗放式经营方式已难以为继。农村中小银行要摆脱对于粗放式发展的路径依赖，通过精细化管理实现“强身健体”，走出一条对内夯实管理基础、对外拓展业务空间的新路子。

面对政策环境和市场竞争变化带来的双重挑战，2020 年我国农村中小银行在精

细化管理方面不断发力，积极探索质量与效益并重、风险与资本平衡的集约化发展模式，盈利模式逐步由外延式规模扩张向内涵式集约发展转变。在具体路径上，主要体现在不断完善成本管理、风险定价、资本配置、资金定价机制等方面，以精细化管理确保可持续性发展。

近年来，随着利率市场化进程的日益深化和市场竞争的白热化，银行业金融机构面临息差逐步收窄的新形势。同时，随着经济下行压力不断加大，银行业的信贷资产扩张受到抑制，信用风险暴露呈加速之势。面对新的市场形势，农村中小银行迫切需要通过科学的定价管理，做精做细信贷业务，依靠资金定价的精细化管理，实现对成本、效益、风险的全面覆盖，获得更强的议价能力和竞争优势。

一些发达地区农商银行开始更加注重系统建设和数据应用，通过强化系统支撑和数据挖掘，为精细化定价管理提供决策依据。不少农商银行积极推进管理会计系统建设，利用管理会计系统上线的时机，构建 FTP（内部资金转移定价）机制，使成本计量更为清晰。

与资金定价精细化管理并行的是，农村中小银行更加注重资本管理的精细化。在宏观经济向高质量发展转型期，随着供给侧结构性改革的深入推进，局部信用风险暴露呈加速态势，银行业经营管理也由此进入严监管时代。监管层面强化资本约束的监管导向，叠加经济下行期的风险暴露态势，致使农村中小银行在资本补充方面面临新的双重考验。为缓解资本补充压力，不少农商银行在保持内源性资本补充的基础上，积极探索外源性资本补充渠道，通过发行二级资本债、次级债、登陆新三板、IPO 上市等方式探索资本补充的新路径，有效拓宽了资本补充渠道，在一定程度上缓解了资本补充压力。然而，从长远发展的角度看，要彻底解决资本不足问题，根本路径在于强化资本约束理念、全面提升资本管理能力、彻底摒弃依靠规模扩张的粗放式发展道路，通过科学的资本管理实现发展方式转型，逐步构建起以内源性资本补充为主、外源性资本补充为辅的长效资本补充机制。

2020 年，农村中小银行逐步树立科学的资本补充及资本管理理念，厘清了农村中小银行资本管理精细化的路径，即要加快推进发展方式转型，着力提升内源性资本补充能力。要依靠创新和业务转型积极应对利差收窄、资产质量下滑带来的不利影响，逐步退出高资本消耗、高风险业务，积极转变业务模式，大力发展低资本消耗的中间业务、理财业务、资金业务等新型业务，逐步实现增长方式由资产规模驱动向创新驱动转变。同时，要强化资本约束意识，根据自身的发展战略，制定与之相匹配的中长期资本规划，着力提升资本配置能力，强化经济资本管理，优化资本结构，科学地进行资本预算、配置和考核，降低高资本消耗业务和高风险资产比重，着力发展轻资本、轻资产业务，实现经营模式转型。

三、服务转型：以特色化服务开拓新空间

随着供给侧结构性改革的不断深化，尤其是农业供给侧结构性改革的深入推进，我国“三农”经济发展呈现出新的态势和特征，对于金融服务的需求也在不断升级。农村中小银行传统的金融服务方式和产品，已经越来越难以适应新的需求。新形势下，农村中小银行要保持在农村市场的竞争优势，必须推进自身服务模式的转型，以特色化、专业化服务深耕农村市场，满足“三农”客户日益升级的金融服务需求。

2020 年，围绕金融服务普惠性、便利化、专业化和社区融合，农村中小银行积极探索服务转型的新路径。在提升农村金融服务的普惠性方面，县域农商银行着力于下沉网点服务，开展金融服务进村入户活动，地毯式开展农户信息建档和预授信，着力解决基础金融服务的可获得性，同时积极降低“三农”、小微客户的金融服务成本，让“三农”、小微客户切实获得普惠金融的实惠。着力下沉服务重心，运用好“人缘地缘”优势，以“党建+”等形式全面融入社区治理、乡村产业、客户生产生活的全生命周期。在便利化方面，农村中小银行坚持线下服务与线上服务双线并进的策略，着力提升“三农”客户获取金融服务的便利性。线下服务着力于服务流程的优化、服务网点的下沉，通过广泛设立社区银行、社区金融便利店等方式，将特色服务送到客户身边。与此同时，还着重探索金融服务与社区的融合发展，整合银行、商户及社区居民的供给与需求，在提供金融服务的同时，积极探索购物、教育、医疗、物流等居民生活服务的供给，逐步将社区金融服务网点打造成为与居民生活相融合的综合服务平台，即打造社区金融服务生态圈。线上服务方面，紧跟金融科技发展趋势，探索布局移动金融，综合运用互联网技术和移动终端服务，促进基础金融服务的创新升级。同时，依托农村中小银行自身资源优势和客户需求，探索发展互联网金融服务和电商平台。

在提升金融服务专业性方面，农村中小银行积极探索专业化的经营策略，调整内部组织架构，通过设立专业部门、专业团队、专门流程，实现前、中、后台的集约式经营，使各个业务领域的差异化经营更加专业、高效。同时，抓住农村产业融合发展的战略机遇，围绕专业合作社、家庭农场等新型农业经营主体和农业龙头企业打造覆盖产业链、供应链、流通链等的全链条金融服务，促进“三农”金融服务由“点对点”模式向“产业链”模式转型，实现“三农”金融服务的多样化、特色化发展，打造服务“三农”的专业银行。建立敏捷反应机制，跟随农村产业形态和客户的需求变化，保持产品创新和服务创新的灵活性、敏捷性与适配性，打造服务乡村振兴的主办银行。

此外，为了适应“三农”金融服务特色化的需求，不少农村中小银行也积极探索专营化业务发展模式。通过设立社区专营机构、设计专业产品，满足特定客户群体的多层次、专业化、个性化金融服务需求，逐步树立以客户为中心的服务理念，以客户需求为导向建立完善产品及服务创新机制，在充分了解客户需求的基础上，建立产品创新的快速响应机制，提升金融产品和服务与客户需求的匹配度。以特色化、专业化服务为竞争优势，一些先进的农商银行在政策的支持下，开始不断延伸服务范围，逐步实现了跨区域经营，将自身特色化的金融服务向更大范围拓展。

四、价值创造：与农村产业新形态共生共赢

在回归本源、坚守主业的大方向下，2020 年我国农村中小银行也积极响应国家政策导向，在绿色金融、消费金融、产业链金融等方面着力发挥价值创造作用。

绿色金融让“绿水青山”变“金山银山”。“十三五”规划五大发展理念包含绿色发展理念，并首次关注绿色金融，提出“建立绿色金融体系，发展绿色信贷、绿色债券，设立绿色发展基金”。污染防治成为决胜全面小康三大攻坚战之一。2019 年，银保监会等五部门联合发文，提出要完善“三农”绿色金融产品和服务体系。发展绿色金融既是银行机构支持乡村振兴的新使命，也是高质量发展的新机遇。农村中小银行践行“绿水青山就是金山银山”理念，在组织管理层面，大多建立了总分机构匹配的绿色金融经营体系，推行绿色办公；在融资支持层面，聚焦生态农业和生态产业，在贷款定价和信贷资金分配上给予倾斜，支持了一批特色小镇、精

品民宿、绿色农产品等项目，成为绿色金融支持农民就业、帮助农民脱贫增收的重要举措。

消费金融助力农村消费结构升级。“十三五”规划提出“挖掘农村消费潜力，着力扩大居民消费”，鼓励金融机构创新消费信贷产品。在新发展格局下，消费成为拉动经济增长的强大引擎。伴随农村居民人均可支配收入、城乡居民消费结构升级，移动支付、征信等基础业务快速渗透，农村消费金融迎来发展黄金期。农村中小银行围绕客户消费需求升级带来的金融需求，积极创新产品，在满足客户金融需求的同时，持续开拓农村消费金融新蓝海。

产业链、供应链金融和农村电商蓬勃发展。2020 年伴随着农村一二三产业加速融合，农村新产业、新业态、新商业模式快速发展，产业链延长、价值链提升、利益链共享成效显著。得益于农村电子支付业务的推广，农村区域电子商务、“直播带货”新业态发展迅速，大大推动了农产品“走出去”。农业产业链生产、加工、冷链物流、销售的一体化发展，有效激发了农业产业链、供应链各环节的金融需求，为农村中小银行发展产业链、供应链金融和运营银行系农产品电商平台提供了良好契机。一方面，有利于以更高效率、更低成本实现涉农信贷资金的加大投入，优化农村小额贷款业务流程，助力农村产业兴旺；另一方面，各类“银行机构 + 农户 + 电商平台”的合作模式不断涌现，集金融、电商、消费、结算于一体的新型农村金融生态圈逐渐形成，有效丰富了农村金融服务内涵。

五、科技赋能：重塑数字时代的发展引擎

近年来，科技创新成为银行转型发展的“第一动力”。金融科技的深度应用，催生了一系列新产品、新业态、新模式，为金融发展提供了创新活力。农村中小银行虽非金融科技的引领者，但也紧随潮流、乘势而上，逐步搭建起有地方特色的金融生态体系。

奠基：“大平台 + 小法人”的科技之力。从金融科技的基础技术来说，大多数农信机构科技建设能力较差，基本都是依托省联社搭建各类金融科技平台。据初步统计，浙江省联社、安徽省联社为辖内机构搭建的科技平台均达 200 多个，并通过上下通达的渠道满足共性及个性化需求。此外，少数综合实力较强的农商银行，如

上海、北京、重庆、广州等地的农商银行则自主搭建科技平台为数字化转型奠基。整体来看，农信系统在数字化转型过程中已触及当前广泛应用的人工智能（AI）、区块链、云计算、大数据、物联网等技术。例如，北京农商银行的人工智能远程银行、浙江省联社的多租户私有云、湖北农信的异构金融云，还有当前流行的大数据营销、“刷脸付”“指纹付”等生物识别技术、物联网动产贷款等在农信机构的业务应用中都不乏实例。此外，据调查，近 5 年来，农信系统与科技公司的合作日益频繁，很多省联社及农信机构与头部互联网科技企业旗下的金融科技公司达成合作战略，在系统的开发、运行及维护以及数据要素、金融产品等方面深入合作。

线上 + 线下：让金融生态“圈”住“最后一公里”。在农村金融市场，金融科技价值最大化必须依靠线上与线下深度融合。浙江农信的“丰收驿站”、安徽农信的“社区 e 银行”、贵州农信的“黔农驿站”都是典型样板。农信机构通过手机银行、综合金融服务平台、聚合支付等深入挖掘当地商圈、园区、交通出行、生活娱乐等场景金融，逐步搭建当地的综合金融服务生态圈，覆盖社区金融与生活服务的方方面面，让客户足不出社区便享受到家服务，形成吃、穿、住、行、娱、医以及教育、政务都可以在此金融生态圈内完成的闭环，让客户的整个生命周期都离不开农信机构，稳扎稳打逐步建立起具有地域特性的综合金融服务生态圈甚至是“一公里”社区服务圈。例如，浙江农信“丰收互联”创新社保云、医疗云、园区云、校园区、市政云、商户云、社区云“7 朵云”服务，开发了“4000 + ”服务版面、“100 + ”线上金融服务功能和“1400 + ”生活服务场景。四川农信“蜀信 e”嵌入了当地 9 类服务场景、1155 项生活服务。

赋能管理：数字技术搭建全行管理“高速路”。5 年前，福建南安农商银行的客户经理需要挨家挨户找客户，今天客户扫一扫村委会宣传栏上的二维码就可以和金融助理直接对话，逛一逛掌上“金融超市”；5 年前，江苏泰州农商银行员工放贷苦于漫天撒网、所获无几，而今天他们一部手机就可随时掌握系统分派的客户，精准营销成功率大大提升；5 年前，黑龙江农信员工帮助贫困农户在网上卖特色农产品，而如今哈尔滨市农信社公益直播带货，短短 15 分钟便点赞过 300 万；5 年前，上海农商银行面试现场人山人海，而现在他们运用数字技术顺利完成招聘“e 转型”，开展系列空中宣讲会，观看人数达到 10 万人，借助 AI 测评精准匹配、集中线上面试等方式更快锁定优质生源，AI 测评到面率高达 98%；5 年前，广东顺德农商银行员工被重复性工作所累，如今流程智能机器人可以 7×24 小时不间断工作，执行任务准确率 100%。从办公流程、信贷管理到风控管理，从人才引进、线上培训到绩效考核，从客户经理大数据获客到综合柜员办公无纸化，从不良催收到管理层科学决策，农信机构运用数字技术改变了内部管理与运营的传统模式，赋能员工走上成长“高速路”，推动管理与发展搭上“轻轨道”。

等等老年人：用温度缩小“数字鸿沟”。全国有 8 万多个农信网点遍布乡镇、街道、社区甚至是“悬崖村”、孤岛，但各地社会经济和科技水平发展不一，客户运用数字金融的程度也大有不同，尤其是农村老年客户在使用手机银行等线上金融服务时存在很大困难。2020 年 11 月，国务院办公厅印发《关于切实解决老年人运用智能技术困难的实施方案》，就进一步推动解决老年人在运用智能技术方面遇到的困难，坚持传统服务方式与智能化服务创新并行，为老年人提供更周全、更贴心、更直接的便利化服务作出部署。其实，在农信，帮助老年人解决数字金融服务难题一直都是他们的工作目标。北京农商银行、浙江鄞州银行等许多农信机构推出了简洁版（老年版）手机银行，手把手教老年人使用数字金融服务；陕西秦农银行定期对“空巢”老人访问，并做好详细备案，在为其做好金融服务的同时帮助老人解决生活问题，确保老人身体安好；江西农商银行系统始终坚持线上与线下一体化，推出贴合老年人需要的“适老”金融服务，在数字普惠金融的道路上坚持“一个都不能少”，绝不让老人被高科技抛弃，必要时，为他们提供上门服务，让老年人的金融体验更安心、更暖心、更放心。

六、顺势而为：在时代变局中找准发展坐标

“十四五”时期，改革转型、风险化解、普惠金融是我国农村中小银行面临的三大关键命题，也是筹谋高质量发展新航程的关键所在。

用好改革转型“关键一招”，夯实高质量发展之基。近年来，在监管部门的推动和引领下，我国农村中小银行以产权改革为核心，持续推进公司治理能力建设，取得了长足进步。但与现代金融企业的公司治理水平仍有较大差距，与高质量发展的要求不相适应，因公司治理缺位、失效引发的风险也时有发生。新时代、新征程正式启幕，对我国治理体系和治理能力现代化提出新的要求。“十四五”时期，农

村中小银行深化改革的重中之重是加快完善公司治理。农村中小银行需要准确研判形势，深刻认识在公司治理方面的短板，以“刀刃向内”的勇气和魄力，牢牢扭住公司治理这个“牛鼻子”，着力打造具有农村中小银行特色的公司治理体系，形成坚守定位、良性发展的内生机制，为提升金融服务能力、实现高质量发展提供有力支持。同时要把加强党的领导融入公司治理各个环节，积极推进党的领导与公司治理的高效融合，共同护航农村中小银行可持续稳健发展。

抓实风险化解“关键环节”，筑牢高质量发展屏障。新冠肺炎疫情对经济带来的冲击，进一步加剧了农村中小银行的风险形势，信用风险暴露呈加速态势，资产质量下迁压力加大，不良资产处置难度趋高。面对新的风险挑战，农村中小银行一方面要强化稳健审慎的经营理念，坚持“风险与业务发展相协调、风险与收益相均衡、风险与资本约束相适应”的原则，不断提升风险管控能力，防范新增不良资产。同时，需要积极探索风险化解新思路、新路径，多措并举尽快尽早化解存量风险，卸下包袱轻装上阵。要想方设法补充资本，增强吸收损失的能力，提升可持续发展的能力。2020 年以来，监管部门推动地方政府发行 2000 亿元专项债券，用于补充中小银行资本，在改善股权结构的基础上不断提升中小银行抵御风险的能力。农村中小银行需要抓住政策机遇和时间窗口，积极争取政策落地。

借力数字普惠金融之势，打开业务发展新空间。当前，数字普惠金融已经成为金融发展的必然趋势，尤其是新冠肺炎疫情大大提高了客户尤其是农村客户对线上服务的认知度和接受度，线上业务交易量大幅增长，倒逼农村中小银行加快数字普惠金融发展。与此同时，目前各银行业金融机构均加速布局和发力普惠金融，日趋激烈的市场竞争要求农村中小银行顺应行业发展大势，构筑市场竞争新优势。

当前，我国经济仍处于增长动力转换的换挡期、产业结构和业态的调整期、向高质量发展转型的过渡期，宏观经济金融形势仍然错综复杂，金融风险防控面临严峻挑战。新形势考验着农村中小银行的应变能力，同时农村金融市场竞争态势正处于由量变向质变的转化阶段，市场竞争的深度和广度日益深化。面向未来，农村中小银行唯有时刻保持战略定力，坚定沿着转型发展之路前进，方能在宏观经济环境的变化和市场竞争的洗礼中，保持独特的发展优势，开启新的发展篇章。

第5章

2019 年中国农村金融新进展

一、2019 年我国农村金融发展概览

在我国，随着农村金融服务的创新，农村金融服务的广度与深度得到延伸，多层次的金融服务体系得以建立。然而，在我国金融服务体系中，农村金融始终是较为薄弱的环节。农村金融发展有待充分挖掘，尤其是与乡村振兴战略目标相匹配的农村金融服务尚待完善。目前我国已出台相关政策，推动健全适合农业、农村、农民特点的农村金融服务体系，力争把更多金融资源配置到农村经济发展的重点领域和薄弱环节。

本文所述农村金融机构按中国银保监会的分类所示，包括农村商业银行、农村合作银行、农村信用社和新型农村金融机构。截至 2019 年末，我国农村金融机构有 3902 家，占我国银行业金融机构的 84. 88% 。

2019 年末，我国农村金融机构总资产达 37. 22 万亿元，较上年同期增长 7. 6% ，占银行业金融机构的 13. 2% ；总负债为 34. 25 万亿元，较上年同期增长 7. 4% ，占银行业金融机构的 13. 3% 。2019 年，我国农村金融机构发放普惠性小微企业贷款 4. 32 万亿元，占我国银行业金融机构的 37% 。①

① 资料来源：银保监会官网。

二、2019 年我国金融机构涉农贷款的情况

2019 年 3 月 6 日，财政部发布《关于做好 2019 年中央财政普惠金融发展专项资金管理工作的通知》，明确提出自 2019 年起，中央财政将调整资金使用方向，县域金融机构涉农贷款增量奖励政策不再执行。2019 年 3 月 8 日，银保监会发布《关于做好 2019 年银行业保险业服务乡村振兴和助力脱贫攻坚工作的通知》，明确普惠型涉农贷款和精准扶贫贷款增速、增量考核要求。根据 2019 年中央一号文件提出的普惠型涉农贷款增速目标，各银行业金融机构要保持同口径涉农贷款余额持续增长，完成普惠型涉农贷款差异化考核目标，实现普惠型涉农贷款增速总体高于各项贷款平均增速。首先，要实现精准扶贫贷款余额持续增长。深度贫困地区贷款增速力争高于所在省（区、市）贷款平均增速。其次，优化服务乡村振兴和脱贫攻坚金融供给机制。要求设立普惠金融事业部的大中型商业银行（设立三农事业部、扶贫事业部的银行除外）将普惠型涉农金融业务、扶贫金融业务纳入事业部制统一管理，在内部资金转移定价、考核激励政策等方面予以政策倾斜，形成专业化服务乡村振兴和助力脱贫攻坚的金融服务供给机制。2019 年 8 月 23 日，财政部、税务总局发布《关于金融企业涉农贷款和中小企业贷款损失准备金税前扣除有关政策的公告》，金融企业根据《贷款风险分类指引》（银监发〔2007〕54 号），对其涉农贷款和中小企业贷款进行风险分类后，按照以下比例计提的贷款损失准备金，准予在计算应纳税所得额时扣除：关注类贷款，计提比例为 2%；次级类贷款，计提比例为 25%；可疑类贷款，计提比例为 50%；损失类贷款，计提比例为 100%。

以上文件在明确涉农贷款、中小企业贷款概念的同时，也明确金融企业计提涉农贷款和中小企业贷款损失准备金可以扣除。上述贷款损失准备金分四类计提，分别是关注类、次级类、可疑类、损失类，计提比例为 2% ~100%。可见，贷款损失准备金比例跨度非常大，今后检查的重点和难点在于如何确认贷款损失的类别。

（一）全国金融机构涉农贷款情况

自 2007 年创立涉农贷款统计至 2018 年末，我国全部金融机构涉农贷款余额累计增长 534.4%，11 年间平均年增速为 16.5%。涉农贷款余额从 2007 年末的 6.1 万

亿元增加至 2018 年末的 32.7 万亿元，占各项贷款的比重从 22% 提高至 24%。

截至 2018 年末，全国银行业金融机构涉农贷款（不含票据融资）余额 33 万亿元，同比增长 5.6%；普惠型涉农贷款余额为 5.63 万亿元，同比增长 10.52%。全国银行业金融机构发放扶贫小额信贷余额 2488.9 亿元，支持建档立卡贫困户 641.01 万户；扶贫开发项目贷款余额为 4429.13 亿元，较年初增加 336.8 亿元。全国银行业金融机构和保险机构的乡镇分支机构覆盖率分别达到 96% 和 95%；全国行政村基础金融服务覆盖率达 97%。全国农业保险全年实现保费收入 572.65 亿元，为 1.95 亿户次农户提供风险保障 3.46 万亿元，承保粮食作物面积 11.12 亿亩。涉农小额贷款保证保险实现保费收入 4.1 亿元，赔付支出 8.3 亿元，帮助 20 万农户撬动“三农”融资贷款 138 亿元。农房保险为 1.4 亿多间农房提供风险保障 3.6 万亿元。开发扶贫专属农业保险产品 147 个，涉及 22 个省份的 60 种农作物。

截至 2019 年末，银行业金融机构本外币涉农贷款余额为 35.19 万亿元，同比增长 7.7%（见表 5－1）；小微企业贷款余额为 36.9 万亿元，全年增加 2.68 万亿元，同比多增 4515 亿元，同比增速 10.1%。其中，单户授信总额 1000 万元及以下的普惠型小微企业贷款余额为 11.7 万亿元，较年初增速 24.6%；贷款余额户数为 2100 多万户，较年初增加 380 万户；新发放普惠型小微企业贷款平均利率较 2018 年平均水平下降 0.64 个百分点。2019 年末，农村（县及县以下）贷款余额为 28.84 万亿元，同比增长 8.3%，比上年末高 2.3 个百分点，全年增加 2.35 万亿元，同比多增 4103 亿元；农户贷款余额为 10.34 万亿元，同比增长 12.1%，比上年末低 1.8 个百分点，全年增加 1.19 万亿元，同比多增 575 亿元；农业贷款余额为 3.97 万亿元，同比增长 0.7%，比上年末低 1.1 个百分点，全年增加 714 亿元，同比减少 165 亿元。[①]

表 5－1　　近 10 年我国金融机构涉农贷款余额情况

贷款情况＼年份	2010	2011	2012	2013	2014	2015	2016	2017	2018	2019
涉农贷款余额（万亿元）	11.77	14.6	17.6	20.8	23.6	23.6	28.2	30.95	32.7	35.19
涉农贷款同比增长（%）	28.7	24.9	20.7	18.4	13	13	7.1	9.64	5.6	7.7

资料来源：根据公开数据整理。

① 资料来源：银保监会官网。

（二）我国部分省份金融机构涉农贷款情况（见表 5 – 2）

2019 年末，福建省涉农贷款本外币余额为 1.3 万亿元，占比较上年提高 4.1 个百分点，涉农贷款增长较快。① 该省积极推动涉农普惠金融产品创新，推动金融机构创新“快农贷”“福林贷”“福田贷”等信贷产品和“气象指数”“三农”综合保险等普惠型保险产品，形成林业普惠型金融“武平经验”“长汀经验”等，逐步构建普惠金融的福建品牌。

截至 2019 年末，安徽全省银行业涉农贷款、小微企业贷款余额约为 1.4 万亿元。2019 年，天津市涉农贷款余额为 1945.2 亿元，同比增长 6.2%，结束连续 3 年负增长。

截至 2019 年末，广东省涉农贷款余额为 1.4 万亿元，同比增长 12.6%。2019 年，广东（不含深圳）累计投向涉农领域的信贷支持再贷款、再贴现金额同比增长 79.8%。农村金融组织体系不断完善。截至 2019 年末，政策性银行及商业银行涉农贷款比年初新增 1142 亿元，农合机构涉农贷款比年初新增 495 亿元；存量助农取款服务点有 2.4 万个，金融服务行政村覆盖率达到 100%。2019 年共发生助农取款交易 683.3 万笔，金额 31.2 亿元。

2019 年，广西壮族自治区涉农贷款新增 740.6 亿元，累计 8853.85 亿元，同比多增 257.89 亿元。

2019 年，贵州省农村地区信贷支持力度进一步加大，贵州全省涉农贷款余额为 12220.7 亿元，较年初增加 1271.6 亿元，全省涉农贷款余额同比增长 12.04%。

2019 年，河南省金融资源加快向薄弱地区集聚，全年涉农贷款 138.7 亿元，重点贫困地区贷款保持较快增长。

2019 年，黑龙江省涉农贷款同比多增 246.5 亿元。2019 年，湖南省新增涉农贷款 1245.4 亿元，同比多增 258.3 亿元，涉农贷款、精准扶贫贷款继续保持增长态势，分别同比增长 11.0% 和 10.8%。

2019 年末，吉林省涉农贷款余额为 5441 亿元，占吉林全省各项贷款比重的 26.7%，其中农户贷款 729 亿元，同比增长 6%。

---

① 中国人民银行：《福建省金融运行报告（2019）》。

2019 年，江苏省金融支持乡村振兴力度进一步加大，有效满足了产业扶贫、农田水利基础设施建设、农村土地综合整治、苏北农村住房条件改善等民生项目的融资需求。全省涉农贷款同比增长 10.6%，增速比上年同期提高 6.5 个百分点。本外币涉农贷款超过各项贷款增速，省内法人银行机构普惠型涉农贷款余额为 3325.64 亿元，较年初增加 517.47 亿元，增长 18.43%，超过各项贷款增速 2.68 个百分点。

2019 年，江西省涉农领域余额占各项贷款比重的 36.3%，累计发放支农（含扶贫）、支小再贷款 308.6 亿元，为涉农、小微企业节约融资成本约 5.9 亿元。

2019 年，内蒙古自治区涉农贷款新增 20.2 亿元；新疆维吾尔自治区涉农贷款同比增长 5.7%；云南省地方法人金融机构发放涉农贷款 39.1 亿元。

2019 年，四川省“三农”金融服务稳步提升，全年新增涉农贷款 808.7 亿元，新增涉农贷款占全部新增贷款比重较去年提高 2.5 个百分点，占全部新增贷款的 28.8%。

2019 年，西藏自治区涉农贷款余额 1405.15 亿元，其中农户贷款余额 288.37 亿元，同比增长 11.82%。①

表 5-2　我国部分省份 2019 年涉农贷款情况

省　份	2019 年涉农贷款余额（万亿元）
福建省	1.3
安徽省	1.4
广东省	1.4
广西壮族自治区	0.88
贵州省	1.2
吉林省	0.54
江苏省	0.33
天津市	0.19
西藏自治区	0.14

资料来源：根据公开数据整理。

① 资料来源：各省、自治区金融运行报告（2019）。

三、2019 年农村金融机构的情况与分析

（一）我国农村金融机构数量及总资产、总负债

根据中国银保监会统计数据，截至 2019 月 12 月末，银行业金融法人机构有 4607 家，较 2019 年 6 月公布的 4597 家增加 10 家。4607 家银行业金融机构包括：开发性金融机构 1 家、住房储蓄银行 1 家、政策性银行 2 家、国有大型商业银行 6 家、股份制商业银行 12 家、民营银行 18 家、外资法人银行 41 家、城市商业银行 134 家、信托公司 68 家、金融租赁公司 70 家、消费金融公司 24 家、汽车金融公司 25 家、货币经纪公司 5 家、企业集团财务公司 258 家、金融资产管理公司 4 家、贷款公司 13 家、村镇银行 1630 家、农村商业银行 1478 家、农村信用社 722 家、农村资金互助社 44 家、农村合作银行 28 家、其他金融机构 23 家。本文所述农村金融机构按中国银保监会的分类，包括农村商业银行、农村合作银行、农村信用社和新型农村金融机构，故 2019 年末我国农村金融机构有 3902 家，占我国银行业金融机构的 84.88%（见表 5－3）。

表 5－3　　2016～2019 年我国农村金融机构数量变化情况

农村金融机构分类	2016 年	2017 年	2018 年	2019 年
村镇银行	1443	1562	1616	1630
农村商业银行	1114	1262	1427	1478
农村信用社	1124	965	812	722
农村资金互助社	48	48	45	44
农村合作银行	40	33	30	28
合计	3769	3870	3930	3902

资料来源：根据中国银保监会公布的数据整理。

2019 年末，我国金融业机构总资产为 318.69 万亿元，同比增长 8.6%，其中银行业机构总资产为 290 万亿元，同比增长 8.1%；金融业机构总负债为 289.43 万亿元，同比增长 8.1%，其中银行业机构总负债为 265.54 万亿元，同比增长 7.7%；中国银行业金融机构网点总数达到 22.8 万个，其中年内改造营业网点 15591 个；设

立社区网点7228个，小微网点达到3272个；在全国投放自助设备109.35万台，其中创新自助设备4805台；利用自助设备交易达353.85亿笔，交易金额为61.85万亿元。[①] 2019年末我国农村金融机构总资产为37.22万亿元，较上年同期增长7.6%，占银行业金融机构的13.2%；总负债为34.25万亿元，较上年同期增长7.4%，占银行业金融机构的13.3%（见表5－4、表5－5）。

表5－4　　农村金融机构资产负债情况（按月）

项目＼时间	2019年											
	1月	2月	3月	4月	5月	6月	7月	8月	9月	10月	11月	12月
总资产（亿元）	355960	359659	361137	363098	363641	364814	366414	368453	370621	371941	374880	372157
比上年同期增长率（%）	7.2	7.1	7.3	8.6	8.9	8.2	8.4	8.5	8.7	8.5	8.3	7.6
占银行业金融机构比例（%）	13.4	13.5	13.4	13.5	13.4	13.3	13.4	13.4	13.4	13.4	13.4	13.2
总负债（亿元）	328530	331944	333346	335303	335563	336635	337973	339635	341770	342725	345163	342504
比上年同期增长率（%）	6.9	6.8	7.1	8.5	8.8	8.1	8.3	8.4	8.6	8.5	8.2	7.4
占银行业金融机构比例（%）	13.5	13.6	13.5	13.6	13.5	13.4	13.5	13.4	13.5	13.5	13.5	13.3

资料来源：中国银保监会。

① 资料来源：银保监会官网。

表5-5　　农村金融机构资产负债情况（按季度）

项目 \ 时间	2019年			
	一季度	二季度	三季度	四季度
总资产（亿元）	361137	364814	370621	372157
比上年同期增长率（%）	7.33	8.24	8.66	7.63
占银行业金融机构比例（%）	13.09	12.96	13.02	12.73
总负债（亿元）	333346	336635	341770	342505
比上年同期增长率（%）	7.13	8.10	8.62	7.43
占银行业金融机构比例（%）	13.15	13.01	13.11	12.90

资料来源：中国银保监会。

我国农村金融机构数量总体保持稳定。随着农信社改制为农商银行进入“深水区”，各省份农村金融机构改革在2019年也取得了一定的成绩。

2019年末，贵州省已有18家全国性银行、1家外资银行、2家跨省城商行，1家跨省农商行在贵州省设立分行。全省农村信用社改革持续推进，已组建农村商业银行57家（含获批筹建4家）、村镇银行84家，基本实现全省所有县市区村镇银行全覆盖。新型农村金融机构数量比去年增加97家，业务广度和深度得到进一步提升。

2019年，海南省地方法人机构改革有序推进，万宁市农村信用合作联社成功改制为海南万宁农村商业银行股份有限公司，兴福村镇银行股份有限公司正式开业。

2019年，河北省农村商业银行批复筹建1家，开业3家。省内村镇银行整体实现规范有序发展，全年共批准开业3家，批筹2家，“多县一行”制试点机构——唐县汇泽村镇银行两家异地支行顺利开业；“投资管理行”——中银富登村镇银行已批准筹建。

在黑龙江省地方法人银行机构中，2019年有3家农村信用社改制为农村商业银行，分别为克山农商行、绥滨农商行和庆安农商行；新增1家村镇银行，即同江汇鑫村镇银行。

湖南省农村金融改革成效显著，金融精准扶贫持续推进。2019年，湖南省累计挂牌农商行102家（法人机构），成为全国第6个全面完成农信社银行化改革的省份。全面推广农地经营权抵押贷款，稳慎探索开展农房财产权抵押贷款，农地经营权抵押贷款余额为13.2亿元，农房财产权抵押贷款余额为21.9亿元。金融精准扶贫进展良好。2019年末，湖南省6923个金融扶贫服务站已覆盖75万贫困户、250万贫困人口。2019年末金融精准扶贫贷款余额为1991.3亿元，同比增长10.3%，全年新增扶贫贷款176.7亿元。

截至2019年末，辽宁省改革之初的77家农信社中，共有45家完成了改制工作，占比为58.4%，成功组建了29家农商行；其余32家农信社中已有21家完成资产确权工作，占比为68%。

2019年，青海省6家农村商业银行获批开业，相应地回填了机构数下降局面，拉动从业人员人数增加。农信社改革进入收官阶段，全省29家农村信用社完成农村商业银行改革，全省农村合作金融机构全部退出高风险社行列。村镇银行“多县一行”试点工作顺利推进，对青海省存贷比较低的32家县域银行实施“信贷补短”工程。新增县域信贷投放50.6亿元，存贷比较年初增加9.6个百分点。[①]

2019年，山西省共有16家农村信用社改制为农村商业银行。

新疆维吾尔自治区银行业改革持续推进，农村金融机构改制成效显著。农村信用社改制在“因地制宜、分类指导、稳步推进”“成熟一家，改制一家”的原则下不断深化，2019年共有5家农村信用社成功改制为农商行。

2019年，浙江省81家农信社中有79家改制为农村商业银行，村镇银行基本实现县域全覆盖，农村金融机构改革稳步推进。

2019年10月29日，重庆农商行成功在A股上市，资本补充渠道进一步丰富，成为全国首家“A+H”股上市农商行、西部首家“A+H”股上市银行。

（二）我国农商银行主要指标

中国银保监会发布的商业银行主要指标分类机构情况中公布了农村商业银行的各项主要指标与主要监管指标。在本文中，以农商银行指标情况管窥我国农村金融机构的总体情况（见表5-6）。

---

① 资料来源：湖南农信、辽宁农信、青海电信。

表5－6　2019年一季度至四季度农村商业银行的主要指标情况　单位：亿元

指标	一季度	二季度	三季度	四季度
不良贷款余额	5811	5866	6146	6155
次级类贷款余额	2451	2314	2445	2390
可疑类贷款余额	3174	3365	3513	3313
损失类贷款余额	186	187	188	451
不良贷款率	4.05%	3.95%	4%	3.9%
资产利润率	1.07%	0.96%	0.92%	0.82%
拨备覆盖率	128.5%	131.52%	130.81%	128.16%
资本充足率	12.97%	12.98%	13.05%	13.13%
流动性比例	60.22%	61.32%	61.02%	63.15%
净利润	723	1305	1887	2287
净息差	2.7%	2.72%	2.74%	2.81%

资料来源：中国银保监会。

（三）普惠型小微企业贷款

截至2019年末，我国银行业金融机构发放普惠型小微企业贷款，即单户授信总额1000万元以下（含）小微企业贷款共计11.67万亿元，其中农村金融机构发放普惠型小微企业贷款4.32万亿元，占银行业金融机构的37%（见表5－7）。①

表5－7　2019年一季度至四季度我国银行业金融机构普惠型小微企业贷款情况　单位：亿元

项目＼时间	2019年			
	一季度	二季度	三季度	四季度
合计	99693	106960	113081	116671
大型商业银行	25783	29117	31605	32571
股份制商业银行	18656	19801	20855	21612
城市商业银行	14852	15796	16643	17415
农村金融机构	39184	40748	42325	43207

资料来源：中国银保监会。

① 资料来源：银保监会官网。

四、农村信用体系建设

农村信用体系建设是繁荣农村经济及农村金融稳定与可持续发展的重要保障，农村信用体系建设是现代农村经济的核心，是支持服务“三农”的重要力量。农村金融机构作为农村信用体系建设的组织之一，在促进农村信用体系建设中起到了重要作用（见表5－8）。

表5－8　　我国部分省份农村信用体系建设情况

	评定信用户数（万户）	创建信用村数（个）	创建信用乡/镇数（个）	评定信用县/区数（个）	已建信用档案农户数（万户）	农户发放贷款（亿元）
吉林省	165	2400	100		347	688
广西壮族自治区						740.6
贵州省	704	13000	986	21	713	480
内蒙古自治区	151.5	4391	312			372.8
河北省		14460	221		537	719
河南省	199	2170			1611.8	
江苏省					622	313
江西省	205	3276	376		205	
辽宁省	449.7				383.7	6435.2
青海省	55.1	2415	207	10	40.5	
云南省	727.5	4397	414		945.8	
浙江省	1010	8566	367	7	904	29500

资料来源：根据各省2019年金融运行报告、公开资料整理。贵州省为2020年2月末数据。

2019年，甘肃省征信体系建设取得新突破，在全国率先建成全省统一的“农（牧）户信用信息管理系统”，成为农村信用体系建设的“甘肃品牌”。

广西壮族自治区社会信用环境持续优化。2019年广西壮族自治区辖内县区农户信用信息系统建成率达100%。

2019年，贵州省“一地一策”推进中小微企业和农村信用体系建设，发挥信用体系“助推器”作用，金融信用信息基础数据库覆盖面不断扩大。先后建成具有代表性的安顺市农村信用信息管理系统、安顺市中小微企业信用信息系统、兴仁农村信用信息管理平台、遵义农村资源融资信息管理系统等，推进中小微企业和农村主体信息的归集，丰富贷前信息数据，有效解决“三农”和中小微企业金融服务中的信息不对称问题和风险防控问题，实现信用与信贷有效联动，有效改善中小微企业和农村主体融资环境。

2019 年，河北省全省评定信用农户 537 万户、信用村 14460 个、信用乡镇 221 个，并对 188 万户农户进行了信贷支持，余额达 719 亿元。

河南省金融生态环境建设进一步完善，社会信用体系建设持续推进。2019 年，河南省录入中小企业 45.6 万户、农户 1611.8 万户，建档立卡贫困户信用评级户数达 142.3 万户。

黑龙江省搭建跨地域、跨系统、跨业务的全省农业农村信用信息数据共享平台，形成“农业信用信息数据 + 金融科技”的农村信用体系建设新模式。2019 年末，“智慧乡村”农村金融服务平台已覆盖黑龙江省各地市县。截至 2019 年末，黑龙江省建档立卡贫困户开展信用评定覆盖率达 93.4%。

2019 年末，江苏省持续强化农村信用体系建设，深入开展“三信”评定及成果应用，全省累计采集 622 万农户信用信息 6044 万条，5931 户农村合作经济组织信用信息 9.4 万条；评定青年信用示范户 8.4 万户，其中 5.3 万户信用示范户获得信贷支持 313 亿元。

江西省深入推进“两覆盖一提升”工程，评定信用农户 205 万户、信用村 3276 个、信用乡镇 376 个，累计促成 239 万农户获得银行授信。

辽宁省信用体系建设取得新进展，信用信息覆盖面不断扩大。截至 2019 年末，辽宁省共为 449.7 万户农户建立了信用档案，农户信用档案覆盖全省全部县（区），已评定信用农户 412.8 万户，对已建立信用档案的 383.7 万农户累计发放贷款 6435.2 亿元。

青海省信用主体覆盖面持续扩大。2019 年末，青海省累计评定省级信用县（区）10 个、信用乡（镇）207 个、信用村 2415 个、信用户 55.1 万户。农户信用信息数据库暨惠农金融服务平台录入信用户 40.5 万户、信用村 1354 个、信用乡（镇）116 个。

云南省农村信用体系建设稳步推进。2019 年末，云南省农户建档 945.8 万户，共组织评定信用户 727.5 万户、信用村 4397 个、信用乡镇 414 个。中国人民银行昆明中心支行以农村信用体系为抓手，推动怒江州独龙江乡实现整乡建档，“直过民族”独龙族整族授信。

浙江省小微企业和农村信用体系建设专项工程初具成效。以试验区为核心，以浙江省企业信用信息服务平台和农户信用信息管理系统为抓手，以信用建档、信用评价、成果应用为主线，推进专项工程建设，深化“信用县”创建，优化小微企业和农村金融生态环境。截至 2019 年末，浙江省共评定信用户 1010 万户，创建信用村 8566 个、信用乡 367 个，评定信用县 7 个，为已建立信用档案的 904 万农户累计发放贷款 2.95 万亿元。①

五、农村金融数字化转型面临的新挑战

2019 年，我国数字经济增加值达 35.8 万亿元，占国内生产总值的比重达到 36.2%，数字化经济已成为我国经济发展的新动能。② 各银行业金融机构已将数字化转型与金融科技发展上升至战略层面，确立了更为明确、清晰的数字化转型目标，并在组织架构、平台建设等方面进行了调整和探索。目前我国农村金融数字化转型也取得了一些积极的成果，尤其是农商银行在加强大数据、云计算、人工智能等新技术的运用，在移动化、生活化、一体化和开放化等方面进行了一些积极有益的探索与实践，农村金融服务数字化转型取得了初步成效。例如，截至 2019 年 9 月末，安徽省联社全系统累计签约手机银行客户已达 1339 万户。安徽省联社正在推动移动数字银行 3.0 建设，按照“统一门户、统一用户、统一体验”的目标，致力于打造一个集金融产品、生活服务、电子商务、社交沟通等服务于一体的移动综合服务体系。截至 2019 年 9 月末，安徽省联社“社区 e 银行”平台入驻商户达 143 万户，2019 年以来交易商品或服务 1034.14 万件（宗），金额达 14.7 亿元。③

---

① 资料来源：各省农信。

② 资料来源：国家网信办。

③ 资料来源：安徽农信。

（一）农村金融数字化转型面临的主要挑战

一是理念挑战。农村金融数字化转型存在既有盈利模式惯性较大、数字化转型主动性不足，数字化思维欠缺、以客户为中心的服务理念还没有完全形成，以及战略不清晰、思维文化相对固化等问题。

二是机制挑战。在农村金融的数字化转型中，产品研发更多的是延续传统项目管理模式，战略执行缺乏配套制度流程，跨部门、跨条线协同配套机制比较欠缺，存在环节多、流程长、耗时久、创新容错不足等问题，难以适应市场快速变化的要求。在业绩考核上，某些机构关注短期成本收益，对一些落地时间长、先期投入大、见效慢的创新存在激励机制不相融的情况。

三是人才挑战。目前，既懂金融业务又懂信息技术的高水平复合人才总体上供给不足。传统金融机构与金融科技公司二者在人才素质及结构上差异比较大。实现农村金融数字化转型的智力支撑有待进一步加强。

（二）农村金融数字化转型必走的新路径

农村金融数字化转型的发展要紧紧围绕党中央的决策部署，形成实效，应始终紧紧围绕乡村振兴战略等关系全面建设社会主义现代化国家的全局性、历史性任务入手。

1. 坚守回归本源，服务“三农”、小微企业及践行普惠金融的初心本源

农村金融数字化转型要以践行普惠金融为出发点。农村金融数字化与农业、农村生态系统的融合可以从加强农村金融移动客户端服务、加强与农村电商合作等角度，更加注重开放与共享，通过线上与线下联动的加深，将涉农的场景尽可能与农村金融服务相结合，从而实践普惠金融，填补我国在农村金融服务中的空白点。

农业产业的现代化是农村金融发展的客观条件之一。智慧农业、绿色农业等农业现代化建设推进了农业上下游农业企业的进一步紧密联系，农业产业链价值链的建立使得农业融资可得性提高，农村金融机构应不断提升农业产业现代化可得性。

通过农村金融服务持续提升农民生活的便利性。湖南、浙江等省联社在辖内农商银行系统推广“金融村干部”，把金融服务和农民生活服务结合，切实做到金融服务“最后一公里”。将社保服务、水电燃气缴费、交通购票等整合进金融服务平

台中，并在过程中为农民群众普及金融知识。

农村金融服务领域中的薄弱环节是“三农”领域的数据缺失。近年来，“三农”领域数据建设有了一定的基础。2020 年的中央一号文件提出开展国家数字乡村试点，农村金融机构正积极推进“整村授信”等金融服务。我国农村金融机构要主动融入数字乡村建设的大格局中。

普惠金融涉及数亿个体、上千万户小微企业，数字普惠金融引领是普惠金融可持续发展的重要方向。要依托大数据等技术，对企业信用状况进行准确评估、精准画像，解决金融信息不对称的问题，有效缓解小微企业融资“难、贵、慢、险”问题。要积极探索利用数字普惠金融提升农村金融服务，助力精准扶贫和乡村振兴。

2. 强化数字化转型的配套支撑，提升数据治理能力

农村金融机构一方面要制定实施系统化的数据治理制度、流程和方法，充分利用数字信息资源，提高数据质量，挖掘数据价值，为数字化转型提供有力支持。另一方面要遵循“必须知道”和“最小授权”原则，依法合规开展数据采集、管理、使用、流转、销毁等全流程工作，切实加强个人信息保护，切实遵循依规用数、科学用数的职业操守。

3. 注重数字化转型的风险防范

金融科技并没有改变金融的本质，随着金融与科技加速融合，金融业作为科技驱动型行业，技术应用安全更加复杂。而在数字化时代，数据作为关键生产要素和战略性基础资源的地位更加突出，数据安全治理也更加迫切。农村金融机构在创新服务产品和服务模式的过程中需要经过严密的测试和风险评估，避免因追求所谓的颠覆式创新及关注新技术应用的短期效益而导致的选型错位、资源浪费，乃至安全事故频发等问题。农村金融机构应该积极履行金融安全责任，落实金融管理部门要求，从理念、制度、技术、人才等方面综合施策，加快建立更具数字化时代适应性的金融安全管理和保障体系。

4. 不断加强并提升保护金融消费者的能力，注重保护客户信息

在推进数字化转型与发展过程中，农村金融机构应树立“负责任金融”的理念，切实履行金融消费者保护职责，健全相关业务操作规范及内控制度，将金融消费者保护融入数字化转型战略和公司治理中，研究设计适应不同金融消费者操作习惯和能力素养的数字金融产品，制定并实施金融知识普及教育、风险提示、信息披

露、信息共享、先行赔付、保险补偿等一系列工作措施，从源头上保护好金融消费者的财产、隐私和数据安全。要加强金融宣传教育，倡导理性消费文化，不得进行诱导式放贷，相关产品要符合消费者的真实需求与风险承受能力，并通过各种方式提高金融服务透明度和消费者保护水平，避免将数字化转型和金融科技创新的风险成本向金融消费者转嫁。

六、区域经济一体化下的农村金融发展新格局

近年来，我国出台了一系列促进区域协调发展的规划与政策，不断健全区域协调发展体制机制，为推动高质量发展提供了有力支撑。区域经济协调发展包括发挥地区比较优势的区域分工协作、形成互联互通的区域经济一体化、构建区域经济运行新机制等多方面内容。区域经济一体化是推动区域协调发展的必然要求，能为区域分工协作带来更高的经济效益，提供不可或缺的交通网络等硬件条件，以及跨区域自由贸易和交往的统一市场等软件条件。区域经济一体化也促进了农村金融机构的跨区域合作，包括农信社、农商行、农合行在内的农信系统进入新一轮的“抱团取暖”发展阶段。

2018 年 11 月，长三角一体化发展上升为国家战略。2019 年 8 月，为配合长三角一体化发展国家战略，上海农商银行协同江苏农村信用社联合社、浙江农村信用社联合社、安徽农村信用社联合社三家省联社，紫金农商银行、张家港农商银行、常熟农商银行、杭州联合银行、合肥科技银行等 21 家长三角周边农商银行在上海发布《长三角农村金融机构合作宣言》，长三角周边农村金融机构“抱团取暖”标志着农村金融机构区域合作的进一步加强。根据长三角区域合作办公室下发的《长三角地区一体化发展三年行动计划（2018—2020 年）任务分解表》，上海农商银行承担着“建立长三角农村金融座谈会常态化工作机制，完善普惠金融体系，服务乡村振兴战略”的任务。作为长三角地区网点最多、分布最广、服务范围最大的金融力量，农商银行深度融入一体化战略，这既是支持区域经济融合发展的内在要求，也是农村金融实现自身高质量发展的必然选择。

农村金融机构积极参与区域经济一体化的路径如下。一是顺应区域经济一体化发展趋势和激烈的同业、跨业竞争态势，坚持“合作共赢”原则，推动农村金融机

构通过深化合作、扩大交流提升综合服务能力，增强转型发展后劲。二是着力构建和深化农信机构全面合作工作机制，加强农村金融机构之间的跨区域对接和合作，促进区域间创新链、产业链、资金链、政策链的深度融合。三是积极搭建战略转型、信息科技、产品研发、风险管控、资金营运、支付清算等方面的交流与合作平台，实现信息共享、风险共御、优势互补、相互促进等目标，推动合作共赢、协同发展。

农村金融深度融入区域经济一体化，有利于提升地区农村金融供给整体质量。在经济社会全面一体化进程中，农商银行可以通过区域协同层面合作，出台一体化金融政策、推进机制和产品服务等，发挥各地比较优势，以联合贷款、银团贷款、发行集合债等形式，引导金融资源要素更大规模、更广范围流动，为地区县域经济、乡村振兴、“三农”发展、绿色发展等提供可持续的金融支持。

农村金融深度融入区域经济一体化，有利于增强地区金融风险联防联控能力。基于当前金融风险跨区域传递的趋势，地区农商银行体系可以探索构建区域金融风险联防联控机制，加强监测预警合作，及时互通风险信息，开展案件联合处置，相互策应、形成合力，提高区域金融风险防范化解能力。

农村金融深度融入区域经济一体化，有利于提高地区普惠金融协同发展水平。应高质量一体化的金融需求，地区农商银行可以推进金融基础设施共建共享，在产品研发、金融科技、支付清算、票据流通、征信体系等领域进行深度合作，打破区域障碍，实现互通互联，在一体化融合中共同提升区域普惠金融发展水平。

七、农村金融机构践行社会责任新局面

（一）脱贫攻坚，助力乡村振兴

良好的农村金融生态环境是助力贫困地区脱贫攻坚的重要基础条件。金融扶贫是我国农村金融的重要内容，是扶贫开发的重要手段。

2019 年 3 月 12 日，银保监会发布《关于做好 2019 年银行业保险业服务乡村振兴和助力脱贫攻坚工作的通知》，要求银行与保险机构合作创新金融产品，服务乡村振兴和脱贫攻坚。创新再次成为解决当前“三农”和扶贫金融服务难点的关键所在。

新时代实施乡村振兴战略的动力来自农业农村的改革和创新。“三农”经济底子薄、基础弱，缺少有效抵押物，很难达到银行信贷准入条件，融资难问题由来已久。近些年来，农村金融机构探索推进农村产权制度改革，拓宽农业农村抵质押范围。如武汉农村商业银行除推出农村承包土地经营权、农民房屋财产权、集体资产股权等农村特有的新型抵押贷款模式外，还不断创新多元化的农村资产抵质押融资模式，比如推出林权、四荒地拍卖、景区门票收费权质押等多种信贷方式，更好地满足乡村振兴融资需求，“唤醒乡村沉睡的资产”，让改革红利摸得着、看得见、可变现。武汉农村商业银行通过与担保公司的优势互补、风险共担共管，推出“再担助力贷”，缩短企业融资时间、降低融资成本。创建“财政风险补偿资金”，为政银保三方共担风险的机制探索作出了积极尝试，也为银行机构持续提升支农工作积极性、主动性提供了强有力的支持和保障。

截至 2019 年末，中国邮政储蓄银行（简称邮储银行）金融精准扶贫贷款（含已脱贫人口贷款、带动服务贫困人口的贷款）余额达 824.56 亿元，较上年末增加 212.59 亿元；产业精准扶贫贷款（含带动贫困人口产业贷款）余额达 252.09 亿元。邮储银行将金融支持脱贫攻坚与乡村振兴要求有机结合，注重短期脱贫目标实现和乡村经济社会长远发展，加大对家庭农场、合作社等新型农业经营主体和小农户的金融支持，促进农村一二三产业融合发展，有效激发欠发达地区和农村低收入人口发展的内生动力，助力全面脱贫与乡村振兴的有效衔接，采用“一县一业、一行一品”的特色拉动思路，瞄准贫困地区优势产业，通过信贷支持贫困户发展地方产业，变“输血”为“造血”。例如，在山东推出“奶牛托管养殖”贷款，帮扶贫困户学习养殖技术，获取致富技能；在福建依托“山”（农林业）、“海”（海洋渔业）经济特色，重点支持海水养殖、花卉园艺、渔船捕捞等 13 个当地特色产业。

（二）绿色金融，打造绿水青山

“创新、协调、绿色、开放、共享”新发展理念的提出是我国经济由高速发展向高质量发展阶段迈进的重要信号。大力发展绿色经济，引导产业转型升级是贯彻绿色理念的有力手段。截至 2019 年末，中国本外币绿色贷款余额为 10.22 万亿元，比年初增长 15.4%，余额占同期企事业单位贷款的 10.4%，绿色信贷保持较快增长。

作为扎根广大县域及农村地区、深度服务地方经济的农村金融机构，承担着绿色金融实施的主体责任。2019 年是广大农村金融机构全力推进绿色金融体系建设的一年。

2019 年 11 月，苏州农商银行发布新品牌战略——“绿动·未来”，这是首个以绿色金融为企业品牌战略推出的农商银行。在该战略指导下，苏州农商银行制定了在 2021 年力争实现绿色金融业务占全行总业务额的 20% 的目标，明确将绿色金融纳入业务发展目标体系。

北京农商银行地处首都，致力服务首都绿色信贷，支持了密云垃圾综合处理中心项目、北京“锅炉煤改气工程”和“农村煤改气”工程、北京再生水厂、南水北调等首都重点绿色环保项目，为此也连续 5 年获得了北京辖区中资银行信贷政策绿色金融领域导向效果评估的“一等”。

（三）慈善公益，主动担当社会公益

农商银行作为支持地区经济发展的重要金融机构，主动将企业社会责任融入经营发展，主动承担地区经济、教育、环保等责任，促进机构发展与区域经济发展相协调，与区域人民同命运共呼吸，通过捐赠、赞助、关注弱势群体、进村入户帮扶等多种形式组织公益活动，奉献爱心，将履行社会责任和致力可持续发展有机结合，在坚持服务实体经济的同时，积极支持乡村振兴、践行公益慈善、助力脱贫攻坚，为国家建设和社会发展作出贡献。

2019 年，全国农村金融机构持续践行公益事业，勇担社会责任。江西农商银行系统在 2019 年捐赠 1100 万元，资助了 2060 名家庭困难的优秀高考生及中职生；广州农商银行拥有公益品牌——“太阳公益”，2019 年慈善捐赠达 681.37 万元，开展志愿服务超过 1000 场次，公益志愿者超过 4000 人，志愿服务小时数超过 1.2 万小时；2019 年，上海农商银行 770 余名青年员工志愿者投入爱心暑托班的儿童财商公益课程中。在中国银行业协会组织开展的 2019 年中国银行业社会责任百佳评估中，江苏省农村信用社联合社、浙江省农村信用社联合社、湖北省农村信用社联合社、四川省农村信用社联合社 4 家省联社及 16 家农商行/农信社上榜。

专题研究篇

热点、难点

第6章

新格局下中国农村金融机构面临的挑战与机遇

2019~2020年，中国经济遇到了前所未有的挑战。一方面，世界经济增长低迷，国际经贸摩擦加剧，世界经济金融格局与秩序面临大调整，中国外部环境不稳定、不确定因素增多；另一方面，突如其来的新冠肺炎疫情，是中华人民共和国成立以来遭遇的传播速度最快、感染范围最广、防控难度最大的重大突发公共卫生事件。国内消费、投资、出口下滑，就业压力加大，企业特别是民营企业、中小微企业困难凸显，金融等领域风险有所积聚，财政收支矛盾进一步加剧。面对压力，在党中央和国务院领导下，中国提出了“双循环”发展战略，努力构建新发展格局；同时采取了一系列政策措施，努力为中小微企业和个体工商户减负，加大普惠金融力度，支持其纾困和发展。

国内外经济环境的变化和新冠肺炎疫情的冲击，既加剧了农村金融机构的发展压力，也为其带来了新的发展机遇。

一、中国农村金融机构面临的挑战

当前，中国农村金融机构面临四大挑战。

1. 利差持续收窄

在全球经济低迷时期，各国货币当局不约而同地采取了扩张型货币政策，带来长期低利率环境，影响商业银行盈利增长。为应对冲击，中国货币供应将维持相对宽松，市场利率维持低水平、银行业收益水平降低成为必然趋势（如图6－1、图6－2所示）。

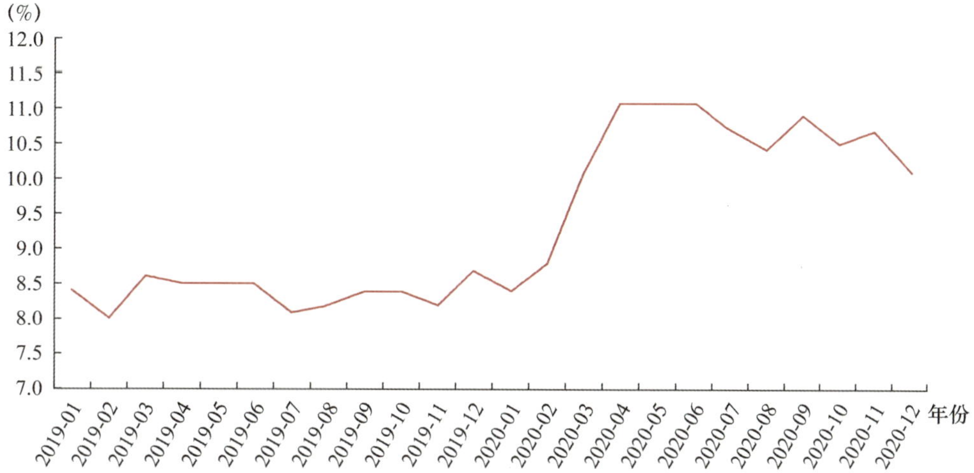

图 6－1　2019 年 1 月至 2020 年 11 月 M2 走势

资料来源：万德数据库。

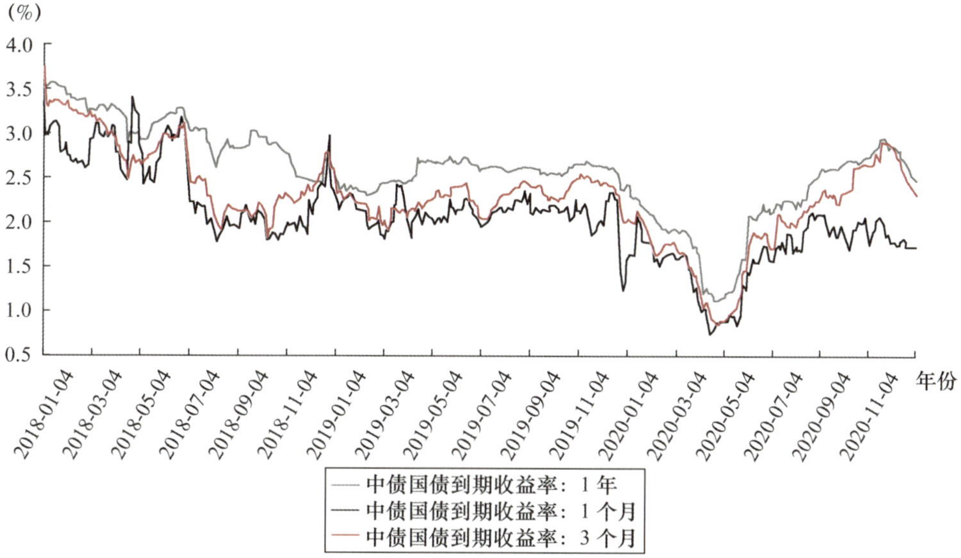

图 6－2　2018 年 1 月至 2020 年 12 月国债收益率走势

资料来源：万德数据库。

同时，在利率市场化的背景下，实力强大的大型银行在很大程度上拥有市场利率定价的主导权，中小银行利率定价能力不足，将承受更大的净息差收缩压力。如表 6－1 所示，近年来在银行业利差持续收窄的情况下，农村中小银行受到的冲击更大。如果以 2018 年末为基数，银行业净息差平均缩小了 3.67%，其中大型商业银行缩小了 4.67%，股份制商业银行增加了 7.81%，城市商业银行缩小了 0.5%，农村商业银行压缩了 17.55%，农村商业银行是受冲击最大的群体。

表 6－1　2018～2020 年银行净息差变动情况　单位：%

	商业银行	大型商业银行	股份制商业银行	城市商业银行	民营银行	农村商业银行	外资银行
2018 年 12 月	2.18	2.14	1.92	2.01	3.49	3.02	1.86
2019 年 3 月	2.17	2.12	2.08	2.07	3.30	2.70	1.86
2019 年 6 月	2.18	2.11	2.09	2.09	3.56	2.72	1.84
2019 年 9 月	2.19	2.11	2.13	2.11	3.57	2.74	1.84
2019 年 12 月	2.20	2.12	2.12	2.09	3.74	2.81	1.78
2020 年 3 月	2.10	2.04	2.09	2.00	3.88	2.44	1.70
2020 年 6 月	2.09	2.03	2.08	2.00	3.74	2.42	1.67
2020 年 9 月	2.09	2.03	2.09	1.99	3.66	2.43	1.64
2020 年 12 月	2.10	2.04	2.07	2.00	3.67	2.49	1.61

资料来源：万德数据库。

2. 负债端、资产端压力加大

2015 年以来，农村金融机构存款增速持续低于贷款增速，资产扩张能力日益减弱。与大中型银行相比，农村中小金融机构资金来源渠道狭窄，负债端压力加大。与此同时，随着经济下行压力加大，信贷风险上升态势短期内难以改变，优质资产获取难度加大。另外，农村金融机构在补充资本方面的难度也很大，进一步加大了风险。

随着净息差收缩、资产业务难度加大，加上政府要求金融系统向实体经济让利的政策导向，农村金融机构的利润空间被进一步压缩。从近两年情况看，农村中小商业银行的收益情况有所恶化。如表 6－2 所示，2014 年以后，商业银行资产利润率大幅度下降。与 2020 年末 0.77% 的行业平均数相比，大型商业银行表现最佳，达到 0.89%；股份制商业银行、城市商业银行和民营银行分别为 0.75%、0.55% 和 0.84%；外资银行最低，仅为 0.47%。虽然农村商业银行 0.62% 的资产利润率高于外资银行和城市商业银行，但是从变化率看，农村商业银行下降最快：与 2014 年 3 月相比，银行业资产利润率平均下降了 45%，其中大型商业银行下降了 39.39%，股份制商业银行下降了 40.08%，城市商业银行下降了 57.92%，民营银行下降了

4.55%，外资银行下降了 56.97%，而农村商业银行下降幅度达到 61.06%。

表 6-2　　2014～2020 年商业银行资产利润率变化情况　　单位:%

指标名称	商业银行	大型商业银行	股份制商业银行	城市商业银行	民营银行	农村商业银行	外资银行
2014 年 3 月	1.40	1.47	1.25	1.30		1.60	1.09
2014 年 6 月	1.37	1.45	1.23	1.27		1.55	1.07
2014 年 9 月	1.35	1.42	1.22	1.24		1.52	0.93
2014 年 12 月	1.23	1.30	1.10	1.12		1.38	0.74
2015 年 3 月	1.29	1.37	1.18	1.19		1.40	0.57
2015 年 6 月	1.23	1.32	1.11	1.12		1.32	0.55
2015 年 9 月	1.20	1.31	1.08	1.08		1.26	0.56
2015 年 12 月	1.10	1.20	0.99	0.98		1.11	0.56
2016 年 3 月	1.19	1.29	1.07	1.08		1.22	0.32
2016 年 6 月	1.11	1.20	1.02	1.00		1.13	0.25
2016 年 9 月	1.08	1.17	0.98	0.98		1.13	0.34
2016 年 12 月	0.98	1.07	0.88	0.88		1.01	0.46
2017 年 3 月	1.07	1.15	0.97	0.94	0.88	1.19	0.56
2017 年 6 月	1.04	1.15	0.94	0.91	1.09	1.09	0.49
2017 年 9 月	1.02	1.12	0.91	0.88	0.90	1.06	0.48
2017 年 12 月	0.92	1.02	0.83	0.83	0.76	0.90	0.48
2018 年 3 月	1.05	1.13	0.96	0.90	0.88	1.20	0.57
2018 年 6 月	1.03	1.14	0.95	0.88	1.10	1.00	0.78
2018 年 9 月	1.00	1.10	0.93	0.84	1.02	0.98	0.82
2018 年 12 月	0.90	1.00	0.84	0.74	0.91	0.84	0.75
2019 年 3 月	1.02	1.07	1.01	0.89	1.09	1.07	0.64
2019 年 6 月	1.00	1.09	0.99	0.83	1.04	0.96	0.55
2019 年 9 月	0.97	1.05	0.97	0.77	1.02	0.92	0.67
2019 年 12 月	0.87	0.94	0.86	0.70	1.05	0.82	0.63
2020 年 3 月	0.98	1.02	0.99	0.81	1.00	0.98	0.86
2020 年 6 月	0.83	0.88	0.81	0.74	0.86	0.76	0.73
2020 年 9 月	0.80	0.88	0.81	0.66	0.81	0.72	0.57
2020 年 12 月	0.77	0.89	0.75	0.55	0.84	0.62	0.47

资料来源：万德数据库。

3. 数字技术创新和金融科技应用正在成为银行发展的主旋律

根据2019年上市银行年报，六大国有商业银行金融科技投入资金合计716.76亿元。其中中国工商银行投入163.74亿元，营收比占为2.2%；中国建设银行投入176.33亿元，营收占比为2.5%；中国农业银行投入127.9亿元，营收占比为2.16%；中国银行投入116.54亿元，营收占比为2.12%；中国邮储银行投入81.80亿元，营收占比为2.96%；中国交通银行投入50.45亿元，营收占比为2.57%。一些股份制商业银行、城市商业银行也纷纷加大科技投入，如招商银行投入93.61亿元，营收占比为3.72%；江苏银行投入6.89亿元，营收占比为1.53%。相比之下，农村中小银行受资金、人才等因素限制，很难在技术领域取得优势。科技投资门槛高、升级快、运维成本高，加大了中小银行的财务压力。同时，信息技术应用本身也可能带来新的风险，如网络攻击、数据泄露、系统崩溃和应急预案执行失败等。这些风险给农村金融机构发展金融科技造成很大障碍，制约了其科技创新能力。

4. 信贷业务竞争重点向下延伸

近年来，大中型银行的业务重心向农村市场下沉，并利用规模、品牌、资金优势吸引优质客户。为发展普惠金融，中央政府对金融机构提出了明确要求：2019年政府工作报告设置小微贷款增速目标，要求国有大型商业银行小微企业贷款增长30%以上；2020年政府工作报告将该要求提到40%以上。过去两年来，5家大型商业银行普惠型小微企业贷款实际增速均高于目标增速。在大中型商业银行快速布局农村金融的情况下，农村信贷市场传统的竞争格局被打破，农村金融机构的优质客户成为大中型商业银行争夺的对象，大大压缩了经营空间。特别是大型商业银行为了完成任务，迅速增加农村信贷增速，纷纷布局县域，凭借资金、系统和技术优势，“掐尖”农村商业银行优质客户，一定程度上影响了竞争秩序。

总体上看，在中国金融体系中，农村金融机构普遍存在资金实力弱、经营成本高、经营风险大的问题。如图6－3所示，农村商业银行不良率与其他类型银行相比最高，2020年末达到3.88%，比行业平均水平高出2.04个百分点。根据笔者了解，部分地区农信机构的不良率达到10%以上。从拨备覆盖率情况看，农村金融机构的情况也不容乐观。如图6－4所示，2020年末农村商业银行的拨备覆盖率只有122.19%，为六类金融机构最低，比184.47%的行业平均水平低了62个百分点。

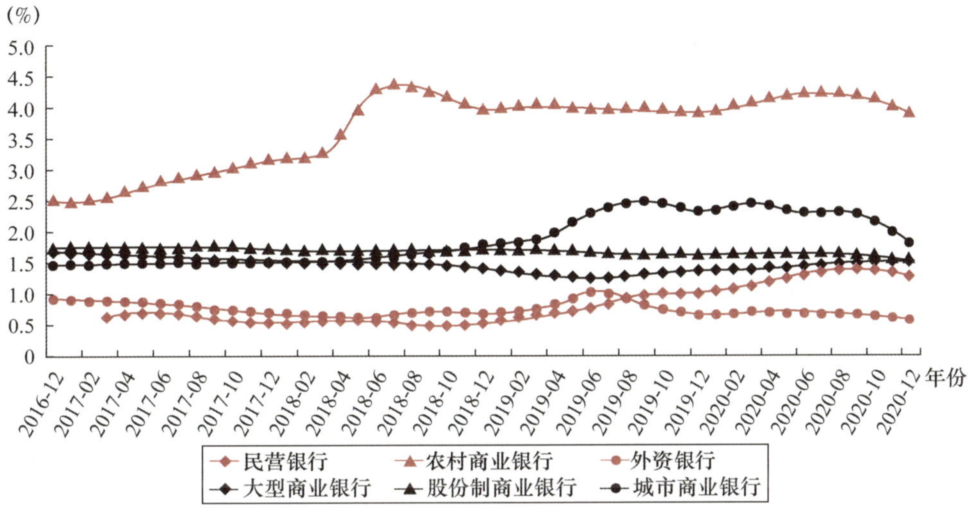

图 6-3 各类银行不良率

资料来源：万德数据库。

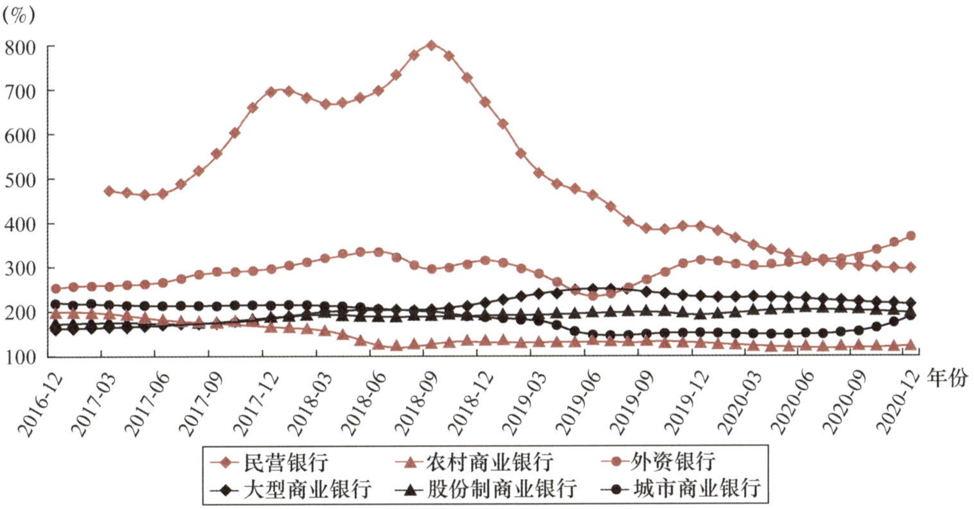

图 6-4 各类银行拨备覆盖率

资料来源：万德数据库。

二、新格局下农村金融机构面临的机遇

尽管形势严峻，但在新格局下农村金融机构仍然有很大的发展机遇。特别是在

“十四五”时期，在开启全面建设社会主义现代化国家新征程的第一个五年，中国发展仍处于重要战略机遇期。在新发展理念指引下，中国正在加快构建新发展格局，推动经济社会向高质量发展。在这个过程中，农村金融机构依托国家战略和发展方式转换，在乡村振兴、农业现代化、农村商品流通市场建设、农业技术创新等方面都有很大的发展机遇。

（一）扩大内需战略带来市场机遇

中国内需潜力大，扩大内需可以从提振消费和扩大投资两个维度入手。

首先，多渠道推动消费回升。如推动文化、旅游、家政等生活服务业恢复发展，促进汽车消费，发展养老、托幼服务和大健康产业，发展物流快递进农村，拓展农村消费等。消费的回升不仅提升了消费者的金融服务需求，也会带动相关产业的发展，进而提升农村金融机构客户的质量和信贷的安全性。

其次，中央和地方政府都将通过增加预算和专项债券，积极扩大有效投资。重点支持既促消费惠民生又调结构增后劲的“两新一重”建设，包括新型基础设施、新一代信息网络、新能源汽车相关基础设施等。在农村，加大推动乡村振兴力度，加强新型城镇化建设，大力提升县城公共设施水平和服务能力。此外，推动城镇老旧小区改造，加强交通、水利等重大工程建设。这些建设项目将产生连带效应，带动上下游企业发展，增加供应链条内多个环节的金融服务需求。

在农业领域，政府将持续关注农业生产。稳定粮食播种面积和产量，提高稻谷最低收购价，建设高标准农田，培育推广优良品种，健全农产品流通体系，努力提高农民收入水平。这些支持农业发展的举措，将有效改善农村金融机构的经营环境，并为其拓展服务范围提供保障。

（二）绿色发展带来产品创新机遇

在“十四五”期间，提高生态环境治理成效、深化重点地区大气污染治理攻坚、加强污水垃圾处置设施建设、发展壮大节能环保产业、推动生态资本计量与流动将成为绿色发展的主要抓手。为此，势必继续推动绿色金融发展，鼓励绿色金融产品和服务创新。显然，农村金融机构可以从中寻找创新机会，借助绿色金融拓展融资渠道，推动产品创新。

（三）“三农”和普惠金融支持政策带来发展机遇

发展普惠金融、支持农村农业、鼓励农民创业的政策基调在未来相当长的时期内都不会改变，前期支持“三农”和普惠金融发展的政策力度不会降低，支持政策内容和结构也将进一步优化。作为支农主力军的农村金融机构将继续受惠于支持政策。

另外，在扎实推进农村改革和乡村建设的过程中，农村基本经营制度将得到巩固和完善，土地承包关系将保持稳定并长久不变。政府还将稳步推进多种形式的适度规模经营，深化供销社、集体林权、国有林区林场、农垦等改革，推动乡村产业和县域经济加快发展，强化农民信用信息等公共基础设施建设。这些政策措施，将使农村金融机构间接受惠。

（四）深化改革带来农村金融机构高质量发展机遇

当前农村金融改革的焦点，一是省联社体制如何深化改革，二是如果强化优化农村金融机构的公司治理结构，有效防范和化解金融风险。在省联社体制改革的讨论中，多数地方的改革方案是向省里集中，成立联合银行或省级单一法人。而对于监管部门来说，则担心向上集中的模式会影响支农效果甚至脱农。省联社改革选择哪种模式需要慎重考虑，但省联社管理体制改革作为农村金融发展的重要问题必须解决。在部分欠发达地区省联社仍有存在的必要。尤其是在中西部偏远地区，开展普惠性农村金融服务，需要省联社作为行业管理部门牵头落实好政策性功能；同时依托省联社，也有利于风险管控和发生风险之后的处置。但是在发达地区，鉴于农村商业银行已经普遍成为独立运行的市场主体，省联社则应退出行政管理，强化服务功能。对于农村金融机构的治理和风险化解问题，监管部门正在按照市场化、法治化原则，加大监管力度。针对部分农信机构由于种种原因在合规经营方面存在的差距和不足，通过处罚措施进行提示和规范，引导其健康发展，同时合理引导各类金融机构和非金融企业积极参与村镇银行改革重组，进一步拓展资本补充渠道。这些改革举措可能短期内会给部分农村金融机构带来不适，但从中长期看，规范农村金融机构行为，推动其合规经营，不仅有利于防范和化解金融风险，对农村金融机构的转型和高质量发展也是十分有益的。

三、相关建议

（一）生存才是王道

在外部环境不稳定、不确定因素增多，国内金融监管部门加大行为监管力度的大背景下，农村金融机构应当“稳”字当头，首先保证机构能够生存，然后再考虑发展问题。为此，需要防止出现战术错误，避免急于获利的短期行为，适当收缩战线。特别是对于前期扩张太快的金融机构来说，要尽可能减少跨地域经营活动，降低经营风险。另外，要努力改进增值服务，依靠创造价值的服务获取收益而不是依靠承担更多风险来取得利润。还要加强风险管理和成本控制，避免出现严重的期限错配，保持流动性。在新冠肺炎疫情冲击下，农村金融机构面临不良资产反弹的压力，要加大处置不良资产的力度，积极通过核销、转让等方式化解风险包袱，提升抗风险能力。

（二）将自身优势发挥到极致

与其他商业银行相比，农村中小金融机构在市场定位、服务对象等方面具有特殊性，也有自身独特的优势，即本土化、地方性、社区性，是土生土长的“草根银行”。农村中小金融机构对客户的了解程度远高于其他母行不在本地的金融机构，因而只要立足本土，就具有更强的竞争力。另外，农村中小金融机构的主要资金来源于周边社区，若运用于当地，会得到政府支持，因此在资金管控方面具有相对优势。同时，农村中小金融机构体制机制相对灵活，决策链条短，市场应变能力较强。农村金融机构应充分认识和发挥自身的这些优势，深挖本土资源，深耕“三农”客户。

（三）“抱团取暖”，加快数字化转型

新冠肺炎疫情强化了科技对传统金融的重塑。随着无接触经济、“非接触式金融”的发展，金融业快速线上化、数字化转型成为银行等金融机构未来发展的必然选择。一些大中型金融机构纷纷加大金融科技投入力度，增加科技人员。部分大型

机构还设立了专门的科技公司负责数字化转型工作。受制于多种因素，农村中小金融机构推进数字化转型的速度慢了很多。目前除了部分民营银行和少数发达地区农信机构以外，很多中小农村金融机构管理层还没有意识到金融科技发展对自身带来的挑战，在战略转型和资源配置方面尚没有行动。

针对农村中小金融机构推进数字化转型的现实困难，参照部分机构取得的成功经验，可以总结出数字化转型采用的不同模式。一种模式是“抱团取暖”，即若干家中小农村金融机构共同出资，合作研发适合自己特点的数字化金融产品和风控模型，优化决策和后台管理流程，降低经营成本；另一种模式是与数字化转型标杆银行建立合作关系，利用其专业知识和技能，联合发展业务。对于一些实力较强的农村金融机构来说，则可以自主研发 + 委托研发。无论采取哪种模式，关键在于农村中小金融机构要认识到数字化转型既是应对短期困境之策，更是高质量发展的必由之路。要转变发展理念，将数字化转型纳入企业发展战略，调整经营机制与流程，加快数字化运营能力培育，探索适合自身的数字化发展之路。

（四）提升专业化综合服务能力

在现代农业产业发展过程中，不同产业链条之间的联系日趋紧密，供应链金融应运而生。中小农村金融机构要积极发展供应链融资活动，主动参与跨业合作。充分发挥身处农村、了解农业农民的优势，在农业生产、流通等环节，整合技术咨询、仓储、加工、运输、销售等专业化服务，全面融入农业产业链，在农业产业链发展中寻找新的业务空间。要积极拓展与村级组织、电商网店、物流站点、零售商户、供销合作等组织的合作范围，在农村经济新业态中寻找发展机遇。此外，要与其他金融业态协同作战，通过与融资担保、保险、期货等机构的合作，探索建立分散风险、拓展业务、分享收益的合作模式。

第7章

以命运共同体理念开创互惠共赢新格局[①]

——湖南农信系统与地方经济共生共荣的思考与探索

如何认识、把握、处理自身与地方经济的关系，是事关农信系统发展战略、发展命运、发展前途的重大问题。面对经济高质量发展的更高要求，面对新理念、新业态、新模式的巨大冲击，农信系统要在各种风潮中保持清醒，在纷杂表象中看透本质，充分把握地方金融机构的使命、定位、优势和特色，着力构建农信系统与地方经济共生共荣的大格局，推动形成命运共同体、发展共同体、利益共同体，更好地满足经济发展和人民群众需要，更好地促进和实现自身的发展。

一、建立共生共荣机制的重要意义

（一）共生共荣是落实中央金融政策的政治担当

“金融活，经济活；金融稳，经济稳。”[②] 习近平总书记的重要论述深刻阐述了经济与金融的关系，揭示了两者共生共荣的本质特征，开辟了马克思主义金融理论的新境界，为做好新时代金融工作、走出中国特色金融发展之路指明了努力方向、提供了行动遵循。全国第五次金融工作会议把服务实体经济作为金融工作的三大任

① 本章数据均来源于湖南省农信系统。

② 《习近平在中共中央政治局第四十次集体学习时强调 金融活经济活金融稳经济稳 做好金融工作维护金融安全》，《光明日报》，2017年4月27日第1版。

务之首，指出金融是实体经济的血脉，为实体经济服务是金融的天职，是金融的宗旨，也是防范金融风险的根本举措；强调金融要把为实体经济服务作为出发点和落脚点，全面提升服务效率和水平，把更多金融资源配置到经济社会发展的重点领域和薄弱环节，更好满足人民群众和实体经济多样化的金融需求，对金融如何服务经济发展提出了明确的指导和要求。近年来，监管部门持续推进金融回归本源、专注主业，并进一步加强对农信系统信贷投放、普惠性小微企业贷款投放、涉农贷款投放的监管考核，目的就是要推动农信系统把心思和精力重新聚焦到自身的职责和使命上来，在更好服务地方经济和群众生活中实现共生共荣。农信系统是政治性很强的金融机构，不管是农村信用社（以下简称农信社）还是农村商业银行（以下简称农商银行），其根本属性是党联系广大农民的金融纽带，根本依靠都是党的领导和国家信用，必须切实提高政治站位，积极响应和落实中央关于经济与金融共生共荣的号召，主动融入地方发展战略，充分发挥地方金融对地方经济发展的服务和支撑作用，为走出中国特色金融发展之路贡献农信模式。

（二）共生共荣是经济与金融规律作用的必然趋势

金融是商品经济发展到一定阶段的产物，其本质就是为经济发展服务，这是金融存在的根本价值和意义。但是为经济服务并不意味着金融就是经济的附属，金融作为现代经济的核心，对经济发展有着重要的影响和作用。科学认识和准确把握经济与金融之间的关系，既是做好金融工作的基本前提，也是经济健康高质量发展的必然要求。作为地方性金融机构，农信系统在处理与地方经济的关系时要重点把握好以下两个关键点。一是地方经济对农信系统起着决定性作用，是农信系统的立身之本、效益之源。农信机构作为区域性银行，其资金组织、信贷投放、资产收益、风险控制都依赖于地方经济发展。如果脱离地方经济的支撑，那么农信系统就会成为无源之水、无本之木。一些农信机构盲目跟风赶潮，热衷于金融市场“淘金”，以为凭此就能实现转型发展，实际上不仅侵占了地方金融资源，损害了实体经济发展，也丧失了发展根基，加剧了风险波动，最终酿成苦果。经济高质量发展对金融服务提出了更高要求，农信系统要坚守服务地方经济发展的初心，回归服务实体经济的本位，围绕满足地方需求提供更多更好的金融产品和服务。二是农信系统在地方经济发展中扮演重要的角色，从多个方面发挥推动和促进作用，没有农信系统

“血液”的滋养，地方经济就会发展缓慢、缺乏活力。农信系统对地方经济发展的作用主要体现在：一是农信系统是地方经济的重要成员之一，直接为地方贡献了大量的增加值和税收；二是农信系统通过吸收存款发放贷款，将地方的闲散资金转化为投资，加速了地方资本积累，增强了地方经济增长动力；三是农信系统专业化经营为经济调控提供了途径，促进了资金配置的优化，有利于提高经济发展效率；四是农信系统为当地市场主体提供了安全、便捷、高效的支付结算服务，促进了市场主体与外界的资金往来，降低了交易成本。因此，农信系统与地方经济是一荣俱荣、一损俱损的命运共同体，农信系统要深化对金融本质和规律的认识，不断提高对市场主体的服务、引导、规范作用，实现与地方经济深度融合、互促共进、协调发展。

（三）共生共荣是延续农信历史传承的重要内容

农信社是为了有效解决农户融资困难的问题而成立的，自成立之日起就与地方有了血缘之亲。70 年栉风沐雨，农信社由过去的小机构转变为大系统，成长为农村金融的主力军、地方金融的排头兵、普惠金融的领跑者，并且在这个过程中沉淀了农信经验、农信文化、农信精神，为农信系统打下了特色鲜明的印记。这个印记体现在价值追求上，那就是农信系统把促进当地发展而不是自身利益最大化作为最终目标，在兼顾商业可持续的同时，更加注重履行使命担当、创造社会价值，尤其是重点做好“三农”、小微企业等薄弱领域的金融服务，坚定做地方建设的支持者、参与者、推动者。这个印记体现在地域属性上，那就是农信系统是与地方同呼吸、共命运、齐发展的地方性银行，依靠着地方经济的滋养和当地群众的支持而生存下来，伴随着地方经济的腾飞而成长起来，双方的发展高度关联、未来高度契合、利益高度一致。这个印记体现在工作作风上，那就是农信系统是跟百姓最亲、离百姓最近的“背包银行”。通过长期的走村串户、走街串巷，农信系统夯实了客户基础，赢得了群众口碑，构筑了地熟、人熟、情况熟的独特优势。这些归结起来就是，农信系统与地方已经形成融合的发展格局、密切的联动关系、无比深厚的情感联系，这是农信系统与其他银行最大的区别。有的农信机构在推动转型的过程中，忽视了农信系统的历史传承，弱化了与地方经济的联系互动，结果导致经营大起大落。当前，农信系统确实面临不少亟须改变的问题，但是不管怎么改，农信的历史不能忘，农信的定位不能变，农信的特色不能丢，一定要把握好与地方经济共生共荣这一主旨，秉承地方性银行的地域属性、价值追求、工作作风，强化服务地方经济的功能和作用，让农信的旗帜高高飘扬，否则就会在跟风赶潮中迷失目标和方向，失去自身存在的意义和价值。

（四）共生共荣是实现自身发展壮大的现实需要

扎根地方、下沉重心、贴近客户是农信系统的核心竞争力。面对日新月异的金融业态和日益激烈的市场竞争，农信系统更需要发挥人熟地熟优势，做深做细本地金融服务，通过差异化、特色化拓展发展空间。一是地方金融需求蕴藏很大的发展潜力。从经济发展与金融发展的联系看，一个地方的存、贷款规模与当地经济规模高度相关。当前的主要矛盾不是地方金融需求不足，而是金融供给不足、质量不高，这在中西部地区更加明显。就湖南而言，金融业是湖南经济发展的突出短板之一，金融业增加值、存款规模、贷款规模分别排在全国的第 16 位、第 13 位、第 15 位，低于 GDP 全国第 8、人口全国第 7 的排位，金融业特别是农村金融服务业在规模、结构、质量上还有巨大空间，这也是全省农信系统事业发展的巨大潜力。二是经济高质量发展驱动农信系统转型创新。随着新发展理念和高质量发展的深入实践，地方经济对金融服务提出了更高要求，而农信系统旧有的思维观念、经营能力、管理水平难以适应地方经济的新变化新要求，如果不加以改变，就会丢失市场，甚至被时代所淘汰。所以从某种程度上来说，地方经济高质量发展对农信系统是一次生存考验，也是一次发展契机，不仅为农信系统转型创新提供了方向，还为凝聚改革共识、加快创新步伐提供了强大推动力。三是国家战略提供重要的发展机遇。随着乡村振兴战略的深入实施和国家对中小企业发展的日益重视，“三农”和小微企业的发展环境和条件将明显改善，发展红利和潜力将充分释放。而农信系统的基本定位就是支农支小，“三农”和小微企业发展的主战场就在县域，这种经营定位和经营区域的契合，将给农信系统提供大展身手、大有可为的广阔舞台。

二、推进共生共荣工作的主要做法

（一）着力推动理念转变，建设有温度的百姓银行

与地方经济联系紧密是农信系统的突出特征，但是不同的农信机构对这个问题

的认识和理解各有不同。有的机构认为股份制企业是农商银行的根本属性，经营活动要以自身利益最大化为最终目标，把服务地方经济当成追求自身利益的手段；有的机构以完成目标考核为目的，热衷于赚快钱、赚热钱、赚大钱，脱实向虚，搞短期行为；有的机构把市场主体和客户当成生意伙伴，有好处就支持，没好处就不支持；等等。这些思想观念上的偏差，导致各农信机构格局、视野、境界、成果的大不相同。要推动农信系统与地方经济共生共荣，首先就要在思想观念深处根植共生共荣的理念，否则很难坚持下去、落到实处。湖南省联社深入学习习近平总书记关于经济与金融的重要论述，客观分析农信发展历程，提出建设有温度的百姓银行，目的就是要解决简单地停留于小算盘、满足于小日子、局限于小循环的问题，推动全省农信系统成为有理想、有追求、有未来的现代企业，全省农信队伍成为有情怀、有担当、有贡献的现代团队。一是强化党建引领，提升发展格局。大力实施党建引领战略，以党建引领改革深化和发展转型，把党对金融工作的领导渗透各项业务工作之中，全面推行党员责任岗、党员示范岗、党员先锋岗的岗位承诺，形成关键岗位有党员把关、关键任务有党员担当、关键时刻有党员带头的良好局面。通过加强党建，全省农信系统的政治意识明显增强，政治站位明显提高，党的金融工作方针政策和决策部署得以有效落实，服务大局工作、服务中心工作、服务重点工作的自觉性和主动性得以强化。二是牢记使命担当，提升发展贡献。围绕农村金融主力军、地方金融排头兵、普惠金融领跑者的定位，持续加强农信文化、价值理念、“挎包精神”的宣传解读，唤醒湖南农信的历史使命感和社会责任感，增强全省农信系统对地方的责任、对发展的担当、对客户的感情，推动全省农信系统把自身的发展与地方的发展紧密联系，把自身利益与地方利益融为一体，真正在服务地方发展、服务实体经济、服务“三农”和小微企业中体现农信的作用和贡献。三是涵养百姓情怀，提升发展境界。教育全省农信干部员工牢记广大城乡百姓是农商银行的发展之基、力量之源，把促进人的全面发展作为根本目的，把实现居民美好生活向往作为奋斗目标，把人人享有普惠性金融服务作为工作使命。通过推进全覆盖走访、健全客户联系常态化机制、发展优质规范文明服务等方式，让农信干部员工更加了解百姓、亲近百姓、服务百姓，让农商银行成为老百姓发展生产、改善生活最温暖的依靠。

（二）着力强化党建引领，构建银政深度融合格局

政府是地方发展的重要引导者、参与者、推动者。农信系统要更好地服务地方发展，必须加强与政府的互动和合作。在这个问题上，有的机构意识比较强、办法比较多、道路比较顺，往往各项工作开展得比较好；有的机构则意识比较淡、办法比较少、道路比较窄，只能停留于内部的“小循环”，业务发展和工作开展受到影响。基于此，湖南省联社提出农商银行是地方党委政府的农商银行，农商银行要把地方政府的事当成自己的事，建立健全农商银行与地方党委政府责任共担、利益共享、事业共赢的良好机制，实现农商银行业务发展与地方经济社会发展决策部署深度融合，让银政感情融在一起、责任融在一起、工作融在一起。一是开展三级共建。湖南省联社与地方党委强化共识与合作，积极推动党建三级共建模式，即农商银行党委与乡镇（街道）党委合作共建，农商银行各支行党支部与行政村（社区）党支部协同共建，农商银行党员与行政村（社区）党员互助共建；并通过组织联合共建、信用联创共育、经济联动共谋、资源联用共享、志愿服务共帮、队伍联抓共管，把党建共创做实做深，为深入推进银政合作提供了组织保障。二是强化发展共谋。主动对接地方党委政府的发展战略和中心工作，进一步加强对地方发展战略、经济发展规划、产业发展导向的研究，推动农信系统与各市（州）签订战略合作协议，督促农商银行加大对地方经济社会发展的服务力度，促进了地方党委政府对农商银行的重视和支持。同时，建立农商银行定期向当地党委政府汇报工作、沟通情况机制，协调地方党委政府让农商银行列席相关工作会议，加强在政策制定、工作部署、问题研究等方面的沟通会商，促进合作深入开展、有效落实。三是推动风险共化。面对新冠肺炎疫情冲击，湖南农信系统认真落实延期还本付息等政策，在加快经济恢复上与政府加强合作。对于重点企业和项目，由政府提供名单，农商银行及时跟进、予以保障。对于陷入困境的企业和行业，由政府和农商银行协商制定救助方案和措施，共同努力降低疫情对地方发展带来的冲击和影响。对于少数农信机构面临的风险，积极争取地方党委政府的重视和支持，在不良贷款清收、风险资产处置、资本金补充等方面制定相关政策措施，推动高风险机构早日走出困境。对于政府债务化解、政府平台融资等难题，引导农商银行积极作为，主动为地方党委政府出谋划策、排忧解难，体现地方性银行的担当。四是促进人才共育。一方面，从农商银

行选派中层以上干部到当地政府经济部门或产业园区挂职，选派优秀客户经理到行政村（社区）担任“金融村干部”；另一方面，从乡镇（街道）、行政村（社区）、村组网格互助小组中选拔金融协理员、金融联络员，从村民中选聘“村民行长”，通过互相派员兼职兼岗来共同培育既懂政务又懂金融的人才队伍，促进金融服务与经济需求高效对接、有效落实。截至 2020 年 10 月末，全省共明确金融组织员 2412 人、金融协理员 32367 人、金融联络员 82940 人，农商银行派驻“金融村干部”10699 人。

（三）着力重塑信贷主业，提高服务实体经济能力

信贷服务是银行最基本的职能，是银行服务实体经济最直接、最重要的方式。信贷业务做得好不好，体现一个银行的管理水平、企业价值和社会贡献。针对一些机构脱实向虚、偏离主业的倾向，湖南省联社把重塑信贷业务作为正本清源的重要内容，推动全省农信系统把主要心思和精力聚焦到研究主业、做实主业、提升主业上来。一是重塑主业地位，加大信贷投放力度。坚持把信贷主业作为农信的本钱、农信的根基、农信的法宝，通过加大信贷业务考核权重，加强新增贷款、涉农贷款、小微企业贷款、贷款客户等指标考核，引导全省农信系统强化主业意识和战略定力，加快机构下沉、人员下沉、业务下沉，真正扎根当地、精耕主业、服务发展，积极扩大有效信贷投放，切实加强对当地发展的信贷支持。近年来，湖南农信增量贷存比保持在 80% 以上，截至 2020 年 10 月末，贷存比为 62.49%，比 2018 年末提高 3.98 个百分点。二是重塑信贷结构，突出服务实体经济。聚焦乡村振兴，制定《湖南省农村信用社支持乡村振兴战略实施意见》《关于信贷支持农业优势特色千亿产业发展的实施意见》《关于支持粮食生产的指导意见》等文件，引导全省农信系统加大对粮食、畜禽、蔬菜、茶叶、油菜、油茶、水果、水产、中药材、南竹等农业优势特色千亿产业的信贷支持，积极探索“公司（基地）+农户+银行”等产业链带动模式，针对性地推出“烤烟贷”“黄桃贷”“辣椒贷”等特色小额信贷产品。涉农贷款保持稳定增长，截至 2020 年 10 月末，余额为 4685.76 亿元，占贷款的 67.48%。聚焦小微企业，开发个体工商户便民卡、小微企业便民卡等专属信贷产品，加大信用贷、循环贷推广力度，推进设立小微企业专营机构、专业柜台，打通贷款线上办理渠道，提高贷款办理效率。截至 2020 年 10 月末，余额为 3110.96 亿

元，占贷款的 44.8%。聚焦县域经济，推动农商银行积极对接县域产业园区、特色产业、重点项目，“一对一”提供专项信贷服务，共发放贷款 95 亿元，为特色县域经济发展提供了有力支持。三是重塑产品体系，提高金融供给能力。在全省持续做优便民卡、福民卡等拳头产品，加快“福祥 e 贷”的推广，建设线上金融超市“福祥 e 家”，逐步推广线上快贷产品，丰富线上信贷业务种类，打造线下与线上融合的信贷产品服务体系。支持农商银行研发区域特色信贷产品，推出个体经营户联保贷、生猪贷、油茶贷、订单贷、存货贷、股权贷、知识产权质押贷、流水贷、公积金贷等信贷产品 100 余款，基本形成了“一行一品”“一行多品”格局，更加精准地满足了各类客户的融资需求。四是重塑管理责任，严格保障信贷质量。建立健全贷款管理、不良认定、问责追责等机制，进一步压实贷款管理责任，督促做实贷款“三查”，尤其是认真落实尽职调查，提高客户评价的真实性、合理性、准确性，从源头确保贷款的质量。同时，出台《湖南省农村信用社贷款尽职免责实施指引（试行）》，把“尽职免责”作为小额信贷业务责任认定、追究和处理的核心原则，化解员工“惜贷、惧贷”心理，推动信贷业务高质量发展。

（四）着力发展普惠金融，助力形成经济新增长极

普惠金融，是指立足机会平等要求和商业可持续原则，以可负担的成本为有金融服务需求的社会各阶层和群体提供适当、有效的金融服务。对银行而言，做普惠金融不只是政治要求，也不只是业务创新的一种模式，还是支持经济发展的有效途径。这是因为小微企业、普通农户、自主创业人员、低收入人员等难以从银行获得贷款的“长尾客户”，有着强烈的致富意愿、工作热情、消费倾向，一旦获得资金支持，能够释放出巨大的创新活力和消费潜力，为经济发展注入新的动能。近年来，湖南农信系统坚持“普之城乡、惠之百姓”，把普惠金融作为整体转型的发展战略来抓，积极探索具有湖南农信特色的普惠金融发展之路。一是全面夯实客户基础。按照信贷是每个人应当享有的权利的理念和三年全覆盖的工作目标，扎实、深入、持久开展“党建共创、金融普惠”行动。省联社、办事处联点、基层网点，领导带头、以上率下，通过深入访、全面录、综合评、公开授、充分用，推动客户走访全覆盖、金融服务全覆盖、评级授信全覆盖，建立健全辖内所有客户的信息档案，主动对接、及时响应客户的金融需求，让老百姓在家门口就可以感受到农商银行的温

度。自2019年7月行动开展以来，湖南农信系统累计走访438.35万户，采集评级授信信息362.53万户。并且在这个过程中，广大员工发扬“挎包精神”，做新时代的“背包银行”，与农村打成一片，与基层打成一片，与群众打成一片，赢得了社会各界的高度评价和良好口碑。二是推进“一平台五机制”建设。加快建设普惠金融数字化平台，运用“互联网+”思维和数字化技术，把农商银行与普惠客户链接起来，促进线下客户、线下产品、线下网点、线下服务向线上转移，真正打通基层金融服务的“最后一公里”，解决传统金融服务工作量大、成本控制难、效率不高、可获得性差等问题。建立健全普惠金融组织联动机制、信息共享机制、信用保障机制、风险防控机制、成果评价机制五项机制，形成科学、完整、规范的普惠金融工作体系，实现普惠金融常态化。三是深入开展金融扶贫。为解决建档立卡贫困农户贷款难问题，在全国首创“433”评级授信体系（设置个人诚信度、家庭劳动力和人均收入三项指标权重），与省扶贫办合作推出“贷款金额不超过5万元，贷款期限3年，风险分担，财政贴息”的扶贫小额信贷特色产品；并按照“资金跟着穷人走、穷人跟着能人走、能人跟着产业项目走、产业项目跟着市场走”的“四跟四走”思路，大力开展金融产业扶贫，通过产业帮扶、能人带动、金融放大切实增强了贫困农户的“造血”能力。截至2020年10月末，湖南省农信系统累计发放扶贫小额信贷65.63万笔，金额270.97亿元，占全省金融机构扶贫小额信贷累计发放额的94.49%，直接和间接带动50余万户贫困人口发展生产增收脱贫。四是着力打好金融“战疫”。出台金融服务新冠肺炎疫情防控20条措施，对因疫情影响还本付息困难的中小微企业给予展期、续贷等延期还本付息安排，做到不抽贷、不断贷、不压贷，并主动对接各类市场主体，积极为企业解难纾困，全力支持复工复产、复市复商和春耕生产。截至10月末，湖南农信系统为334.17亿元小微企业贷款办理延期还本付息，发放春耕备耕贷款158.75亿元，减费让利4.44亿元。

（五）着力改善金融生态，促进打造优质营商环境

良好的地方金融生态，既是农信系统发展壮大的有力支撑，又是地方金融安全的重要保障，也是地方营商环境的展示窗口。湖南农信系统积极推动共商、共建、共享的治理机制建设，与政府和社会各主体携手同治并相互支持，共同优化金融生态环境。一是打造便利的融资环境。建立与政府、园区、商会、市场的联动机制，

充分发挥网点密集优势和金融组织员、金融协理员、金融联络员、“金融村干部”“村民行长”触角作用，确保金融需求在农信系统及时得到响应。支持地方政府加快智慧城市建设，开发建设统一的数据融合平台，对工商、税务、民政、司法、通信、金融等方面信息进行整合，政务信息与金融信息的有效对接，并结合征信、司法、黑名单、第三方反欺诈等大数据进行综合评判，破解“信息不对称”难题，更方便、更快捷地对社会主体提供金融服务。二是打造守信的社会环境。通过专门培训、夜校宣传、日常普及等方式，加强金融知识、金融政策、金融法规的宣传，增强社会各类群体特别是基层群众的信用意识。积极配合地方政府打击贷款诈骗、金融掮客、非法集资、金融职务犯罪等各类金融违法犯罪行为，强化对“老赖”的失信惩戒，提高地方金融安全度。把基层群众自治与信用环境治理结合起来，推进社会信用体系建设，全面推行信用乡、信用村、信用户建设，推广乡村治理积分制，将积分结果与授信额度、担保要求、利率优惠、荣誉评定、政治待遇、消费折扣等方面挂钩，强化守信者受益、失信人难行的导向。三是打造高效的服务环境。依托遍布城乡的服务网点和金融服务站，推进软硬件改造提升，增强服务功能，打造集金融服务、助农取款、电商服务、政务办理、物流运输等多项综合服务于一体的社区银行综合体和新型金融便民服务店，并结合“最多跑一次”改革和“一门式”服务平台建设，建设“互联网 + 政务 + 金融”线上综合服务平台，形成闭环式“基础金融服务不出村、综合金融服务不出镇、非现金金融不出户”的金融服务体系。

（六）着力深化改革创新，实现经营发展提质增效

一家高效经营的农商银行，不仅可以为地方的 GDP 和税收作出突出贡献，还可以通过配置金融资源，引导企业规范发展、产业转型升级。在全面完成农商银行组建后，湖南省联社积极探索深化农商银行改革，推动其向现代金融企业转变。一是加强股权管理。指导农商银行进一步完善股权结构，通过增资扩股、股权转让等方式，积极吸纳地方国资、当地企业、战略投资者等入股，通过股权关系强化与地方的利益联结机制。同时，全面推进农商银行股权托管，抓好农商银行股东股权乱象问题专项整改，促进股权管理规范化、科学化。二是提高治理效能。积极探索党的领导下法人治理的有效形式，健全完善“三会一层”和专门委员会建设，促进了治理效能的提升。三是推进管理转型。借鉴现代企业管理经验，结合农信系统实际，

有针对性地转变管理理念、管理方式和管理手段，逐步实现由行政化管理向企业化管理转变，由随意性管理向专业性管理转变，由粗放式管理向精细化管理转变。进一步理顺行业管理和农商银行内部管理的关系，将省联社管理职能聚焦到管方向、管干部、管风险、管薪酬上，赋予农商银行更多自主权。按照“业绩为王”的导向优化绩效考核和薪酬分配，提振干部员工的工作热情和奋斗精神。四是提升科技实力。聚焦建设“智慧银行”和数字化转型，加快推进新一代系统科技平台和互联网金融平台建设，加强信息化成果特别是大数据、云计算、人工智能等新兴科技运用，促进金融科技与金融服务深度融合，提升科技支撑能力、产品研发能力、精细管理能力。积极开展金融科技服务，帮助客户建设信息化管理系统、移动化服务手段，推动信息科技在县域的推广应用。

三、实现共生共荣发展的初步体会

（一）实现共生共荣，转变思想是前提

思想认识到位，行动才能坚定。农信系统要用习近平新时代中国特色社会主义思想武装头脑，充分认识经济与金融共生共荣的重要意义、深刻内涵、重大机遇和发展潜力，把服务地方经济社会发展作为第一职责、第一担当，将农商银行发展融入地方党委政府的发展战略和中心工作当中去，推动金融服务跟着地方党委政府的发展战略走，跟着当地产业布局走，跟着老百姓的生产生活需求走。

（二）实现共生共荣，对接主体是重点

经济社会活动是由各类主体创造的，服务地方发展实质就是服务各类主体。农信系统要深入践行普惠金融，把所有主体都作为潜在客户，推进客户走访全覆盖、金融服务全覆盖、评级授信全覆盖，并围绕政府、企业、农户、居民等各类主体特点，开发专属产品和服务，建立专门的联系、对接和维护机制，确保客户的金融需求及时响应和满足。要强化以客户为中心，坚持与客户共成长，把客户当亲戚走、当朋友交，设身处地为客户着想、帮客户解难，让客户切实感受到农信服务的温度，有更多的获得感、幸福感。

（三）实现共生共荣，提升能力是关键

当前，共生共荣的主要矛盾是农信系统的供给能力跟不上地方经济的金融需求。农信系统要以打造“百年老店”为目标，瞄准现代金融企业，加快提升自己的风控能力、管理能力、科技能力、创新能力，打造更加丰富、更多功能、更有弹性的金融产品和服务体系，以更好地响应和匹配地方金融需求。要健全完善客户评级授信机制，强化信贷资源配置的导向作用，引导市场主体提高经营效率，促进其健康成长。

（四）实现共生共荣，建好队伍是保障

农信系统要教育干部员工牢记地方是农信系统的生存土壤、百姓是农信系统的衣食父母，培养干部员工对地方、对百姓的感情，筑牢服务地方发展、服务民生改善的思想觉悟。要加强对地方发展战略和中心工作的研究，推动干部员工熟悉当地情况、熟悉政府工作、熟悉产业情况、熟悉客户情况，建设一支懂政府运作、懂产业发展、懂企业管理、懂客户需求的专业队伍，推动共生共荣向更宽领域、更深层次、更高水平发展。

第8章

对农商行法人治理及管理体制的认识、实践及建议[①]

——以湖北省联社的探索实践为例

农村商业银行（以下简称农商行）由农村信用社（以下简称农信社）改制而来。农信社法人治理经历多次变革，管理体制也先后经历了由社队、农业银行、人民银行、银保监会、省级人民政府管理的变迁，但无论怎么改，不变的是坚持党的领导和支农支小的市场定位，变化的是由谁管更适合其发展。发展实践证明，党中央、国务院决定农信社由省级人民政府管理以来，在监管部门的指导下，发展最快、资产质量最好、社会地位最高。近年来，关于农商行法人治理及管理体制改革，学术界、监管层、农商行自身一直在不停探索。湖北省联社深入领会党中央、国务院关于农村中小银行机构改革精神，在农商行法人治理及管理体制方面进行了探索实践。

一、对农商行现行法人治理及管理体制的认识

（一）机构性质：不是纯粹的民营银行，而是省委、省政府领导的听党指挥、替政府分忧、支农支小的责任银行

长期以来，监管部门将银行业金融机构划分为两种：一种是按业务区域的相似

① 本章数据均来源于湖北省农信系统。

性分类，农商行属于农村中小合作机构。另一种是按政策属性分类，农商行属于商业银行。但是，在民营银行出现后，银保监会对商业银行又有了一个新的分类，即满足银监会[①]《关于民营银行监管的指导意见》（2017 年）条件的，认定为民营银行，比如由腾讯发起的微众银行、由阿里巴巴发起的网商银行。但与民营银行相对的概念不是国有银行，也不是非民营银行，银保监会的用词是"传统银行"。按照这个分类，农商行不属于民营银行，而属于传统银行。

农商行的全部资本来源于民营企业和自然人，没有国有资本入股，为什么不能归类于民营银行？

银监会在《关于促进民营银行发展的指导意见》（2015 年）中首次确定了民营银行定义的五项原则，即"纯民资发起、自愿承担风险、承诺股东接受监管、实行有限牌照、订立生前遗嘱"。"纯民资发起"是指不能有国有资本，即没有国家增信。"自愿承担风险"是指自愿承担无限责任，即突破《中华人民共和国公司法》（以下简称《公司法》）上的股东有限责任制度。"承诺股东接受监管"是指股东自身的经营行为也要接受监管，即防止股东因经营不善出现"资本补充能力下降"的情形。"实行有限牌照"是指在存贷款业务上限制。比如"小存小贷""大存小贷""公存公贷""特定区域存贷款"等，与现有的金融体系作适当的风险隔离。"订立生前遗嘱"是指牌照发放前，发起人要制定以承担全部剩余风险为基础的"合法可行的恢复和处置计划"，即保证公众利益不能有损失。

可见，定义民营银行性质的核心要素不是资本属性，而是"最终风险由谁来承担"。根据《国务院关于印发深化农村信用社改革试点方案的通知》规定，农村信用社交给省级人民政府管理，由省政府承担最终风险责任。《国务院关于界定中央和地方金融监管职责和风险处置责任的意见》进一步明确规定：省级人民政府继续承担农村信用社的管理和风险处置责任。这明显与民营银行的股东要承担无限责任的要求不符。对标这些核心要素，监管部门没有把农商行当民营银行去管理。因此，虽然农商行的股东是民营资本，但农商行不是纯粹的民营银行。

而且，农商行一直以来担负着支农支小的重任，承担着重要的政策性职能和社会责任，是服务"三农"、民营企业和小微企业的主力军，是践行普惠金融战略的

---

① 现为银保监会。

主力银行，是落实国家惠农政策的主办行。

（二）股东身份：不是农商行决策者和当家人，而是典型的财务投资者

在现行法律和监管制度安排下，党的领导始终是农商行公司治理的核心，农商行股东的出资属于财务投资。

农信社改制为农商行以后，建立了以产权为核心的“三会一层”现代企业制度，按照《公司法》的理论，股东自治应当成为公司治理的核心，但为什么股东在公司治理中最核心的“政策权利”上，没有“董、监、高”的提名权呢？

1.《公司法》与《中华人民共和国银行业监督管理法》（以下简称《银行业监督管理法》）在规范股东权利、义务上的差异

《公司法》在股东权利、义务上有两个很重要的概念：一是股东的有限责任，表述为股东以其“出资额为限”或“认购的股份为限”对公司承担责任。二是公司股东有权“选择管理者”，也就是以资本数量作为选择管理者的话语权，在实践中表现为大股东的提名权和全体股东的表决权。《银行业监督管理法》与《公司法》相比，在股东承担有限责任、股东投票权等方面有更严格的要求。

一是对有限责任的调整。《银行业监督管理法》第十七条规定：申请设立银行业金融机构，或者银行业金融机构变更持有资本总额或者股份总额达到规定比例以上的股东的，国务院银行业监督管理机构应当对股东的资金来源、财务状况、资本补充能力和诚信状况进行审查。这里所说的资本补充能力，主要指当股东投资的银行出现风险导致资本充足率不达标时，银行的实际控制人应当为银行输血补充资本，将银行主要股东的有限责任变为一定程度上的无限责任。实践中，国家通过购买坏账为其控制的商业银行补充资本，就是遵循《银行业监督管理法》的要求，履行实际控制人的无限责任。比如：省联社成立以后，湖北省政府协调各级地方政府，累计为76家农商行置换不良资产85亿元，解决农商行因坏账导致资本充足率不达标的问题。综上，要成为银行的实际控制人，就必须满足持续的资本补充能力条件，这往往不是农商行现有股东能达到的。

二是表决权的限制。《银行业监督管理法》第三十七条规定，监管部门有权“限制有关股东的权利”。这里限制的权利，在实践中表现为包括选择管理者在内的投票权，最典型、最普遍的是关联交易对表决权的限制。银监会在《关于加强商业

银行股权质押管理的通知》（2013 年）中规定，股东质押本行股权数量达到或超过其持有本行股权的 50% 时，应当对其在股东大会和派出董事在董事会上的表决权进行限制。当前农商行往往存在股东在本行有贷款情形，这和《公司法》规定股东的权利全靠资本说话有一定的区别。

2. 即使农商行的股东愿意承担无限责任，同样不可以成为农商行的实际控制人，行使提名董、监、高的权利

这个问题的实质，是农商行股东作为实际控制人的主体资格能否“适格”和有没有机会“适格”的问题。

一是监管对商业银行主要股东“适格”的标准，不仅仅是持股数量。《银行业监督管理法》规定，要成为商业银行的主要股东，除审查前述“资本补充能力”外，还要对股东的资金来源、财务状况、诚信状况进行审查。换言之，不是有钱就可以当商业银行主要股东的。以目前农商行股东的实际情况，成为主要股东的难度较大。

二是监管对农商行股东持股数量的限制，决定了股东不可能成为农商行的实际控制人。《农村商业银行管理暂行规定》规定，农商行单个自然人股东持股比例不得超过总股本的 5‰，单个法人及其关联企业持股总和不得超过总股本的 10%。2020 年最新的《中华人民共和国商业银行法（修改建议稿）》也对商业银行主要股东作出了限定：持股比例为 5% ~50%，或者持股比例低于 5%，但是对商业银行经营管理有重大影响的股东；主要股东变动需要获得批准：持有或者累计增持商业银行股份超过 5%，需要在三个交易日内向银保监会申报，并且获得批准后方才能够继续增持，而且需要公告。这就将商业银行股东资格管理的监管要求正式纳入《中华人民共和国商业银行法》中，突出对商业银行主要股东的监管，同时也加强了对商业银行股东的监管，完善了公司治理。

三是监管对农商行股东之间一致行动人的限制，决定不可能多个小股东通过签订一致行动人协议成为农商行的实际控制人。《商业银行股权管理暂行办法》规定，投资人及其关联方、一致行动人单独或合计拟首次持有或累计增持商业银行资本总额或股份总额 5% 以上的，应当事先报监管部门核准。对应经但未经监管部门批准的，不得行使股东权利。

可见，在当前监管政策不改变的情况下，没有股东能成为农商行的实际控制人，也不能通过一致行动人成为农商行的实际控制人。

3. 省政府成为农商行的实际控制人，既符合法律规定，也符合农商行章程规定和公司治理实际需要

一是省政府成为农商行实际控制人是中央和国务院关于农商行管理的制度安排，并且已经写入农商行章程。2003 年，国务院启动农信社改革，将农信社的管理交由省政府负责，确立了省政府承担农商行最终责任的制度安排。2016 年 10 月，习近平总书记在全国国有企业党的建设工作会议上强调，坚持党对国有企业的领导不动摇，发挥企业党组织的领导核心和政治核心作用，保证党和国家方针政策、重大部署在国有企业贯彻执行。① 随后，监管部门根据中央《关于深化国有企业改革的指导意见》和《关于在深化国有企业改革中坚持党的领导加强党的建设的若干意见》，指导农商行将坚持党的领导、加强党的建设写入章程。2018 年中央出台《关于完善国有金融资本管理的指导意见》，2019 年国务院出台《国有金融资本出资人职责暂行规定》，均明确规定，凭借国家权力和信用支持的金融机构所形成的资本和应享有的权益，纳入国有金融资本管理。

根据党中央、国务院的一系列制度规定，省委、省政府始终拥有农商行党委班子的任命权和董、监、高的提名权，党的领导在农商行公司治理中始终处于核心地位。农商行股东通过股东大会、董事会、监事会议事规则行使投票权，对重大经营决策进行监督。

二是省政府虽然不持有农商行股份，但一直在承担农商行实际控制人的角色。证监会、沪深交易所在上市公司监管实践中始终认为，认定公司的实际控制人，要从对股东大会的影响情况、对董事会的影响情况、对董事和高级管理人员的提名及任免情况来综合判断。省政府虽然不持有农商行股权，但并不妨碍其成为农商行的实际控制人。

三是农商行业务的公众性、社会性需要省政府成为农商行实际控制人。目前，农商行股东股本金占资产的比重不到 3% 。以这么小的资本来控制如此庞大的金融资产，风险不言而喻。农商行的存款主要是财政资金和公众储蓄，这些资金关系金

---

① 《习近平在全国国有企业党的建设工作会议上强调 坚持党对国有企业的领导不动摇 开创国有企业党的建设新局面》，《光明日报》，2016 年 10 月 12 日第 1 版。

融安全和社会稳定。如果把这些钱交给股东，交给那些企业老板、资本大鳄、资本小鳄去玩，是相当危险的，是极不负责任的。

综上，农商行最终风险由省政府“兜底”，党的领导处于农商行公司治理的核心位置，省政府是农商行的实际控制人。

（三）高管身份：不是股东和资本代言人，而是党组织提名和管理的党的农村金融干部

2005 年 1 月 13 日，湖北省政府印发《湖北省深化农村信用社改革试点实施方案》，明确省联社行政级别为省委、省政府领导下的厅级省级金融机构。因此，省联社高管人员属于国家机关委派到非国有企业从事公务的人员，属于国家工作人员。

同时，对市县农商行实行省联社党委垂直管理。实际操作上，市县农商行党委班子成员由省联社党委严格按照干部选拔任用工作条例提名把关，不是股东直接委派。

可以说，农商行系统的高管是代表党组织执行国家金融政策和监管要求，不是股东和资本利益的代言人。党管农商行实际上就是管人，管高管人员。如果把干部提名权交给大股东，实际上就是把农商行的控制权交给大股东，这是非常危险的。

（四）员工身份：不是股东或高管的打工者，而是热爱农村金融事业的农商行的主人

在农商行工作的员工，有很强的身份认知和自豪感，他们从来不认为是在为谁打工，而始终认为在为国家、为人民干事。很多员工是几代人坚守偏远山区，为当地老百姓提供最基础的金融服务。这既是 60 多年的历史烙印，也是一直以来在中国农业银行、中国人民银行、中国银保监会和湖北省联社管理下形成的完整组织体系。并且，从合作制到股份制，员工始终持有农商行的股份。特别是省联社成立以来，在省委、省政府的领导和关怀下，农商行员工的政治成长空间进一步打开，各级农商行与地方党委、政府、共青团的干部交流形成制度化，大批优秀干部脱颖而出，农商行的社会地位得到快速提升。

近年来，湖北省联社组织全省农商行新员工招聘，按照法律专业、科技专业和

其他专业各占 1/3 的标准进行招录，进一步提升员工队伍的专业化水平。应聘人员中，既有 211/985 高校的优秀应届毕业生，也有在地方政府部门工作的优秀干部，还有一些国有银行工作人员也前来报名，他们看中的是农商行是个能实现个人理想抱负的平台。

（五）省联社定位：既是市、县农商行发起设立的合作制企业，更是代表省政府行使对农商行管理职责的行业主管部门

根据《国务院关于印发深化农村信用社改革试点方案的通知》规定，省联社具有“双重”身份。一方面，省联社由市、县农商行出资设立。从这个角度讲，各市、县行是省联社的出资人，相当于省联社的股东。另一方面，省联社根据省政府的授权，对全省农商行行使管理、指导、协调和服务职能。从这个角度讲，省联社是代表省政府管理市、县农商行的行业管理机构。根据省委、省政府授权和要求，省联社行使的管理职能主要概括为以下方面。

一是管党建。坚持党的领导，加强党的建设，确保中央和省委、省政府决策部署及金融工作方针在农商行系统得到坚决全面贯彻落实。坚定不移地推进全面从严治党向基层延伸，确保从严治党和反腐败斗争延伸到每一个基层单元，做到无禁区、零容忍、全覆盖，在全系统构建起不愿腐、不能腐、不敢腐的体制机制。

二是管方向。坚持回归本源，聚焦主业，服务实体经济。在这方面，省联社一直把方向、管大局、保落实，确保全省农商行保持战略定力，坚定支农支小的战略定位，全力支持实体经济发展。

三是管干部。主要是坚持党管干部原则，严格按照《党政干部选拔任用工作条例》选拔各级农商行高管人员。

四是管风险。指导辖内农商行健全法人治理结构，建立健全和完善内控制度，按照监管部门的要求，依法合规经营，切实防范各类金融风险，坚决守住不发生系统性风险的底线。

五是管后台服务。在科技网络、系统研发、产品创新、富余资金融通、系统培训等方面，打造强大服务平台，解决小法人想办而办不了的事。

六是管对外协调。省联社作为全省农商行系统“首脑机关”，代表全系统进行对外交流，协调对外事务，为市、县农商行提供对接平台，为拓展业务营造良好环境。

以上这些权力与职能，都是省委、省政府根据党中央和国务院精神，结合农商行实际设计和安排的。因此，省联社不是一般意义上的纯行业管理机构，而是省委、省政府管理全省农商行的职能部门。

二、湖北省联社推进农商行法人治理及管理体制改革的探索实践

根据国务院改革精神及监管要求，结合农信社实际，湖北省联社努力探索建立"六位一体"的具有湖北特色的农商行法人治理模式，确保中央和省委、省政府方针政策贯彻落实，确保监管要求得到严格执行，确保农商行支农支小服务定位不改向，确保员工积极性充分发挥，充分调动地方政府资源，凝聚各个层面的合力。

（一）坚持党的统一领导

湖北省联社的具体做法是：一是把党建工作要求写进章程，明确和落实党组织在法人治理结构中的法定地位。二是发挥系统党组织的领导核心和政治核心作用，把方向、管大局、保落实，明确党组织在决策、执行、监督各环节的权责和工作方式，使党组织发挥作用得以组织化、制度化、具体化。三是在决策程序上，明确党组织研究讨论是董（理）事会决策重大问题的前置程序，重大经营管理事项必须经党组织研究讨论后，再由董（理）事会作决定。

事实证明，湖北省联社对全系统党组织实行垂直管理，把全省农信社从濒临破产的边缘，发展成历史包袱全面化解、业务规模全省第一、风险指标保持银行标准的机构，靠的就是坚持党的领导，靠的就是加强党的建设。没有了党的领导，76 家农商行就没有了向心力；没有了党的建设，3 万多名员工就没有了凝聚力。坚持党的领导，就是提高全系统的集体战斗力；加强党的建设，就是提高全系统的核心竞争力。加强党的建设，既是当前中央的重大决策，更是农商行自身稳健发展的内在需求，必须在完善法人治理过程中毫不动摇，始终坚持。

（二）省政府和省联社履行全省农商行管理及风险处置责任

国务院将农村信用社风险管理责任交给省级人民政府后，湖北省委、省政府高

度负责，授权省联社承担起对全省农商行的管理、指导、协调和服务职能，同时在政策、资金、人力等方面给予大力支持。

一是出台优惠政策。省政府下发了《关于加快农村信用社改革和发展的意见》（鄂政发〔2005〕20 号），要求各级政府和有关部门坚决取消一切限制自然人和法人到农村信用社开户存款的歧视性政策，支持农信社改革发展，为农信社创造公平的竞争环境。2021 年 6 月，省委省政府召开全省地方法人金融机构工作专题会议，要求加大对地方法人金融机构的支持力度，制定和完善财政性资金、医保、社保、养老保险、公积金、职业年金的存放规则，支持地方金融机构更好发展，支持有条件的农商行上市融资。

二是拿“真金白银”支持农信社改革。省联社成立时，省政府拿出 800 万元开办费。2005 年和 2006 年，由省财政每年安排 6000 万元资金，用于帮助亏损农信社达到专项票据兑付要求；2005 年至 2009 年，减少农信社 2% 的营业税。2009 年，省联社启动农信社组建农商行改革，省政府用风险防范金对困难联社实行帮扶，每家支持 1000 万元，其他联社每家支持 500 万元，全省共返还风险防范金 9.4 亿元；减免注册登记、土地出让、资产确权等税费 3.2 亿元。

三是牵头防范化解金融风险。在农信社组建农商行改革过程中，省政府协调各级地方政府，拿出土地等优质资产置换农信社不良贷款 85 亿元。2018 年，省委政法委印发《关于服务“三大攻坚战”支持农商行化解金融风险的通知》（鄂政法办〔2018〕19 号），全省政法系统通过联合市县农商行开展“清赖行动”等专项行动，收回不良贷款 31.6 亿元。2020 年 10 月，湖北省地方金融监督管理局组织人民银行武汉分行、湖北银保监局、各市州金融局在咸宁召开现场会，支持全省农商行系统防范化解信贷风险。

根据国务院制度安排，省联社具体承担对辖内信用社的管理、指导、协调和服务职能。围绕这 8 个字，根据监管部门授权，省联社具体承担以下 14 项职能。一是督促辖内农商行贯彻执行国家金融方针政策，落实支农工作；二是制定行业自律管理制度并督促执行；三是指导辖内农商行健全法人治理结构，完善内控制度；四是督促辖内农商行依法选举董事和监事，选举聘用高级管理人员；五是制定并检查、考核辖内农商行信贷、财务收支计划执行情况，稽核、辅导辖内农商行业务和财务；六是指导、协调电子化建设；七是监察、处理辖内农商行案件，组织督导农商行做好安全保卫工作；八是指导防范和处置辖内农商行的金融风险；九是协调有关方面关系，维护农商行的合法权益；十是组织辖内农商行之间的资金调剂；十一是参与资金市场，为农商行融通资金；十二是办理或代理农商行资金清算和结算业务；十三是组织辖内农商行职工培训教育；十四是提供信息咨询服务。

（三）中国人民银行和银保监会依法全面监管

中国人民银行、银监会《关于明确对农村信用社监督管理职责分工指导意见的通知》（2004 年）明确规定，银监会及其派出机构依法行使对信用社的金融监管职能，承担监管责任；中国人民银行及其分支机构应对信用社执行有关存款准备金管理规定、中国人民银行特种贷款管理规定、人民币管理规定、银行间同业拆借市场和银行间债券市场管理规定、外汇管理规定、清算管理规定以及反洗钱规定的情况等进行监督检查，督促其依法经营。因此，银保监部门、中国人民银行对农商行监管是国务院的制度安排，服从中国人民银行和银保监监管是农商行的基本职责。

事实证明，监管部门对农信系统的监管和服务是有效的。各级人民银行、银保监部门针对农信社实际，实行分类监管和差异化监管，促进农信社稳健运行。湖北省联社对各银保监分局、监管办，市、县人民银行在风险提示、季度通报、监管约谈、现场检查、年度监管评价中提出的各项监管要求高度重视，积极督促辖内农信机构落实整改。同时，坚持问题导向，对少数农信机构在股权管理、资金业务、干部人事管理等方面存在的问题，在全系统开展全面清理，自查自纠，推动全省农商行合规经营、规范履职。

（四）地方党委政府大力支持

第五次全国金融工作会议强调地方政府在坚持金融管理主要是中央事权的前提下，按照中央统一规则，强化属地风险处置责任。落实中央、国务院的要求是地方政府义不容辞的职责，也是必须履行的社会责任。

农商行是地方性金融机构，主体业务在地方，税收贡献在地方，风险防控责任在地方，地方党委政府在资金归集、优质项目推介、不良贷款化解等方面都应给予大力支持。农信社、农商行自身也要向地方政府阐明这一事实，积极争取地方党委政府的支持。特别是在不良贷款压缩受阻等情况下，地方党委政府对农商行的大力支持显得格外重要。

事实上，市、县党委政府一直以来对农商行都是厚爱加鼎力支持。2018 年，湖北省联社向地方党委政府致函，请求地方党委政府支持农商行清收化解不良贷款。全省多地市、县政府召开专题会议，支持农商行工作，在风险贷款化解、优质项目推介、行政事业单位人员工资代发等方面给予倾斜，有效地支持了农商行的发展。

（五）市、县农商行自主经营

根据国务院“稳定县域”的要求，市、县农商行一直自主经营，自负盈亏。省联社不干预经营活动，不归集资金，不干涉贷款，充分保障市、县农商行自主权和灵活性。在省联社指导和服务下，市、县农商行在县域范围内，拥有独立的信贷审批、费用配置、人员调整、绩效分配等资源调配权，自主经营权大，决策链条短，信息传递快，市场反应灵敏。这是农商行的体制特色，也是比较优势。市、县农商行资金来源于当地，用于当地，税收贡献于当地，更能够赢得地方党政部门的支持。

事实证明，正是这种体制机制优势，使得市、县农商行能够在激烈的金融竞争中脱颖而出，90% 以上的市、县农商行在当地金融机构中存、贷款规模排名第一。绝大多数市、县农商行纳税排当地前三位，农商行支持的企业更是当地主要的纳税企业和吸纳就业的企业。

（六）农商行员工发挥主人翁作用

湖北省联社在推进农商行改制过程中，鼓励员工持股，增加持股人数和持股比例，增强员工的忠诚度和责任感。目前，除了新招录的员工，老员工绝大多数持有股份，是农商行的股东。员工始终认为自己就是主人，而不是大股东的打工者。同时，省联社大力加强企业文化建设，树立正确导向，不断传递正能量，增强员工队伍凝聚力和向心力。湖北省联社成立十几年来取得了辉煌的业绩，全体员工功不可没。

三、深化农商行法人治理和管理体制改革的建议

2019 年 2 月 22 日，习近平总书记在中共中央政治局第十三次集体学习时指出：

“防范化解金融风险特别是防止发生系统性金融风险，是金融工作的根本性任务。”①为确保农商行坚守定位、防范风险，必须由党中央、国务院加强对农村金融事业的统一管理，优化中央和地方金融事权的关系，强化中央金融事权，将全国农合机构的党的领导、干部管理、货币政策、信息科技等事权统一到中央，解决分省（自治区、直辖市）管理导致的风险控制差异化缺陷和各种不可控因素。

在中央金融事权主导下，可探索成立农合机构全国性组织——中国农信联合银行，由银保监会或中国人民银行党委直接领导，建立中央、省（自治区、直辖市）、市、县四级农合机构法人管理体制，即：从维护农合机构系统整体利益、稳定农合机构改革发展大局、提升农合机构风险防控能力出发，在中央层面建立全国农合机构集团总部，原有的各省（自治区、直辖市）、市、县农合机构作为下级机构继续保留，从而打造从上至下的四级法人治理模式，理顺全国农合机构管理关系。

中国农信联合银行统一履行全国农合机构的管理职能，在管理上实行 7 个集中，即：党的领导集中，干部管理集中，风险防控集中，审计监察集中，货币政策集中，科技系统集中，资金互助集中。同时，根据各省（自治区、直辖市）实际情况和特殊性，保证法人机构的经营活力和自主性，维护地方政府利益，实行 4 个独立，即：信贷权限独立、经营核算独立、地方纳税独立、人员招录独立。四级法人管理体制下，全国农合机构可形成整体，凝聚合力，加快完善支农服务体系，另外，基层农合机构继续作为独立法人保持经营自主决策权，从而使农合机构既有整体合力，又有各自活力。这种体制符合中央关于“保持县域法人地位总体稳定”的改革要求，有利于防范和化解金融风险，有利于提升农村金融服务水平，有利于增强农合机构体系凝聚力，有利于调动多方积极性、减少改革阻力。可以在农村金融系统内进一步加强党的领导，推进全国农合机构干部交流和培养。

① 《习近平在中共中央政治局第十三次集体学习时强调 深化金融供给侧结构性改革 增强金融服务实体经济能力》，《光明日报》，2019 年 2 月 24 日第 1 版。

第 9 章

贵州农信：数字技术与农村金融深度融合机制探究[①]

近年来，贵州农信顺应数字普惠金融发展趋势，以“金融 + 互联网”为目标，积极拥抱新变化、推进新发展，围绕“数字、平台、生态、赋能”的发展理念，坚持科技赋能，创新探索数字普惠金融新机制、新模式、新空间、新生态，加强金融科技与普惠金融深度融合，有效提升服务效能，积极助力脱贫攻坚、乡村振兴。

一、“三大变化”看贵州农村金融现状

（一）政府部门需求变化

党的十八大以来，贵州省委、省政府坚决贯彻落实习近平新时代中国特色社会主义思想，牢牢守住发展和生态两条底线，全省上下按照党中央、国务院部署要求，抢抓建设国家大数据（贵州）综合试验区重要机遇，深入实施大数据战略行动，把发展大数据作为后发赶超、弯道取直的一项战略选择，持续推动大数据探索实践，大数据战略行动助推全省经济社会发展取得了显著成效。基于贵州大数据战略的推动，近年来旅游、医疗、健康、养老、教育、物流、商务、金融、文化等新兴服务

① 本章数据均来源于贵州省农信系统。

发展迅速。同时贵州大数据积极培育了农村电商主体，有效推动了“网货下乡”“农货进城”“黔货出山”；建成了覆盖省、市、县、乡、村五级的贵州网上办事大厅，43 万个政务服务事项均在网上集中办理，日均办件量超过 6 万件，审批时限在法定时限基础上压缩了 50%。大数据与实体经济深度融合，推动农业智能化、政务服务下沉至村，都对农村地区的金融数字化服务提出了更高的要求。

（二）个人客户行为变化

伴随移动互联网金融的迅猛发展和电子商务延伸至镇乡，以及智能手机和移动社交 App 的普及，农村地区个人客户的金融需求及金融行为正在发生变化。

1. 支付习惯的变化

互联网金融时代，农村地区客户离柜、离行办理银行业务的比重在逐年增长。客户通过互联网接入的方式，开始逐渐掌握控制权。客户不再需要前往银行的营业网点，甚至不需要再与银行工作人员会面，就可以通过互联网远程完成账务查询和业务交易。从近年贵州农信银行柜台办理现金业务比重来看，越来越多的客户开始选择线上支付。

2. 贷款需求的变化

在传统农村发展模式下，农村经营主体是独立、分散的单个农户，是真正意义上的“小农”。随着城市化的推进和农村人口的迁移，这些“小农”有一部分进入城镇就业，城镇就业收入成为家庭农场收入的补充。尽管如此，这些农户的金融需求，主要来自小规模生存型产业发展的金融需求、消费金融需求，都具有明显的小微金融特征。而在乡村振兴时代，农村产业的推进，将主要以适度规模化、专业化、产业化、合作化等模式推进。这时的金融需求，主要来自规模拓展主导的发展型产业发展金融需求、生存质量改善型消费金融需求。

乡村产业振兴，不论何种模式，最终都会显著地延伸农业产业链条、拓展农业功能、融合资源与技术和资金，产生新产业、新业态、新业主，在信贷需求上出现大额化、长期化的特征。同时，伴随互联网发展的不断深化，金融服务需求的信息化特征也越来越突出。

3. 消费习惯的变化

电子商务平台的出现拉动了农村消费，加之农村地区物流的逐渐便利，极大地改变了农村地区客户的消费习惯。更低廉的商品价格和更多的品类选择，使客户对产品品质的要求进一步提升。客户愿意花更多的时间用于收集信息、比较产品以作出最优决策。农村地区消费者的消费行为习惯逐渐从线下迁移至线上。

（三）商户需求变化

移动互联网时代，客户只需要一个可识别身份的智能移动终端就可以自主完成所有的操作。移动支付的普及，从形态上实现了无卡化和电子化。消费者在这种前所未有的金融支付体验下，从尝试走向适应。同时，各大中小微商户也加快接入支持移动支付收款的设备，比如接入成本低、使用便利的收款码。消费者支付习惯的改变倒逼商户升级收款终端的智能度，收款终端已不能局限于单纯的收款业务，它需要兼容各种支付方式。这衍生了从营销、广告，到财务、进销存、客户管理等多方面的增值服务需求。

二、贵州农信农村金融服务痛点

（一）数字技术的广泛应用与传统农村经济发展的冲突

数字技术的广泛应用在一定程度上提高了金融普及的便利度，但对于小微企业主、农民、城镇低收入人群、贫困人群等普惠金融的重点服务对象而言，因其在互联网留存的数据资源较少，导致很难真正解决金融服务无差别、无歧视问题。在金融服务过程中，客户群体特别是农户群体普遍存在贷款贵、贷款难的问题。据网点客户经理统计，农户到网点办理贷款，平均每笔贷款产生的交通成本、务工成本、资料费用约 200 元，每笔平均用时约 4 小时。融资成本高在农村市场亟待解决。

（二）传统柜面金融服务与离行式场景服务需求的冲突

获取支付、缴费等金融服务及便民服务成本高。县域市场特别是农村市场，水费、电费、医院缴费等便民服务互联网覆盖面不广，导致客户生活缴费依然依靠线下网点，缴费成本高、时间长。

（三）单一的服务模式与产业链、生态链金融服务需求的冲突

农村特产出山难、销售难。贵州农信服务的主要客户在农村市场，因互联网还未普及，导致农产品出山难、无销路，生产经营资金周转难。

三、贵州农信数字技术与农村金融深度融合的探索

贵州省农村信用社在数字普惠金融的组织机制方面经历了三个阶段。第一阶段（2013～2015 年），在传统电子业务的发展模式中，设立电子银行部，管理贵州农信银行卡、手机银行、网上银行、ATM 机、POS 终端、商户收单、村村通站点等业务。第二阶段（2015～2019 年），为开展互联网综合平台规划及建设，2015 年成立黔农云建设办公室；为保证平台建设及互联网业务的高效、连续性发展，2017 年成立网络金融部及电子商务运营管理中心。网络金融部是手机银行、网上银行业务及黔农云平台主管部门，电子商务运营管理中心负责平台商城及 O2O（线上线下一体化）生活服务等黔农云非金融业务。为加快黔农云平台建设，网络金融部集平台整体建设与支付转账、线上贷款、生活缴费、支付能力输出等金融业务管理于一体，为黔农云平台的高速建设及发展提供了有力保障。第三阶段（2020 年 3 月起至今），随着市场对数字普惠金融的需求加大，贵州农村信用社对网络金融部的组织职能进行了相应调整，移交平台建设职能，整合黔农云金融与非金融业务、收单业务、银行卡业务及线下便民金融服务，实现了网络金融业务经营模式向集约式的转变。

推动数字普惠金融工作主要有四大举措。一是加大基础设施建设力度和电子机具布放力度，率先在全国实现空白乡镇基础性金融服务全覆盖。到 2019 年 8 月底，全省农信机构网点为 2283 个，县域及以下网点占比 85% 以上，实现乡镇网点全覆盖。二是设立村村通服务点 16878 个，实现基础金融服务不出村、综合金融服务不出乡。三是在贵州籍务工人员集中的省份设立 13 个金融服务中心，累计为外出务工人员提供各类金融服务 149 万人次。四是为助力百姓脱贫致富，让广大农村地区客户了解金融政策法规、金融产品及现代金融支付工具，全面提升公众防范和识别金融风险的能力。通过举办金融夜校，采取流动课堂、基地实践等形式，积极对农户进行存贷款业务、特惠贷相关政策、云闪付、反假币金融知识的宣传，讲解“黔农

云”基本操作等，有效提升农户懂金融、运用数字化金融的能力。

（一）移动金融的发展路径——从手机银行到黔农云

黔农云平台是贵州农信立足本土市场，基于农信乡镇网点全覆盖，长期服务农村及城镇居民、企事业职工等个人客户的线下优势，以金融服务为主体的综合化互联网服务平台。黔农云平台包含线上贷款（黔农 e 贷）、存款、生活服务、转账支付、O2O 商圈（生活）、线上商城、务工信息发布等功能，拥有移动 App、PC 电脑和微信端 3 个渠道，以“方便、快捷、灵活”的理念，为客户提供场景化综合金融服务。2019 年 11 月，贵州农信将手机银行与黔农云结合，向客户提供互联网综合服务。

（二）线上信贷业务的发展历程

1. 以黔农 e 贷为主体的线上线下融合模式

2017 年 7 月，贵州省农村信用社推出黔农 e 贷手机 App 应用（现已迁移至黔农云 App），并于 2017 年 11 月完成全省推广。黔农 e 贷充分运用信用工程扎实的建设成果，将线下评级，授信的农户、个体工商户和企事业单位职工贷款发放转移至线上，实现线上放款、线上还款、线上预约等功能，支持 7 ×24 小时不间断运营，是贵州农信小额信用贷款“互联网 +”的延伸。农村客户贷款贵、贷款慢等一系列问题都能通过黔农 e 贷得到有效解决。一方面，贵州农信小额信贷一直以来具有业务质量好、业务数量大、贷款占比高的特点，通过黔农 e 贷平台办理，大力提高贷款发放效率，有效解决贷款慢的难题；另一方面，客户尤其是外出务工人员和时间不灵活、交通不方便地区的百姓，通过黔农 e 贷办理贷款，能有效减少往返银行的时间成本和经济成本。这既提高了信贷资金使用的社会效益，也帮助广大农户大幅降低了融资成本。黔农 e 贷的推出，对普惠金融助力乡村振兴、脱贫攻坚起到了重要作用。2020 年，贵州农信线上贷款年内累计发放贷款 516.18 万笔，金额达 1446.1 亿元，线上还款 558.87 万笔，金额达 1182.08 亿元，总贷款余额为 1065.79 亿元，较年初新增 320.98 亿元，不良率为 0.62%。

2. 以黔农快贷为主体的纯线上贷款模式

2019 年 8 月，黔农云推出信用中心，并同步上线黔农快贷信贷产品，标志着贵州省农村信用社纯线上信贷产品的产生。各行社通过黔农云平台信用中心，使用利率模型及授信模型可线上完成客户授信金额及利率的测算。利率模型可根据行社风险偏好、经营情况等自主配置线上差异化利率，实现不同人群的精细化营销；授信模型可通过公积金接口数据、本行工资代发数据实现用户纯线上授信，弥补行社互联网快贷模式的业务空白，简化贷款流程，减少客户经理工作量，增强贷款产品竞争力。

黔农快贷的纯线上贷款服务，把方便、快捷的贷款服务体验带到了“三农”市场，丰富了数字普惠金融的含义。截至 2020 年末，黔农快贷累计发放贷款 18.61 万笔，金额达 52.93 亿元，贷款余额为 30.76 亿元。

3. 以便民小额快贷为主体的全面普惠模式

2020 年 4 月，贵州省农村信用社推出便民小额快贷产品，把数字普惠金融再次向纵深推进。便民小额快贷是客户经理基于个人客户任一授信依据，快速得出授信结果，通过黔农云移动客户经理端录入授信结果后，客户即可按照黔农 e 贷线上贷款流程实现线上办理，且能做到 1 分钟授信、3 分钟到账。便民快贷打破了线上贷款必须依赖线上数据进行授信的思维定式，充分发挥贵州农信客户经理多、人熟地熟的优势，降低授信门槛，以小额授信额度的方式，快速为客户进行授信。目前，便民快贷业务由贵州农信各行社结合当地实际情况，自行确定授信依据及授信标准，充分发挥了二级法人机构特点。便民快贷方便、灵活、快捷的产品特点与当前客户对资金需求“短、频、快”的特点高度契合，因此一经推出便迅速扩大了信贷覆盖面，扩大了业务客群。

（三）电商模式探索

近年来，贵州农信围绕贯彻落实贵州省政府进一步加快农村电子商务发展助推脱贫的决策部署，紧盯脱贫攻坚目标，从贵州省情和资源禀赋的实际出发，深入挖掘产品资源，积极探索电商与精准扶贫深度融合的有效机制，依托黔农云互联网金融平台，打造了“金融 + 生活服务”生态商圈，有效实现了广大群众依托电子商务持续增收。截至 2020 年末，黔农云商场入驻商户 717 户，商品 6860 个，自平台上线以来累计交易 53.17 万笔、金额达 10067.27 万元，2020 年年度交易 30.41 万笔、金融达 6578.94 万元。

1. 突出平台建设，打造服务平台

积极适应农村电商发展趋势，整合黔农云电商平台、辖内行社各营业网点、村村通商户以及省内其他电商资源，紧盯助力扶贫农产品销售、扩大县域消费经济、提供优质外出务工就业服务的目标，打造了黔农云电商平台线上商城、生活商圈、劳务用工三大板块，主动向贫困县、扶贫产业和贫困商户加大资源倾斜，以此促进县域消费、帮助农民增收，把助力脱贫攻坚工作落到实处。

2. 突出产业特色，培育精品网货

聚焦茶叶、食用菌、蔬菜、生态畜牧等 12 个优势特色产业，通过对贫困地区扶贫类企业实行快速准入和零费用优惠政策，对缺乏电商运营能力的扶贫类企业实行全流程运营支撑，对扶贫类商户定制化宣传和营销推广费用补贴等，利用贵州农信强大的资源整合能力同扶贫企业供需对接，积极探索订单预售、基地直采和企业团采等营销模式，增加扶贫产品销量，助力“黔货出山”。

3. 突出创新融合，全力营销品牌

创新运用新媒体思维进行电商营销，强化扶贫产品销售力度，帮助贫困户增收致富。以扩大流量为目标，积极提升商城板块运营水平，通过微信、微博、抖音等新媒体，推广直播营销、社交营销等新型营销模式，大力宣传电商平台“扶贫月”“一县一品”“折扣星期三”“支付促销费”等线上活动。提升农产品对外公信力和影响力，实现“影响扩出去、产品卖出去、品牌打出去”的综合营销效应。

4. 直播互动宣传，带动“黔货出山”

充分发挥地缘、人缘优势，勇于担当，创新求变，将网上“直播带货”与服务“三农”、助力企业解优纾困、助力“黔货出山”紧密结合起来，每周四开设黔农云直播间，探索支付惠民、消费扶贫新形式。通过补贴营销费用举办“1 元秒杀”活动、“618 抢购”活动、“贫困地区农产品销售”活动等，为贵州省品牌农产品、扶贫农产品“直播带货”，帮助企业、农户拓宽销售渠道，把被抑制、被“冻结”的消费意愿释放出来，把在疫情防控中催生的新型消费、升级消费培养壮大起来，多措并举，服务经济发展大局。

5. 突出线下互动，增强客户黏性

加强线上与线下的深度融合，以线上电商引流线下消费，以线下消费反哺线上精准营销，形成有效的消费闭环。优选“黔农驿站”商超，以教育板块推进非金融

板块建设，贴合辖内客户场景需求，聚合资源嫁接金融产品和服务，延伸客户服务阵地，提升金融服务可获得性。积极引驻本地优质生活板块商户，以线下打折优惠、限量买单等方式激活、拉新广大年轻客户群体，通过吃喝玩乐行等高频生活场景提升金融黏性和活跃度。

（四）场景金融模式探索

1. 从信合村村通到黔农驿站的发展转型

大力发展普惠金融，认真开展村村通金融服务触底到村工程，延伸金融服务到村到寨，有效填补普惠金融空白。通过村村通发展转型，打造农村金融生态圈，满足多元化、多层次的农村金融服务需求，改善农村支付结算环境，打通农村金融服务联系群众的“最后一公里”，推动数字普惠金融发展。

一是实施金融服务触底工程，扣紧金融服务联系农民感情纽带。为有效改善农村普惠金融环境，贵州农信率先在全国实现乡镇网点全覆盖的基础上，于 2014 年全面启动信合村村通金融服务触底工程，通过在农村中小型商超、便利店等固定场所建设普惠金融服务点，布放助农服务终端、点钞机、保险柜等硬件设施，让老百姓足不出村即可办理存取款、汇款等基础性金融业务，有效改善农村基础金融服务。2020 年末，贵州全省农信共建村村通 16316 个，实现行政村全覆盖。2020 年通过信合村村通累计办理交易 3936. 91 万笔，金额达 320. 79 亿元。

二是丰富农村金融服务，拓展助农惠农便农金融服务渠道。在普惠金融服务的基础上，以市场、客户需求为导向，围绕农村生产生活、公共政务等民生类综合服务，不断丰富业务功能，逐步上线社保缴费、缴费贷款还款、业务宣传等实用性较强的功能，推动由单一服务向多元服务转型，有效满足多层次的农村金融服务需求。2020 年，通过信合村村通金融服务点办理电费缴费 72. 46 万笔，金额达 0. 57 亿元；社保缴费 472. 74 万笔、金额达 10. 15 亿元。在社保缴费业务中，信合村村通缴费笔数占贵州农信社保缴费的 33. 30%，有效解决了农村地区社保参保人员老龄化、自助缴费困难大的问题。

三是打造农村金融生态建设，着力推广数字普惠金融发展。围绕衣、食、住、行、购、医、教、康、娱、游等与老百姓生活息息相关的领域，将信合村村通从基础金融服务向生活化、便捷化、智能化和数字化方向转型，以消费场景和政务场景为重点，丰富数字普惠金融内涵，打造黔农村村通（农村型）和黔农驿站（社区型）场景金融，构建农村场景金融生态。加强跨界合作，积极探索与村支“两委”、村级医疗卫生站等平台的合作模式，有效叠加政务、医疗等服务，丰富站点业务功能，为广大老百姓提供无感知、无界、无限制的场景化金融服务生态体系。

2. 黔农智慧系列的发展（行业应用商户侧与黔农云用户侧的双侧联动）

贵州农信黔农 e 付的发展经历了智能收单平台及行业应用聚合服务平台两个阶段。为满足行业商户收单需求，2018 年 9 月，贵州农信基于智能收单平台推出银行卡收单业务产品黔农 e 付，在满足传统收单业务的消费、预授权等功能外，将银联、微信、支付宝三码聚合，支持多家手机银行及主流支付工具的扫码支付。为拓展行业商户的应用服务，2019 年 9 月开始行业应用聚合服务平台项目建设，建立了一整套行业应用收单平台，包含行业应用接入、二维码收单、扫码支付、刷卡支付、商户管理、电子签名、机构管理后台、终端管理、营销管理、风控管理、对账及差错处理等。截至 2020 年 3 月，收单商户达 49.59 万户，其中特约商户达 6.24 万户、小微商户达 43.35 万户；累计交易为 9315.35 万笔，交易金额为 397.90 亿元。

（1）锁定核心收单场景，加快业务推广速度。按照“高频刚需、快速拓展、成本较低”的筛选标准，贵州农信行业应用平台选择餐饮、超市便利、物业三大行业，作为 2020 年快速覆盖市场的核心场景，探索易接入、易复制的推广模式，为行业发展提供金融科技支持。

（2）研究特定行业收单需求，做好垂直领域解决方案。以支付为入口，在县区大中型商城、医院等特定行业个性化的业务需求上进行探索，力争为大中型客户提供一站式的支付、金融、管理等解决方案，做深做透收单场景。同时，探索行业用户资金沉淀、消费贷款、商户流水贷等金融需求，向收单行业商户及客户迭代营销银行卡、黔农云、存款、贷款等产品，形成商户端和客户端的互动，多产品、多维度的整体产品推广。通过收单场景带动各项业务发展，在商户、银行、用户之间搭建桥梁，以生态参与的方式解决销售与消费问题。

（3）挖掘多元收单场景，完善支付生态体系。近年来，收单支付场景向衣食住行各个方面延伸，呈现多元化特点。行业应用平台上线后，贵州农信将重点打造黔农 e 付 2.0，丰富和延伸“黔农 e 付 + 商超/餐饮/物业/景区……”场景的多元金融应用，支持行社有效拓展各类行业用户，加大贵州农信线上与线下收单业务覆盖面。

与此同时，做好线上与线下桥梁连接，合力打造黔农系列品牌。将黔农 e 付作为黔农云、黔农驿站、线下便民服务点之间的有效连接，为商户提供集线上与线下于一体的综合性金融服务方案，构建贵州农信金融生态圈。

四、贵州农信农村金融服务生态布局

（一）以移动金融为着力点的服务模式转型

围绕数字化转型方向，营造宽松的转型创新环境，建立创新孵化机制，从环境和机制上鼓励创新及转化应用。采取“业务 + 科技”的模式，让员工接受敏捷和创新理念的洗礼，打造一批精通金融科技、熟悉金融业务的复合型人才，推动敏捷团队建设，提升敏捷化、数字化转型的内生动力。持续加强与主流金融科技公司的战略合作，建立人才培养基地，为推动数字普惠金融的纵深发展提供有力的人才支撑。随着乡村战略的实施，客户的需求快速迭代。特别是新冠肺炎疫情过后，客户对数字金融、移动金融的需求及接受程度越来越高。面对客户的新需求，贵州农信必须打破格式化的普惠金融业务模式格局，才能在普惠金融中更好地实施乡村振兴战略。打破格式化的重要路径就是金融服务“场景化”。中小银行迫切需要用场景激发“三农”、小微企业客户的资金需求。只有突出“场景 + 用户 + 商户 + 平台”的服务架构，将普惠金融产品嵌入用户的日常高频场景，才能赋予普惠金融更强大的生命力。

（二）以数据平台为着力点的风控管理体系布局

随着客户群体的迅速扩大，在风险管理上要充分利用平台数据与金融科技，依托大数据及高级分析，在自动化、智慧化、集约化方面下工夫，全力构建线上与线下融合、业务流程再造、风险控制严密、服务高效便捷的运营体系，为提升客户体验、优化资源配置、实现网点数字化转型等提供坚实有力的运营支撑。通过多维数据的获取，快速、精准地识别和规避风险。通过实时监测技术，从客户行为等多个维度实施防控，降低风险。同时依托数据平台完善线下风控管理。客户经理逐一录入授信客户信息，后经双人审核，建立信用模型防线。此外，辖内各行社还可以通过对征信等关键指标设置，控制高风险客户授信。

（三）以场景金融为着力点的生态系统布局

从发展趋势看，未来的银行业竞争不再是一家银行和另一家银行之间的竞争，而是一个价值链与另一个价值链、一个生态系统与另一个生态系统之间的竞争。农信机构必须坚定生态银行转型方向，顺应互联网金融移动化、社交化、平台化、开放化、产业化的发展趋势，坚持生态优先、开放共赢的发展理念，将金融服务全面嵌入个人的衣、食、住、行、购、医、教、康、娱、游等生活场景中，融入企业的产、供、销、储、运等各环节，内化到工商、税务、卫健、市政等便民政务服务中，逐步构建数字驱动、共生共荣共赢的普惠金融生态体系。借助数字经济和金融服务服从实体经济，通过优化资源配置提升弱势群体的资本形成能力，改善贫困群体的社会福利，实现经济包容性增长。

参考文献

贵州蓝皮书：贵州大数据战略发展报告（2019）. 北京：社会科学文献出版社，2019

第 10 章

供销合作社系统开展生产、供销、信用“三位一体”综合合作的实践与探索

一、“三位一体”提出的背景、内涵及现实意义

（一）背景

发展生产、供销、信用“三位一体”综合合作，是习近平总书记在浙江工作期间部署和推动的重大改革举措。①

早在中华人民共和国成立初期，生产合作社、供销合作社、信用合作社是我国农村经济的主要组织形式。1955 年，浙江省平湖市新仓供销社与农业生产合作社签订购销合同，把农业生产资料销售和农副产品收购有机结合，得到中央领导的充分肯定。从此，“新仓经验”从平湖走向全国，掀起了供销合作社与生产合作社共同合作服务农民的热潮。改革开放后，国家实行联产承包责任制，极大激发了农业生产的活力，农村经济社会实现了快速发展。但我国农业生产的零碎化，制约了农业机械、农业科技等要素的投入，难以实现规模化、集约化、标准化、品牌化的现代农业。在这样的背景下，农民专业合作社得到快速发展。但随着市场经济和现代农业的发展，这一组织覆盖面不广、服务功能不强、发展水平不高等问题也逐渐凸显，

① 王侠：《发展“三位一体”综合合作　加快打造为农服务大平台》，《求是》，2017 年第 23 期。

农民仍然是市场竞争中的弱势群体。开展生产、供销、信用“三位一体”综合合作，通过有效整合三大体系、三重功能，帮助农民专业合作社进一步提高组织化程度，提升发展水平，增强竞争能力。

（二）内涵

“三位一体”综合合作，是适应农村经济社会形势发展对“新仓经验”的外延拓展，是推动农村生产、流通、信用等要素有机互动、叠加聚力的有效实践形式，蕴藏着丰富的理论内涵。

生产合作与流通（供销）合作具有天生的不可分割性。生产和流通（供销）是人类最主要的经济活动，也是农业产业链的有机组成部分，相互依存，互为促进。对农业生产来说，最重要的是土地和人力，但是农业生产要真正实现价值，离不开农资投放、农产品收购、农产品运输销售等流通（供销）方面要素的投入，而生产和流通（供销）要素的投入，又需要资金要素的保障。信用合作一方面有利于促进生产合作和流通（供销）合作，另一方面又必须以生产合作、流通（供销）合作中产生的生产交易为基础，只有实现三者的有机结合，才能实现价值效用最大化。“三位一体”综合合作实质上是在农业现代化进程中，通过强化农业产业链上的资源共享和协同发展，形成适度规模效应，从而实现农业的降本增效。这是生产、流通（供销）、信用“三位一体”综合合作的内在逻辑和根本目的。

在“三位一体”综合合作中，生产合作是基础，通过生产合作，整合农村的土地资源、生产资料和人力资本等生产要素，发挥技术优势和规模效应，帮助小农户与现代农业发展有机衔接；流通（供销）合作是主导，在生产合作的基础上，以流通促进生产成果的转化，实现一二三产业融合发展，为工业反哺农业、城市支持农村架起桥梁和纽带，推动小农户与大市场有机衔接；信用合作是支撑，为生产合作、流通（供销）合作提供资金融通和各项服务，推动农业产业的发展，并通过金融创新，将技术、管理、数据等生产要素纳入体系，进一步增强生产合作和流通（供销）合作的效率，实现更高层次的合作。

（三）现实意义

开展“三位一体”综合合作，至少具有以下四个方面的重要意义。

第一，有利于优化农村资源要素配置，改进农业生产方式，提升农业生产效率。发展现代农业，既需要资本、技术等现代生产要素投入农业，又需要规模化、集约化、标准化、品牌化等现代生产方式改造农业。通过发展“三位一体”综合合作，能够促进各类资源要素在产业之间良性互动和渗透，进行跨界集约化配置，使农业生产、农产品加工和销售、农村金融服务等有机整合在一起，促进一二三产业紧密相连、协同发展，最终实现农业产业链的延伸、产业范围的扩展、农业生产效益的提升和农民的增收。

第二，有利于构建农村新型合作经济体系，创新农业经营体制，完善农村生产关系。加快农村基本经营制度创新是农村市场经济发展的现实需要，也是深化农村综合改革的必然要求。通过发展“三位一体”综合合作，可以帮助农民专业合作社进一步提高组织化程度，完善服务功能，提升发展水平，增强竞争能力，并通过与流通（供销）合作、信用合作的融合，打造新型合作经济体系，在坚持和稳定农村统分结合的双层经营体制的基础上，进一步丰富双层经营体制中“统”的内涵，为家庭生产经营进一步走向市场、走向现代化开辟新的空间。可以说，这是农村生产关系和农业经营体制的又一种创新。

第三，有利于推动政府农业管理职能转变，创新农业管理体制，更好地支持农业发展。在现实的经济社会活动中，农业生产、供销流通、资金融通是在交融促进中共同发展的。但在现行的行政管理体制下，农业部门抓生产、商业部门抓流通、金融部门抓信用，其他相关部门提供相应的管理和服务，无形中将生产、流通、信用分割开来，不仅影响了农业产业链条各要素的良性互动，导致整个农业产业发展缺少协同性，增加了摩擦成本，也不利于农业支持保护政策的有效落实。通过发展“三位一体”综合合作，可以在充分发挥市场配置农业资源主导作用的同时，理顺各部门职能关系，革新农业行政管理方式和结构，更好地发挥政府作用，使农业发展资源能够低耗高效地实现跨领域调配和整合。

第四，有利于深化供销合作社综合改革，健全农业社会化服务体系，助力乡村振兴战略实施。2015 年的中央 11 号文件要求深化供销合作社综合改革，将供销合作社打造成为服务农民生产生活的综合平台。党的十九大提出实施乡村振兴战略，既为供销合作社深化综合改革提供了更为有利的环境，也对供销合作继续深化综合改革提出了新任务新要求。通过发展“三位一体”综合合作，可以推动供销合作社进一步深化综合改革，提升生产、流通、信用等综合服务能力，构建为新型农业经营主体和小农户等提供协同服务的新型农业社会化服务体系，对标“产业兴旺、生态宜居、乡风文明、治理有效、生活富裕”的总体要求，更好地推进乡村振兴战略实施。可以说，开展“三位一体”综合合作，是供销合作社深化综合改革、服务乡村振兴的重要抓手和工作载体。

二、供销合作社开展“三位一体”综合合作的基本情况

2005 年 4 月，浙江省瑞安市率先将供销合作社、政府涉农部门和农民专业合作社联合起来为农服务，这是“三位一体”综合合作的实践萌芽。

2014 年，经国务院办公厅批复同意，供销合作总社在浙江省开展以生产、供销、信用“三位一体”为主要内容的综合改革试点。2015 ~ 2016 年，全国多数省份在开展综合改革中提出发展生产、供销、信用等综合服务，其中，浙江、重庆、贵州等地在全省（市）范围内推进“三位一体”综合合作。2017 年，供销合作总社会同中央农村工作领导小组在浙江瑞安市召开发展“三位一体”综合合作深化供销社综合改革现场交流会，推动各地发展“三位一体”综合合作，扩大改革成果。目前，浙江、重庆、山东、河北、四川等地供销合作社因地制宜开展了不同形式的“三位一体”综合合作实践探索，取得了一定成效。

从试点情况看，各地“三位一体”综合合作主要分为复合、外联、内联、平台嵌入四种模式。复合模式主要是浙江省等地探索的依托农民合作经济组织联合会来开展综合合作的模式。外联模式主要是重庆市等地探索的供销合作社、农民专业合作社、农村信用社“三社”融合发展模式。内联模式主要是山东省、贵州省等地供销合作社开展的内部“三位一体”综合合作模式。平台嵌入模式主要是河北省、山东省、四川省等地以农村金融综合服务平台、土地托管服务平台为依托，将平台聚集的各类资源有效整合，为农民生产生活提供服务的模式。

（一）复合模式

浙江省探索的农民合作经济组织联合会（以下简称“农合联”）是在将农民合作经济组织、各类为农服务组织联合起来，共同推进农业经营、农村供销、农村金

融、涉农管理等体制改革的基础上建立的，具有生产、供销、信用“三位一体”服务功能的新型农业社会化服务体系。这种模式，既在以供销合作社牵头的“农合联”大平台内运行，同时“农合联”各组成部门如供销合作社、农业部门、金融机构又各自独立，具有复合性特征。

“农合联”是在民政部门注册登记的非营利性社会团体，其按行政层级设置，以县、乡镇两级为重点，逐步形成省、市、县、乡镇四级组织体系。省、市、县级“农合联”依托供销合作社组建，乡镇级“农合联”依托基层社或乡镇农业公共服务中心组建。各级“农合联”实行代表大会、理事会、监事会制度，县级以上“农合联”设执行委员会，提供生产生活服务、综合管理服务和合作投资服务。此外，省、市、县三级“农合联”设立资产经营公司和农民合作发展基金，资产经营公司负责对下属全资、控参股企业的经营管理，农民合作基金主要用于“农合联”的为农服务事业，并优先用于建立和补充农村合作金融风险补偿资金。

“农合联”在拓展生产、供销、金融三大服务内容的同时，又通过承接相关部门涉农服务职能，合力构建区域“农合联”通用性服务与产业“农合联”专业性服务衔接配合的新型农业社会化服务体系。一是推进现代农业生产服务体系建设。开展“绿色农资”“肥药减量增效”行动和农业废弃物资源化利用等农业绿色生产服务，建立新型农技推广服务体系，提供土地流转、代耕代种、统防统治、农机作业等农业生产作业服务。二是推进农村流通服务体系建设。积极承接农产品批发市场、农贸市场运营管理，引导“农合联”龙头企业投资农产品物流配送企业，推动农产品集采集配、直供直销，推进农村电子商务平台建设，有效对接生产和销售。三是推进农村信用服务体系建设。积极整合“农合联”内外部金融资源，建立健全以农信机构为主，全面覆盖“农合联”成员的授信服务、担保服务、保险服务相衔接的普惠金融服务体系。四是积极承接涉农服务职能。浙江省供销合作社积极与党委政府、相关部门争取协调，承接政府及涉农部门转移或委托的工作职能以及购买服务。

（二）外联模式

重庆市等地探索的供销合作社、农民专业合作社、农村信用社“三社”融合发展模式，将相对独立的经营主体通过适当方式进行横向合作。这种模式在信用合作方面，不是依靠供销合作社内部开展信用合作，而是依托农村信用社、商业银行等引入外部金融资源。从参与主体的内在联系来看，“三社”融合属于功能性合作。

2018 年，重庆市印发《关于推进“三社”融合发展的实施意见（试行）》，明确市供销合作社负责牵头建立统筹管理、联席会商的运行机制，区县党委、政府作为责任主体，推动“三社”融合发展；出台《重庆市农村“三社”融合发展资金管理办法》，明确建立用于基层社改造建设和开展农业社会化服务、农民专业合作社提质增效规范发展、农民专业合作社信贷风险补偿、贷款贴息以及政府购买的各类为农服务活动的发展基金。这两个文件从政策支持和财政保障两个维度全力推进“三社”融合发展。

重庆“三社”融合主要从三方面开展：一是改造建设基层社，夯实“三社”融合基础。按照有资产、有能人、有产业、有制度的“四有”建设标准恢复新建、改造完善、提质增效基层社。采取“村社共建”方式建设农村综合服务社，组建农民合作社服务中心，为农民专业合作社和农业经营主体提供全方位服务。二是推动农民专业合作社与基层社融合发展。各地供销合作社立足地方主导产业和特色产品，采取股份合作、生产合作、服务合作等多种形式领办创办农民专业合作社和联合社，促进共同出资、共创品牌、共享利益。充分发挥供销合作社农资供应主渠道作用，推广农业社会化服务，积极畅通城乡双向流通服务渠道，打造“村村旺”农村电商综合服务平台，促进小农户与现代农业、小农户与大市场的有机衔接。三是推动信用社与供销合作社、农民专业合作社融合发展。加强供销合作社与农村商业银行、中国建设银行等的共建合作，推动涉农银行、保险、担保等金融机构在供销合作社网点布设信息化金融设备，为农民提供普惠金融服务。探索开展合作金融服务，以重庆农信集团为龙头打造综合性金融服务平台，在符合条件的区县供销合作社和基层社稳妥开展内部资金互助。

（三）内联模式

山东省、贵州省等地在供销合作社或农民专业合作社内部设立生产、供销、信用等服务部门，以产业链为依托，将各项功能串联起来，为农民和涉农主体提供综合服务。其中，信用合作方面主要通过开展资金互助服务的方式进行。这种模式主要在供销合作社系统内部进行。

自 2014 年山东成为全国农村合作金融试点省以来，山东省社围绕某一产业实现产业链纵向服务功能的联结，通过建立各种实体，发展生产合作、供销合作、信用合作，以内部信用互助带动，依托供销社自身实体形成“三位一体”的闭环综合服务模式。在种植服务领域，探索形成以“土地托管”为核心的农业社会化服务模式，通过“农业服务公司 + 为农服务中心 + 土地托管”实现种植产业链的体系化，延伸服务功能。在养殖服务领域，探索形成以“龙头企业 + 专业合作社 + 基地 + 养殖户”的生态农业发展模式。在流通领域，通过线下建设实体经营服务网络，线上发展农村电子商务，发挥实体支撑、龙头企业带动作用，打造集统采分销、物流配送、电子商务、为农服务等功能于一体的现代流通服务体系。在信用合作领域，打造合作社、联合社、小贷公司三大平台，以合作社信用互助和联合社资金调剂为主、小贷业务补充的方式为供销合作社开展生产服务、流通服务提供资金支持。

（四）平台嵌入模式

河北省、山东省、四川省等地供销合作社以搭建的农村合作金融服务平台、土地托管服务平台为依托，聚集政府、供销合作社、金融机构、涉农单位等各类主体，将生产、供销、信用功能嵌入平台的服务中，为涉农主体提供综合服务。

河北省供销合作社作为综合改革试点省，根据中央 11 号文件有关要求，结合自身实际，谋划创建了具有河北特点的农村合作金融服务平台，在原有投资管理公司、担保公司、农产品电商公司、小贷公司、村镇银行、保险代理公司基础上，新创办了农村产权交易、金融租赁等公司，形成了以 9 个业态为主的农村合作金融服务体系。同时，为实现省、市、县、乡之间上下贯通，各金融企业之间合作、互联、共赢，省社建立合作金融大厦，市、县建立金融服务中心，乡镇建设供销金融超市，村级建设助农服务站，形成上下贯通，五级联动。河北省供销合作社创建的农村合作金融服务平台扎根农村、链接农业、贴近农民，让农业经营主体产权能流转、抵押够条件、融资有渠道、担保有平台、生产有保障、风险能化解、产销能衔接，为现代农业发展提供产前、产中、产后的全过程金融服务。

从几种模式的比较分析来看，复合模式是推进“三位一体”综合合作比较理想的模式，但无论是搭建“农合联”体系，还是将涉农资源有效整合，都需要党委政府的大力支持和强力推动。浙江省委、省政府对“三位一体”综合合作高度重视，高位推动，分别于 2014 年、2016 年、2019 年召开三次现场会，先后以省委省政府和省委办公厅名义出台文件部署工作，由省农办牵头主导协调推动，为“三位一体”综合合作顺利推进提供了坚强领导和有力保障。外联模式通过外部金融机构能够较好地解决内部信用合作短板，如重庆市的“三社”融合，推进供销合作社、农民专业合作社、信用社完善功能、相互支持、融合发展，特别是通过市财政拨款以风险补偿、贷款贴息等方式帮助供销合作社、农民专业合作社解决融资难题，取得了较好成效。但整合三重合作功能、三类合作组织、三级合作体系的难度较大。目前，“三社”融合更多是工作协同，有“三位”而无“一体”。内联模式在供销合作社内部运行，容易实现资源整合，效率最高，但需要供销合作社具有一定的资产基础、较强的经营能力和融资能力。采取内联模式的山东、贵州等地，大多具有开展信用合作的基础，但也存在一定的风险隐患。平台嵌入模式是“三位一体”综合合作的有效创新形式，但多数地方供销合作社不具备这方面的条件和能力。

这几种模式的探索，也是各地贯彻落实中央 11 号文件精神的实践体现。中央 11 号文件要求供销合作社综合改革必须以提升为农服务能力为根本，将供销合作社系统打造成为与农民联结更紧密、为农服务功能更完备、市场化运行更高效的合作经济组织体系，成为服务农民生产生活的生力军和综合平台。特别是在拓展供销合作社经营服务领域的部署中，要求供销合作社创新农业生产服务方式和手段、提升农产品流通服务水平、稳步开展农村合作金融服务。这与“三位一体”综合合作的要求一脉相承。各地通过开展多种模式的“三位一体”综合合作，更好地践行了合作制原则，密切了与农民的利益联结，完善了自身服务功能，健全了适应市场经济规律的运行机制，增强了经济实力、发展活力和服务能力，较好地完成了中央 11 号文件部署的各项工作任务。

三、开展“三位一体”综合合作的思路和建议

“三位一体”综合合作，不能仅仅局限于“三位”，而应突出综合合作，以合作经济为形式和载体，积极融入各种涉农资源，打造开放包容的为农服务大平台。这需要统筹推进农民合作组织、农业生产、农技推广、农资供应、农产品流通、农村金融服务、乡村环境治理、涉农行政管理、公共资源配置等体制机制配套改革，加强涉农服务资源内部聚合协同、外部联合协作，使“三位一体”真正成为发挥农民

主体作用、集聚各方资源力量的重要渠道，成为党政机关、社会团体、事业单位、工商企业、金融机构等服务“三农”的有效平台，成为乡村振兴战略实施的重要抓手，成为党和政府密切联系农民合作经济组织及农民群众的桥梁纽带。

（一）培育壮大“三位一体”服务主体，夯实“三位一体”发展基础

“三位一体”综合合作的根本宗旨是为农服务，首先要解决的问题就是小农户与现代农业的对接，而这离不开“三位”的自身发展与壮大，要通过促进农民专业合作社、供销合作社和各方金融机构不断完善发展，来夯实生产合作的基础、发挥供销合作的支撑和信用合作的助力作用，共同服务“三农”。

一是提高农民组织化程度，做好小农户与大市场对接。小农户是市场竞争中的弱势群体，要在激烈的市场竞争中谋求发展，必须联合起来，提高自身组织化程度。应加快实施“小农户入社”“家庭农场入社”行动，围绕种植养殖、农产品加工等环节，通过土地、劳动、资本、农业技术等生产要素，以产权融合、牵头领办、业务连接、项目扶持等方式，将数量多、规模小、分布分散、竞争力较弱的小农户、分散经营的家庭农场组织起来，通过适度集中形成规模优势，推动小农户与现代农业发展有机衔接，让更多小农户分享合作红利和全产业链增值收益。

二是规范引导农民专业合作社发展，夯实综合合作产业根基。农民专业合作社是“三位一体”综合合作的产业基础和前沿阵地，要加快领办、创办农民专业合作社，做好引导带动和规范提升工作。充分调动村“两委”、农村能人、返乡创业人员等力量，以农民为主体，领办创办农民专业合作社，切实提高农民专业合作社发展质量。加强农民专业合作社规范化建设，以创建示范社为抓手，加强内部管理，优化体制机制，拓展服务功能，延伸经营领域，清理“空壳社”“挂牌社”，保护入社成员利益，增强合作社的凝聚力和带动力。有条件的农民专业合作社可以以产权为纽带联合起来，组建农民合作社联合社，为成员社、小农户和其他新型农业经营主体提供更高层次和更广领域的服务。

三是全面推进供销合作社综合改革，做好综合合作引领带动工作。供销合作社是“三位一体”综合合作的组织基础和支撑力量，要通过综合改革全面提升综合实力和为农服务能力，成为服务“三位一体”发展的中坚力量。首先，要理顺供销合作社治理机制，建立健全“三会制度”，按照“三位一体”发展的新要求，不断推

进组织体系、经营体系、服务体系创新。其次，要通过提升、改造、新建等形式，分类推进基层社改造建设，密切与农民的利益联结，逐步提升基层社持续经营和为农服务能力。再次，要深化社有企业改革发展，健全现代企业制度和法人治理结构，完善与绩效挂钩的激励约束机制，加强社有企业间产权、资本和业务联结，促进联合发展，增强社有企业为农服务实力和社会影响力。最后，要不断加强系统人才队伍建设，加大干部职工教育培训力度，加大重点领域高精尖人才引进，建立适应市场化和合作经济组织特点的人才管理机制。

四是完善基础设施，构建金融通道，发挥金融支撑作用。金融服务是“三位一体”综合合作的重要组成和支撑力量，要充分调动社会各方金融资源，不断升级农村金融基础设施，激活农村金融市场的各方参与主体为农服务动力，共同服务好“三农”。应完善考核激励机制，加强政策性融资担保服务，激励商业银行增加涉农资金投放。支持互联网科技服务公司依托技术和大数据优势，与“三位一体”综合合作相结合，共同服务“三农”。规范引导资金互助组织结合产业开展信用合作，鼓励有条件的地区建立农村金融服务综合体系，通过发展中小银行、村镇银行、农村产权交易所、小额贷款、融资租赁、融资担保等企业，增强农村金融服务供给。

（二）构建“三位一体”综合合作服务体系，整合资源形成合力

“三位”的最终落脚点是要凝聚为“一体”，整合生产、供销、金融、科技、涉农公共服务管理等各方资源力量，形成合力，共同为农服务。

一是多种形式健全农业社会化服务体系。围绕破解“谁来种地”“地怎么种”等问题，创新农业生产服务方式和手段，建立现代农业综合服务中心，为农民专业合作社、家庭农场等新型农业经营主体提供土地流转、代耕代种、机播机收、统防统治、统购统销等农业生产性服务，推进规模化种养、标准化生产、品牌化经营，促进小农户与现代农业发展有机衔接。依托优势特色产业，建设示范性的现代农业精品产业园和种植养殖基地，提供信息发布、产品加工、产品营销、品牌运营等专业性服务，促进农业产业化经营，培育一批知名农产品品牌。不断提升农业综合服务中心服务能力，拓宽服务领域，在信贷保险、资本投资、财务代理和农业公共服务代办等方面为农民专业合作社提供更多优质服务。

二是发挥供销合作优势，强化各项服务功能。供销合作社要统筹推动社有企业

和基层组织建设，大力发展农村电子商务，打造以区域市场为龙头，集产地市场、农贸市场、展示配送中心、直供直销点以及加工、冷链、仓储于一体的线上与线下相结合的县、乡、村三级流通网络，重点加强冷链物流体系建设。加快配送中心建设，推行统一配送、统一价格、统一标识、统一服务，提升流通网络运营水平，积极推动多种形式的农超对接、农企对接，创新农产品流通方式，搭建连接农产品生产和消费的桥梁。逐步拓宽流通网络服务功能，依托农资和日用品流通网络，以及遍布乡村的农村综合服务社，拓展医药、图书、家电、建材和烟花爆竹等经营品种，并与通信、金融、保险、邮政、气象等企业和部门开展合作，将相关经营业务引入供销合作社经营网络，实现一网多用、资源共享、合作共赢。充分发挥供销社各类行业协会的作用，大力培养农产品营销人才，建立一支熟悉农产品产销、具有现代营销理念的农产品经纪人队伍。

三是积极探索各种形式的金融服务，支撑“三位一体”综合合作。在农民专业合作社内部开展育信、征信、评信、用信等工作，建立健全信用信息的记录、征集、评价、应用机制，夯实信用合作数据基础，畅通商业金融机构资金下沉的通道。在金融服务不充足的农村地区，基层供销社、农民专业合作社可以和商业金融机构合作设立“金融超市”“村口银行”，解决农村金融服务网点不足的问题，积极开展各种支付、结算等便利活动。整合供销合作社的经营服务功能、商业银行的资金融通功能、融资担保公司的担保增信功能，共同搭建“供银担”金融支农平台，做好各类新型农业经营主体的金融服务。探索依托供销合作社经营服务网络组建全国性农业保险公司，为供销合作社系统及各类新型农业经营主体、小农户提供农业生产保障。有条件的地方可按照社员制、封闭性原则，在不对外吸储放贷、不支付固定回报的前提下，在合作社内部组织开展资金互助服务，条件成熟后探索组建联合组织，发挥资金余缺调剂、运行安全监管、风险防范救助、资金保值增值等功能。

（三）建设“三位一体”综合合作组织体系，打造综合服务平台

开展“三位一体”综合合作，既需要有相应的组织体系作为依托，又需要建立符合市场经济规律的运行机制，还需要以开放合作的理念融入更多服务功能，不断丰富综合合作的内涵。

一是探索组建各级合作组织。从浙江省的实践来看，合作组织在推动“三位一

体”综合合作中发挥着不可或缺的作用。因此，开展“三位一体”综合合作，在条件成熟的情况下，应争取自上而下建立国家、省、市、县、乡五级“三位一体”综合合作组织（以下简称农合组织）体系。国家级农合组织可由全国供销合作总社、涉农管理部门、全国性行业协会、省级农合组织和全国性涉农企业等组成，主要承担政策争取、工作协调、组织建设、制度建设、发展规划、培训教育、运行管理、监督管理等职责。省、市两级农合组织主要承担地区性组织建设、制度建设、发展规划、培训教育、运行管理、监督管理等职责，并提供下级农合组织难以提供的共性服务。县级农合组织主要承担聚合服务力量、配置服务资源、履行服务功能等职责。乡镇级农合组织作为直接面向服务对象的最基层环节，主要承担具体服务事项的组织实施工作。

二是完善市场化运行机制。各级农合组织可参照社会组织的运行管理模式，建立成员（代表）大会、理事会、监事会和独立理事等现代治理机制。应在坚守为农服务宗旨不变的前提下，完善产业经营服务，拓展资本经营服务，承接政府委托服务，放手开展各类涉农经营活动。可将各级供销合作社资产进行整合成立资产管理公司，作为本级农合组织资产运营管理平台。资产管理公司采取市场化运营模式，在行使下属全资、参控股企业出资人权利的同时，可联合社会资本以股权投资等方式参与优质项目和企业投资，提供涵盖生产、加工、流通、消费的农业全产业链服务，同时也能够稳定实现收益反哺生产合作，打造“三位一体”综合合作闭环生态圈，实现可持续发展。

三是不断丰富合作内涵和扩展服务领域。综合运用互联网、大数据、云计算等信息化手段，推进相关数据资源转化利用和传统经营网络的改造升级，建设生产、供销、信用“三位一体”数字化服务平台。在生产、供销、信用“三位一体”综合合作的基础上，推动扩展服务领域，逐步融入公益扶贫、农村产权交易、再生资源回收加工、乡村旅游、乡村环境保护、乡村文化建设、康养医养、产业基金等业务，不断丰富“三位一体”综合合作内涵，更加有效地整合农村资源，提升运营效率。

（四）完善“三位一体”政策支持体系，提供有力保障

“三位一体”综合合作涉及涉农管理部门、供销系统、金融系统、新型农业经营主体和小农户等，是全方位、多层次、广覆盖的农业经营制度改革探索，如缺乏

强有力的产业和资金支持，“三位一体”综合合作将只能停留在部分地区自我探索的阶段。

一是建立国家级合作发展基金，以资本带动“三位一体”综合合作发展壮大。无论是基层合作组织改造，还是领办农民专业合作社以及畅通农产品流通通道，资金始终是合作事业发展首要考虑的因素。综合合作是自然经济小农生产和市场经济现代农业的桥梁，参与主体多元，这就决定了其资金需求的多样化，既有公益性融资需求，也有债务性、股权性融资需求，仅靠信用合作无法有效满足综合合作的发展需要。因此，有必要发起设立国家级合作发展基金，以支持全国“三位一体”综合合作发展。合作发展基金可定位为一篮子的广义发展基金，既有资助基层发展的公益性部分，也有设立风险补偿基金，用于银行融资担保的半公益性部分，还有纯粹市场化产业投资基金用于推动农业基础设施投资和现代农业、生态农业、旅游观光农业、特色小镇投资运作，探索创新农业转型升级、农村生态宜居、农民增收致富的产融结合金融服务新模式。

二是推进农业经营管理体制改革，丰富综合合作服务内容。应推动理顺各涉农部门的职能定位、责任领域和业务范围，合理优化涉农部门的行政管理、公共服务、经营性服务三类职能，鼓励各涉农部门作为理事会成员单位加入“三位一体”综合合作组织，形成共抓共管、共同参与的格局，促进涉农资源合理高效配置，涉农部门互补紧密配合，涉农产业稳妥健康发展，降低农业生产经营成本内耗。强化涉农相关部门对“三位一体”综合合作组织运行的指导、管理和监督职能，逐步剥离涉农部门事业单位的配方施肥、农机作业、统防统治、收储加工、产品促销、信用担保等生产经营性服务事项并优先由“三位一体”综合合作组织承担，以委托或购买方式将区域公共品牌运营、农产品品牌培育、农产品展示促销、农业实用技术推广、农产品质量安全检测、农民职业技能培训、农产品经纪人培育、动植物疫病防控、农业废弃物综合利用、农村公共设施维护及环境综合治理、城乡生活垃圾分类处理等涉农公共服务事项转由“三位一体”综合合作组织或其他主体承担。

（五）统筹资源，营造“三位一体”综合合作发展的良好环境

一是争取中央支持，统筹推动工作。“三位一体”综合合作涉及不同部门、不同领域的资源整合和力量调配，需要从国家层面协调组织。应积极争取中央支持，

由中央农村工作领导小组牵头，联合农业农村部、财政部、中国人民银行、银保监会等建立“三位一体”综合合作联席会议制度，加强统筹协调，形成齐抓共管、协同配合的格局，推动自上而下体制机制改革和自下而上合作体系建设的有机衔接。条件成熟时，可请示中央发文明确“三位一体”工作部署，建立全国农合组织，由供销合作社系统承担农合组织执委会工作。

二是坚持典型引路，强化督导检查。在对“三位一体”发展现状及存在问题进行认真研究的基础上，提出适合当前农业农村发展实际、切实发挥供销合作社作用的“三位一体”发展路径，按照因地适宜的原则，加强分类指导，并通过试点推广、典型引路、加强考核等方式，推动各地加快发展“三位一体”综合合作。

三是完善立法保障，明确职能定位。加快推动“供销合作社条例”制定出台，明确供销合作社性质定位，将供销合作社领办的农民合作社、消费合作社、资金互助等业务及开展“三位一体”综合合作纳入法律调整范围，将供销合作社纳入实施乡村振兴的主体单位之一，解决各地供销合作社普遍面临的注册登记难、监管落实难、缺乏话语权、发展阻碍较大等问题，为供销合作社系统各项业务开展提供法律依据。在发展到一定阶段后，推动“三位一体”综合合作立法，以法律保障农合组织作为公法社团的地位，形成公办民营的综合性农民合作社。

第 11 章

2019～2020 年扶贫金融进展与前瞻

一、引 言

（一）金融扶贫的基本原理

金融属于经济学范畴，而扶贫则涉及经济学、社会学、人类学、政治学等多学科领域。扶贫、减贫和脱贫工作是一个综合性、统筹协调的系统工程，金融扶贫是这个系统工程中的一个方面，但却是一个重要组成部分。

人类的需求是多种多样、永无止境的，但在一定时期和范围内人类可以利用的资源总量是有限的。资源的稀缺性限制了人类需求的满足度。要满足人类的需求，就要相应地解决资源的稀缺性问题。人类需要且可以利用的资源就是生产要素，通常包括土地、劳动力、资本、技术、信息和管理六种。土地不仅包括其本身，还包括地下的矿藏和地上的自然资源；劳动力包括体力劳动者和脑力劳动者；资本包括资本货物（机器设备、厂房建筑物和原材料等）和金融资产（借贷款、股票、债券和保险等）；技术既包括文字、表格、数据、配方等有形形态，也包括实际生产经验、个人的专门技能等无形形态；信息要素是指与产品生产、销售和消费直接相关的消息、情报、数据和知识等；管理要素又称为生产组织要素或企业家才能要素。

贫困地区和群体的资源稀缺往往更为突出，多表现为金融财政资产缺乏、技术落后、信息不畅、能力不足和资源分配制度等问题。贫困群体还面临教育落后、健康不良等社会问题，与经济性问题纠结在一起，被困贫困的陷阱，形成恶性循环。如何帮助贫困群体从恶性循环中挣脱出来，一直是发展经济学研究的领域之一。针对那些有意愿也有能力通过自力更生摆脱贫困的贫困人群，为其提供储蓄、信贷、保险等金融支持，被认为是有效的解决手段。

由于金融体系分为高层富人市场、中层中小企业市场和底层低收入群体市场，针对不同市场的金融服务解决方案是不同的。一般来说，针对底层市场的金融服务有三种：政策性（或开发性）金融、商业化（或市场化）金融和合作制（或互助性）金融。

在西方市场经济制度框架下，政府一般节制采用政策性金融手段，有关金融减贫的途径主要有两种。一是“涓滴效应”（trickle-down），即随着高端和终端金融市场竞争加剧，金融服务会如雨露一样向更低端不断渗透，最终会浇灌到底层市场，这是商业化金融扶贫的逻辑。这种选择反对政府通过财政和金融政策干预市场，认为市场“看不见的手”会实现资源向贫困群体分配。这种效应的确在某些地区和某个阶段产生过作用和效果，比如 20 世纪 90 年代在发展中国家蓬勃发展的小额信贷市场。但从历史上看，西方的市场经济制度不但没有让财富的分配更加公平，反而加剧了贫富分化。由于自由市场上“二八定律”的存在，即服务 20% 的高收入群体，可以给金融机构带来 80% 的收益，金融服务提供者并不愿意向低端市场开拓，而更愿意为高端市场提供新产品，致使金融之水始终被中高端市场截留，难以渗透底层群体。这种传统经济学中的金融学是有缺陷的，西方主流经济学研究者的视野只是交换主体的逐利动机和行为，至于与此密不可分的其他因素则被这种狭窄的视野虚无化。西方主流经济学推崇和独尊经济学的工程学根源，厌恶和舍弃经济学的伦理学根源。1998 年诺贝尔经济学奖得主阿玛蒂亚・森认为，发展是人的发展，“经济学应该关注现实的人”，具体来说是现实人的自由发展。阿玛蒂亚・森认为，经济学应关注人的生活质量，而效用、财富、效率等都不能与生活质量处在同一逻辑层面上。

二是“汇聚效应”（trickle-up），即市场底层群体自发组织起来，将其有限的资金汇聚在一起，在其组织内部封闭运营，满足群体自身的金融服务需求。这如同在沙漠底层将稀缺的泉水用水罐收集在一起，避免蒸发或被上面抽走，然后在沙漠底层扁平化地精准滴灌。这就是互助性合作金融体系。其最成功的案例是国际储蓄互助（credit union）运动，从 19 世纪 40 年代产生以来，如今已经遍布世界各地，尤其是在发达国家更为普遍，具有顽强的生命力。但是，这种带有社会主义萌芽的互助合作金融体系在西方金融市场始终处于边缘化，被商业化金融体系所挤压。

中国作为社会主义国家，追求共同富裕和平等公正的发展是社会的共识和发展的宗旨。如何实现资源的优化配置是缓贫减贫、精准扶贫、脱贫攻坚的重要方向之一。实现脱贫攻坚和将来继续解决相对贫困，以及逐步实现共同富裕，需要尽量满足贫困地区的包括金融在内的各种资源需求，避免社会资源分配不均。政府有承担社会发展的责任和义务，因此会考虑开展财政（或社会资金）和金融服务贫困群体的工作。这不仅是金融市场的发展问题，更是发展的方向问题。所以，中国的扶贫金融首先是政府的减贫政策工具，其次才是金融市场的“蓝海”。

因此，中国的扶贫金融存在两种发展途径：政策性（福利型）金融和普惠金融（市场化扶贫金融）。政策性或福利性扶贫金融是依赖政府财政补贴和担保等资源开展的金融产品和服务，例如我国“八七扶贫攻坚计划”期间对贫困户和目前脱贫攻坚期间针对建档立卡贫困户的“五三零”扶贫贴息小额贷款就属于此类型。普惠金融则更偏重市场化方式，通过政府的政策（如定向降准）和监管办法（如调整不良贷款考核办法），引导金融机构为贫困和弱势群体提供金融服务，强调的是商业化原则，即在满足金融机构营利目标的同时，可持续地开展扶贫金融服务，使借贷或供求双方实现可持续发展，实现“双赢”。在我国，数字化金融服务通过极大降低交易成本的方式建立了针对弱势群体的商业模式，成为普惠金融的重要组成部分。

（二）金融在脱贫攻坚中的作用

近年来，我国各地和各类金融机构把金融扶贫摆在突出位置，全面落实各项金融扶贫政策，充分发挥金融助推脱贫攻坚的重要作用，取得了积极成效。金融是产业扶贫、就业扶贫、易地扶贫搬迁、教育扶贫等扶贫措施的重要支撑和保障。金融扶贫为脱贫攻坚注入了“源头活水”，放大了扶贫资金效应，解决了贫困农户发展缺资金的问题，激发了贫困地区和群体的内生发展动力和活力，培育起精准扶贫新动能，实现扶贫从“输血”到“造血”的转变。

在开发性、政策性金融方面，国家开发银行和中国农业发展银行成立了扶贫金融事业部，各自累计发放扶贫贷款万亿元。在商业性金融方面，大中型商业银行提高了其在国家扶贫重点县的金融服务覆盖率和可得性。农村金融机构（含一些城市商业银行）长期扎根农业农村，熟悉县域经济，通过持续推进农村信用体系建设，创新农村金融扶贫产品和服务，积极探索多方合作扶贫模式，不断加强扶贫贷款风险管理，并利用“互联网＋”提升扶贫质量，精准扶贫的能力不断增强。在证券和保险方面，金融机构积极落实金融扶贫政策。贫困地区的企业通过绿色通道实现或正在实现 IPO（首次公开发行股票），新三板市场服务贫困地区公司，减免挂牌费用。保险公司在贫困地区开发了特色农业险种和人身保险，金融扶贫工作成效显著。

2017 年，国务院扶贫办委托第三方机构对宁夏盐池县扶贫小额信贷成效进行抽样调查和分析。分析报告表明：一是扶贫小额信贷对农户增收的资金收益显著。在不考虑贫困农户自有土地和劳动力投入成本情况下，扶贫小额信贷投资种植、养殖等产业经营收入的平均资金收益率达 22.5%。二是扶贫小额信贷金额与对农户增收的贡献呈显著正相关关系。在贷款额较小时呈线性增长比例关系，对建档立卡农户产业经营收入的贡献率达 12.4%；随着信贷额度持续增长，当年增收呈现先增后减的二次曲线形态。三是有扶贫小额信贷的贫困农户人均可支配收入增长速度高于所有农户，前者是后者的 2.5 倍。四是贫困户人均可支配收入增长达到了财政贴息（按 4.35% 利率计算）的 3.3 倍，财政贴息对农户增收的撬动效果明显。①

（三）金融在继续解决相对贫困中的作用

1. 巩固农村脱贫成果：乡村振兴与农业产业发展

巩固农村脱贫成果，仍然要贯彻以经济建设为中心的思想。经济是基础，金融是核心和血液。脱贫攻坚与乡村振兴有效衔接从根本上说要实现产业振兴、生态振兴、组织振兴、人才振兴和文化振兴，要提高农民的素质和收入能力，要提升农村，特别是欠发达和贫困地区基础设施与基本公共服务水平，实现地区和城乡统筹发展。

正如《中共中央关于制定国民经济和社会发展第十四个五年规划和二〇三五年远景目标的建议》所要求的，“实现巩固拓展脱贫攻坚成果同乡村振兴有效衔接。建立农村低收入人口和欠发达地区帮扶机制，保持财政投入力度总体稳定，接续推进脱贫地区发展。健全防止返贫监测和帮扶机制，做好易地扶贫搬迁后续帮扶工作，

---

① 吴华：《扶贫小额信贷的制度创新》，《清华金融评论》2020 年 7 月。

加强扶贫项目资金资产管理和监督，推动特色产业可持续发展。健全农村社会保障和救助制度。在西部地区脱贫县中集中支持一批乡村振兴重点帮扶县，增强其巩固脱贫成果及内生发展能力。坚持和完善东西部协作和对口支援、社会力量参与帮扶等机制”。为此，金融机构应进一步优化资金投向结构，加大对乡村振兴、绿色发展和新型城镇化等领域的投资力度。

2. 应对相对贫困问题：保障就业，包括自谋职业

2020 年后，我国将进入一个统筹城乡贫困治理的新阶段。应将扶贫工作统筹纳入乡村振兴战略，把城乡贫困治理统筹考虑，统一城乡扶贫目标与治理机制，实行城乡并重的减贫战略。要建立防止返贫监测和帮扶机制，同时将重点转到解决相对贫困问题的制度政策设计上，加快制定新的贫困标准、明确新的扶持对象，并制定城乡统筹的有效治理政策。从未来贫困发生趋势看，连续多年的脱贫攻坚，虽然消除了绝对贫困，但贫困标准还应提高，相对贫困仍然会长期存在。中国是一个人口众多的发展中国家，我们人均年可支配收入是 3 万元，但是有 6 亿中低收入及以下人群，他们平均每个月的收入也就 1000 元左右。[①] 这是十分严峻的现实。因此，今后应特别注意解决贫富差距过大和逐步达到共同富裕的问题。

2020 年后的扶贫工作应注意继续延续包括发挥金融作用在内的各项保就业、保民生、保市场主体，尤其是中小微企业实体经济的政策保障措施。注意实施有利于低收入群体增收的产业政策，以有利于包容性增长和多维标准改善促进长期减贫并逐步实现致富。更多的是要将扶贫工作与区域发展、社会保障、教育医疗、公共服务均等化等结合起来的区域之间、城乡之间的统筹、平衡发展。而所有这些方面，都需要金融服务的支撑。

---

① 李克强总理在十三届全国人大三次会议闭幕后出席记者会并回答中外记者提问，《人民日报》2020 年 5 月 29 日第 1 版。

二、中国扶贫金融体系的基本构成

（一）金融扶贫的政策体系

当前我国已经形成比较完善的扶贫金融政策体系，既有全面综合性的精准扶贫政策，也有专项的扶贫金融政策，还有配套的货币、监管和财税政策。

1. 全面综合性的金融精准扶贫政策

自中国共产党第十八次全国代表大会以来，中共中央、国务院把金融扶贫作为中国消除绝对贫困事业的重要组成部分。扶贫金融成为中国金融系统阶段性的重要业务领域。

2015 年 11 月，中共中央、国务院印发了《关于打赢脱贫攻坚战的决定》，将金融扶贫作为扶贫攻坚支撑体系的重要支柱，提出要鼓励和引导各类金融机构加大对扶贫开发的金融支持；运用多种货币政策工具，向金融机构提供长期、低成本的资金；设立扶贫再贷款，重点支持贫困地区发展特色产业和贫困人口就业创业；动用财政贴息资金及部分金融机构的富余资金，拓宽扶贫资金来源渠道；为易地扶贫搬迁提供融资支持，等等。并对各类金融机构扶贫工作重点指明方向。

2016 年 3 月，为贯彻落实《中共中央　国务院关于打赢脱贫攻坚战的决定》和中央扶贫开发工作会议精神，紧紧围绕“精准扶贫、精准脱贫”基本方略，全面改进和提升扶贫金融服务，增强扶贫金融服务的精准性和有效性，中国人民银行等多部门联合发布了《关于金融助推脱贫攻坚的实施意见》（以下简称《实施意见》），加大了对扶贫金融的支持力度并提出了明确的政策要求。《实施意见》提出以发展普惠金融为根基，全力推动贫困地区金融服务到村到户到人，努力让每一个符合条件的贫困人口都能按需求便捷获得贷款，让每一个需要金融服务的贫困人口都能便捷享受到现代化金融服务，为实现到 2020 年打赢脱贫攻坚战、全面建成小康社会目标提供有力有效的金融支撑。扶贫金融被纳入普惠金融体系建设的框架，成为重要组成部分。

《实施意见》体现了这一阶段扶贫金融政策体系与普惠金融体系类似的几个特性。

（1）精准性。要求金融服务精准对接贫困地区、贫困人口和各项扶贫工作的需求，服务于扶贫工作的整体规划，体现了普惠体系建设的服务精细度和深度。

（2）多元化。强调扶贫金融的多层次和多方面，包括信用体系建设和金融知识教育等内容，体现了普惠金融体系的服务广度。

（3）系统性。强调宏观金融政策、中观金融基础设施和微观金融业务的统筹协调、整体推进，体现了普惠金融体系的系统性。

（4）政策性。强调为保证政策落实，可以对扶贫金融业务的风险、成本、不良贷款比率等指标进行差异化监管，并通过扶贫再贷款、建立担保基金和补贴等货币与财政手段鼓励金融机构开展扶贫金融业务。

2. 专项扶贫金融与配套政策

根据党中央、国务院的总体部署，相关部委制定了各种专项金融扶贫政策，如扶贫贴息贷款、精准扶贫小额信贷、保险扶贫和资本市场扶贫等方面的政策。各地方政府也根据中央政府的相关政策制定了各自的落实措施。

为鼓励和引导农村金融机构对“三农”和扶贫领域的投入，财政和金融监管部门还出台了一系列财税、货币和监管政策。中国人民银行制定了差别化的存款准备金、支农再贷款和再贴现等优惠政策，在 832 个连片特困地区和国家扶贫开发工作重点县以及未纳入上述范围的 411 个省级扶贫开发工作重点县设立了扶贫再贷款，实行比支农再贷款更为优惠的利率，要求金融机构将扶贫再贷款优先用于建档立卡贫困户和带动贫困户就业发展的企业。银监会制定了村镇银行设立东西部挂钩政策，即如果在东部省份设立村镇银行，则在西部省份设立的数量不应少于东部；此外，还降低农户贷款的风险权重，提高涉农贷款不良贷款容忍度等。有关部门制定了定向费用补贴、涉农贷款增量奖励、农业保险保费补贴和税收优惠等政策。各级政府还制定了面向扶贫和服务“三农”的信贷担保和风险补偿等政策，建立了信贷担保基金和风险补偿金基金，分担金融扶贫风险。

（二）扶贫金融业务体系

1. 扶贫金融业务的三个层面

当前扶贫金融业务主要在三个层面展开。一是个体层面，即为贫困户开展生产创收活动或解决住房、医疗或教育等生活困难提供信贷或保险等服务。二是区域产业层面，即为能够带动贫困地区经济发展或贫困户就业、增加收入的企业提供信贷、上市、发行债券和开展期货业务以及融资担保等服务。三是基础设施和公共服务层面，即为贫困地区基础设施和公共服务建设提供信贷或发行债券等融资服务，融资用途为移民搬迁、交通、医疗、教育、居住、饮水、电力和通信等方面建设，以补齐阻碍贫困地区发展的自然或经济社会等方面的短板。

在个体层面，服务供给主体主要是农村中小金融机构、中国农业银行（以下简称农行）、中国邮政储蓄银行（以下简称邮储行）、保险公司和非存款类小额信贷机构（如中和农信资产管理公司、一些非营利扶贫小额信贷机构和扶贫的农民资金互助组织等）。在区域产业层面，金融服务供给主体主要有各类商业银行（含农村信用合作社与农村合作银行）、国家开发银行（以下简称国开行）和中国农业发展银行（以下简称农发行）。此外，在这一层面还有资本市场的参与，如涉农企业的上市、债券发行或农产品期货交易等。在基础设施和公共服务能力层面，金融服务提供者主要是国开行、农发行、农行、建行和邮储行等大型开发性、政策性和商业性金融机构。

2. 扶贫金融的主要产品与服务方式

（1）扶贫小额信贷。在扶贫金融的个体层面，金融产品和服务方式主要是小额信贷。扶贫小额信贷发放对象是建档立卡贫困户（含已脱贫的贫困户），要求坚持户借、户用、户还，精准用于贫困户发展生产，不能用于结婚、建房、理财、购置家庭用品等非生产性支出，更不能集中用于政府融资平台、生产经营企业等。贷款额度为 5 万元以下，免抵押，免担保，贷款期限为 3 年以内。利率为基准利率，财政扶贫资金贴息。县财政设立风险补偿金分担风险。

这种贷款的主要提供者是农村中小金融机构、农行和邮储行。此外，非存款类小额信贷机构，如中和农信资产管理公司（以下简称中和农信）下属的各地小额贷款公司以及一些地方以社团组织形式运营的非营利扶贫小额信贷组织，面向建档立卡贫困户提供小额信贷服务。一些贫困地区农村社区建立的资金互助组织，也为其建档立卡贫困户成员提供小额信贷服务。

各类机构的小额信贷服务基本上采用免抵押、免担保方式，而主要是信用贷款，也有少量的保证贷款。他们的信贷风控手段主要是农户信用评级和授信。有些金融机构还采取了“信贷＋保险”的方式，引入保险公司提供小额人身意外保险或小额贷款保证保险。非存款类小额信贷机构在信用评级之外，还提供大量的非金融服务，如农业技术培训、农产品销售平台、金融素养教育等服务，通过提高借款人的发展能力来降低信贷风险。农民资金互助组织则利用血缘、地缘和业缘的优势降低信贷风险。

（2）产业扶贫贷款。在区域产业层面，金融产品和服务方式主要是面向企业和新型农业经营主体的产业扶贫贷款。金融服务提供者主要是农行、邮储行等大型商业银行以及国开行、农发行。农村中小金融机构在此市场上有一定量的业务。产业扶贫贷款的风险防控手段主要是不动产或动产抵质押，依托供应链，或由政策性农业信贷担保公司担保。

（3）基础设施和公共服务建设项目扶贫贷款。在基础设施和公共服务能力建设融资方面，金融服务的提供者主要是国开行和农发行，部分商业银行也有参与，如农行、建行和邮储行。融资方式主要是长期贷款，用于贫困地区道路、医疗卫生、教育、饮水、电力、通信、人居环境改善和移民扶贫搬迁等基础设施建设。

（4）资本市场。对于一些规模较大、实力较强的涉农企业，有关部门和机构协助它们在股票市场、债券市场或期货市场进行融资。例如，证监会对贫困地区企业IPO、新三板挂牌、发行公司债和并购重组开辟绿色通道，郑州商品交易所推出苹果期货，银行间市场交易商协会创新推出了扶贫票据，等等。

（5）保险。保险服务与上述金融扶贫的三个层面相结合，形成了三套功能作用协同配合的保险扶贫体系，例如，小额人身意外伤害保险与小额信贷相结合、农业保险与农业产业贷款相结合、保险与期货市场相结合等。目前，保险行业在不同地区因地制宜，开发有当地扶贫特色的保险产品，设计了农业保险、大病保险、巨灾保险风险分担机制，提高了保险范围，降低了保险费率，对贫困户贴补保费。

三、2019～2020 年中国扶贫金融主要成就

2019 年以来，在党中央、国务院领导下，为保障决胜阶段打赢脱贫攻坚战，中国人民银行、银保监会和证监会相继联合或单独出台了系列政策，统筹推进金融精准扶贫工作。金融系统深入推进体制机制和产品服务创新，持续加大农村金融资源投入，建档立卡贫困人口及已脱贫人口贷款余额持续增长，贷款覆盖面稳步提升，

“三区三州”等深度贫困地区贷款增速保持较快增长，基础金融服务明显改善。

（一）2019 年金融扶贫成就

2016～2019 年，保险业累计为 9840 万户次建档立卡贫困户、不稳定脱贫户提供风险保障 9121 亿元，累计为 3031 万受灾农户支付赔款 230.38 亿元，极大地解决了农村贫困群体“因病因灾致贫返贫”的突出问题。①

根据中国人民银行提供的数据，截至 2019 年末，全国 27 个省份金融精准扶贫贷款余额为 36077 亿元，年均增长率为 17.28%。其中，全国建档立卡贫困人口及已脱贫人口贷款余额为 7139 亿元，惠及 2013 万贫困人口，贷款覆盖面为 25.4%，比上年末高 3.5 个百分点；产业精准扶贫贷款余额为 11918 亿元，年均增长率 27.39%。②

据银保监会提供的数据，截至 2019 年末，全国金融精准扶贫贷款余额为 3.96 万亿元，较年初增加 3403 亿元。全国扶贫小额信贷累计发放 4270.16 亿元，余额为 1865.48 亿元；累计支持建档立卡贫困户 1035.73 万户次，余额覆盖 470.71 万户。全国 334 个深度贫困县各项贷款余额为 1.92 万亿元，较年初增加 2460.76 亿元，增长 14.68%，增速高于全国贷款增速 2.38 个百分点。有深度贫困县的 21 个中西部省份中，16 个省份实现了深度贫困地区各项贷款平均增速高于全省贷款增速的目标。③

2016～2019 年，大病保险向贫困人口实施政策倾斜，切实减轻贫困群众医疗负担。2019 年，在 1000 多个县（市）承办了面向贫困人口的商业补充医疗保险业务，覆盖贫困人口 4000 多万人。④

截至 2019 年末，农业保险承保农作物超过 270 种，基本覆盖常见农作物，备案扶贫专属农业保险产品 425 个，价格保险、收入保险、“保险＋期货”等新型险种快速发展。2019 年 1～12 月，农业保险参保 1.91 亿户次，提供风险保障 3.81 万亿元，支付赔款 560.20 亿元，受益农户达 4918.25 万户次。⑤

银行业金融机构通过机构网点、机具服务、流动服务等方式将基础金融服务覆

---

① 王玉祥：《我国农业保险覆盖范围不断扩大　保险服务机构全面下沉》，新浪财经，2020 年 11 月 12 日。

② 中国人民银行：《中国区域金融运行报告 2020》。

③ 银保监会：《2019 年全国金融精准扶贫贷款余额 3.96 万亿元》。

④⑤ 中国保险行业协会：《2019 年中国保险业社会责任报告》。

盖到 832 个国家扶贫开发重点县的 16.63 万个行政村，覆盖率达 99.30%；在 412 个县设立了村镇银行，覆盖率接近 50%。①

（二）2020 年金融扶贫成就

2020 年是脱贫攻坚的收官之年，中国人民银行、银保监会和证监会再次相继出台指导意见和通知，要求金融行业全力支持精准扶贫，特别是要向“三区三州”等深度贫困地区倾斜。经过努力，2020 年扶贫金融再上一个台阶，为打赢脱贫攻坚战作出了巨大贡献。

截至 2020 年二季度末，全国金融精准扶贫贷款余额为 4.21 万亿元；扶贫小额信贷累计发放近 5000 亿元，惠及建档立卡贫困户 1100 多万户次，覆盖全国建档立卡贫困户的 1/3 以上。易地扶贫搬迁贷款累计投放 4200 多亿元。②

到 2020 年 11 月底，我国已累计对全国建档立卡贫困户发放扶贫小额贷款 5038 亿元，支持建档立卡贫困户贷款 1204.3 万户，占全部建档立卡贫困户的 40%。③

据银保监会统计显示，2020 年前 8 个月，农业保险为 1077 万户次贫困户提供了风险保障，支付赔款 9.4 亿元，受益贫困户超过 75 万户次。

有关研究显示，截至 2020 年三季度末，832 个国家扶贫开发重点县的农村基础金融服务覆盖率达 99.66%；保险服务的乡镇覆盖率达 99.90%。6 年来，扶贫小额信贷累计发放超过 5000 亿元，惠及贫困户 1200 多万户次，覆盖全国建档立卡贫困户的 40% 以上，扶贫小额信贷对贫困户增收的贡献率达 12.4%。④

资本市场也有力地支持了贫困地区的经济社会发展。截至 2020 年 5 月底，贫困地区企业通过发行审核和首发上市的企业有 20 家，累计募集资金为 138.7 亿元，303 家贫困地区企业在新三板挂牌，累计融资约为 162.04 亿元，交易所市场累计发行扶贫债 87 只，金额为 473.1 亿元，发行扶贫资产证券化项目 18 单，规模为 110.65 亿元。除了已经上市的 20 家贫困地区企业，截至 2020 年 7 月 16 日，在上交

---

① 中国银行业协会：《2019 年中国银行业社会责任报告》。

② 《中国累计发放扶贫小额信贷近 5000 亿元惠及 1100 万贫困户》，中国新闻网，2020 年 10 月 14 日。

③ 《服务双循环　开启新征程——第二届“中国农金 30 人论坛”专题报道之一》，《中国银行保险报》，2020 年 12 月 14 日。

④ 陈元浩：《中国扶贫小贷成全球样板》，《中国银行保险报》，2020 年 11 月 16 日。

所主板和深交所中小板排队的 IPO 企业中，适用“绿色通道”（西部 12 省份及比照执行的地区）的有 27 家，13 家拟登陆上交所主板，14 家拟登陆深交所中小板。这 27 家公司首发募资合计 334.07 亿元。另外，此前排队拟登陆创业板企业中，11 家适用“绿色通道”的企业已经平移至深交所创业板，计划募资合计 92.16 亿元。综合来看，目前上交所主板、深交所中小板和创业板的拟 IPO 企业中，符合适用“绿色通道”的合计 38 家，计划募资合计 426.23 亿元。①

四、金融扶贫面临的主要挑战

（一）金融扶贫数据缺乏统一、严格的统计标准，质量难以保证

当前，金融扶贫数据分别由各省人民政府、人民银行、监管部门、扶贫部门统计，由于部门职责不同，相应的统计数据存在差异。实际操作中，各银行金融扶贫基础数据均由基层网点工作人员填报，再由下至上层层汇总，填报过程中往往存在数据统计要求把握不准、执行偏差等问题，从而出现错报、漏报情况。而银行和政府部门都很难从有限的人力、财力、物力资源中抽出足够力量去核实数据。② 没有准确的统计数据，就难以对金融扶贫的效果和问题作出准确判断。

（二）扶贫金融体系结构不合理，缺乏长效的金融扶贫机制

1. 金融机构扶贫内生动力不足

我国金融扶贫的主要矛盾不是金融机构数量不足，而是结构不合理。商业性、开发性和政策性金融机构尽管具有资金优势，但面对农村金融信息不对称、风险高和成本高的问题时，缺乏足够的内生动力。脱贫攻坚时期，在各种政策的强力推动下，这三种金融机构增加了扶贫金融资源投入。但是，脱贫攻坚任务完成之后，它们能否自觉地继续开展金融扶贫，很难预计。国家统计局的调查发现，在不少省份金融机构存在融资手续繁杂、时间长、要求抵押担保物、贷款数额小、周期短等问

---

① 《贫困地区企业可走“绿色通道”IPO 20 家已上市 38 家在路上》，证券日报网，2020 年 7 月 21 日。

② 许言：《关注金融精准扶贫中的难题》，中国金融新闻网，2019 年 8 月 27 日。

题；一些创新贷款产品存在服务不到位的情况。[①] 但是，这些所谓的创新产品被金融机构作为扶贫和普惠金融建设的成绩在进行宣传。

2. 缺少真正的农民合作金融组织

我国金融扶贫体系缺少的是农民互助性合作金融组织和扶贫小额信贷组织。农民自己的合作金融组织具有地缘、血缘和业缘优势，在金融服务中没有严重的信息不对称问题，而且运营成本低，管控风险手段多样且有效。但是，自 2006 年中央 1 号文件明确提出引导农户发展资金互助组织以来，原银监会只批准成立了 49 家农村资金互助社（到 2019 年 11 月底只存剩 46 家[②]），而全国民间自发组建的三四万家资金互助组织（含农民专业合作社开展的资金互助）没有明确的监管制度予以规范，处于监管过度和监管缺失的双重困境。农民资金互助组织规模小、管理水平低，而且鱼龙混杂、良莠不齐，影响了资金互助的健康发展。

在曾是国家级贫困县的重庆市开州区，民丰互助合作会（以下简称“民丰”）是当地历史悠久的小额信贷扶贫机构，现在全区设有 18 个乡（镇）分会、25 个营业网点、515 个社级农户自治中心，为近 23 万农户、80 万农民提供小额金融服务（其中覆盖市级贫困村 84 个、贫困户 17596 户，分别占全区市级贫困村及贫困户总数的 62.2% 和 51.6%）；截至 2019 年 12 月上旬，入会农户达 34505 户（其中建档立卡贫困户 6130 户，占辖区内贫困户总数的 34.8%）；贷款余额为 38846 万元，有效客户 6949 户（其中建档立卡贫困户 2375.6 万元、787 户，占比分别为 6.1% 和 11.3%），户均 5.59 万元；不良率为 0.97%。重庆市政府充分肯定了民丰在金融扶贫中发挥的作用，本着“尊重历史、保持稳定、主动规范”的原则支持其继续稳健发展。但是，缺乏金融机构的身份也严重制约着民丰的充分发展。现在全国还有几十家这样的非营利小额信贷机构在艰难地从事着扶贫事业。

3. 扶贫效果显著的非营利小额信贷机构没有合法身份

我国最早开展小额信贷扶贫的是非营利组织形式的小额信贷机构。这些机构长期扎根于贫困地区，具有金融扶贫的组织优势和技术优势。但是，扶贫小额信贷机

---

① 柏先红、刘思扬：《“乡村振兴之路”调研报告》，《调查世界》，2019 年第 6 期。

② 银保监会：《银行业金融机构法人名单》；《内蒙古银保监局关于通辽市辽河镇融达农村资金互助社解散的批复》。

构没有金融牌照，在融资、人员招聘与培养、社会认同、业务拓展等方面都存在困难，也难以享受财税等优惠政策；在金融强监管的形势下，有些地方还遇到不理解、不支持的困境，发展艰难。例如，截至 2019 年 12 月上旬，中和农信在全国 20 个省份建有 332 家分支机构，小额信贷有效客户为 43. 35 万户，贷款余额为 10. 99 亿元，户均 2. 54 万元，贷款不良率约为 1%，而且没有政府财政补贴。很难有金融机构能够服务如此众多的农村微小客户。尽管如此，中和农信因缺乏合法身份，不得不在各地申请小额贷款公司牌照，制约了中和农信的扶贫小额信贷业务发展。

（三）政策性金融缺乏可持续性

财政贴息的扶贫小额信贷是特惠金融，是精准扶贫脱贫攻坚时期的扶贫手段，虽然取得了一定的效果，但弊端明显，即信贷质量低。[①] 因此，特惠金融方式将是短期的、突击式的，虽然可能对精准扶贫脱贫产生一定作用，但不具有长期的可持续性。总的来说，它的效率效益较低，道德风险较高，易产生穷人等靠要、富人抢占资源、资金渗漏、市场扭曲和寻租腐败等现象。而且，处于贫困边缘的其他农户享受不到政策的帮扶，越来越多的非贫困户群体对扶贫政策和工作产生不满，为基层干部推进脱贫工作、实施乡村振兴战略增加了难度，也不利于贫困户和非贫困户群体自食其力脱贫致富。[②]

（四）政府变相兜底存在信用体系风险

在政府以担保基金鼓励金融机构开展扶贫小额贷款的情况下，提供信贷担保的平台公司的风险管理能力并不必然比金融机构更强。他们在提供担保的同时往往要求借款户提供反担保。反担保形式包括“两权”抵押、乡村干部或公职人员担保、生产工具抵押、存折质押等。但是“两权”抵押面临抵押变现困难等问题，另几种反担保方式也难以落实。其一，贫困户不仅缺少物质资本，也缺少社会资本，很难找到合格的担保人，即使乡村干部或驻村帮扶干部担保，其能够担保的人数也是有

---

① 特惠金融与以往的扶贫贴息贷款做法类似。“八七”扶贫攻坚期间，扶贫贴息贷款的不良率高达 70%。参见孙同全、刘建进：《中国金融扶贫的历程与展望》，李培林、魏后凯主编：《中国扶贫开发报告（2016）》，社会科学文献出版社 2016 年版，第 161 页。

② 柏先红、刘思扬：《“乡村振兴之路”调研报告》，《调查世界》，2019 年第 6 期。

限的；其二，生产工具具有专用性，其可转让的可能性有限，且抵押价值偏低；其三，如果农户有存款可质押，就无须担保公司担保了。而且，要求反担保的做法与“免抵押、免担保”的政策要求也不相符。

此外，设立风险补偿金应该在一定程度上分担金融机构的扶贫贷款风险。但是，有些地方政府所承诺的风险补偿程度无限扩大为全部贷款余额，变成了政府财政兜底。这种做法不仅不符合“地方政府及其所属部门不得为任何单位和个人的债务以任何方式提供担保”的相关法律规定，在实践中也是行不通的。更为严重的后果可能是产生大规模的道德风险，即借款户知道贷款有政府兜底，将贷款视为“救济款”，从而影响还款意愿，而且本来不想借款的也可能申请借款。这种风险不但无助于实现金融扶贫的目的，而且对于当地信用环境的破坏程度将是巨大而长远的，不利于当地农村经济和金融的长期健康发展。

（五）“户贷企用”，贫困户难以参与发展

2017 年银监会与财政部、人民银行、保监会和国务院扶贫办联合印发了《关于促进扶贫小额信贷健康发展的通知》，要求“坚持户借户还，切实防范冒名借款、违规用款等问题”，“坚持贫困户自愿和贫困户参与两项基本原则，使贫困户融入产业发展并长期受益”，即不允许“户贷企用”这种做法。但是，还是有一些地方变换方式搞“户贷企用”。例如，以贫困户的名义成立合作社，再以合作社社员的名义贷款，集中资金给龙头企业使用，由龙头企业建设规模化种植养殖基地，名义上种植养殖基地归合作社所有，由龙头企业租用，以向合作社交纳租金的形式向贫困户社员分配红利。这种方法虽然能够解决缺乏劳动能力的贫困户的收入增长问题，但是，并没有解决贫困户融入产业发展并长期受益的问题。

五、改进金融扶贫工作的建议

2020 年打赢脱贫攻坚战、全面建成小康社会之后，我国将进入实现建成社会主义现代化强国目标的历史新阶段，解决相对贫困问题将成为全社会的一项长期重要任务。金融应在其中发挥更大的作用。

（一）指导思想

以习近平新时代中国特色社会主义思想为指导，紧扣全面建成小康社会目标任务，紧紧围绕乡村振兴、普惠金融体系建设的总体部署，坚持以市场化为导向、以金融供给侧结构性改革为着力点、以政策扶持为引导、以防控风险为底线，建立完善金融扶贫和助力乡村振兴的市场体系、组织体系和产品体系，更好地满足脱贫攻坚和乡村振兴多样化、多层次的金融需求。

（二）目标和任务

首先，金融扶贫应融入乡村振兴战略，巩固脱贫成果，助推乡村全面振兴。

其次，金融扶贫应融入农村普惠金融体系建设。普惠金融的重点服务对象与金融扶贫对象完全一致。因此，在农村普惠金融体系建设中，尤其要重视适应减贫需要的金融政策体系、市场体系、组织体系和产品体系。

最后，深化金融供给侧结构性改革，补足扶贫金融体系的短板，充分挖掘和规范利用农村社区内部的金融资源，建立长效的金融扶贫机制。

（三）基本原则

1. 加强政策引领与扶持

“党和政府领导、群众主体、社会参与”的扶贫体制是我国扶贫开发的基本特点，也是我国扶贫取得成功的基本制度保障。在金融扶贫中同样如此。首先，政府应制定出明确且切实可行的减贫战略目标，并清晰描述金融在其中的地位、作用、服务对象、经营原则和预期效果等。其次，建立配套、协调的政策体系，形成“组合拳”，对金融机构形成有效的激励与约束机制，为金融机构参与扶贫创造良好的制度条件和氛围。总体上看，我国政府以往采取的各种财税、货币和监管等政策措施已经有效地撬动和引导金融机构开展各种扶贫行动。因此，有必要继续调整和优化政策体系，做到既引领和扶持，又不越俎代庖。

2. 尊重和发挥市场在资源配置中的决定性作用

金融是市场化的资金交易，行政力量和财政资金能够起到引导和激励的作用，但是应充分尊重市场在资源配置中的决定性作用，尽量减少行政干预，杜绝财政兜底。这样，才有利于建立起金融扶贫的长效机制，而且，这是普惠金融的基本要求。

3. 培育贫困群体自我发展能力

贫困群体自我的发展意识和能力是其脱贫致富的关键。因此，金融扶贫应以扶贫对象的自我发展意识和能力为前提，以增强其自我发展意识和能力为方向。不仅要推广和树立“有借有还，再借不难”的信用观念，更要向贫困人口传授金融知识，提高他们了解和运用金融工具的能力与素养。

4. 坚持双底线目标

国内外金融扶贫实践经验表明，为了能够长久地扶助贫困人口持续发展，在扶助贫困人口创收的同时，金融机构需要实现自身财务的可持续，这是金融扶贫的双底线目标，也是普惠金融发展的两项基本原则。因此，金融扶贫不应不计代价，而应做好风险定价和风险防控，处理好社会发展与商业利益之间的平衡。

5. 把握处理好金融扶贫中的诸多关系

金融扶贫需要把握好商业利益和社会责任、财政与金融、资金扶贫和基础金融服务，以及经济发展与精准扶贫之间的关系，充分利用货币、财税和监管等方面的政策，健全扶贫金融组织体系，完善农村金融基础设施，重视和支持互联网技术在农村金融扶贫领域的发展和应用。要防止和克服金融扶贫工作中存在的“悬崖效应”（金融服务排斥建档立卡贫困户外的边缘群体）和“挤出效应”（挤压了以普惠金融理念服务欠发达农村地区中低收入群体的社会企业类型的小额放贷组织的发展）。要尽量降低“数字鸿沟”对边远地区群体、老年群体带来的不利影响。

要进一步建立健全金融服务体系，形成开发性、政策性、商业性、合作性等金融机构共同参与金融扶贫开发和脱贫攻坚新格局。要加速资金回流农村和贫困地区；支持和鼓励保险机构发展农业保险产品和服务，扩大保险在贫困地区的广度和深度；培育、引导、支持贫困地区企业开展股权、债权融资，丰富贫困地区企业融资渠道，降低融资成本。要支持建档立卡贫困户及带动贫困人口就业的龙头企业、专业合作社等新型农业经营主体发展，帮助和促进建档立卡户脱贫致富；支持易地扶贫搬迁、特色产业发展、贫困人口就业就学、贫困地区重点企业和项目，促进贫困人口增收脱贫、安居乐业。要加大贫困地区信用体系建设，优化贫困地区投融资环境。

（四）主要措施

普惠金融体系包括三个层面：一是宏观层面的政策法律体系，这构成了金融运行的制度环境；二是中观层面为金融交易提供服务的金融基础设施和中介服务，为金融运行提供支撑条件；三是微观层面金融机构的产品和服务机制。这三个层面构成了完整的农村普惠金融生态系统。三个层面相互协调，各个参与者相互协作，才能形成金融扶贫的长效机制。这是解决金融扶贫问题的根本之道。

1. 完善农村普惠金融政策法律和组织结构体系

当前最迫切的是完善农村普惠金融的政策法律体系，解决新型农民合作金融组织和扶贫小额信贷机构的准入与监管问题。一是建立农民资金互助组织市场准入与监管制度。农民自己的合作金融可以天然地克服外部政策性或商业性金融机构面临的信息不对称所带来的高成本和高风险问题，将面向贫困群体的金融服务变成具有商业可持续性的金融市场，从而彻底摆脱财政补贴。在农信社已全面商业化的背景下，应该让出“合作金融”这几个字，给农民以兴办真正合作金融的制度空间。二是尽快出台“非存款类放贷组织条例”，将中和农信这样的扶贫小额信贷机构纳入其中，赋予其合法的放贷资格。三是允许民丰这样具有合作基因的扶贫小额信贷机构依据新型农村合作金融组织制度，转制为合作金融机构。

2. 加快和提升金融基础设施建设，尤其是信用评价体系建设

我国成功的金融扶贫实践经验之一就是“穷可贷，富可贷，没有信用不可贷”。信用评价体系可以改善个人和社会的信用状况。信用担保体系可以分担金融机构的业务风险，起到增信的作用。信用环境的改善，不但可以增强金融机构在贫困地区开展和扩大业务的信心和决心，还可以为金融机构创新扶贫金融产品提供条件，从而增加贫困地区的金融服务供给。

3. 建立大小金融机构的协作机制

在金融扶贫中，各类金融机构应优势互补、相互协作。大银行可以将资金优势与小机构的信息和风控等优势结合，建立面向农村的中小金融机构、合作金融机构、非营利小额信贷机构等小机构批发贷款的机制。在监管政策上，依照穿透式监管的原则，将批发贷款形成的扶贫贷款计入大银行完成的扶贫任务。

4. 继续加强对贫困地区产业发展以及基础设施和公共服务建设的支持力度

强调有关新型农民合作金融组织和扶贫小额信贷机构的制度建设，并不意味着要忽视支持产业发展以及基础设施和公共服务能力建设的重要性，相反，应该继续重视和加强这方面的支持。这是缩小地区发展差异、缩小地区贫富差距、加快实现共同富裕的重要举措。

5. 支持金融科技和数字普惠金融在农村的推广和应用

数字技术在推动普惠金融扩大覆盖面和覆盖深度等方面展示了无限可能。应积极鼓励数字技术在农村金融扶贫领域的探索和应用，支持金融科技企业开拓农村金融市场。

实践探索篇

创新、问题与建议

第12章

政策性金融机构新探索

一、国家开发银行金融扶贫工作的实践与创新①

国家开发银行（以下简称开发银行）以习近平总书记扶贫工作重要论述为指引，坚决贯彻落实党中央、国务院对脱贫攻坚的决策部署，坚持开发性金融定位，全面加大工作力度，建立了一套以扶贫金融事业部为主体，全行共同参与、协同作战的高效组织保障体系；科学制定了明确时间点和路线图的脱贫攻坚实施规划，“十三五”期间发放支持脱贫攻坚贷款1.5万亿元；实施了融制、融资、融智的“三融”扶贫策略；坚持易地扶贫搬迁到省、基础设施到县、产业发展到村（户）、教育资助到户（人）的“四到”思路方法；深入开展深度贫困地区脱贫攻坚、东西部扶贫协作和定点扶贫“三大行动”；制定实行了有效的考核监督体系，签订责任状，确保各项工作落到实处；逐步探索形成了“113431”扶贫工作体系。2019年，开发银行金融扶贫贷款突破3000亿元，超额完成年度任务目标，为打赢脱贫攻坚战、助力贫困地区发展提供有力资金支持；同时，继续深耕农业、林业、水利、养老等民生领域，致力于促进社会建设、保障和改善民生，有力支持了脱贫攻坚、乡村振兴战略实施和经济社会可持续发展。

---

① 本节数据均来源于国家开发银行内部资料。

（一）以习近平总书记扶贫重要论述统领金融扶贫工作

开发银行党委坚持以学懂弄通做实习近平新时代中国特色社会主义思想为主线，以习近平总书记扶贫重要论述统领金融扶贫工作。一是抓学习教育，增强担当使命的政治自觉。扎实开展“不忘初心、牢记使命”主题教育，突出政治建设统领作用，深入学习贯彻习近平新时代中国特色社会主义思想，开展专题学习研讨，组织全行脱贫攻坚领导小组成员单位及分行主要负责同志深入学习《习近平扶贫论述摘编》，撰写体会文章，进一步统一思想认识，提高行动自觉。二是抓工作部署，切实加强组织领导。每季度召开脱贫攻坚领导小组会议，并通过召开党委会、全行扶贫开发工作会议、定点扶贫专题会、东西部扶贫协作和深度贫困工作推进会，及时传达学习中央扶贫精神，研究部署工作。三是抓贯彻落实，推动各项政策落地。认真落实习近平总书记关于解决“两不愁三保障”突出问题的重要讲话精神，制定《关于切实做好 2019～2020 年金融扶贫工作的意见》（开行党委办〔2019〕13 号）、《关于大力支持“两不愁三保障”的意见》（开行扶贫〔2019〕11 号）等贯彻文件。37 家分行党委签订脱贫攻坚责任书，压实主体责任，确保各项工作落到实处。

（二）坚持“四到”工作思路，加大信贷资金投入

1. 产业扶贫贷款突破 1000 亿元，促进贫困地区产业发展和贫困人口增收脱贫

2019 年，开发银行围绕巩固脱贫成果，发放产业扶贫贷款 1183 亿元，同比增长 180%，贷款余额为 1643 亿元，带动贫困人口 40 万人次就业增收。一是以转贷款作为支持产业扶贫和小微企业的有力抓手。将开发银行资金优势与中小商业银行零售优势有机结合，合作开展转贷款。对贫困县金融机构实施差异化准入政策，进一步扩大贫困县转贷款覆盖范围。2019 年发放转贷款 1000 亿元，其中用于产业扶贫的转贷款 105 亿元。比如，发放 3.5 亿元扶贫转贷款，支持河南周口、驻马店等 6 个地市特色产业发展和 912 名建档立卡贫困人口脱贫。二是主动对接龙头企业，加大产业扶贫项目培育力度。积极引导央企、地方国企、大型龙头企业产业链向下延伸，支持贫困地区因地制宜发展特色产业，推动构建龙头企业与贫困人口利益联结机制，以产业带动贫困户增收脱贫。

2. 支持易地扶贫搬迁后续扶持取得突破进展，助力约 27 万搬迁群众搬得出、稳得住、能脱贫

2019 年发放易地扶贫搬迁后续发展贷款 212 亿元，重点支持安置人口在 1000 人以上（尤其是 3000 人以上）大型安置区发展，惠及搬迁群众约 27 万人。结合甘肃省古浪县产业特点和搬迁群众后续发展需求，贷款 1.4 亿元以支持顶乐牧业富硒肉牛产业园、万头种羊繁育基地等搬迁后续产业项目，惠及搬迁人口 872 人。有的搬迁户通过养殖肉牛每年可增收 3.3 万元，有的搬迁户通过“羊银行—贷母还羔”模式，3 年可繁殖 100 多只小羊羔。

3. 发挥中长期投融资优势，助力补齐基础设施短板，夯实发展基础

聚焦贫困地区“两不愁三保障”等突出问题，2019 年发放农村基础设施领域贷款 472 亿元，累计发放贷款 3649 亿元，贷款余额为 2834 亿元，支持建设村组道路 31 万公里、校安工程 6508 个、农村危旧房改造 57 万户、安全饮水设施 20 万个，惠及建档立卡贫困人口 2803 万人。加大贫困地区交通、水利、能源等重大项目支持力度，2019 年发放重大基础设施贷款 1509 亿元，累计发放贷款 9222 亿元，贷款余额为 6740 亿元，覆盖 300 个贫困县。

4. 助学助业多措并举，积极推进教育扶贫，阻断贫困代际传递

坚持“应贷尽贷”，2019 年发放助学贷款 310 亿元，贷款余额为 1033 亿元，累计发放贷款 1957 亿元，支持家庭经济困难学生 1333 万人，其中建档立卡贫困户学生 229 万人。坚持“扶上马，送一程”，整合社会、企业、高校等各方资源，举办贫困学生专场招聘会，共有 6145 家企业提供岗位超过 14.6 万个，约 1.9 万名学生达成初步就业意向，帮助学生完成“就学”到“就业”的跨越。

（三）聚焦重点难点，开展脱贫攻坚“三大行动”

1. 聚焦重点难点，大力开展深度贫困地区脱贫攻坚行动

2019 年向“三区三州”等深度贫困地区发放扶贫贷款 1436 亿元，超过全年扶贫贷款的 1/3，同比增长 58%，累计发放贷款 6532 亿元，贷款余额为 4727 亿元。召开支持深度贫困地区脱贫攻坚第三次推进会，按照“信贷政策更优、贷款定价更优、审批流程更优、资源配置更优、服务方式更优”的工作原则，采取降低项目准入信用等级、提供优惠贷款利率、提高不良贷款容忍度等差异化政策，进一步加大政策倾斜力度。

2. 凝聚各方合力，大力开展东西部扶贫协作行动

召开全行东西部扶贫协作推进会，整合各方资源，对接协作需求，加大推动力度。2019 年发放东西部扶贫协作贷款 389 亿元，累计发放贷款 600 亿元，支持东西部扶贫协作项目 126 个，直接带动建档立卡贫困人口 1 万余人。比如，支持北京首农集团在河北大名县开展小优鸡项目，以“龙头企业 + 基地 + 农户”方式，带动 3300 名贫困户增收。

3. 集中资源力量，大力开展定点扶贫行动

制定《国家开发银行 2019 年定点扶贫工作计划》（开行办〔2019〕30 号），全面超额完成责任书任务目标。2019 年，向定点扶贫县发放扶贫贷款 20.35 亿元，支持当地人居环境整治、产业发展、特色小城镇建设等项目；总行向贵州三个县（务川县、正安县和道真县）各增派 1 名处级干部，协助当地开展扶贫工作；培训四个县（贵州务川县、正安县、道真县，四川古蔺县）地方干部 2256 人、技术人员 1673 人；集中捐赠资源，向四个县（贵州务川县、正安县、道真县，四川古蔺县）安排捐赠资金 3300 万元、引入帮扶资金 284.8 万元，重点支持解决“两不愁三保障”突出问题；加大消费扶贫力度，购买累计贫困地区农产品 1085 万元、帮助销售贫困地区农产品 301 万元。与最高人民检察院、中共中央党校（国家行政学院）、国家外汇管理局等部门加强合作，优势互补，合力推进定点扶贫。

（四）支持农业农村优先发展，推动乡村振兴战略实施

紧紧围绕党的十九大关于实施乡村振兴战略和 2019 年中央 1 号文件关于坚持农业农村优先发展的重大决策，立足开发性金融定位，务实创新，凝心聚力，切实推动“三农”发展，2019 年发放乡村振兴贷款 3661 亿元。一是认真学习贯彻中央精神。认真学习贯彻中央农村工作会议、《中共中央　国务院关于坚持农业农村优先发展　做好“三农”工作的若干意见》等精神，印发开发银行党委《关于支持农业农村优先发展　做好“三农”金融服务工作的意见》，明确重点支持方向和具体措施；印发开发银行《关于支持城乡融合发展的意见》，提出 20 项具体工作措施；起草开发银行支持农业机械化和农机装备产业转型升级的意见。二是深化银政合作，积极参与顶层设计。与国家发展改革委农经司共同研究推动农村一二三产业融合发

展，加大对农村产业融合示范园建设的支持力度；会同农业农村部研究开发性金融支持我国生猪产业健康发展、促进猪肉保障供给、稳定价格的思路和融资方案；参加农业农村部乡村振兴、高标准农田等产业发展政策研究，积极建言献策；统筹谋划乡村振兴发展路径，在国家发展改革委农经司指导下开展“十四五”乡村振兴战略、城乡融合发展政策导向及重点领域研究。三是聚焦重点，加大融资支持力度。开发培育蕲春艾草生产加工、广西防城港渔港建设、贵阳高端蔬菜种植等项目；完成湖北潜江虾稻共作乡村振兴项目贷款10亿元；完成贵州遵义市湄潭县乡村振兴一期项目贷款评审承诺；加大产业扶贫工作力度，与新希望集团合作，促进小农户与现代农业有机衔接，助力脱贫攻坚取得实效，先后推动四川、陕西、青岛、辽宁等地发放6.5亿元贷款；加大农业对外合作支持力度，与国内涉及农业“走出去”的主要央企、国家级农业龙头企业深化合作，开展国外粮源项目贷后尽调并协调贷款发放时间。四是加强行业管理与研究，提升行业指导水平。做好乡村振兴统计口径及系统上线工作，多次与中国人民银行金融市场司和调统司沟通，做好县区级纳入统计口径等工作；研究与企业在非洲开展杂交水稻种业合作事项，争取商务部、国合署支持；加强集团客户管理，完成集团客户信用评级、统一授信策略报告及年度信贷管理分析报告。

（五）加大林业融资支持力度，助力生态文明建设

紧紧围绕生态文明建设、长江大保护和绿色发展、脱贫攻坚等国家战略，支持国家储备林等林业生态重大项目建设。截至2019年末，累计发放林业行业贷款2506亿元，贷款余额为209亿元；其中，2019年发放贷款651亿元。一是深化部委合作，完善林业制度建设。与国家林业和草原局（以下简称林草局）、重庆市政府签署合作协议，共同推进长江上游林业生态建设。密切与国家林草局、中国人民银行沟通，积极参与《中华人民共和国森林法》修订工作，结合开发银行在涉林抵押融资方面的具体实践，推动完善涉林抵押贷款法律依据；与国家林草局联合调研，研究落实林业改革发展资金补贴及储备林专项债配套融资有关工作。二是聚焦长江经济带重点领域，支持林业重大生态项目。加强开发银行林业服务长江经济带主动性，以储备林作为服务长江经济带绿色发展的重要抓手，与国家林草局及权威专家联合研究长江流域树种安排事宜，制定沿江11省市储备林布局工作方案，推动重

庆、四川、贵州等地国家储备林重点项目，授信 100 亿元支持重庆市国家储备林项目。与国家林草局联合发布《关于推进开发性金融支持长江经济带大规模国土绿化的通知》，更好地发挥开发性金融在推动长江经济带发展中的作用。三是推动构建林业扶贫新机制，助力乡村振兴和脱贫攻坚。充分发挥林业产业在脱贫攻坚中的特殊地位和天然优势，推动林业发展带动贫困户脱贫发展，建立扶贫利益联结机制。挖掘林业在乡村振兴中的重要作用，发放贷款 22 亿元助力金寨油茶产业发展，把村级集体经济组织作为重要环节融入油茶产业价值链，实现产业发展、村集体经济壮大、农民增收、贫困户脱贫的多赢局面。授信 72 亿元支持山西省林业生态扶贫项目，通过扶贫造林合作社方式，可带动 14 万建档立卡贫困人口脱贫。四是加强储备林项目管理，扎实做好风险防控。与国家林草局、广西壮族自治区林业局组成联合工作组，开展了首个国家储备林项目中期评估。通过对项目评审方法“回头看”，对项目实际运行与评审标准进行了比较分析，聚焦核心问题，对项目提出了措施建议，进一步保障了国家储备林项目的实施成效。梳理开发银行储备林授信评审政策，在防范风险的前提下，力争把国家储备林好事办好；研究制定国家储备林等林业生态建设项目评审要求，完善开发银行相关信贷管理办法。聚焦集团客户风险防控，持续做好集团客户管理，开展风险排查和客户评价，加强沟通协作，推动吉林森工、泉林集团相关风险资产处置和化解。

（六）支持重大水利工程建设，推进国家水网建设

积极贯彻落实党中央、国务院指示精神和开发银行党委决策部署，推动重大水利工程和基础设施补短板的水利项目融资建设，支持水利事业发展。截至 2019 年末，累计发放水利建设贷款 10498 亿元，贷款余额为 4486 亿元；其中，2019 年发放贷款 653 亿元。在全国已开工建设的 139 项重大水利工程中，开发银行已融资支持 65 项，融资总额为 3729 亿元，投放资金为 1751 亿元。一是继续深化部委合作。与水利部召开高层联席会，签署《开发性金融支持水利基础设施补短板合作备忘录》，聚焦重大水利工程、农村饮水安全、水生态修复等六大领域，合力推进水利基础设施补短板项目建设。二是加强政策宣介。开发银行作为唯一金融机构受邀参加水利部农村饮水安全工程培训班、基建财务培训班，向地方水利部门及重大水利工程业主单位宣介水利行业信贷政策和融资案例。三是深入开展行业研究。完成水

利行业授信指引，总结分析行业发展状况、行业政策以及开发银行融资工作情况、信贷政策、融资模式，完成《重点区域河湖防洪与水生态治理思路与政策研究》和《高效节水灌溉分区发展重点和关键机制研究》规划课题报告，从项目建设重点、融资模式设计、配套政策制定等方面提出意见建议。四是加强重点项目开发评审。完成国家重大水利工程滇中引水项目评审，开发银行承诺贷款 240 亿元。完成国家发展改革委、水利部牵头推动的京津冀协同发展重大环境治理项目永定河流域治理项目首笔融资落地，开发银行承诺贷款 15 亿元。完成贵州凤山水库、宁波杭州湾引水等重点项目评审承诺。

（七）支持养老产业发展，助力国家应对人口老龄化问题

截至 2019 年末，累计发放养老行业贷款 372 亿元，贷款余额为 217 亿元；其中，2019 年发放 21 亿元。一是注重规划先行，参与顶层设计。积极发挥融智融制作用，积极落实党中央、国务院关于加快补齐养老短板，构建养老、孝老、敬老政策体系和社会环境的工作部署，在《国务院办公厅关于推进养老服务发展的意见》文件出台过程中，主动与民政部对接，提供建议，并明确开发银行在国家养老服务体系建设工作中的职责定位。作为唯一的金融机构发起人，开发银行配合国家发展改革委、民政部、国家卫生健康委推进城企联动普惠养老专项行动，全程参与实施方案编制，签署专项合作协议，推动专项行动实施；协助发展改革委在武汉举办专项行动经验交流会，并介绍开发性金融支持养老服务发展的探索实践；接受发展改革委委托立项城企联动普惠养老参考价格测算研究课题，为专项行动顺利开展提供测算支撑。参加银保监会社区养老、育幼和家政座谈会，提出工作建议。二是注重制度建设，强化模式创新。充分发挥开发性金融在养老服务体系建设中的引领作用，根据国家有关文件要求，设立国家开发银行养老服务体系建设专项贷款，制定《关于养老服务体系建设专项贷款开发评审的指导意见》，为业务开展奠定制度基础。加强模式创新，提高评审效率，为建立战略合作关系的客户提供一揽子融资支持，有效密切合作关系；已实现华润集团养老项目 70 亿元预授信和中国健康养老集团武汉楠山项目 4 亿元预授信。研究养老融资模式创新，提出加强机制建设、优化评审制度、拓展养老业务外延等建议。三是注重调查研究，加强业务推动。赴北京、合肥、厦门、成都等地开展居家社区养老专项调研，与从事居家社区养老服务的企业

座谈，调研企业融资痛点、难点问题，探索创新金融支持模式，促进居家、社区、机构养老服务融合发展。参加发展改革委组织的赴日考察团，学习先进养老产业发展理念，调研推动支持国内养老康复器具制造产业。结合城企联动普惠养老专项行动实施工作，跟踪开发养老项目，开展具体评审工作；赴郑州、许昌、宜兴等签约城市，与地方政府、签约企业对接合作。

（八）强化融智服务，提升贫困地区自我发展能力

一是加强地方干部培训。2019 年举办脱贫攻坚地方干部培训班 9 期，培训扶贫干部 790 人。赴云南墨江县、大关县等地“送教上门”，并通过现场授课与视频教学相结合的方式，扩大培训受益范围。二是加强规划咨询。围绕产业发展、东西部扶贫协作、乡村振兴等重点领域，累计为贫困地区编制相关融资规划和咨询报告 110 余份。三是加强人才支持。向贫困地区派驻扶贫金融专员、驻村第一书记等各类扶贫干部 228 人，在政策宣传、规划编制、扶贫项目策划、融资模式设计等方面协助地方政府推动脱贫攻坚工作。这些扶贫派驻干部远离家人，扎根贫困地区，涌现出一批感人事迹。

（九）强化作风建设和风险防范，确保好事办好

开发银行坚决贯彻落实中央关于脱贫攻坚巡视自查整改有关要求，扎实推进自查整改，不断强化作风建设和风险防范，为做好金融扶贫工作提供坚强保证。一是印发《国家开发银行落实中央脱贫攻坚专项巡视反馈问题整改要求工作方案》（开行党委发〔2019〕31 号），对标中央要求，逐一开展自查，制定问题清单、任务清单、责任清单。二是开展扶贫贷款跟踪审计和脱贫攻坚专项督查，全面梳理扶贫领域问题，举一反三，进一步加强制度建设，不断强化扶贫领域作风建设。三是加强风险防范，完善扶贫信贷管理方法，强化扶贫项目准入把关和信用结构建设，扎实做好易地扶贫搬迁贷款调整规范和管理，强化监督执行，严格控制贷款用途和流向，防止贷款资金挪用，确保金融扶贫好事办好。

（十）积极宣介中国减贫经验，共享中国减贫智慧

一是启动印度尼西亚和斯里兰卡两国咨询研究，赴两国实地调研，宣传中国减

贫经验，提出减贫咨询建议和中国扶贫参考案例，受到两国减贫部门的高度评价。二是总结以市场化方式支持斯里兰卡饮水及灌溉项目、马尔代夫保障房项目等“一带一路”沿线重点国家减贫发展经验，讲好中国故事，为推动构建人类命运共同体作出贡献。三是与国家国际发展合作署等部门合作举办 2019 年发展中国家开发性金融与国际减贫部级官员研讨班，积极对外宣介中国减贫经验与成果。

二、中国农业发展银行的创新实践①

2019 年是中国农业发展银行（以下简称“农发行”）建行 25 周年。一年来，农发行全面落实党中央、国务院决策部署，坚守初心、勇担使命，以党的建设为统领，全力服务国家战略和农业农村优先发展，各项工作稳中求进，高质量发展和现代化建设取得重要进展。全年累计发放贷款 1.79 万亿元，年末贷款余额为 5.58 万亿元，为国家战略有效实施和“三农”改革发展作出积极贡献。

（一）全力服务“三农”发展

农发行牢牢把握国家战略总方向和“三农”工作要求，把高质量服务乡村振兴战略作为新时代支农工作的核心任务，聚焦主场主业主责，不折不扣地把中央强农、惠农、富农政策落实到位，在服务国家粮食安全、脱贫攻坚、农业农村现代化中凸显“农发行贡献”。

1. 全力服务国家粮食安全

2019 年，农发行坚持把粮棉油信贷业务作为立行之本、发展之基，全力支持粮棉油产业链发展，坚决维护国家粮食安全，全年投放粮棉油贷款 6539 亿元，年末粮棉油贷款余额为 18737 亿元。

一是全力保障收购资金供应。2019 年累计发放粮棉油收购贷款 2982 亿元，支持收购粮油 3651 亿斤、棉花 323 万吨，支持夏粮收购占全社会收购量的 72%，支持秋粮收购占全社会收购量的 52%，支持棉花收购占全新疆总收购量的 66%，充分发挥了粮棉油收购资金供应主渠道作用。

---

① 本节数据均来源于中国农业发展银行内部资料。

二是积极支持粮棉油流通体制改革。2019 年累计投放市场化粮油收购贷款 797 亿元，支持企业收购市场化粮油 2045 亿斤，有效为改革“托住底”。截至 2019 年末，贷款支持粮油购销贸易企业和加工企业等市场化客户数量达到 1645 户，其中民营企业 1121 户、小微企业 472 户。

三是创新棉油信贷业务发展模式。牵头组建和推广粮食信用保证基金，支持以核心企业为母体的粮棉油“经纪人”模式，探索防止价格波动的粮棉油“保值贷”模式，推进与大型粮食交易市场开展“互联网 + 粮油”合作，开展粮油“竞拍贷”模式，探索粮食交易节点粮油“粮港通”模式。

2. 全力服务脱贫攻坚

农发行坚持以服务脱贫攻坚统揽业务发展全局，认真贯彻习近平总书记扶贫工作重要论述，以落实中央专项巡视整改要求为抓手，聚焦“三区三州”等深度贫困地区，突出支持产业扶贫，着力推进解决“两不愁三保障”突出问题。2019 年累计投放扶贫贷款 4045 亿元，扶贫业务实现国定贫困县全覆盖，连续 5 年贷款投放和余额居全国金融机构首位，连续 4 年荣获全国脱贫攻坚奖，连续 3 年在中央单位定点扶贫工作考核中被评为“好”的等次。

一是助推攻克深度贫困堡垒。积极推动全行各类资源、各项措施、各方力量向深度贫困地区聚合。用好用足已有 28 条差异化政策，并制定出台新的 10 条支持深度贫困地区脱贫攻坚差异化政策，进一步加大对深度贫困地区的倾斜支持力度。率先领用 30 亿元首批专项扶贫再贷款资金，有力支持“三区三州”脱贫攻坚项目落地。2019 年末，深度贫困地区扶贫贷款余额为 2569 亿元，增速为 16.36%。

二是突出支持产业扶贫。实行办贷优先、规模保障、利率优惠等倾斜政策，重点支持贫困地区发展特色产业。2019 年累计投放产业扶贫贷款 2593 亿元，占扶贫贷款总投放额的 64.11%。推广运用风险补偿基金“吕梁模式”。截至 2019 年末，13 个省份建立风险补偿基金 30 只，共到位风险补偿基金 11.95 亿元，支持企业 194 家，带动贫困户 12890 人。大力支持东西部扶贫协作和“万企帮万村”行动。截至 2019 年末，支持“万企帮万村”行动项目库企业 1600 家，余额为 884.65 亿元，帮扶贫困人口 76.9 万人。农发行支持“万企帮万村”案例被《人民日报》评选为“2019 年中国普惠金融典型案例”。

三是聚焦“两不愁三保障”等突出问题，加大信贷支持力度。聚焦贫困地区义务教育、基本医疗、住房和饮水安全，2019 年累计投放教育扶贫贷款、健康扶贫贷款、贫困村提升工程贷款等专项扶贫贷款 301.64 亿元，余额为 708.9 亿元，累计惠及 3900 所学校，36 个贫困市、县医疗机构，1 万多个贫困村。聚焦贫困地区交通出行、水利建设、人居环境改善、公共服务均等化等领域，大力支持基础设施扶贫，2019 年累计发放基础设施扶贫贷款 1150.3 亿元，余额为 6028.7 亿元。

四是扎实推进定点扶贫帮扶工作。2019 年向定点扶贫县累计发放贷款 19.8 亿元，贷款余额为 90.8 亿元。帮助定点扶贫县新落地招商引资项目 14 个，引进企业投资 11.86 亿元。建立以购代捐长效机制，推动消费扶贫。自主开发上线农发易购电商平台，在总行机关长期设立贫困地区农副产品展销专区。全行 2019 年累计购买扶贫县农产品 1177.4 万元，帮助销售贫困地区农产品 37813.56 万元。加大捐赠帮扶力度，2019 年全行共投入帮扶资金 2382.85 万元。

3. 全力服务农业现代化

农发行围绕推动乡村产业兴旺，大力支持高标准农田建设和科技创新、现代种业、农机装备等领域，积极支持现代农业园区和田园综合体建设，支持农村三产融合发展以及农村新产业、新业态，创新多元化融资模式，全面支持构建现代农业产业体系、生产体系和经营体系。2019 年创新条线累计发放贷款 2176 亿元，贷款余额为 3590 亿元。

一是落实“藏粮于地、藏粮于技”战略。全年累计发放高标准农田建设、土地综合整治等农地提质增效类贷款 821 亿元，年末贷款余额为 1257 亿元。项目全部建成后，可新建高标准农田或新增耕地面积 3100 万亩。2019 年累计发放农业科技贷款 129.9 亿元，年末贷款余额为 151.9 亿元，积极支持现代种业、高端农机装备、节水灌溉、智慧农业等领域科技成果转化。

二是推动农业全产业链发展。积极支持农、林、牧、副、渔全产业链发展，大力支持城乡融合物流体系、营销网络、重要物流节点基础设施建设以及“互联网 + 现代农业”物流新型业态，有效助推产业链条延伸、农业产加销衔接、农业多功能拓展，着力促进一二三产业融合发展。2019 年累计发放林业资源开发与保护贷款 127 亿元、海洋资源开发与保护贷款 34.1 亿元、农村流通体系建设贷款 376.5 亿元、产业化龙头企业贷款 261.6 亿元。

三是支持生猪产业发展。认真落实国家关于扶持生猪产业发展要求，积极支持生猪产业发展及猪肉储备，稳定市场价格，保障市场供应。支持企业延伸产业链，促进生猪生产、屠宰加工、冷链流通、冷鲜上市一体化、集约化、品牌化经营。2019 年累计发放生猪全产业链贷款 156 亿元。

4. 全力支持城乡融合发展

2019 年，农发行聚焦农村交通、水利建设、城乡一体化、棚户区改造、农村人居环境建设、生态环境建设与保护等重点领域，深入推进项目储备库建设，积极创新贷款模式，合规稳健加大农业农村中长期项目贷款投放力度。2019 年累计发放基础设施贷款 6272 亿元，年末贷款余额为 2.9 万亿元，有效支持了一大批重点民生项目，有力发挥了“补短板、强弱项”的托举支撑作用。

一是支持农村交通建设。持续加大对“四好农村路”建设的支持，以资源整合为抓手开展“交通 +”模式，创新支持产业路、旅游路、资源路等特色交通项目。2019 年累计发放农村路网建设贷款 386.9 亿元，年末贷款余额为 3147 亿元。

二是支持城乡融合发展。大力推进城乡公共服务和基础设施一体化、均等化，一揽子支持水、电、路、网等城镇化建设，积极推动城乡基础设施和公共服务互联互通、普惠共享。2019 年累计发放城乡一体化建设贷款 1410.8 亿元，年末贷款余额为 6190.6 亿元。

三是支持水利建设。持续加大对国家重大水利工程和各地民生水利建设项目的支持力度，促进城乡供水一体化发展，让老百姓喝上放心水。2019 年累计发放水利建设贷款 955.8 亿元，年末贷款余额为 3392 亿元。

四是支持棚户区改造。帮助住房困难群众“出棚进楼”，2019 年累计发放棚户区改造贷款 2162.4 亿元，年末贷款余额为 13275.7 亿元。

五是支持生态环境建设。以生态修复、环境保护、污染治理为重点，全力支持打赢蓝天碧水净土保卫战和污染防治攻坚战。全面落实农村人居环境整治三年行动方案，积极支持垃圾污水处理、厕所革命、村容村貌提升等，让良好的生态生产生活条件成为乡村振兴的支撑点。全年累计发放生态环境建设贷款 424.9 亿元，年末贷款余额为 583.8 亿元。

5. 全力支持国家区域协调发展

一是支持长江大保护和黄河流域生态保护。率先出台支持长江经济带、黄河流域生态保护的指导意见和支持政策，发行长江大保护、黄河流域生态保护主题金融债券。对于长江、黄河沿线 20 家省级分行，给予差别性的一揽子优惠政策，主要包括信贷规模倾斜、资金供应保障、利率定价优惠、提供全方位金融服务等。2019 年累计发放长江大保护贷款 1771 亿元，年末贷款余额为 4156 亿元；累计发放黄河流域生态保护贷款 256 亿元，年末贷款余额为 1035 亿元。

二是支持京津冀协同发展。以支持雄安新区建设为主要抓手，主动参与建设规划，对接融资需求，积极创新金融产品，成功投放雄安新区金融机构首笔贷款，在新区上线小微企业线上服务平台，投放全系统首笔区块链—供应链贷款，2019 年向雄安新区累计发放贷款 11.4 亿元。天津分行积极支持天津生态储备林建设，河北分行大力支持“生态宜居”和美丽河北建设。农发行 2019 年向京津冀地区累计发放贷款 1139 亿元，年末贷款余额为 2457 亿元。

三是支持粤港澳大湾区建设。率先出台支持粤港澳大湾区建设的专门意见，首发“粤港澳大湾区”主题绿色金融债券。广东分行与东莞市政府签订服务粤港澳大湾区建设合作协议。2019 年向大湾区累计发放贷款 983 亿元，年末贷款余额为 1164 亿元。

四是支持海南全面深化改革。深入落实中央关于海南全面深化改革、高标准高质量建设自由贸易区港的战略部署，积极推进海南农业政策性金融创新试验区建设，强化配套政策支持，聚焦产业扶贫、热带高效农业、南繁育种、农旅结合、城乡一体化等领域。2019 年累计发放贷款 141 亿元，年末贷款余额为 483 亿元，较年初增长 9.76%，高于海南金融同业 8.7 个百分点。

6. 全力筹措支农资金

农发行围绕业务发展需要，强化资金筹措和管理，连续 5 年发债总额超过 1 万亿元，稳居国内债券市场第三大发债主体和最大“三农”发债主体。截至 2019 年末，农发行债券发行总额突破 9 万亿元大关，境内存量债券规模 4.48 万亿元，存量债券加权平均剩余期限为 4.02 年，较年初延长 0.08 年。

一是资金筹措增量提质。2019 年，农发行新发境内人民币债券 11283 亿元，净增 2999 亿元；境内新发债券加权平均发行期限为 5.59 年，较上年延长 0.57 年；新发债券加权平均发行利率为 3.36%，较上年下降 70 个基点。首发长江大保护、黄河流域生态保护、粤港澳大湾区主题绿色金融债券，粤港澳大湾区主题绿色金融债券成为国内首例取得香港品质保证局绿色金融认证的利率债券。首创在上海清算所常规发行政策性金融债，在香港创新发行首单机构及零售合并债券，在香港首创“场内交易所系统数量申购 + 场外簿记平台报价认购”，实现境外人民币债券在澳门金融交易所等 5 地同时挂牌上市。与气候债券倡议组织（CBI）等国际机构合作启动中国绿色农业标准研究，“中国农业发展银行绿色及可持续发展债券框架”被国际知名绿色研究机构 CICERO（国际气候与环境研究中心）作为最佳案例收录并推广。农发行积极争取政策倾斜，获得专项扶贫再贷款 30 亿元，是三家政策性银行中的唯一申领行。

二是突出重点保障资金供应。围绕重点项目、重点客户，累计供应资金 53483 亿元，足额供应粮棉油收购、脱贫攻坚、长江黄河大保护等，有力保障了业务发展、债券兑付等重点资金需求。积极争取 PSL（Pledged Supplementary Lending，补充抵押贷款）资金使用范围扩大至乡村振兴全领域，全年共使用 PSL 资金 1222 亿元。自领用 PSL 资金至今，已累计向贫困地区投入 PSL 资金 1317 亿元，充分发挥了政策性资金的惠农优势。强化资金统筹摆布，全年合规、及时、足额兑付 10034 亿元。

三是持续强化资金管理。加强流动性调节，2019 年回笼储备资金 2229 亿元，其中 471 亿元用于信贷投放。合理配置同业资金，平均交易期限缩短 2.64 天。2019 年资金交易量达 24 万亿元，实现利息收入 328 亿元，平均收益率高于市场平均水平 42 个基点。加强资金往来监测分析，全年日均头寸为 562 亿元，同比大幅下降 333 亿元，备付率同比下降 0.22%，节约资金成本 14 亿元。

（二）强化风险管控

农发行坚持把主动防范化解金融风险放在更加重要的位置，盯紧重点地区、重要领域、关键环节，着力完善安全防线和风险应急处置机制，坚决守住不发生系统性风险的底线。

1. 深入推进全面风险管理

建立完善风险条线垂直管理机制、风险管理协同机制和风险报告机制，实行风险偏好和限额管理，完善拨备计提体系，加强风险计量、监测、预警和化解。2019 年清收处置不良贷款 153 亿元，不良贷款实现“双降”，年末不良贷款率为 0.61%，处于全国性银行业金融机构最低水平。加强担保管理，全年共核准通过担保公司 218 户。

2. 不断加强信贷管理

严格贷前、贷中、贷后全流程管理，构建“信贷基本制度 + 信贷综合管理制度 + 信贷产品制度”的信贷制度体系和“信贷综合政策 + 行业信贷政策 + 营销产品信贷政策”的信贷政策体系。有序推进信贷组织机构改革试点，分别在 6 家省级分行试点成立调查评估中心、信贷审查审议中心、放款中心和信贷监控中心。加强客户信用评级和授信管理，推进专职审议审批机制改革，强化集团客户风险管控，着力提升办贷质量和效率。

3. 深化内控合规管理

全面推进依法治行，深入推进市场乱象整治和内控综合治理，开展市、县行内控合规垂直管理试点，构建案防管理长效机制，案件数量连续 3 年下降。认真履行反洗钱义务，扎实开展客户身份识别专项治理。强化审计垂直管理，坚持风险导向、问题导向、责任导向，开展审计监督，探索贴近监督有效模式，推进审计关口前移，有效发挥第三道防线作用。

（三）深入推进改革创新

持续贯彻落实农发行改革实施总体方案，公司治理机制逐渐完善。积极推进资产负债管理体制、以客户为中心的服务管理体系、信贷管理体系、全面风险管理体系、内控合规体制、财务管理体制、运营集约化和人力资源八项重点领域改革，全行治理体系和治理能力现代化建设取得积极进展。深入实施重点客户、重点项目、存款优化、民营小企业提升四大工程，业务创新亮点纷呈，全行创新转型取得实质进展。

1. 完善组织架构

2019 年，农发行持续完善公司治理结构。7 月 19 日召开第一届董事会第一次会议，顺利完成董事会组建工作，在全行改革发展史上具有里程碑意义。设置战略发展和投资管理等 5 个专业委员会。完善规范“两会一层”运行机制，确定议事规则，健全议事决策机制，共审议议案 14 项，议案通过率达 100%。

2. 健全制度体系

推动全行制度体系建设。对标《中国农业发展银行监督管理办法》及系列监管规制，全面开展制度清理和制度全生命周期管理。着力提升制度建设质效。截至

2019 年末，完成落实监管办法的全部 204 项制度建设任务，配套新核心上线和各项改革印发制度 76 项。

3. 创新业务管理

一是统筹资产负债管理。深化资产负债管理体制改革，推行资产负债组合管理，首次将资本充足率保持稳定作为经营目标，首次推进流动性风险偏好及限额管理。强化资本管理，首次下达省级分行经济资本限额计划。加强利率管理，初步建立银行账簿利率风险管理体系，建立指标库，开展常态化监控；优化调整 FTP（Funds Transfer Pricing，内部资金转移定价），首次将 FTP 利润纳入绩效考核。

二是优化提升客户服务。推进以客户为中心的服务管理体系改革，明确客户归口管理原则，厘清客户部门和产品线关系，完成存量客户汇总归口分类。开展客户分级分类管理，改进客户差异化服务管理，针对总行级重点客户制定个性化金融服务方案。优化客户办贷流程，推行二级分行信贷管理扁平化。

三是加强重点建设基金管理。顺利完成控股先农投资公司和增资种业基金，农发行参服、控股公司运营良好，持续盈利。重点建设基金向湖北省担保集团注资 25 亿元。成功主承销非金融企业债务融资工具，2019 年注册规模达 213 亿元，积极服务脱贫攻坚、长江大保护等国家重大战略。

四是做好服务让利于民。进一步挖掘减费让利空间，调低 14 种服务收费标准，取消 12 项收费服务项目，减费让利幅度近 2/3，是银保监会直管银行中服务收费项目最少的金融机构之一。2019 年新投放贷款平均利率 4.9%，低于全国金融机构平均水平 110 个基点，让利于农 68 亿元。

五是加强绿色信贷管理。健全绿色信贷组织架构，推动成立绿色信贷委员会，优化绿色信贷体制机制。农发行绿色贷款份额提升到 0.98 个百分点，贷款余额增长率为 31.94%，绿色项目增长率为 72.69%。通过强化绿色信贷项目审核指导、印发工作指导文件、下发监控信息提示、开展专题培训等方式，加强对条线绿色信贷工作的指导，提升条线识别、认定绿色信贷项目的能力。截至 2019 年末，绿色信贷贷款余额为 3230 亿元，支持项目 2433 个。

4. 强化引领支撑

一是发挥财务引领作用。推进财务管理体制改革，稳步推进全面预算管理，业务预算与财务预算进一步融合。顺利上线财务管理系统，全系统同步实现财务集中核算。突出价值激励，激励性财务资源占比由 2018 年的不足 10% 大幅提升到 2019 年的 34%，进一步发挥财务资源管控和激励约束作用。

二是加大考核力度，强化激励约束机制。推进绩效考核机制改革，确定以部门（岗位）履职、党建廉政、基础管理和综合测评为主的指标框架。完善内部收入分配机制，建立“增人不增工资总额、减人不减工资总额”的激励约束机制，强化绩效考核结果运用，实现绩效工资向经营一线、关键岗位和有突出贡献的员工倾斜，逐步拉开内部收入分配差距。

三是强化运营支撑保障机制。加快推进运营集约化改革，完成省行运营集约化，推动运营全流程标准化建设，实现企业银行账户管理由核准制到备案制的平稳过渡，推进备付金账户零余额管理。成功在全系统上线企业网银，开通 7×24 小时服务，实现对集团客户及中小型客户离柜电子化业务全覆盖。平稳开展银企直联业务，实现票据转贴现业务全流程电子化处理。

四是强化信息科技支撑作用。2019 年 10 月 18 日，新核心业务系统成功上线，实现多个重点业务领域科技支撑能力的突破，极大提升全行金融基础设施承载能力和科技支撑水平。新核心系统包括 1 个核心业务系统、10 个新建配套系统和 29 个现有关联系统，是农发行的重点项目工程，为现代化建设和高质量发展奠定了基础。

5. 推进“四大工程”建设

一是深入实施重点客户工程。积极挖掘优质客户资源，2019 年授信客户为 17548 户，较年初增长 21.1%；全行 AA 级以上客户为 6690 户，同比增加 485 户，占比为 26.5%，同比提升 7.8 个百分点，客户数量和质量明显提升。推行客户分级管理，共认定 45 家总行级重点客户、650 家省行级重点客户，巩固了优质客户群。

二是深入推进重点项目工程。全面推行项目储备集中管理，强化前台、中台、后台协同配合，提高办贷效率。积极拓展项目储备资源，2019 年共营销入库项目 7741 个，融资需求为 3.2 万亿元；年末在库项目为 5465 个，融资需求为 2.2 万亿元，为业务发展和创新转型提供有力的项目支撑。

三是深入推进存款优化工程。完善存款工作机制、优化存款来源结构、提升存款工作质量，全面推行“一把手负责制”，首次对前台部门实施独立量化考核。坚持“存贷款一体化”营销，大力营销地方政府债券、财政性存款等，2019 年新增非贷账户 1.6 万户，非贷存款日均余额为 8567 亿元，占对公存款的 60%，比上年提高

4.3 个百分点。以新核心系统上线和网上银行、财税库银系统推广为契机，优化办贷管贷和支付结算，用优质高效的服务吸引客户，拓展客户和资金来源。严格落实监管要求，从严治理“存贷挂钩”“以贷转存”等问题，存款质量明显提升。

四是深入推进民营小微企业提升工程。积极创新金融服务模式，统筹运用供应链金融、银担合作、担保基金、支农转贷等方式，扩大政策性资金服务民营小微企业的覆盖面，持续加大信贷投放力度。2019 年末小微企业贷款余额达 117 亿元，其中民营小微企业贷款余额为 95 亿元，比年初增长 77.27 亿元；全年营销民营小微企业客户 6352 家，比年初增加 6011 家。与网商银行、科技公司优势结合，运用前沿金融科技手段，开办小微企业线上业务，为小微企业提供全天候、宽覆盖、高效率、便捷化的金融服务。2019 年从 9 月份投产至年末，累计发放农发网商快贷 10.84 亿元，支持企业 4906 家，贷款余额为 7.51 亿元。

三、政策性保险支持农村金融发展的现状、问题与建议

（一）政策性保险支持农村金融发展的现状

作为我国唯一的政策性保险机构，中国出口信用保险公司（以下简称“中国信保”）长期支持农业发展，在农业“走出去”进程中发挥了“减震器、导航仪、保护伞”的独特作用。[①] 2019 年，中国信保为农业“走出去”相关业务提供了 161 亿美元的保险支持，服务农业外经贸企业 3500 余家。其中，通过短期出口信用保险（短期贸易险）支持农产品出口 156.5 亿美元；通过海外投资保险为农业对外合作出具保单 28 个，承保金额 4.5 亿美元，涉及农场建设、农业科技示范园区、橡胶种植、海洋渔业养殖等多个领域。[②]

1. 深化政企联动机制，提升金融服务效能

近年来，中国信保加强与农业主管部门的沟通合作，通过深度参与农业农村部主导的农业对外合作部际联席会议等相关活动，逐步建立起政策性保险支持农业

① 本节中政策性保险即指出口信用保险。

② 资料来源于中国出口信用保险公司内部资料。

“走出去”的“政府—保险机构”定期联动机制，充分发挥了政策性金融工具在提升农村金融服务效能方面的积极作用。具体而言，主要包括以下三大方面。一是参加与农业“走出去”有关的政策咨询与培训、海外农业投资风险分析与展望研讨、具体海外农业投资项目推介、海外农业项目融资框架搭建、海外法律与追偿渠道建设等活动，介绍农业“走出去”面临的国家风险、行业风险和买家风险，引导农业企业合理利用出口信用保险，尽可能为更多的农业企业提供政策性保险服务。二是注重项目储备，在具体项目上加强与相关政府主管部门的定向交流，融入农业“走出去”“10 + 10”及“20 + 20”工作机制①，参与项目筛选、评审和推广，进一步加大优质农业海外投资项目的支持力度。三是尝试与地方政府合作，在部分东部沿海经济发达省市搭建农业对外投资项目统保平台，简化投保流程，提升服务效率，与地方政府共同形成支持农业海外投资的强大合力。

2. 适度调整支持政策，提升金融服务深度

一是大力支持能够提高我国粮食生产能力、经济效益较好、发展潜力较大的重要农业项目，特别是对我国粮食安全有重要战略意义、有助于提升双边经济合作水平的项目，结合项目需求尽可能提供全产业链、全供应链的信用风险保障服务。二是加强与地方政府的联系，通过农业“走出去”统保平台等方式，提供更加便利、更为优惠的信用保险服务，引导更多的农业企业强化风险防范意识，扩大出口信用保险覆盖面。三是加大对“一带一路”共商共建国家农业出口和投资的支持力度，重点支持“一带一路”沿线国家的农业开发项目，在承保政策、信用期限等方面给予适度倾斜。四是进一步加大行业承保支持力度，在承保环节针对农业细分行业制定专项出口支持措施，并将农业列为海外投资险积极支持产业，将农机装备列入短期出口信用保险积极支持范畴。

3. 加大市场开发力度，提升金融服务广度

一是将农业对外投资合作纳入海外市场开发的优先内容，在重点国别开发规划中，将农业作为重点规划的领域之一并进行重点调研。二是在与非洲、拉丁美洲等国东道国政府部门、国外金融机构或东道国国有大型企业集团的战略合作协议或合

---

① “10 + 10”是指农业农村部牵头，10 家农业企业和 10 家金融机构就具体项目进行交流合作；“20 + 20”是指农业对外合作部际联席会议机制下 20 家成员单位和 20 家农业企业的合作与对接。

作框架中，根据两国资源禀赋和双边经济往来的实际需求，将农业合作纳入重点合作领域。这有利于我国农业企业通过政策性保险工具，更好地获得东道国政府和企业的认可，更多地获得风险保障和融资便利，更加顺畅地进行东道国市场开发和项目建设。三是主动与农业企业对接，将出口信用保险嵌入企业合同谈判、融资安排和风险管理中，帮助企业建立全面风险管理体系。

4. 创新投资支持模式，提升金融服务水平

一是创新农业园区整体承保模式，针对双边合作需求迫切、产业定位清晰、发展潜力较大的境外农业合作区，探索通过国内贸易险、短期出口信用保险、中长期出口信用保险和海外投资保险全险种方式提供海外农业园区建设、投资、贸易、融资需求的全方位支持。二是针对政府部门确定的、合作效果较好的境外经贸合作区，以及政府部门确认的境外合作示范区或试点合作区，制定符合园区实际运营特色的农业合作支持政策。三是探索针对海外农业合作区（示范区），研发新的出口信用保险承保模式，在国别整体开发背景下加大对海外农业合作区（示范区）的支持，发挥其在农业海外投资中的积极作用。四是加强海外投资保险项下与国内外银行的合作，在帮助企业尽可能规避政治风险的同时，降低企业融资门槛，助力企业更好地在亚非拉高风险国家建设、运营和管理农作物种植、农产品加工、家禽养殖、远洋渔业等多领域的农业项目。

（二）政策性保险支持农业“走出去”存在的问题

1. 出口信用保险的政策性作用未被企业充分认知

出口信用保险并非仅仅具有简单的风险保障即理赔追偿功能，还具有开拓海外市场、设计融资方案、扩大融资便利、增强信用等级、提供资信信息等多项功能。但是很多农业企业只是认为出口信用保险就是提供风险保障，只是一个简单的托底性金融工具。这主要表现在以下几点。一是没有认识到出口信用保险的融资便利功能。农业投资项目所需款项巨大，必然需要银行类金融机构的信贷资金。在这一过程中，政策性保险机构可以搭建连通资金供需双方的融资平台，帮助企业设计融资方案。二是没有认识到出口信用保险的增信功能。农业海外投资项目多位于亚洲和非洲的发展中国家，或者部分中东欧新兴市场国家，这些国家的风险水平普遍较高，营商环境较为复杂，银行在贷款时往往以风险较高为由拒绝贷款，或缩减贷款额度，

或提高利率水平。但企业投保出口信用保险之后，项目风险大幅下降。银行没有了后顾之忧，企业也就可以获得正常的信贷支持。三是没有认识到出口信用保险的资信服务功能。政策性保险机构可以基于庞大的业务数据库和专业的风险研究团队为投保企业提供客户增值服务，在很大程度上解决其信息不对称问题，使企业免费或者以较低成本获得投资所在国的国别风险、行业风险和买家风险信息，并且可以为企业开拓海外市场提供全面信息和政策建议。四是没有认识到出口信用保险的追偿威慑功能。在短期出口信用保险项下，政策性保险机构可以通过控制与买家相关的、投保出口信用保险的其他出口商与买家之间的交易，对买家拖欠货款、拒收货物等失信行为加以限制和威慑，也可以向其他金融机构通报该买家的失信行为，从而使买家难以获得金融机构尤其是外国金融机构的信贷支持。此外，在海外投资保险项下，政策性保险机构具有和国家主权信用相同的信用等级，具有与东道国政府更强的谈判能力和更顺畅的沟通渠道，这有利于保护我国农业企业海外投资的合法权益，也有利于创造公平合理的营商环境。总体而言，出口信用保险政策性作用的发挥与农业企业对其是否有充分的认知密切相关，政策性保险机构在与农业企业的对接上仍存在一些问题。

2. 出口信用保险的政治风险防范作用尚不突出

据近年来中国信保中长期出口信用保险和海外投资保险的报损案例显示，随着我国企业“走出去”步伐的加快，政治风险这一企业无法防控的系统性宏观风险在企业投资失败的原因中所占比重越来越大。具体到农业海外投资而言，一是鉴于农业生产周期和农业项目投资自身的特点，农产品出口和农业海外投资受东道国政局变动、政府政策变动、社会安全、法律约束和执法力度的影响更大，且这类风险很可能导致企业蒙受巨大损失甚至导致项目失败；二是恐怖主义袭击、环境保护要求等非传统安全风险对农业投资项目的冲击日趋明显，且该类风险事件的发生具有很强的突发性和随机性，一旦发生就会对农业投资项目的正常运营产生直接影响；三是很多饲养、仓储、种植、捕捞等农业投资项目周期长达十几年甚至几十年，且多和土地、林地、海域等自然资源密切相关，普遍涉及一个国家或所涉社区的民生问题，这就使企业可能会遇到与当地政府、社区和民众发生利益冲突而引致的安全风险和征收（国有化）风险。

在近年来的农业海外投资实践中，一方面，相当一部分农业企业风险意识薄弱，只重视一般的商业风险，对政治风险缺乏认识或重视程度不够，总是认为这些风险不可能发生或者无关紧要；另一方面，政策性保险机构对海外投资保险的宣传力度不够，缺乏系统性宣讲和培训，缺乏有针对性的个性化服务。这就使出口信用保险的政治风险防范作用无法充分发挥，农业企业的海外投资权益无法得到充分保障。

3. 保险服务供给与“走出去”需求不匹配

在出口信用保险重点支持的高附加值、高技术含量和具有重大战略意义的行业中，农业的承保规模相对较小，对农产品出口和农业投资项目的承保规模处于基本稳定状态。一方面，针对农产品出口和农业投资，正式发布专门的保险产品。出口信用保险产品多年来缺乏实质性优化升级，产品调整的灵活性相对不足，产品创新、研发和审批流程过长，现有保险产品与农业“走出去”的现实需求之间存在一定差异，无法完全满足农业出口和投资企业的需要。另一方面，农产品出口的主力军仍是小微企业，龙头企业匮乏；海外投资企业又有很多是中小型民营企业，抵御风险冲击和参与国际竞争的能力相对较弱。在此情况下，政策性保险机构针对中小微企业的定制化保险产品供给不足，没有提供个性化的产品服务；政策性保险机构需要从农业企业的角度考虑其需要什么样的保险，在合规前提下考虑如何提供更多样化的保险服务。总体而言，出口信用保险供给与农业企业潜在需求之间存在一定程度的“脱钩”现象，出口信用保险产品和服务与农业“走出去”实际需求的差异，使得海外投资保险的覆盖面相对偏低，进而致使近年来承保规模并未实现较快增长。

（三）政策性保险支持农村金融发展的相关建议

1. 充分发挥出口信用保险的政策性功能

一是进一步扩大出口信用保险覆盖面，通过构建农业企业“走出去”统保平台、继续深度参与部际联席会议机制框架下的“10 + 10”“20 + 20”工作机制等，充分宣传出口信用保险在风险保障、融资便利、信用增信、资信服务等方面的独特优势，突出其在防范政局动荡、战争与政治暴乱、政府违约、外汇管制、社会安全、恐怖主义袭击等政治风险方面的重要作用，扩大其社会认知度和美誉度。二是持续服务国家农业“走出去”战略，加强与政府部门的沟通协作，继续深化与政府部门在政策创设、项目推动、宣讲调研、企业信用评价体系建设等方面的战略合作，构建政府—银行—保险—企业一体化政策支持、信贷支持和保险支持模式，进一步提升多方参与、共同支持农业对外合作的水平和成效。三是在政府主管部门的指导下，探索更加贴近市场需求、减轻企业资金成本的海外投资保险保费扶持政策，争取实现保费扶持政策全覆盖；同时借鉴扶持政策执行较好、落地较快地区的经验，推动各地进一步优化完善扶持政策，提高农业企业投保的积极性，推动更多的“走出去”农业企业获得出口信用保险服务，提升支持农业对外合作的水平和成效。

2. 强化政策性保险机构金融服务力度

一是从促进国内国际双循环的高度看待农产品出口、农业海外投资和国内农业发展问题，统筹国内国外两种资源、两个市场，综合运用各种出口信用保险产品，提供全产业链的出口信用保险服务，帮助企业解决全产业链上的信用风险问题，特别是在“一带一路”共商共建国家农业“走出去”进程中的信用风险问题。二是坚持以客户为中心的服务理念，根据企业需求优化出口信用保险供给，加大政策性保险宣讲力度，特别是针对中小微农业企业、民营农业企业制定专门的承保政策，研发更加有效的承保模式，根据国际贸易和投资形势的演变，适度调整上述企业的投保成本。三是加大与国内外银行的合作力度，积极整合国内外金融资源，为重点农业企业、重点投资项目设计融资保险一体化方案，积极支持高附加值新兴农业产品出口、高新技术农业企业对外投资，通过出口信用保险带动银行融资和项目落地。四是进一步跟进境外农业合作示范区、农业对外开放合作试验区建设项目，了解园区项目融资保险需求，配合各级政府相关配套政策安排，探讨出口信用保险相关支持政策嵌套，促进园区转型升级。

3. 发挥金融科技在农业“走出去”中的积极作用

出口信用保险发展离不开科技创新，政策性保险机构提升金融服务水平离不开金融科技的发展。具体而言，主要有以下几个方面的建议。一是依托庞大的业务数据、丰富的融资和理赔追偿案例、专业的风险管理研究团队、200 余家海外资信和追偿渠道，逐步建立专业的农业对外贸易和投资数据库，通过大数据挖掘探索农业“走出去”的风险规律，研究相应的风险防范和应对措施，建立基于数据库的数据和信息共享平台。二是通过人工智能、云计算等金融科技建立客户“画像”，根据农业企业不同发展阶段、差异化保险需求、具体投资项目安排，高效提供个性化承保方案，进一步实现线上投保和智能化客户服务，持续推动服务模式创新。三是以金融科技为基础促进产品创新，在政府监管允许的范围内，推出更加具有市场吸引力的系列化、多样性短期出口信用保险产品，适度扩大农业海外投资保险承保的风险领域和信用期限，同时积极推动将农业海外投资保险纳入我国企业海外投资权益保护总体框架。

第13章

商业银行的创新服务

一、中国农业银行金融扶贫和服务“三农”工作迈出新步伐[①]

中国农业银行（以下简称“农业银行”）以习近平新时代中国特色社会主义思想为指导，全面贯彻中央“三农”工作各项决策部署，坚持把金融扶贫作为全行头等大事和优先任务，把服务“三农”放在更加优先、更加重要的位置，全力做好脱贫攻坚金融服务，全面推进服务乡村振兴工作，深入开展“三农”和县域业务数字化转型，着力提升金融扶贫和服务乡村振兴能力与水平。截至2019年末，全行县域贷款余额达4.54万亿元，较年初增长5358亿元，增速为13.38%，高于全行水平1.48个百分点；涉农贷款余额为3.75万亿元，较年初增长3946亿元，增速为11.75%。

（一）金融扶贫工作扎实有效

农业银行坚决贯彻落实中央关于打赢脱贫攻坚战的决策部署，全力做好金融扶贫工作。

1. 切实做好巡视问题整改

结合中央脱贫攻坚专项巡视反馈意见，成立由党委书记任组长的专项巡视整改

---

① 本节数据均来源于中国农业银行内部资料。

领导小组，细化 109 项整改措施、303 项具体工作任务，出台巡视整改和金融扶贫工作政策制度文件 93 个，明确责任部门、责任人、完成时限，确保按时高质量整改到位。到 2019 年底，各项整改任务全面完成。

2. 大力提升贫困地区金融服务能力

加大扶贫信贷投放力度，单独配置扶贫贷款计划，优先保障扶贫信贷需求，确保贫困地区贷款投放增速高于全行平均水平。加快扶贫信贷政策产品创新应用，2019 年全行共创新推出 27 项金融扶贫产品，贫困地区适用的“三农”特色产品合计达 213 项；对一级分行下放精准扶贫信贷产品创新权限，在贫困地区增设 14 家“三农”产品创新基地，贫困地区“三农”产品创新基地总数达 34 家，占全行的 60. 7%。提高贫困地区基础金融服务覆盖面，完善“人工网点 + 自助网点 + 惠农通服务点 + 互联网线上渠道 + 流动服务”五位一体的服务渠道网络。截至 2019 年末，全行贫困地区网点自助设备达 3. 86 万台，比年初增加 0. 82 万台；在贫困地区设立网点 3751 个，比年初增加 46 个；电子机具行政村覆盖率达到 86%，比年初上升 16 个百分点；掌银、网银、扫码支付等网上服务渠道已覆盖全部贫困县。

3. 聚焦深度贫困地区，加强金融服务

建立挂点指导制度。农业银行党委成员、总行金融扶贫工作领导小组各成员单位主要负责人，每人挂点指导 1 个深度贫困县支行；辖内有深度贫困地区县支行的一级分行党委成员每人挂点指导 2 个深度贫困县支行，指导推动基层行金融扶贫工作。实行差异化信贷政策，制定助力深度贫困地区脱贫攻坚 21 条倾斜政策，建立深度贫困地区重点项目信贷审批绿色通道，对深度贫困地区精准扶贫贷款执行优惠利率。倾斜配置资源，向深度贫困地区单列信贷计划，全额保障深度贫困地区网点建设投资需求，在深度贫困地区实行差异化招聘标准，倾斜招聘计划。

4. 认真做好定点扶贫工作

按照中央关于定点扶贫的部署安排，河北武强县、饶阳县和重庆秀山县、贵州黄平县 4 个县由农业银行定点帮扶。围绕当地特色产业、骨干企业金融需求特点，加大产品创新力度，在准入标准、贷款约期、抵押担保、还款方式等方面进行针对性安排。积极加强与当地党委政府的合作，加大招商引资力度，引导扶持优质企业到定点扶贫县兴业投资，选派优秀干部驻点帮扶，沟通联系特色农产品销售渠道，协调各方面资金加强捐赠，推动定点扶贫县加快发展步伐。聚焦“两不愁三保障”

突出问题，在定点扶贫县实施教育、医疗、住房、饮用水帮扶项目 39 个，受益贫困人口达 42549 名。2019 年，全行向 4 个定点扶贫县投入直接帮扶资金 11125 万元，是 2018 年的 6. 2 倍。到 2019 年末，河北武强县、饶阳县和重庆秀山县已经脱贫摘帽。

5. 积极开展扶贫专项行动

实施东西部行扶贫协作，确定上海、天津、江苏、福建等 12 家东部行结对帮扶“三区三州”12 个地州。实施消费扶贫，积极采买贫困地区产品，在“惠农 e 通”平台建立“扶贫商城”，协调农业银行客户与贫困地区企业、农户建立供销关系，与中央和国家机关单位、中央企业、各大高校等单位开展合作，推动其购买贫困地区商品。截至 2019 年末，全行共帮助贫困地区销售农产品 7. 3 亿多元，直接购买贫困地区农产品 7017 万元。“扶贫商城”商品已实现 592 个中央单位定点帮扶县全覆盖，832 个国家扶贫重点县覆盖率超过 93%，线上交易额达到 3392 万元。实施教育就业扶贫，继续实施“金穗圆梦”助学活动，两年来农业银行及其员工捐赠出资 5178 万元，累计资助 7828 名建档立卡贫困家庭大一新生。实施就业扶贫专项行动，截至 2019 年末，全行已累计招收 547 名深度贫困地区贫困家庭大学生。

截至 2019 年末，全行在 832 个国家扶贫重点县各项贷款余额为 10914. 4 亿元，较年初增加 1675. 5 亿元，增幅为 18. 14%；精准扶贫贷款余额为 3941. 9 亿元，较年初增加 641. 6 亿元，增幅为 19. 44%；深度贫困地区各项贷款余额为 4026. 3 亿元，较年初增加 688. 2 亿元，增幅为 20. 62%；在 4 个定点扶贫县各项贷款余额为 103. 7 亿元，较年初增加 15. 3 亿元，增幅为 17. 36%。

（二）金融服务乡村振兴深入推进

为贯彻中央乡村振兴战略部署，深入推进服务乡村振兴“七大行动”，农业银行围绕粮食安全、农村产业融合、脱贫攻坚、农村产权制度改革、美丽宜居乡村建设、县域幸福产业、“三农”绿色发展等重点领域，进一步加大支持力度。

1. 全力服务重要农产品稳产保供

2020 年初新冠肺炎疫情发生后，围绕中央“六稳”“六保”部署要求，农业银行及时出台支持农产品稳产保供、生猪生产、春耕备耕、粮食安全、重大水利项目、新型城镇化、农业产业联合体以及农产品仓储保鲜冷链设施建设等十多个文件，制定专项支持政策措施，加大信贷投放，提高服务效率。截至 2020 年 9 月末，确定 4861 家稳产保供重点支持企业名单，对名单内企业授信 3224 亿元，较年初增加 889 亿元；贷款余额为 1781 亿元，较年初增加 455 亿元，增速为 34%，大幅高于全行贷款平均增速。全行生猪产业贷款余额为 524 亿元，较年初增长 123%。

2. 大力支持现代农业发展

深入实施保障国家粮食安全行动，以粮食生产功能区和重要农产品生产保护区为重点，积极支持从事粮食种植的各类新型农业经营主体，支持主产区发展粮食精深加工，满足粮食收储金融需求，促进粮食全产业链发展。认真落实中央“藏粮于地”战略，围绕高标准农田建设规划部署，积极提供综合金融服务，进一步加大对国家和省级重大水利工程、大中型灌区和节水灌溉工程等的支持力度。践行“绿水青山就是金山银山”的发展理念，深入开展服务农业绿色发展行动。按照中央“藏粮于技”的战略部署，加强与涉农重点科研、制种、农机等企业的合作，积极支持农产品储藏保鲜、产地初加工、精深加工、中央厨房和物流配送全产业链技术装备研发，大力支持农业高新技术产业成果转换推广。

3. 大力支持农村产业发展

实施服务农村产业融合发展行动，支持新型农业经营主体发展壮大，为农村产业融合提供有效载体；以农村产业融合示范区域为重点，支持农业农村新产业新业态新主体向产业园区、田园综合体、产业联合体聚集，加快融合速度，提升融合深度；深入开展“物通城乡 · 百强市场”活动，做好农产品流通体系建设金融服务。实施服务县域幸福产业发展行动，积极做好县域医院、学校、养老产业、旅游行业等金融服务，助推“三农”和县域幸福产业发展。支持县域工业经济发展，以落地县域的 113 个国家级新型工业化产业示范基地为重点，着力支持县域工业企业、小微企业转型升级，提升生产能力，带动县域经济发展。

4. 大力支持美丽宜居乡村建设

实施服务美丽宜居乡村建设行动，贯彻落实农村人居环境三年行动要求，围绕农村厕所革命、生活垃圾和污水治理等，积极支持水、电、路、气、房等农村基础设施建设项目。支持县域城镇化建设，继续开展“绿色家园 · 百城千镇”活动，大力支持特色小镇、产城融合项目。支持农村人口市民化，为农村转移人口在城市安居乐业提供金融服务，创新推出农民“安家贷”“养老贷”等多款拳头产品。

5. 大力支持农村重点领域改革

实施服务农村产权制度改革行动，围绕中央推进农村土地制度改革、推动农村集体经济发展、提升乡村治理能力等决策部署，创新推广农村“三权”（土地承包经营权、农民住房财产权、集体经营性建设用地使用权）抵押贷款、强村贷、富村贷等一系列产品，自主研发农村集体“三资”（资金、资产、资源）管理平台，为农村改革重点领域提供全方位金融服务。

截至 2019 年末，农业银行农户贷款余额达 1.62 万亿元，较年初增加 2316 亿元；专业大户（家庭农场）贷款余额达 1198 亿元，较年初增加 378 亿元；为高标准农田建设项目提供授信 113.52 亿元，累计发放贷款 99.98 亿元，贷款余额为 40 亿元；县域水利贷款余额为 2257.99 亿元，较年初增加 133.97 亿元。农业产业化龙头企业贷款余额为 1433 亿元，国家级和省级农业产业化龙头企业服务覆盖面分别达到 84% 和 62%；县域城镇化贷款余额为 7329 亿元，较年初增加 703 亿元；县域医院、学校、旅游等幸福产业贷款余额为 999 亿元，比年初增加 191 亿元；县域绿色信贷余额为 4412 亿元，比年初增加 501 亿元；为超过 1.4 万个农村集体经济组织提供各种金融服务；农村土地使用权抵押贷款和农民住房财产权贷款余额合计 59.03 亿元。

（三）农村金融服务数字化转型步伐加快

为贯彻中央建设数字乡村战略部署，顺应农业农村进入移动互联时代的新趋势，农业银行深入实施“三农”同县域业务数字化转型，加快现代金融科技与服务“三农”深度融合，为广大农村农民提供更加便捷、快速、低成本的金融服务。

1. 推动“一号工程”全面升级

在总结近两年互联网金融服务“三农”“一号工程”实施经验的基础上，突出“惠农 e 贷”网络融资、“惠农 e 付”线上支付、“惠农 e 商”农村电商三大业务，扩大服务覆盖面，提升服务能力和水平。大力推广“惠农 e 贷”业务，创新推出金穗快农贷、惠农便捷贷等“惠农 e 贷”系列产品，积极开展信用村信用户建设和农户信息建档工作，夯实客户数据基础，实现农户贷款业务标准化、模型化、规模化、批量化、自动化运作，将其打造成为农业银行服务“三农”的拳头产品和响亮品牌。“惠农 e 付”覆盖面持续扩大，将扫码支付、生活缴费、社保缴费、投资理财、医疗挂号报销等加载至掌上银行，实现服务“三农”各类场景在掌上银行的集中输出；积极开展“掌银下乡”专项活动，在县域和农村地区大力推广聚合支付、无感支付、刷脸支付和条码支付等新型支付方式。围绕产业化龙头企业、重点商圈和专业市场等客群，大力推广应用“惠农 e 商”电商综合服务平台。

2. 强化数据和平台支撑

依托全行科技平台，加大服务“三农”科技资源投入，研发上线农户信息档案系统和白名单管理系统，建立健全“惠农 e 通”平台供应链版、惠农通版、批发市场版等多场景服务平台，在掌上银行开设“扶贫商城”专区，不断丰富完善“三农”数字金融服务功能。围绕农村集体产权改革，自主研发农村集体资产管理平台，搭建股权管理、乡村治理和金融服务功能模块，为农村集体资产管理和乡村治理提供新工具。

3. 创新推广金融场景

在大力推广全行通用型金融服务场景的同时，围绕县域生产经营端（B 端）、消费端（C 端）、政务和公共服务端（G 端），开展场景建设集中攻关，加快构建推广“三农”同县域特色场景，加强“三农”生态圈建设，推动金融服务与“三农”和县域客户行为生态深度融合。加大开放合作力度，不断丰富场景功能，推动与各类电商平台、各地政务平台对接，场景客群规模持续扩大。

截至 2019 年末，全行“惠农 e 贷”贷款余额为 1986 亿元，比年初增加 1114 亿元，增速达 128%，基本实现了县域支行全部开办“惠农 e 贷”业务；县域个人掌上银行年活客户达 6224 万户，较年初增加 1670 万户；“惠农 e 商”上线商户达 136.49 万户，交易金额达 4127 亿元，同比增加 2375 亿元，增速达 136%；县域互联网消费场景商户达 2.5 万户，惠农商圈商户达 4.2 万户。

（四）农村普惠金融服务成效明显

按照中央“将普惠金融重点放在乡村”的要求，农业银行不断完善金融产品和服务模式，着力打通金融服务“最后一公里”。

1. 积极缓解农民“贷款难”问题

优化完善农户小额贷款、农家乐贷款等多项农户贷款产品，适当降低准入标准，优化贷款条件，确保有效客户进得来、贷得到、贷得快。支持小农户与现代农业发展有机衔接，通过“公司 + 农户”“合作社 + 农户”等服务模式，推动小农户有机融入涉农产业链条。全面强化与政策性担保公司的合作，积极推动各地政府设立风险补偿基金，有效缓解普通农户贷款准入标准高、缺乏有效抵押担保、信用贷款额度低等问题，进一步提升贷款可得性。制定出台专项尽职免责规定，免除客户经理后顾之忧，进一步调动其发放农户贷款的积极性。

2. 积极延伸农村服务网络

调整优化县域网点布局，推动县域低效网点向新兴城区、经济强镇、人口大镇迁建。对县域网点，在网点建设、功能分区、岗位组合排班等方面提供差异化支持政策，在县域地区积极打造“5G＋场景”智慧网点，改善客户体验。推动金穗惠农通工程提质增效，加快惠农通服务点互联网化升级，加强与农业农村部信息进村入户工程衔接，联合建设益农信息社。加快重点乡镇自助银行建设，丰富惠农通服务点服务功能，推动掌上银行、网上银行下乡，提升流动金融服务车服务频次和范围，构建完善线上与线下相融合的农村金融服务渠道体系，有效提升农村金融服务覆盖面。

3. 积极改善农村信用环境

加强与人民银行、商业性征信机构等合作，积极参与农村征信系统建设，开展农户信息建档，信用村、信用户建设，对信用良好的农户给予纳入白名单、适当提高贷款额度、降低贷款利率等优惠政策。持续开展“送金融知识下乡”等金融宣讲活动。主动降低农户和小微企业贷款利率，减免惠农卡费率，有效平抑农村金融市场价格，减轻“三农”客户财务负担。

截至 2019 年末，农业银行单户授信 500 万元以下的普惠型农户经营性贷款余额为 2743 亿元，比年初增加 616 亿元；单户授信 1000 万元以下的普惠型小微企业贷款余额为 1161 亿元，较年初增加 508 亿元。设人工网点 12521 万个、员工 19. 49 万人，覆盖全国所有县域；持续推进 60 万个惠农通服务点互联网化升级。

（五）服务“三农”支持保障能力进一步提升

依托三农金融事业部，农业银行单独配置“三农”和县域业务资源，积极构建差异化政策制度产品体系，打造“懂农业、爱农民、爱农村”的员工队伍，全面提升服务“三农”支持保障。

1. 强化一盘棋理念

农业银行提出全行共抓“三农”业务一盘棋理念，进一步加强各级行“三农”板块与对公、零售、科技板块部门工作沟通协作，在制定业务规划、安排年度任务、配置业务资源时，协同作战、互相补位，进一步发挥农业银行综合经营优势，切实强化全行服务“三农”合力。强化考核激励约束，构建“综合绩效考核 + 三农金融事业部单独考核 + 专项评价”的多维考核激励机制，按照 15% 的权重将三农金融事业部考核结果纳入分行综合绩效考核，持续优化三农金融事业部考核指标。

2. 倾斜配置资源

完善资源配置保障机制，持续按照增速高于全行的标准单独匹配县域贷款、涉农贷款、精准扶贫贷款等信贷规模，优先保障“三农”经济资本、费用、工资、固定资产和用工等经营资源，单独安排部分战略资源支持金融扶贫、重点县支行和重点“三农”业务发展，为“服务‘三农’、做强县域”提供了强有力的支持。

3. 差异化信贷管理

进一步完善“以年度‘三农’信贷政策指引为引领，以涉农行业信贷政策和专项信贷政策为基础，以区域信贷政策为重点”的“三农”信贷政策体系。建立“三农”优先审查审批通道，不断优化对“三农”信贷业务的风险容忍度管理。截至 2019 年末，农业银行“三农”信贷政策体系含区域信贷政策 6 项、涉农行业信贷政策 14 项、专业信贷政策 4 项，以及多项综合性信贷政策。

4. 丰富产品服务

推进“放管服”改革，适当下放“三农”产品创新权限，在二级分行、县支行增设产品创新基地，更快更好满足本地“三农”客户需求。围绕特色优势农业、新业态新主体等乡村振兴重点领域，不断提高产品创新的精准度、适用性。截至 2019 年末，全行“三农”专属产品达 227 项。

5. 加强队伍建设

围绕金融服务脱贫攻坚、乡村振兴战略目标，加大对扶贫、“三农”领域人力资源的倾斜支持，制定差异化人才招聘和补充政策，完善县域干部队伍选拔培养使用机制，建立县域基层干事创业长效激励机制，着力打造高素质专业化干部人才队伍。深入推进县域青年英才开发工程，加强县支行领导班子建设，建好干部梯队。加强“三农”和县域产品经理、科技项目经理、数据分析师、客户经理 4 支队伍建设，为做好服务“三农”工作提供强有力的人才保障。

截至 2019 年末，农业银行三农金融事业部贷款余额达 4.54 万亿元，比年初增长 5358 亿元，增长 13.38%，高于全行平均水平 1.48 个百分点；增量贷存比、存量贷存比分别达到 108.37% 和 60.95%，均达到 50% 的目标要求；县域网点占全行的比重达 54.70%，高于 50% 的监管要求；县域不良贷款控制在不高于全行不良贷款率 2 个百分点以内；三农金融事业部 5 项监管指标全面达标。

经过全行上下的努力，农业银行金融扶贫和服务“三农”工作取得良好成效，得到社会各界的广泛认可。各级党委政府领导多次对农业银行服务“三农”工作做出重要批示，肯定农业银行的做法和成效；主流媒体高度关注农业银行服务脱贫攻坚和乡村振兴的做法与经验；广大“三农”客户对农业银行的优质高效服务给予高度评价。中国农业银行先后获得中国银行业协会“助力打赢‘三大攻坚战’成效奖”“最佳普惠金融成效奖”、《第一财经》“2019 金融价值榜 · 年度金准扶贫”、《南方周末》“2019 精准扶贫贡献‘年度典范企业’”等多项荣誉。

二、中国建设银行新金融服务乡村振兴的实践与探索①

中国建设银行（以下简称“建设银行”）深入贯彻落实党的十九大、十九届五中全会、中央经济工作会议、中央农村工作会议等一系列重要会议精神，紧紧围绕产业兴旺、生态宜居、乡风文明、治理有效、生活富裕的乡村振兴总要求，秉承新金融理念方法，坚持数字化打法，构建“裕农通”统一服务品牌，打造综合化管理体系，推进新金融实践，重修乡村金融水利工程，引灌金融活水到田间地头。

（一）新金融服务乡村振兴的主要成效

1. 金融服务脱贫攻坚

2020 年是全面建成小康社会目标实现之年，也是全面打赢脱贫攻坚战收官之年。建设银行在习近平总书记关于脱贫攻坚系列重要讲话精神的指引下，构建了电商扶贫先行、信贷扶贫创新、服务网络延伸、公益扶贫带动、综合扶贫支持“五位

① 本节数据均来源于中国建设银行内部资料。

一体”的大扶贫模式，为助力打赢脱贫攻坚战、推进乡村振兴战略实施积极贡献力量。

截至 2020 年末，全行精准扶贫贷款余额为 2632 亿元，比年初新增 437 亿元；依托善融商务电商平台，累计实现消费扶贫交易额 418.6 亿元。2020 年帮助贫困地区销售农产品 25.18 亿元；建成“裕农通”服务点 50 多万个，覆盖全国大部分乡镇及行政村，成为决胜脱贫攻坚的村口前沿阵地。

2. 信贷支持产业发展

建设银行优先将金融资源配置到农村经济社会发展的重点领域和薄弱环节，落实做好“六稳”“六保”工作，推动新金融改革创新与乡村产业转型升级深度融合。

截至 2020 年末，建设银行涉农贷款余额为 20888.56 亿元，比年初新增 2805.82 亿元，同比多增 2301.39 亿元，增速为 15.52%，同比增长 12.66 个百分点。涉农贷款余额、新增额、增速三项指标均达历史最高水平。涉农不良贷款余额为 301.74 亿元，比年初下降 164.00 亿元；涉农贷款不良率为 1.44%，较年初下降 1.14 个百分点。

普惠型涉农贷款余额为 2312.37 亿元，比年初新增 431.54 亿元，增速为 22.94%。其中，单户授信总额 1000 万元以下的涉农小微企业法人贷款（含农村集体经济组织贷款、农民专业合作社贷款）余额为 1676.72 亿元，比年初新增 288.84 亿元，增速为 20.81%；单户授信总额 500 万元以下的农户经营性贷款余额为 635.65 亿元，比年初新增 142.70 亿元，增速为 28.95%。

农户信贷余额为 5521.35 亿元，比年初新增 1100.62 亿元，增速为 24.88%。其中，农户生产经营性贷款余额为 664.23 亿元，比年初新增 163.17 亿元，同比多增 89.85 亿元，增速达 32.57%。

3. “裕农通”服务乡村治理

为解决县域乡村金融服务不足的痛点问题，建设银行与村委会、村口超市、卫生诊所、退役军人服务站等主体合作，建设“裕农通”普惠金融服务点，为村民提供取款、转账汇款、缴费等基础金融服务；围绕生活缴费、社保医疗、社区服务和农业生产搭建服务场景，便利农户日常生产生活，提供非金融服务。

截至 2020 年末，“裕农通”普惠金融服务点达 53.9 万个，覆盖全国大部分乡镇及行政村；服务点当年累计提供 1.7 亿笔交易，其中助农类 4226.4 万笔，增速为

126%，助农类交易中 40% 为高频非金融交易，交易笔数为 1701.9 万笔，增速为 96%，服务农户 3444 万户；“裕农通”借记卡累计发卡 600.5 万张，“裕农通”信用卡累计发卡 9 万张。

（二）构建新金融助力打造乡村振兴“裕农通”服务品牌

1. 建设“裕农通”普惠金融服务点集群

建设银行将银行窗口搬到村口，集中将“裕农通”普惠金融服务点打造成线下“有温度”的乡村振兴综合服务中心，实现“基础金融服务不出村、综合金融服务不出镇”的美好愿景，服务好农户。遵循监管要求，为广大农户提供支付转账、知识普及等基础金融服务；以服务点和业主为核心，构建近距离服务“三农”的生态场景，提供智慧政务、电子商务、便民事务、金融服务等综合服务；将服务点建成农产品进城、工业品下乡的信息中心、集散中心、资源调配中心，打通产、供、销链条，助力农业产业发展。

依托“裕农通”服务点，建设“建行大学 · 裕农学堂”，充分发挥村委会、业主、返乡创业青年的作用，将服务点建设成为建设银行传递党的声音、传达国家政策、宣传建设银行业务的宣传阵地、咨询中心、服务窗口，将普惠金融服务点业主变成建设银行永不撤离乡村的战略合作伙伴。截至 2020 年末，建设银行创建裕农学堂 1381 家，对村医、村干部等农村重点群体培训超过 30 万人次。

2. 建立“裕农通”乡村振兴综合服务平台

建设银行面向乡村大场景，积极打造集智慧政务、便民服务、电子商务、金融服务于一体的“裕农通”乡村振兴综合服务平台，表现形式为手机 App，服务好农村。联合地方政府，基于 G 端，连接 B 端和 C 端，完善农业农村金融基础设施，将“裕农通”乡村振兴综合服务平台打造成为建设银行连接“三农”的主要途径，实现“政务 + 生态 + 金融”全场景线上自助服务，使手机成为新农具、数据成为新农资、直播成为新农活。

建设银行“裕农通”智慧乡村综合服务平台 App 已在河北省落地，并在全国其他省份复制推广。其中，河北省落地“裕农通”App 可以提供 20 多项服务功能，真正实现农民在村口一键办理大部分生产、生活事务。

3. 搭建“裕农通”智慧乡村产业链生态场景

建设银行围绕农村核心产业和特色农业，沿着农业产业链条，建设乡村产业链生态场景，实现农村一二三产业融合，连接产前、产中和产后，推动产业链、价值链、生态链的有机统一。在场景中横向水平连接资源，纵向垂直整合产业，构建综合服务体系，推动农业产业融合，发展县域经济和农村集体经济，支持农村土地改革，为产业链条各类经营主体提供综合服务，惠及产业链条广大农户和新型农业经营主体。

目前，建设银行已开展内蒙古奶业振兴生态场景、云南普洱茶香生态场景、山东寿光蔬菜生态场景、广西糖产业生态场景、贵州猕猴桃生态场景等试点建设工作。围绕农业产业链条，充分运用建设银行融资、融智、金融科技等综合化经营优势，加大产品创新和模式创新，提供综合化金融解决方案。

（三）搭建乡村振兴综合化管理体系

1. 产品创新服务体系

建设银行创新涵盖对公与对私、线上与线下的乡村振兴贷款产品服务体系，根据市场需求不断丰富产品序列，加大对乡村振兴的金融支持力度。

一是丰富完善农业产业产品序列。强化新农村支持贷款、特色小镇贷款等既有产品的运用；加强奶牛抵押、农业设施抵押、食糖质押等分行涉农押品特色产品复制推广；创新“农业设施建设贷款”总行级产品，完善基于农业设施的产品序列；研究探索统一核心企业标准、统筹增信措施、覆盖各类主体的农业产业链融资产品，提升客户体验、提高服务效率。

二是创新集体经济组织产品序列。聚焦农村产权制度改革，根据集体经济组织清产核资和生产经营特点，设计客户准入评分表，开发“裕农快贷（集体版）”，同时根据集体经济组织经营性资产和经营形态，研发集体经济组织线下产品“集体兴贷”，打造服务集体经济组织的产品序列。

三是构建农村土地改革产品序列。基于承包土地经营权抵押产品，构建承包土地经营权抵押贷款产品序列；在农村集体经营性建设用地抵押贷款的基础上，创新覆盖集体经营性建设用地项目全流程产品；助力深化宅基地制度改革试点，探索宅基地使用权抵押贷款业务，探索增加农民收入的有效途径。

四是创新融资担保产品序列。基于建设银行与国家农业信贷担保联盟、国家融资担保基金“总对总”合作框架，精准把握政策导向，优化小微企业“乡村农担贷”，开发基于国家融资担保基金针对各类涉农客户的产品序列，构建基于国家农业信贷担保和国家融资担保基金等涉农融资担保体系的产品序列。

五是打造“裕农快贷+”农户快贷平台。在裕农快贷“信用版”和“抵押版”基础上，推出“产业链版”和“担保版”。聚焦“裕农通”服务点、特色农业产业、信用村增信、担保和产业链等不同场景，基于农户基本信息、信用信息、资产及交易信息等行内数据，结合农业补贴、农业保险、土地流转等外部数据为农户提供便捷的信贷服务，为不同特色农业生产经营场景提供差异化的资金支持。

截至2020年末，乡村振兴贷款余额为232.59亿元，比年初新增93.92亿元；“裕农快贷”农户业务余额为10.37亿元，累计服务农户3.7万户。

2. 市场营销管理体系

建设银行结合各地农业产业特色，精准锁定营销目标，扎实推进农业产业化重点项目、龙头企业、园区、重点区域的营销工作，建立健全立体式营销服务体系。

一是强化科技赋能，采用数字化打法营销获客。借助智慧政务、智能撮合、土地流转、“三资”管理等综合服务平台延伸渠道，获取潜在客户交易流、资金流、物流等数据信息，实现精准画像，快速准确触客、获客。积极探索涉农领域数字化营销打法，针对客户群体特点，搭建多样化的生态场景，满足客户全流程和全周期金融需求，实现获客、留客。

二是强化分层营销，为客户提供精准服务。对于大中型涉农客户，组建客户经理团队，提高营销层级，通过客户经理、营业网点、网上银行、资金结算网络等多种渠道触达客户，提供综合化金融服务。对于小微企业、新型农业经营主体、广大农户，充分运用大数据技术，以线上服务为主、线上与线下相结合的方式，为客户提供精准服务。

三是加强沟通合作，建设涉农业务发展生态圈。加强与各级党委政府、农业主管部门对接，从源头获取客户和项目资源；加深与国家担保联盟、融资担保基金、农业保险公司等合作，批量营销优质客户；开展与农业龙头企业的全方位合作，沿着产业链上下游延伸服务边界，使金融活水触达涉农小微企业、广大农户。

四是联合善融商城，提供直播等差异化营销服务。在服务农业客户过程中，通过前期尽调发掘客户优质特色农产品，在建设银行网上商城“善融商务”上开辟乡村振兴直播专区，帮助客户解决农产品销售难题。

3. 风险合规管理体系

一是构建智能化信贷风险管理体系。在全行全面主动智能的风险管理体系框架下，基于涉农信贷业务特点，构建智能化信贷风险管理体系，明确涉农业务风险管控原则及“三道防线”管理架构。打造适用于涉农领域的数字化智能风控体系，加强风险排查、监测及预警。强化涉农信贷精细化管理，拓宽“三农”风险缓释措施；关注涉农业务数据风险、IT 风险、模型风险、新产品风险等新型风险。夯实基础风险管理机制，健全风险报告机制。通过开展定期会商、风险自查、分行调研等方式进行主动预防，更好地支持涉农业务发展。

二是建立完善以合规管理为主要内容的“裕农通”全面管理体系。制定并完善“裕农通”普惠金融服务内控合规管理制度，搭建“裕农通”智能风控平台，支持服务点及业主全生命周期风险防控与监管合规的系统自动控制，实现基于内外部风险数据的服务点准入退出控制、可疑和异常交易行为实时监测及风险预警分级分类、在线核查与交易拦截等，切实提高风险隐患和违规情形的发现能力与响应速度。

4. 金融科技保障体系

一是建设数字化乡村金融统一科技支持平台。基于移动互联网、云计算、大数据、区块链、人工智能等技术，构建企业级的数字乡村科技支持平台，为涉农客户提供线上与线下、无感与无界的体验服务，提高数字化乡村金融和生产生活服务覆盖率、可得性和满意度。

二是建设农业农村生态信息化服务平台。建设完善农村土地流转平台、农村集体三资监管平台、农村产权交易平台、阳光村务服务系统、被征地农民社会保障系统、乡村振兴综合服务平台、美丽乡村服务平台、乡村信用系统、裕农优品系统等，支持农业农村生态服务数字化和信息化，实现金融改革创新与农村经济升级互促共进。

5. 大数据支持体系

一是建设涉农大数据应用平台。打造涉农大数据应用平台，提升涉农大数据的提取、加工、清洗、分析、整合等数字力，为涉农业务发展、产品创新、风险防控等方面提供数据支撑；加强外部数据获取应用能力，积极对接财政涉农补贴、土地确权登记等系统，积累土地流转、农资购销、国有农场土地承包、涉农补贴等数据，构建银政企涉农信息数据互联互通平台；与农业大数据公司建立合作，采集农业生产、农机调度、流通管理等多场景数据信息；与农业供应链平台、上下游龙头企业加强合作，获取生产资料供应、农产品收购等交易数据，提升数据收集、整合、分析、应用能力，为产品设计提供精准支撑。

二是积极参与农村信用体系建设。利用内外部涉农数据，借助和依托企业级个人客户画像体系，对涉农客户进行精准画像，评价客户信用，提供信贷金融服务。

（四）践行新金融助力乡村振兴系列实践

建设银行通过合作推进、经验推广、专业支持、配套服务等方式，加大乡村振兴金融创新力度，以点带面，实现“三农”金融服务的全面突破。

1. 落实服务重心下沉

建设银行将完善经营体系与创新性打法相结合，积极落实中央经济工作会议“大银行服务重心下沉”要求。以助力政府治理为抓手，推进政务与公共服务平台建设，通过乡村智慧政务系统、农村三资监管系统、农村集体产权交易系统、乡村产业大数据信息系统、乡村信用系统，构建了大银行服务重心下沉的场景和基础。

在河北省搭建了“裕农通”App 乡村振兴综合服务平台。通过“裕农通”App、智慧互动屏、手机银行、家居银行等渠道，全方位满足农民生产生活需求，打通金融服务乡村振兴的“最后一公里”。

2. 助力五级党委书记抓乡村振兴

建设银行高度重视五级党委书记抓乡村振兴工作的政治意义和业务价值，出台了助力五级党委书记抓乡村振兴工作办法，加强辖内机构与各级党委政府在服务乡村振兴领域的沟通合作。一是重点抓好县、乡、村三级党委、政府联动合作，聚焦百强县、千强镇等重点区域做好金融服务；二是依托“裕农通”服务点渠道优势，做好涉农服务；三是加大重点领域贷款投放力度，围绕各地重点项目和产业做好金融服务。

与安徽省岳西县签署合作协议，确定了助力县委书记抓乡村振兴的 20 项重点工作，聚焦岳西县信用体系建设，着力增强集体经济活力，支持一二三产业融合发展，服务实体经济发展，助力巩固脱贫攻坚成果，两年内将新增不低于 10 亿元信贷规模支持岳西县乡村振兴。

与河北省 4 个地级市政府签署整体乡村振兴战略合作协议，已与河北省 109 个县政府签订乡村振兴战略合作协议，占比达 76.8%，安排专项信贷规模予以支持。

3. 助力乡村产业振兴

产业兴旺是乡村振兴的首要任务，是解决农村一切问题的前提。建设银行积极助力农村产业发展，推动构建完备的农村现代产业体系，纵向延长产业链条，横向拓展产业形态，助力形成农业强、农村美、农民富的乡村振兴格局。

积极助力内蒙古奶业振兴，选择呼伦贝尔市阿荣旗作为试点，与呼伦贝尔市政府签署了奶业振兴全产业链战略合作协议，制定了《中国建设银行助力呼伦贝尔市奶业全产业链综合金融服务方案》。对接阿荣旗重点地区奶源基地建设，拟提供授信额度 35 亿元并筹建奶业振兴专业支行。在阿荣旗设立建设银行大学乡村振兴学院、内蒙古奶业振兴学院，在阿荣旗 148 个行政村村委会挂牌“裕农学堂”，为 148 位金融副主任及当地村民提供党建、产业、金融等知识培训。

4. 服务农业生态链建设

针对山东省寿光蔬菜产业各环节信息隔离、交易不统一、价格不透明、政府难监管、生产缺乏标准以及食品安全等问题，建设银行依托大数据和物联网技术构建了寿光蔬菜智慧生态平台体系，通过平台建设推动寿光蔬菜生产的标准化、交易的透明化、监管的数据化以及流通的可溯化。寿光蔬菜智慧管理服务平台搭建了大数据和物联网 2 个基础支撑服务平台，部署多个服务应用，一期上线智慧农场、蔬菜交易终端系统、蔬菜追溯及展示等功能板块。

5. 助力土地集约化经营

土地是农村的关键要素，一头连接着农业产业化发展，另一头连接着城乡一体化进程。盘活土地要素是乡村振兴的基础。建设银行围绕土地流转和土地托管，积极服务于土地要素的集约化生产。2020 年，建设银行土地流转系统相继在河南、江西、河北、云南、山东等多个省份上线。

土地托管不改变土地经营权，是一种由农户、合作社或家庭农场将农业生产全部或部分作业环节委托给农业生产性服务组织进行管理的新型农业经营方式。建设银行在黑龙江省搭建的农业生产托管金融服务平台，是以农村土地确权数据为基础的“生产托管 + 农村金融 + 资金监管”的数字化综合金融服务系统。

6. 服务数字农业、智慧农业发展

建设银行与黑龙江省政府投资共建生产要素供需、初级农产品购销、大宗农产品交易、农产品销售 4 类产业互联网服务平台，构建起“数字农业”综合服务体系。搭建了政府、生产、消费 3 个产业互联网服务入口，联通了农资经营、农业生产、农产品收储、农产品加工销售、农产品消费 5 类主体，将生产、经营、收储、销售、政务、金融 6 类服务贯通于“种管收储运加销”的农业产业链运作当中。截至 2020 年末，已创新推出 11 款线上贷款产品，累计投放贷款 216 亿元，为黑龙江省内 18.61 万农户、4705 个新型农业经营主体增收减负约 6 亿元。

三、中国邮政储蓄银行金融支农的创新实践①

中国邮政储蓄银行（以下简称“邮储银行”）是一家定位于服务“三农”、城乡居民和中小企业的大型领先零售商业银行。2007 年 3 月，在改革原邮政储蓄管理体制基础上，中国邮政储蓄银行有限责任公司正式挂牌成立。自成立以来，邮储银行始终高度重视“三农”金融服务，积极贯彻落实党中央、国务院“三农”方面的重大战略部署，并于 2016 年 9 月正式成立了“三农”金融事业部，不断积极创新“三农”金融产品和服务，扎根农村、服务农业、贴近农民，努力打通农村金融服务“最后一公里”，走出了一条颇具特色的农村普惠金融发展之路。

（一）2019 年邮储银行农村金融服务的成效

2019 年是决胜全面建成小康社会关键之年，脱贫攻坚战进入决胜的关键阶段。邮储银行作为国有大型商业银行，始终秉持着服务国家战略的大局意识，坚守服务“三农”、城乡居民和中小企业，发挥自身优势持续深化“三农”金融服务，为我国打赢脱贫攻坚战和实现全面小康贡献力量。

聚焦“三区三州”等深度贫困地区，加大扶贫信贷资金投入。邮储银行近年来加大金融精准扶贫力度，尤其是针对“三区三州”深度贫困地区。通过发挥网络、资金、专业优势，探索出金融扶贫“五大模式”体制机制：驻村第一书记合作模

① 本节数据均来源于邮储银行内部资料。

式、平台合作模式、产业引领模式、能人带动模式及信用村镇模式，走出了商业可持续的金融扶贫道路。截至 2019 年末，邮储银行金融精准扶贫贷款（含已脱贫人口贷款、带动服务贫困人口的贷款）余额为 824.56 亿元，较上年末增加 212.59 亿元，其中“三区三州”深度贫困地区各项贷款余额为 249.13 亿元，增速高于所在省份各项贷款平均增速。

支持贫困地区特色产业发展，加大对新型农业经营主体信贷力度。产业兴旺是乡村振兴的重点，是实现农民增收、农业发展和农村繁荣的基础，发展产业是实现脱贫的根本之策。邮储银行近年来从贫困地区的特色产业出发，因地制宜开展产品扶贫，以新型农业经营主体为重点支持对象，围绕养殖、茶叶、民宿等特色产业，大力支持贫困地区特色产业发展。与此同时，积极对接地方产业扶贫库，围绕贫困地区龙头企业及其上下游客户，推出产业链贷款，提供综合金融服务，确保产业经济发展真正让贫困户受益。截至 2019 年末，邮储银行产业精准扶贫贷款（含带动贫困人口产业贷款）余额为 252.09 亿元。

全力服务乡村振兴战略，助力美丽乡村建设。邮储银行认真贯彻落实党中央、国务院关于实施乡村振兴战略的各项决策部署，聚焦乡村振兴重点领域和重点服务主体，加大信贷支持力度，优化产品和服务模式，着力推进服务乡村振兴“五大工程”，即农业产业升级工程、美丽乡村建设工程、金融精准扶贫工程、信用村镇建设工程和金融便民服务工程，同时开展信用村体系建设助力美丽乡村。截至 2019 年末，涉农贷款余额为 1.26 万亿元，较上年末增加 1025.32 亿元，增长 8.83%；累计发放个人小额贷款超过 4 万亿元，个人小额贷款余额为 6102.01 亿元。

（二）邮储银行农村金融服务的实践探索

邮储银行持续加大农村金融建设力度，积极探索金融精准扶贫的新方式，以农户和新型经营主体定位，创新性地探索出农村信用体系建设和邮银惠农合作项目两大模式，积累了不少特色案例。

1. 开展农村信用体系建设，创建农户信息大数据平台

农村信用体系建设是邮储银行重点围绕普通农户和新型农业经营主体开展的农村金融服务创新性建设。邮储银行计划通过整村推进，全面开展信用户、信用村的信息采集和信用户的评级授信，逐步开发线上信息采集、评分、分级和预授信等功

能，进一步提升信息采集效率，扩大农村信用体系覆盖面，创建完善的农户信息大数据平台。信用户的授信额度采取更加灵活的核定、支用和动态调整方式，支持授信农户通过“E 捷贷”随用随支随还，简化贷款手续，提高贷款效率。通过建立健全农村信用体系，提升农户信用意识，着力解决农户“贷款难”、银行“难贷款”问题。

案例一：信用村建设解决“贷款难”。

黑龙江省鹤岗市绥滨县是典型的农业县，主要以发展农业经济和地区自然经济为主。绥滨县富强乡某村的边某计划在家乡开展大规模种植，但面临投入资金大、现金周转难等问题。为推进农村信用体系建设，建设农村信用户信息档案，邮储银行绥滨县支行通过银政携手的方式在边某所在的村开展“信用村”建设试点。不同于过去的农户联保贷款，邮储银行对“信用村”当地常住农户给予一定的优惠贷款额度，而且贷款采用“一次授信，循环使用”的方式，大大缩短了贷款流程，解决了不少农户资金周转难问题。

在入户介绍业务过程中，邮储银行绥滨县支行的客户经理了解到边某的情况，为其办理了相关贷款手续，解决了其缺少资金的问题。近两年边某通过多种方式累计获得贷款 20 多万元，成为“信用村”建设的第一批受益者。在绥滨县，像边某一样享受“信用户”贷款政策的村民有很多，邮储银行与各合作意向村签订信用村建设协议，积极向农户宣传信用村、信用户及征信知识，解决了不少农户的贷款问题。

案例二：信用村建设助力精准扶贫。

双塔镇金河村位于甘肃省酒泉市瓜州县，是甘肃省典型的建档立卡的贫困村，购置农资、翻新房屋、发展产业等面临资金短缺的问题。

邮储银行瓜州县支行出台了创建“信用村”试点的相关政策，2018 年双塔镇金河村凭借农户贷款多、需求大、信用度高、偿还能力强，顺利成为邮储银行在瓜州县乡镇范围内评定的第一个“信用村”。金河村自从评信用村后，将原来的联保贷款进行了优化。贷款产品创新不仅解决了贫困户在发展产业中遇到的资金问题，更是农村金融服务的一次提升。在邮储银行瓜州县支行的大力支持下，双塔镇金河村走出了一条独具特色的金融扶贫之路——“信用村”建设。在信用村建设中，按照农户“信用户”的信用评级确定其贷款额度。至 2019 年，邮储银行瓜州县支行共为全村 320 余户“信用户”发放贷款 7600 余万元，累计节省利息支出 105 万元。

邮储银行瓜州县支行将信贷资金向有技术、有产业、有创业潜质的贫困户以及能带动贫困户就业的农民专业合作社、农业经济组织等倾斜。截至 2019 年，双塔镇金河村的枸杞种植面积达到 8600 亩；牛羊饲养量达到 13000 多头（只）。枸杞产业和养殖产业成为贫困户脱贫的主导产业。同时瓜州县支行推出特色专属信贷产品，持续增强贫困户自身“造血”能力，助力实现整体脱贫。

案例三：信用村建设推动产业升级。

蔬菜是山东省临沂市沂南县南栗沟村的传统产业，但是资金短缺、技术欠缺等因素限制了蔬菜产业的发展，导致村民收入不高。南栗沟村蔬菜种植户的蔬菜种植产量低、成本高，只有推动现代化种植才能提高农户收入。

南栗沟村凭借特色的蔬菜种植产业成为邮储银行临沂市分行的信用村建设试点村。在信用村体系建设过程中，邮储银行的信贷员多次逐户走访村民，了解信用村客户的具体贷款需求。经过宣传发动、打分评定、集中受理、统一公示，满足南栗沟村客户需求的产品体系得以建立。

通过信用村建设的带动，以刘京庆为代表的南栗沟村村民实现了村内种植产业升级，建成了高效温室大棚示范园。节水灌溉、配方施肥、标准化生产等先进技术蔬菜产品附加值及产量大幅提升，蔬菜价格翻倍增长。另外，南栗沟村的种植相关配套产业迅速崛起，先后建立了优质蔬菜育苗厂、植保服务中心、大棚棉被厂、蔬菜收购市场、腌渍厂等，广泛带动了全村及周边村庄村民的就业增收，农村信用环境得到持续改善。

2. 发挥邮银联动作用，打造惠农合作项目

2020 年中央 1 号文件提出，要重点培育家庭农场、农民合作社等新型农业经营主体，培育农业产业化联合体。2019 年，中国邮政集团提出进一步深入实施惠农合作项目，为新型农业经营主体提供金融、寄递和电商深度融合的综合化服务。基于此，邮储银行以农民合作社、家庭农场、专业大户等新型农业经营主体为对象，基于邮政企业商流、物流、资金流“三流合一”的系统性优势，在依法合规、风险可控的前提下，联合集团建设服务新型农业经营主体的综合业务平台，搭载银行综合金融服务产品，实现集团各板块内部客户联动营销、综合服务，形成各板块之间协同支农工作机制，更好推进农村金融体系建设。

模式一：推出“极速贷”和“E 捷贷”服务。邮储银行为了方便客户的用款需求，推出了“极速贷”和“E 捷贷”服务，“极速贷”是邮储银行针对信用优质客户推出的经营性贷款服务，特点是流程短、审批快；“E 捷贷”是邮储银行针对已获得贷款授信的客户推出的线上贷款支用、支付与还款的服务。“极速贷”和“E 捷贷”大大提高了贷款的效率，提升了农村金融服务质量。

砀山县荣浩果蔬种植专业合作社位于安徽省砀山县砀城镇李屯村，是一个集田园综合体、产业扶贫厂于一体的观光旅游、自采自娱的农业产业化示范园，占地面积 1500 亩，其中设施栽培车厘子大樱桃园，食用菌、冬雪桃、葡萄等反季节蔬菜种植大棚 100 余个。合作社自成立以来，积极引进外来果商，带动社员及地方农民增收。2019 年，砀山县荣浩果蔬种植专业合作社因扩大经营规模，出现资金缺口。邮储银行砀山县支行了解情况后安排工作人员主动对接，为合作社发放了 23 万元贷款。合作社可通过“E 捷贷”线上用款，大大提高了用款效率，解决合作社的燃眉之急。

模式二：因地制宜发展特色贷。陕西省洛南县中良核桃专业合作社是洛南县最大的核桃专业合作社，集核桃栽培和加工于一体，年加工销售核桃 5000 余吨，产值达 1.5 亿元，为知名企业供应原材料。

自惠农项目开展以来，邮储银行洛南县支行通过金融“核桃贷”为合作社办理了贷款。邮储银行创新推出的“核桃贷”产品可以根据客户需求对贷款利率进行调整，并且部分额度可以享受政府提供的贴息政策，大大降低了客户的贷款成本，并有效解决了客户融资难的问题。

与此同时，邮政集团陕西省分公司将合作社打造成中邮惠农合作标杆示范社和洛南核桃基地，在金融、寄递、电商、保险等方面开展全方位合作，通过引入第三方电商运营团队为合作社解决电商运营难题。

模式三：电商直播解决销路难。江悦果蔬专业合作社位于福建古田县，2020 年突如其来的新冠肺炎疫情致使合作社原本预计春节前后销售的白木耳滞销，流动资金短缺合作社陷入困局。邮储银行古田县支行详细了解了江悦果蔬专业合作社的困境之后，立即安排惠农项目组信贷员跟进，并在最短的时间内为其成功授信，为客户提供了低利率、高效率的信贷服务，解决了合作社的燃眉之急。

在解决资金问题后，相关工作人员继续帮助客户解决销售渠道问题。邮政集团福建省分公司协同邮储银行省、市分行领导共同为古田银耳直播带货。有了“直播”效应后，项目组又先后在多个平台推送其产品，收益大幅增长。

（三）下一步工作思路

1. 加大金融精准扶贫力度，有效衔接乡村振兴

2020 年是我国脱贫攻坚的收官之年，邮储银行将继续推进金融精准扶贫工程，加大对“三区三州”等深度贫困地区的金融支持力度；坚持扶贫与扶志、扶智相结合，提高建档立卡贫困户的生产致富能力；打造贫困地区特色产业，积极支持贫困地区基础设施建设和民生工程项目。在巩固脱贫成果上，邮储银行将加大对脱贫地区经济发展和群众增收的金融支持，特别是持续做好对已脱贫人口的金融支持，增强脱贫致富的稳定性，防止脱贫又返贫。

邮储银行将做好金融支持脱贫攻坚与乡村振兴要求有机结合，加大对重要农产品和特色产业支持力度，加大对家庭农场、合作社等新型农业经营主体和小农户的金融支持，聚焦粮食生产和生猪养殖等重点行业，积极保障粮食和生猪等重要农产品供应；加大对农村基础设施和公共服务支持力度，支持农村人居环境和生态环境治理、农村公共服务改善，积极助力美丽乡村建设；注重短期脱贫目标实现和乡村经济社会长远发展，促进农村一二三产业融合发展，有效激发欠发达地区和农村低收入人口发展的内生动力，助力全面脱贫与乡村振兴的有效衔接。

2. 丰富惠农融资产品，创新综合金融服务

邮储银行为贯彻落实《关于金融服务乡村振兴的指导意见》，将不断完善“三农”绿色金融产品和服务体系，强化金融产品和服务方式创新，更好满足乡村振兴多样化的融资需求；建立健全多渠道资金供给体系，加强金融基础设施建设，营造良好的农村金融生态环境。邮储银行不断丰富适宜农村的储蓄、理财、保险等金融服务，不仅推出了“E 捷贷”“极速贷”等产品，还根据地方特色产业以及特色农产品设计了“核桃贷”“邮信贷”“烟草贷”等多种信贷产品。今后将继续发挥线上线下有机融合的优势，通过加大线上贷款发展力度、简化线下业务办理流程，全力支持涉农企业、农民专业合作社、家庭农场、农户、农资经销商等“三农”客户资金需求。

3. 加快科技赋能，推进“三农”数字化金融

提高金融服务效率、降低风险是银行提高“三农”金融服务质量的关键，而最主要的是加快互联网科技在“三农”金融中的应用。“三农”数字化金融不仅打破了城乡壁垒，实现开放式数字化全方位获客，且实现智能高效的风险控制。目前邮储银行正着力推进“三农”数字化金融服务，提出互联网贷款提速行动、数字化流程改造行动，持续完善升级线上与线下相融合的发展模式。该模式下，客户贷款申请、审查审批、放款、支用、还款等全流程都通过线上完成。同时通过大数据分析、移动信息以及人工智能技术，将智能化风控贯穿业务全流程，进一步优化人脸识别和电子签约等功能，健全风险监测，提升服务“三农”和小微客户的广度和深度。

4. 发挥邮银协同作用，完善信用村和惠农建设

今后邮储银行将继续发挥集团板块协同优势，贯彻“邮银一体化”发展思路，充分发挥邮政网络资源、邮政电商平台优势，积极探索由邮储提供信贷支持、邮政电商拓宽产品销路、邮政速递提供货运物流的联动模式，多维度帮助农户发展生产。一方面打造农户信息大数据平台，推进农村信用体系建设；另一方面不断推进惠农平台建设，完成对更多农民合作社示范社、示范家庭农场的联合走访和信息采集工作，构建新型农业经营主体场景视图。

第 14 章

大宗商品交易与农村金融服务

一、2019 年我国农产品期货期权市场运行情况

截至 2020 年 9 月底，我国已上市 75 个期货期权品种，含农产品期货品种 26 个、期权品种 6 个，见表 14－1 所示。其中，上海期货交易所（SHFE，以下简称“上期所”）有农产品期货品种 2 个、农产品期权 1 个；郑州商品交易所（ZCE，以下简称“郑商所”）有农产品期货品种 13 个、农产品期权品种 3 个；大连商品交易所（DCE，以下简称“大商所”）有农产品期货品种 11 个、农产品期权品种 2 个。

表 14－1　我国已上市农产品期货、期权品种汇总

序号	上市品种	交易所	序号	上市品种	交易所
1	天然橡胶	SHFE	17	黄大豆二号	DCE
2	20 号胶	SHFE	18	胶合板	DCE
3	棉花	ZCE	19	玉米	DCE
4	棉纱	ZCE	20	玉米淀粉	DCE
5	早籼稻	ZCE	21	纤维板	DCE
6	菜籽油	ZCE	22	鸡蛋	DCE
7	油菜籽	ZCE	23	豆粕	DCE
8	菜籽粕	ZCE	24	棕榈油	DCE
9	白糖	ZCE	25	粳米	DCE

续表

序号	上市品种	交易所	序号	上市品种	交易所
10	普麦	ZCE	26	豆油	DCE
11	强麦	ZCE	27	天胶期权	SHFE
12	粳稻	ZCE	28	棉花期权	ZCE
13	晚籼稻	ZCE	29	菜籽粕期权	ZCE
14	苹果	ZCE	30	白糖期权	ZCE
15	红枣	ZCE	31	豆粕期权	DCE
16	黄大豆一号	DCE	32	玉米期权	DCE

资料来源：郑商所研究所。

2019 年，我国农产品期货和期权市场交易活跃度较上年显著提升。其中，农产品期货和期权成交总量达 11.96 亿手（单边，下同），同比增长 27.84%；总成交金额达 52.80 万亿元，同比增长 12.54%；年末持仓总量达 950.89 万手，同比增长 109.52%。2020 年 1～9 月，农产品期货和期权市场交易活跃度同比大幅提升。其中，成交总量为 13.85 亿手，同比增长 70.65%；总成交金额为 63.15 万亿元，同比增长 82.48%。①

（一）期货市场

1. 期货市场成交情况

◆ 成交规模情况

2019 年，我国农产品期货市场交易活跃度同比提升。其中，成交总量达 11.61 亿手，同比增长 26.35%；总成交金额达 52.78 万亿元，同比增长 12.52%；年末持仓总量为 844.52 万手，同比增长 98.68%。2020 年 1～9 月，农产品期货市场交易活跃度同比大幅提升。其中，成交总量为 13.46 亿手，同比增长 70.63%；总成交金额为 63.12 万亿元，同比增长 82.49%。②

从 2019 年成交情况看，成交量最大的 5 个品种分别为豆粕、菜籽粕、棕榈油、白糖和玉米期货；成交金额最大的 5 个品种分别为豆粕、棕榈油、天然橡胶、白糖

①② 中国证券监督管理委员会、中国期货业协会编：《中国期货市场年鉴 2019》，中国财政经济出版社 2020 年版。

和豆油期货；年末持仓量最大的 5 个品种分别为豆粕、玉米、棕榈油、豆油和棉花期货（见表 14 –2）。

表 14 –2　　2019 年我国农产品期货成交和持仓规模

品种	成交量（万手）	同比变化	成交金额（亿元）	同比变化	年末持仓量（万手）	同比变化
天然橡胶	5385.04	–12.93%	64482.89	–12.42%	26.17	20.39%
20 号胶	94.31	—	997.30	—	4.25	—
棉花	6381.15	9.13%	43616.42	–11.48%	70.14	186.72%
棉纱	169.92	10.80%	1810.38	–10.21%	0.81	10503.9%
早籼稻	0.29	–92.34%	1.41	–92.83%	0.00	0.00%
菜籽油	3778.50	7.71%	26958.04	15.89%	12.91	–30.72%
油菜籽	6.36	4600.52%	25.43	3383.56%	0.00	85.71%
菜籽粕	13808.54	32.31%	32013.33	25.94%	33.00	–0.54%
白糖	11249.61	75.86%	59494.29	79.23%	39.17	32.33%
普麦	0.01	–75.42%	0.09	–76.06%	0.00	–81.25%
强麦	1.24	–88.40%	6.03	–89.11%	0.01	–71.93%
粳稻	0.27	–78.35%	1.58	–79.44%	0.00	–100.00%
晚籼稻	1.88	–96.51%	10.04	–96.74%	0.00	–99.73%
苹果	3746.16	–62.52%	33654.87	–64.20%	9.94	–25.80%
红枣	2773.40	—	14245.68	—	3.48	—
豆一	1845.05	–16.56%	6422.06	–20.51%	9.82	5.27%
豆二	1779.19	–27.31%	5499.39	–34.04%	4.60	–54.46%
胶合板	0.04	–44.85%	0.29	–39.97%	0.00	–100.00%
玉米	9911.91	48.35%	18841.46	52.89%	118.12	51.24%
玉米淀粉	1656.38	–26.75%	3808.21	–25.37%	8.90	–8.00%
纤维板	117.18	3854.91%	234.56	1701.00%	1.28	1634.19%
鸡蛋	3713.00	86.41%	15673.15	99.75%	39.47	370.76%
豆粕	27286.97	14.57%	76030.12	3.44%	292.52	186.52%
棕榈油	13550.42	205.57%	71298.20	229.55%	88.84	262.10%
粳米	41.36	—	149.78	—	0.87	—
豆油	8754.32	61.71%	52511.92	69.28%	80.22	93.48%
累计	116052.51	26.35%	527786.87	12.52%	844.52	98.68%

资料来源：中国期货业协会、郑商所研究所。

◆成交排名情况

据美国期货业协会（FIA）对全球 80 多家交易所数据汇总统计，2020 年上半年，我国农产品期货品种占据了全球农产品期货合约前 20 强的 13 个席位，见表 14－3所示。其中，郑商所占 5 个席位，菜籽粕期货、白糖期货、棉花期货、菜籽油期货、苹果期货分别居第 4、第 6、第 8、第 13、第 14 位；大商所占 7 个席位，豆粕、棕榈油、鸡蛋、豆油、玉米、豆一、玉米淀粉分别居第 1、第 2、第 3、第 5、第 7、第 12、第 20 位；上期所天然橡胶期货居第 10 位。

表 14－3　2020 年上半年成交量排名前 20 位的农产品期货合约　单位：亿手

排名	合　约	交易所	2020 年上半年	2019 年上半年	同比增长率
1	豆粕期货	大连商品交易所	1.49	1.28	15.75%
2	棕榈油期货	大连商品交易所	1.40	0.28	399.58%
3	鸡蛋期货	大连商品交易所	0.75	0.10	643.20%
4	菜籽粕期货	郑州商品交易所	0.66	0.77	－14.69%
5	豆油期货	大连商品交易所	0.59	0.26	128.08%
6	白糖期货	郑州商品交易所	0.56	0.53	5.48%
7	玉米期货	大连商品交易所	0.55	0.46	19.28%
8	棉花期货	郑州商品交易所	0.54	0.25	113.42%
9	玉米期货	芝加哥商业交易所（CBOT）	0.45	0.61	－26.13%
10	天胶期货	上海期货交易所	0.29	0.26	10.09%
11	大豆期货	芝加哥商业交易所（CBOT）	0.28	0.27	5.10%
12	豆一期货	大连商品交易所	0.28	0.08	227.51%
13	菜籽油期货	郑州商品交易所	0.28	0.20	40.50%
14	苹果期货	郑州商品交易所	0.25	0.17	50.05%
15	11 号糖期货	洲际交易所（美国）	0.25	0.21	17.33%
16	芝加哥软红冬小麦期货	芝加哥商业交易所（CBOT）	0.17	0.17	－1.02%
17	豆油期货	芝加哥商业交易所（CBOT）	0.17	0.15	11.99%
18	豆粕期货	芝加哥商业交易所（CBOT）	0.15	0.15	2.48%

续表

排名	合　约	交易所	2020 年上半年	2019 年上半年	同比增长率
19	活牛期货	芝加哥商业交易所（CME）	0.090	0.089	0.52%
20	玉米淀粉期货	大连商品交易所	0.078	0.081	-3.70%

注：FIA 统计口径将纸浆期货（2020 年上半年排名第 19 位）归类于农产品期货。但国内方面，根据中国期货市场监控中心统计分类标准，纸浆期货归类于工业品。本文参照监控中心标准，因此移除了此表排名第 19 位的纸浆期货，则排名第 19、第 20 位的品种分别为芝商所活牛期货和大商所玉米淀粉期货。

资料来源：FIA。

2. 市场功能发挥情况

农产品期货市场的价格发现和套期保值功能正为服务农业和农村经济持续、稳定、健康发展作出越来越积极的贡献。期货市场对 26 个农产品期货品种中的 16 个品种进行了综合评估[①]，结果显示：2019 年农产品期货功能发挥总体呈向好态势。第一，棕榈油、菜籽油、菜籽粕、棉花和天然橡胶等主要农产品期货品种功能评估综合得分排名靠前，棕榈油等 7 个品种得分排名同比上升，棉花、豆二排名上升较快；第二，2019 年综合得分在 4 分以上的品种有 11 个，数量占比为 68.75%，同比提升 6.25%；第三，2019 年各品种综合得分平均值为 4.053 分，同比提高了 0.7%。总体看，参与评估的品种功能发挥良好。

◆价格发现功能

2019 年，农产品期货除活跃度较差的纤维板期货外，其余品种功能发挥较好。其中，菜籽油、菜籽粕和棕榈油价格发现功能发挥最好。

期现价格相关性方面，经研究，多数品种期现价格相关性较好。在 16 个品种中，有 14 个品种期现价格相关系数在 50% 以上，其中 11 个品种在 85% 以上。同比来看，豆二、鸡蛋、玉米等品种的期现价格相关性显著向好，同比分别提高 103.18%、38.86% 和 38.39%。[②]

---

① 由于普麦、强麦、早籼稻、晚籼稻、粳稻、油菜籽、胶合板期货成交情况差，而红枣、20 号胶和粳米期货分别于 2019 年 4 月 30 日、2019 年 8 月 12 日和 2019 年 8 月 16 日挂牌交易，监控中心未将上述 10 个农产品期货品种纳入 2019 年综合评估。

② 中国证券监督管理委员会、中国期货业协会编：《中国期货市场年鉴 2019》，中国财政经济出版社 2020 年版。

期现价格波动率一致性方面，菜籽油、菜籽粕、棕榈油、天胶、豆二 5 个品种期现价格波动比在 5% 以内，显示出较好的期现价格波动一致性。而纤维板、棉纱、豆一期现价格波动比偏高。同比来看，大多数品种显著向好。

到期期现价差率方面，大多数品种到期后期现价格收敛性良好。其中，菜籽油、菜籽粕、豆粕等 9 个品种到期的期现价差率在 5% 以内；只有纤维板到期的期现价差率超过 10%。同比来看，苹果、天胶和白糖等品种显著向好。

◆ 套期保值功能

2019 年，农产品期货各品种套期保值功能发挥总体较好。套保效率方面，大多数品种的指标值处于较高水平。日均法人客户持仓占比方面，有 8 个品种的法人客户持仓占比在 50% 以上。合约连续性方面，菜籽粕、白糖、豆油、棕榈油、鸡蛋品种主力合约切换时间较为稳定。

（二）期权市场

1. 期权市场成交情况

◆ 成交规模情况

2019 年，我国农产品期权市场交易活跃度同比大幅提升，市场规模稳步放大。其中，成交总量达 3562.77 万手，同比增长 108.17%；总成交金额为 205.89 亿元，同比增长 61.77%；年末持仓总量达 106.37 万手，同比增长 269.64%。2020 年 1 ~ 9 月，农产品期权市场交易活跃度同比大幅提升。其中，成交总量达 3895.48 万手，同比增长 71.52%；总成交金额为 237.88 亿元，同比增长 60.25%。[①]

从 2019 年的情况看，豆粕、白糖、棉花等期权品种成交规模相对较大。其中，成交量最大的 3 个品种分别为豆粕、白糖和玉米期权，成交金额最大的 3 个品种分别为豆粕、白糖和棉花期权，年末持仓量最大的 3 个品种分别为豆粕、玉米和棉花期权（见表 14 -4）。

---

① 中国证券监督管理委员会、中国期货业协会编：《中国期货市场年鉴 2019》，中国财政经济出版社 2020 年版。

表 14－4　　2019 年我国农产品期权成交和持仓规模

品种	成交量（万手）	同比变化	成交金额（亿元）	同比变化	年末持仓量（万手）	同比变化
天胶期权	82.21	—	22.38	—	1.99	—
棉花期权	346.35	—	40.37	—	10.71	—
白糖期权	677.27	47.44%	53.37	54.20%	9.07	－9.96%
玉米期权	676.02	—	16.62	—	41.05	—
豆粕期权	1780.92	42.23%	73.15	－21.05%	43.55	132.85%
菜籽粕期权	—	—	—	—	—	—
累计	3562.77	108.17%	205.89	61.77%	106.37	269.64%

资料来源：中国期货业协会、郑商所研究所。

◆成交排名情况

根据美国期货业协会（FIA）数据，近年来全球农产品期权成交量整体呈增长态势，规模近 5 年保持在 0.80 亿手以上，市场份额占比连续排名第二，为 30%～40%。2020 年上半年，在成交量排名全球前 20 名的农产品期权合约中，我国 6 个农产品期权合约全部上榜。其中豆粕期权排名第 1 位，成交量同比大幅增长 123.46%；玉米期权、白糖期权、棉花期权、菜籽粕期权和天胶期权分别位列第 4、第 7、第 8、第 13 和第 20 位，见表 14－5 所示。

表 14－5　　2020 年上半年成交量排名前 20 位的农产品期权合约　　单位：亿手

排名	合约	交易所	2020 年上半年	2019 年上半年	同比增长率
1	豆粕期权	大连商品交易所	0.11	0.050	123.46%
2	玉米期权	芝加哥商业交易所（CBOT）	0.10	0.18	－44.83%
3	大豆期权	芝加哥商业交易所（CBOT）	0.060	0.074	－18.96%
4	玉米期权	大连商品交易所	0.046	0.020	126.36%
5	芝加哥软红冬小麦期权	芝加哥商业交易所（CBOT）	0.039	0.044	－12.31%
6	11 号糖期权	洲际交易所（美国）	0.037	0.029	28.62%
7	白糖期权	郑州商品交易所	0.028	0.031	－8.09%
8	棉花期权	郑州商品交易所	0.022	0.013	59.69%

续表

排名	合 约	交易所	2020 年上半年	2019 年上半年	同比增长率
9	瘦肉猪期权	芝加哥商业交易所（CME）	0.018	0.022	-16.90%
10	C 型咖啡期权	洲际交易所（美国）	0.016	0.018	-12.65%
11	活牛期权	芝加哥商业交易所（CME）	0.016	0.012	25.18%
12	豆粕期权	芝加哥商业交易所（CBOT）	0.012	0.0099	23.89%
13	菜籽粕期权	郑州商品交易所	0.012	—	—
14	豆油期权	芝加哥商业交易所（CBOT）	0.011	0.0068	58.86%
15	可可期权	洲际交易所（欧洲）	0.0085	0.0063	34.73%
16	2 号棉花期权	洲际交易所（美国）	0.0079	0.0078	0.32%
17	可可期权	洲际交易所（美国）	0.0067	0.0070	-4.85%
18	磨粉小麦期权	泛欧交易所	0.0060	0.0041	45.67%
19	硬红冬小麦期权	芝加哥商业交易所（CBOT）	0.0058	0.0058	0.65%
20	天然橡胶期权	上海期货交易所	0.0054	0.0033	63.36%

资料来源：FIA。

2. 市场功能发挥情况

2019 年以来，农产品期权市场品种继续扩容，各农产品期权运行总体平稳，成交量、持仓量显著增加，投资者数量稳步增加，市场定价基本合理，功能发挥逐步显现，正在成为我国衍生品市场服务农业发展和农村经济的新力量。

2019 年 1 月 28 日，全球首个天然橡胶（场内）期权在上期所正式挂牌交易，市场运行基本平稳，成交量、持仓量初具规模。2019 年，郑商所白糖期权市场运行平稳，市场规模稳步增长，市场功能进一步发挥。2019 年，棉花期权在郑商所上市交易，整体运行平稳。2019 年，大商所豆粕期权市场运行平稳，市场规模稳步扩大，投资者理性参与，定价合理有效，在服务实体经济中日益发挥重要的作用。2019 年，大商所玉米期权正式挂牌交易，市场运行平稳，交易规模不断扩大，投资者理性参与，定价合理有效，期权市场功能逐步显现。2020 年，郑商所菜籽粕期权正式挂牌交易。菜籽粕期权的上市，进一步丰富了期货市场参与者的投资手段，丰富了油菜籽产业链上中下游产业客户实施套期保值的工具。

二、郑商所“产业基地”活动模式的实践与创新①

在证监会领导下，郑商所经过 30 年的发展，目前基本形成了品种覆盖农业、能源、化工、建材和冶金等国民经济重要领域的综合体系。30 年来，郑商所牢牢把握服务实体经济、服务国家战略宗旨，用实际行动践行国家与时代赋予的使命。“让实体看见方向，助经济稳健运行”是郑商所始终坚持的企业使命。为完成这一神圣使命，帮助农业等产业企业利用期货市场，有效管理价格风险，郑商所多年来坚持不懈，探索与总结了多种服务实体经济的模式。② 其中，期现结合的“产业基地”是一项卓有成效的活动。

（一）“产业基地”服务农业活动介绍

2010 年，为探索更好地发挥期货市场功能新思路，宣传企业利用期货市场的经典案例，提升产业客户利用期货市场的水平和能力，进一步推动期货市场服务“三农”、服务实体经济工作，郑商所开展了“点基地”“面基地”建设活动③。2010 ~ 2019 年，郑商所通过不断加强“点基地”“面基地”企业建设，达到了宣传推广典型企业利用期货市场的成功经验和先进做法的目的，不断拓展期货市场服务实体经济的广度和深度。

2019 年 2 月，为更好地发挥期货市场功能，进一步服务实体经济工作，引导产业链企业利用衍生品及相关市场促进区域经济和企业持续健康发展，郑商所将“点基地”“面基地”合并为“产业基地”活动。“产业基地”活动以服务实体经济为

---

① 本节数据均来源于郑商所内部资料。

② 2019 年郑商所开展多种形式的市场服务活动，活动载体包括“三业”活动、“产业基地”建设、品种产业大会、期权讲习所、会员单位高管调研、会员中层业务人员培训、交割结算人员培训等。郑商所充分调动各方资源，发挥交易所及市场主体作用，在促进郑商所品种培育和保障市场功能方面发挥了重要作用。

③ 参与“点基地”建设的企业和风险子公司通过撰写“点基地”企业利用期货市场情况报告，总结企业基本情况、现货经营情况、参与期货历史及现状、详细案例、心得体会及意见建议等，总结、宣传和推广企业利用期货市场管理风险的优秀案例；参与“面基地”建设的证监会派出机构、地方政府和行业协会等单位，通过会议、培训和调研、课题研究等形式，服务相关区域或相关产业期货市场发展，促进区域经济和产业经济持续健康发展。

原则，以产业集聚区或行业龙头企业为依托，以产业企业为培育对象，开展培训、调研、优秀案例总结、宣传推广等持续性、系统性市场培育活动；参与活动的龙头企业和风险子公司等单位每年向郑商所提交年度工作总结和优秀案例报告，最后由郑商所形成《农产品产业基地总结报告汇编》。

2020 年，郑商所已与 55 家龙头企业签约建立市场培育“产业基地”。郑商所挖掘并宣传推广典型农业企业利用期货市场的成功经验，引导更多涉农企业利用期货交易规避现货风险，稳定生产经营，并通过龙头企业的示范作用，以点带面，点面结合，带动整个产业链企业对期货市场的有效运用，提升了期货市场服务实体经济的能力和质量。“产业基地”企业期现结合经验已经成为期货市场服务实体经济的标杆。

（二）产业基地典型案例

1. 期货套期保值

近年来，农业企业利用期货套期保值管理价格风险的成效显著。下文以南通中实纺织交易市场有限公司（简称“中实交易”）的操作案例做介绍。

操作背景：中实交易同纺织企业合作开展棉纱贸易。2019 年 6 月，中实交易采购了 1500 吨棉纱现货，均价 17000 元/吨。此时，国内棉纱期货价格呈下跌趋势，未来 3 个月销售期内现货价格存在下跌风险，需做卖出套保。

操作模式：为减少操盘时因价格反弹造成的损失，中实交易采用分批次分价格的分级套保策略，并利用期权对期货进行再保值，具体操作见表 14－6。

表 14－6　　中实交易期货套期保值操作模式

套保批次	方式	时间	价格	数量（手）	成本（元）
1	棉纱期货 2001	7 月 2～4 日	22200	60	1800
2	棉纱期货 2001	根据价格	22800	240	7200
	棉花期权 1909	根据价格	14600	300	150000

资料来源：郑商所研究所。

以上套保策略面对未来市场的不确定性，可实现：假设期货价格下跌到 20000 元/吨，销售 1500 吨棉纱现货，按照期货下跌幅度同比例换算现货下跌幅度，现货价格在 15453 元/吨，通过套保操作最终可实现约 154 万元的盈利（见表 14－7）。

表 14－7　　中实交易期货套期保值效果（价格下跌）

操作效果	棉纱期货盈利：（22200－20000）×60 手×5 吨/手＋（22800－20000）×240 手×5 吨/手－成本 159000＝3861000 元 棉纱现货亏损：（15453－17000）×1500 吨＝－2320500 元 最终实现盈利：3861000－2320500＝1540500 元，降低了采购成本

资料来源：郑商所研究所。

假如操作方案错误：按照价格在 22800 元/吨价格基础上上涨 2000 元/吨，假设价格 24800 元/吨，通过套保操作最终可实现 151 万元的盈利（见表 14－8）。

表 14－8　　中实交易期货套期保值效果（价格上涨）

操作效果	棉纱期货亏损：（22200－24800）×60 手×5 吨/手＋（22800－24800）×240 手×5 吨/手＋期权盈利－成本 159000＝－1489000 元 棉纱现货盈利：（19000－17000）×1500 吨＝3000000 元 最终实现盈利：3000000－1489000＝1511000 元，现货依然增值

资料来源：郑商所研究所。

2. 基差交易

实体企业可通过基差交易，降低套期保值过程中的基差风险。近年来，基差交易在国内农产品贸易中得到了较好推广。下文以中华棉花集团有限公司（简称“中棉公司”）的操作案例介绍基差交易的运用。

操作背景：在郑商所的投资者教育工作推动下，棉花基差交易已经被行业上、中、下游企业接受并运用。中棉公司是目前国内最大的棉花流通企业之一，开展了大量基差交易业务，提升了企业的盈利能力。2019 年 10 月 17～31 日，期货价格在 12500～13200 元/吨区间震荡，新疆各地开秤已近一个月，中棉公司需按计划实施采购。

操作策略：10 月 21 日，中棉公司经过测算及市场询价，制定当周采购基差为－310 元/吨，后期每周进行调整。业务人员按该基差，于 10 月 21～31 日合计采购了 3500 吨棉花。为防范价格下跌风险，中棉公司在采购基差的同时通过 CF2001 合约进行套期保值。11 月 22 日起期货行情再次走弱，中棉公司开始对外报价 CF2001 合约点价盘。经过询价，为加快资金周转，公司制定销售基差平均为 180 元/吨，低于市场平均 40 元/吨。

操作效果：截至 2019 年 12 月，中棉公司已销售 2400 吨，预计至 CF2001 合约交割，可实现全部销售。通过基差点价销售，在 75 天时间内，中棉公司实现了该部分资源由采购到销售的稳健收益，扩大了经营规模，同时针对采购下游纺织厂需求资源，以低于平均市场价格为下游客户提供服务。

3. 期权套期保值

期权工具为规避价格风险提供了更多选择，其最大的特点在于灵活性、容错性和资金利用的高效性。农业企业可针对实际需求进行不同的组合，实行资金占用更少、风险更确定、策略更精细的风险管理。下文以广东金岭糖业集团有限公司（简称“金岭糖业”）为例进行介绍。

操作背景：金岭糖业集生产、储运、贸易于一体，面临食糖价格波动风险，特别在榨季初期库存较大时，若白糖价格下跌，潜在货值将面临亏损。2019 年 7 月 3 日，9 月到期的白糖期货合约价格一路下挫，接近 5000 元/吨的位置，创下年内新低。金岭糖业认为 7 月即将进入季节性消费旺季，糖价存有一定支撑，但受制于全球过剩的供应压力，价格就算反弹，其高度也相对有限。

操作策略：金岭糖业决定为其 1000 吨库存用期货套保的同时，通过卖出白糖虚值看涨期权，收取权利金来增加现货销售利润。由于 9 月白糖期权合约将在 7 月 27 日到期，企业综合考虑权利金收入和价格预判，选择卖出行权价为 5200 的 SR1809 虚值看涨期权并持有至到期。

操作效果：期货价格没有涨过行权价，可通过卖出期权提前获得权利金收入，作为套保操作的亏损弥补或利润增益的手段。金岭糖业通过卖出期货套保，综合获得了 20 元/吨的盈利；通过卖出看涨期权，获得了 30 元/吨的权利金收入。通过综合运用卖出套保、卖出虚值看涨期权的保值方式，公司累计获得了 5 万元盈利（见表 14 -9）。

4. 期现库存结构管理

农业企业可在期货市场建立盘面库存，同时结合现货库存，根据期现价差来调整互相的比例，降低库存成本；同时也可以灵活对盘面库存实施操作，最大限度提高资金利用效率，减少仓储存储成本。下文以秦皇岛冀盛物流有限公司（简称“冀盛物流”）的操作为例展开介绍。

表 14－9　　金岭糖业期权套期保值效果

日期	现货价格（元/吨）	期货价格（元/吨）	卖出期货套保	卖出看涨期权套保
7 月 3 日	5280	5010	1000 吨	卖出 SR1809－C－5200
7 月 27 日	5200	4910	现货端 5200－5280＝－80 期货端 5010－4910＝100 综合＋20 元/吨	期权端＋30 元/吨
合计			＋50000 元	

注：C 代表看涨期权。

资料来源：郑商所研究所。

操作背景：冀盛物流是大型食糖贸易物流商。2019 年上半年，加工糖供应偏紧，国产糖库存消化进度较快，现货价格偏强；而期货市场受进口炒作、国储轮放等因素影响，价格偏弱，因此基差不断走强。冀盛物流拥有 15000 吨白糖总库存（包括现货及期货盘面库存），由于基差变化，库存货值面临风险。

操作策略：冀盛物流根据白糖基差变化，决定当期货大幅贴水现货时，加大盘面库存、减少现货库存；当期货平水或升水现货时，减少期货库存、加大现货库存。2019 年 7 月 3 日，白糖 2001 合约最低到 4982 元/吨，广西南华报价 5180～5190 元/吨，盘面贴水现货近 200 元/吨；冀盛物流在期货贴水现货 180 元/吨时买入盘面库存 2000 吨，同时减少现货库存 2000 吨。7 月 5 日盘面超跌反弹至 5244 元/吨，广西南华 3 次上调现货价最高至 5290 元/吨，此时现货略升水期货；冀盛物流在盘面平水现货时减少盘面库存 2000 吨，同时增加现货库存 2000 吨。

操作效果：冀盛物流通过“盘面库存＋现货库存”的操作思路，利用期现价差来平衡总库存，有效降低了库存成本，减少了现货资金占用成本。通过上述操作，冀盛物流在期货市场盈利 50 万元，在现货市场亏损 14 万元，最终盈利 36 万元，同时有效管理了库存结构（见表 14－10）。

5. 综合业务交易平台融资

多年来，郑商所积极开发场外综合业务平台，不但在仓单交易和基差交易等方面取得了很大成效，促进了期现结合，而且与其他金融机构开展广泛合作，着力解决实体企业融资难等问题，为交易所多层次、多渠道服务实体经济打下了扎实基础。

表 14－10　　冀盛物流期现库存结构管理效果

时间	期货操作	期货价格	卖出现货	现货价格	基差
7月3日	买入开仓200手	5000元/吨	卖出现货2000吨	5180元/吨	－180
7月5日	卖出平仓200手	5250元/吨	买入现货2000吨	5250元/吨	0
期货盈亏	500000元	现货盈亏	－140000元		
合计盈亏	360000元				

资料来源：郑商所研究所。

操作背景：新疆银隆农业国际合作股份有限公司（简称“新疆银隆”）年销售棉花25万吨以上，年贸易额38亿元。2019年，受中美经贸摩擦影响，国内经济增速下行，棉花价格大幅下跌，公司经营风险加剧。由于棉花加工、贸易等核心业务占用了大量资金，企业面临资金短缺的难题。

操作策略：2019年，浦发银行利用郑商所场外交易平台开展了融资业务，具有费率低、时效快的特点。新疆银隆通过综合业务交易平台，利用期货市场标准仓单在浦发银行进行融资，累计融资2亿元。①

操作效果：综合交易平台为新疆银隆开展套期保值融资业务提供了很好的帮助和支持。通过平台融资，新疆银隆解决了资金需求、存货管理两大问题，融资更方便、融资成本更低。获得融资后，新疆银隆能够更灵活地开展期货套保、基差点价销售、期权套保等风险管理业务。

6. “龙头企业订单＋银行＋保险＋期货”模式的应用

“龙头企业订单＋银行＋保险＋期货”模式是农业产业化扶贫新模式，是服务“三农”的现代金融组织模式。该模式从产业规划到种植、再到加工销售，把金融要素嵌入农业全产业链，以支持龙头企业为核心，以明确的利益连接机制保障农户收入，通过匹配金融产品全面服务农户、龙头企业及其上下游客户，打造服务“三

---

① 一是利用期货市场标准仓单在银行质押贷款，即将企业持有的标准仓单通过交易所抵押给银行，由银行按照仓单价值一定比例贷款给货主。二是利用期货市场标准仓单，通过期货公司风险管理子公司开展仓单串换、仓单回购融资。三是利用期货标准仓单充抵及折抵保证金。

农”生态圈，实现农业现代化、产业化发展。

操作背景：作为年销售额逾 2 亿元的果蔬产业龙头企业，莱州天赐宝物产有限公司（简称“天赐宝物产”）通过产销一体化经营，持续带动产业和自身发展。加强与果农、合作社的联系，拓宽采购、销售渠道，降低投资、融资成本，是天赐宝物产经营过程中需要解决的重点问题。为此，天赐宝物产创新开展了“龙头企业订单 + 银行 + 保险 + 期货”新模式。

操作策略：莱州政府部门指定的果农贫困户首先购买安华农业保险公司的价格保险，然后由保险公司向中国建设银行购买苹果场外期权，中国建设银行委托建信期货进行期权管理。赔付价格以期货价格为依据测算，一旦约定赔付的价格低于投保价格，保险公司进行赔付。本案例中，保费由中国建设银行客户天赐宝物产代替贫困户支付。中国建设银行对其提供两项扶持：一是发放贷款时，享受标准之内的低利；二是中国建设银行利用善融商务平台，协助其进行全国范围的苹果销售。天赐宝物产为莱州贫困果农支付保费，约定赔付价格 8300 元，最终参与的果农根据投保面积拿到了 5000 ~ 10000 元的赔偿。

操作效果：该模式不仅让更多的果农体验到了“期货 + 保险”模式的实际用途，而且进一步强化了企业与果农、合作社的联系，拓展了企业采购、销售渠道，降低了融资成本，提升了金融服务实体经济的能力。此外，天赐宝物产的期现结合经验，有效促进了周边类似企业参与期货市场，强化了下游企业对期货市场的关注度，极大拓展了苹果期货参与者的广度和深度。

（三）经验总结

1. 郑商所始终以服务实体经济为宗旨

一是以产业客户为核心，增强期货服务实体经济效果。为帮助企业利用好期货市场、管理好价格风险，郑商所开展了“产业基地”这项卓有成效的活动。2019 年，郑商所广泛公开征集“产业基地”活动合作单位，最终以签约的 44 家龙头企业为“产业基地”核心，持续优化市场培育与服务制度，总结了 21 家标杆企业利用期货工具的成功经验。随着企业对期货服务实体经济的理解不断加深，“期货 + 期权”“期现联动 + 产融结合”“龙头企业订单 + 银行 + 保险 + 期货”等新模式不断涌现，实现了产业上下游的共赢，推动了期货市场服务现货行业、实体经济的普及和深化。

二是打造综合业务平台，拓宽企业利用期货市场的渠道。多年来，郑商所积极开发场外综合业务平台，在仓单交易、基差交易、仓单质押式回购、仓单竞拍、场外期权、商品互换等方面取得了较好成效，促进了期现结合，拓宽了服务范围，更好地满足了实体企业的风险管理需求。经统计，2019 年平台开户企业数达到 243 家，标准仓单融资金额约 60 亿元；2020 年上半年仓单交易为企业融资 106.5 亿元，累计惠及企业 66 家，为多层次、多渠道服务实体经济打下了扎实基础。例如，2019 年新疆银隆农业国际合作股份有限公司利用平台，通过期货市场在浦发银行进行融资，累计融资 2 亿元，有效解决了企业资金需求和存货管理两大问题。

三是扎实推进农产品品种研发，提供精细化风险管理工具。期货品种是期货市场发挥功能的载体。2019 年以来，我国农产品期货品种上市工作取得了重要成绩，上市了红枣、20 号胶、粳米 3 个期货品种和天胶、棉花、玉米、菜籽粕 4 个期权品种，大大丰富了我国农产品品种体系，为农业产业提供了精细化风险管理工具。此外，2019 年郑商所修改了强麦、棉纱等品种合约规则，优化了菜系品种交割仓库布局与升贴水，调整了白糖等期货期权限仓标准，完善最后交易日交割配对规定，使相关品种进一步贴近现货市场需求，更好地服务产业。

四是坚持正确的舆论导向，讲好“产业基地”的“期货故事”。期货市场的稳定健康发展，离不开良好的舆论环境。中国证监会发言人在 2019 年 7 月中国期货业协会举办的期货经营机构新闻宣传工作视频培训中明确表示，期货市场的新闻舆论工作要围绕近年来我国期货市场和衍生品市场发展成效、服务实体经济能力增强等方面进行。郑商所高度重视期货宣传工作，通过“产业基地”活动平台，以龙头企业为抓手，讲述了期货服务实体经济的精彩故事。

2. 在郑商所大力支持下，期货公司充分发挥专业服务优势

一是以承办“产业基地”活动为契机，促进期货与产业深层次融合。期货公司作为连接期货交易所和投资者的桥梁与纽带，是推动交易所“产业基地”活动落地生效的“助力器”；同时，积极承办“产业基地”活动，是期货公司加快业务转型、增强服务实体经济能力的具体举措。经统计，前海期货、西部期货、华信期货、金石期货、建信期货、中粮期货、华泰期货、长江期货、中信期货、瑞达期货、鲁证期货、五矿经易期货、国元期货、国投安信期货和永安期货等多家期货公司积极参

与郑商所2019年“产业基地”活动，协助开展研讨、培训、调研等各项卓有成效的工作，帮助企业总结、宣传推广优秀案例，提升了企业期货套保综合水平，有力促进了期货市场与实体产业的深层次融合。

二是发挥分析研究优势，助力企业提升行情研判能力。研究分析能力是期货公司的核心能力之一。期货公司培养了大量专业水准高、业务实力强、综合能力突出的期货分析师。农产品分析师通过发挥研究优势，帮助农业企业分析行业发展趋势、品种基本面变化和价格走势，有效提升了企业对期货市场的认知，提高了企业对行情的把控能力。例如，中粮期货研究院高级分析师参与了“产业基地”活动——防城港澳加粮油工业有限公司举办的业务交流会，并作题为“农产品市场变局与展望”的报告，从宏观角度分析了中美经贸摩擦对农产品市场的深远影响，提升了参会企业对油脂油料产业发展趋势的认识。

三是调动分支机构资源，提升企业套期保值水平。期货公司分支机构、各营业部是促进“产业基地”活动深入开展的重要组织者与参与者。期货公司分支机构通过发挥距离优势，常态化赴企业开展内容丰富的企业培训。例如，2019年5月，中信期货分公司参加了棉花产业基地——新疆银隆农业国际合作股份有限公司召开的棉花期货、期权交割业务宣讲会，从棉花期货、期权的基础知识及期货交割等方面，讲解了企业运用期货的方法。2019年8月，中粮期货有限公司参加了白糖产业基地——云南滇资生物举办的白糖推介会；其中南宁营业部讲解了国内白糖基本面及阶段性套保策略，昆明营业部讲解了白糖金融创新产品——仓单融资模式、“期货+保险”模式、风险管理子公司业务等内容，有效提升了企业运用风险管理工具的水平。

四是充分发挥风险管理子公司优势，加大衍生品工具的宣传力度。期货公司风险管理子公司具备服务实体经济的多元化体系，是市场服务的主要创新主体，是宣传和推广农产品场内、场外期权的重要承担者。例如，中粮糖业有限公司邀请中粮期货风险管理子公司——中粮祈德丰（北京）商贸有限公司在介绍国内期权现状、期权的定义以及期权的重要特性，对比了期货和期权特点，描述了常用的期权策略及期权的特殊应用。再如，2019年国元期货风险管理子公司——国元投资通过培训普及期货、交割规则、衍生品等专业知识，帮助企业树立利用期货及衍生品工具管理价格风险的正确理念；通过期货套期保值业务、场外期权业务、“保险+期货”

业务帮助企业参与期货市场，收到了很好的效果。

同时，风险管理子公司“因企制宜”，开展针对性强的业务培训。由于不同企业在经营规模、业务基础、风控理念、组织架构、人员配备、避险需求等方面存在较大差异，针对性开展业务培训显得尤为重要。例如，2019 年国元投资针对涉果企业及苹果产业从业人员，从“苹果期货对产业的影响”“苹果期货交割规则”“期货创新业务如何服务苹果产业”三方面，详细讲解了交割规则中符合交割品标准的苹果各项质量标准，及如何利用套期保值、场外期权、“保险 + 期货”等业务模式帮助企业规避风险。此外，国元投资通过培训发现有风险管理需求的企业，根据企业经营过程中面临的实际问题给出针对性的解决方案，起到了“靶向治疗”的效果。

3. 龙头农业企业提升风险管理能力，引领行业利用期货市场

一是发挥“龙头”效应，提升“基地”覆盖面、影响力。龙头企业是“产业基地”发挥功能的核心力量。农业龙头企业深刻认识到自身在“产业基地”活动中的示范效应和重要作用，2019 年，各基地在郑商所的支持下，展开了多种形式的市场培育工作。该活动不仅为业内企业运用期货市场经验交流提供了平台，也提升了“产业基地”活动的覆盖面与影响力。例如，中粮糖业通过举办高质量食糖行业论坛，将糖料种植户、制糖企业、批发市场与贸易企业、终端用糖企业联系在一起，为食糖产业上下游企业提供了信息沟通和业务交流的场所，为市场参与者搭建了开放共享的新平台，为产业和投资者提供了相互了解和借鉴的新渠道。

二是建立企业档案，打造区域市场交流平台。2019 年，多家龙头企业协助交易所建立了参与市场培育活动的企业档案，为后期进行市场培育工作提供了依据与参考。例如，金岭糖业从企业名称、企业简介、企业参与情况等方面建立了 20 家食糖生产、贸易企业档案；云南滇资生物产业有限公司从企业名称、食糖产量、销售渠道、采购方式、参与期货情况等方面建立了包括上游糖业集团、中游贸易商、仓储物流企业、下游终端企业在内的 12 家参会企业档案；陕西华圣企业（集团）股份有限公司从参会单位、姓名、职务、电话等方面建立了 13 家参会企业（28 位参会人员）档案。这些资料为交易所以龙头企业为中心打造区域市场交流平台奠定了重要基础。

三是强化内控管理，着力提升风控理念和能力。套期保值作为现代企业运营风险管控中的重要环节，其功效发挥取决于企业整体运营风控模式的设计和执行。企

业的管理流程和制度、组织架构和岗位设置都是企业利用期货避险的关键，“产业基地”企业大多具备相对完整的机构设置和交易决策机制。例如，安徽大团结农业股份有限公司设有期货业务决策委员会，对期货决策进行事前计划、对业务过程进行统一管理：财务负责综合统筹资金和综合核算，采购和销售负责统计汇总现货敞口头寸，期货业务部主要负责具体的期货交易操作。另设立期货风险控制委员会，以监督期货操作的合法合规性。

4. 地方政府与行业协会是“产业基地”活动顺利开展的重要助力

一是地方政府支持协调，助力基地建设向纵深发展。“产业基地”建设离不开政府部门的大力支持。地方政府积极参与“产业基地”有关活动，发挥重要的支持和协调作用。例如，2019 年云南滇雪粮油有限公司举办的云南高原特色油脂油料产业论坛，得到了玉溪市委、发改委、市粮食局和物资储备局的大力支持，在地方政府的高度重视和积极配合下，该活动取得了很好的效果。

二是行业协会出谋划策，推动产业与期货加速融合。行业协会在“产业基地”建设中积极出谋划策，把企业意见反映给政府和社会，把政府的方针、政策和社会的要求传达给企业，起到了重要的桥梁和纽带作用。2019 年，云南省糖业协会、中国植物油行业协会、中国棉花协会等行业组织均积极参与到“产业基地”的活动中。例如，云南滇资生物产业有限公司举办推介会时，邀请云南省糖业协会领导出席，云南糖业协会不仅给企业详细讲解了白糖供需基本面和价格走势情况，而且分析了现阶段国家发展糖业的方针、政策，并倾听了企业诉求和意见建议。

三是国家粮油信息中心专业解析，帮助企业掌握行业发展趋势。国家粮油信息中心（以下简称“国粮中心”）隶属国家粮食和物资储备局，主要职能是为国家粮食宏观管理和全国粮食流通提供粮油市场信息服务。2019 年，国粮中心多次为“产业基地”企业提供专业市场分析服务，在帮助企业动态掌握行业发展趋势等方面发挥了重要作用。例如，国粮中心主要领导参加了安徽大团结农业股份有限公司活动，分析了近年来我国菜油市场的产需情况，并对国内外油脂市场的发展趋势作出预测和判断；国粮中心派高级分析师参加了陕西粮农油脂集团有限公司活动，发表了题为“国内外油脂市场行情展望”的主题演讲，从市场热点、国内外供需格局等多个角度对国内菜油市场进行了深入分析。

（四）对进一步加强“产业基地”服务“三农”的建议

1. 加大研发力度，持续改善农产品供给，扩大期权品种覆盖面

一是继续改善产品供给。以实体经济需求为导向，持续推进品种创新。要力争上市花生期货，加快鸡肉、咖啡、马铃薯、普洱茶、大蒜、葵花籽等新品种研发；完善品种研究筛选机制，将重点品种纳入交易所，重点扩大上市期货品种的范围，加速分析上市的必要性和可行性，完成合约及业务规则设计，评估上市风险，规划市场培训。

二是激活小麦、稻谷等“不活跃”合约。要协同农业相关管理部门明确期货、期权市场在服务粮食安全和国家经济安全方面的战略性地位，在保障粮食安全的前提下，稳步推动小麦、稻谷等品种最低收购价有序退出，用“价补分离”代替“托市政策”，逐步实现粮食市场化，为充分发挥小麦、稻谷期货品种基本功能奠定基础。

三是实现成熟品种期权全覆盖。借鉴棉花期权、白糖期权、菜籽粕期权的成功经验，加强市场调研，持续加大成熟农产品期权品种研发力度，增加场内期权产品供给，为市场提供更多精细化的风险管理工具。

2. 多措并举，继续做好市场教育工作

一是推动投资者教育（以下简称“投教”）纳入国民教育体系。建立监管部门引导、相关部门联动、行业尽责、公众参与的期货市场宣传教育长效机制。强化投教保障，规范投教标准，夯实投教基础，激发会员投教潜力。

二是创新投教方式。建立投教产品会员共享平台，进一步提升服务会员投教工作的能力。进一步开发切合学生需求的学习资源，联合开展走进校园活动，从源头提升国民金融素养，培养大学生对期货市场的浓厚兴趣。

三是强化市场培育力度。围绕农业产业链，在企业集中度高的主产区、主销区举办企业套保培训班，加大市场普及力度；持续发挥龙头企业标杆作用，建立优秀企业利用期货的表彰机制，引导更多企业参与套期保值。

3. 进一步发挥农产品期货市场功能

一是完善规则制度。总结实践经验，把做市商制度推广至更多期货品种合约上，增强已上市农产品品种的价格连续性与市场流动性。研究粮食交割指标货币化的可

行性[①]，尝试研究在标准品实物交割基础上，将部分重要升贴水交割指标货币化，实施一档一价措施，将同一品种不同区域、不同种类的粮食纳入交割范围，消除企业参与期货交易及交割的后顾之忧。

二是优化业务规则体系，丰富综合业务平台模式。完善晚籼稻、菜籽粕、棉花、苹果等品种合约规则，探索研究区域性特色小品种监管制度体系，优化主要品种限仓标准。推动场外期权和商品互换等业务上线，支持发展更多的商品指数基金，开展场外交易集中清算模式研究。改进信息披露方式，着力提升市场透明度。

三是创新服务方式。完善“产业基地”建设，推动国企和各类实体企业参与期货市场，积极引入机构投资者，持续改善市场结构。优化会员意见处理反馈机制，持续提升会员服务水平。优化调整“保险 + 期货”试点运作模式和实施范围，点面结合，以面为主。加大对定点扶贫县的资金投入，持续开展健康扶贫、教育扶贫、消费扶贫，发挥期货市场功能扶贫，助力脱贫攻坚。

四是严控市场风险。推进全面风险管理框架建设，优化监管、交割规则体系，夯实自律监管和风险防控的制度基础。加大“产业基地”等各方面的新闻宣传力度，巩固新闻宣传舆论阵地，加大与媒体的沟通力度。

4. 完善企业专业人才机制建设，推进企业建立“研投一体化”的风险管理模式

一是企业要加强人才队伍建设。加强复合型人才队伍建设，既要培养现货市场的期货专家，也要培养期货市场的现货专家，满足企业期现结合的经营需求；既要培养懂农业的人才，也要培养懂金融的人才，满足企业的农产品套保需求。要结合内部培养和外部引进两种途径，招聘专业水平高、本领过硬的前台（交易、研究）、中台（风控）和后台（财务）人员，配齐套保团队，建立健全内部培训机制，保持对市场的敏感度。

二是企业要推进“研投一体化”发展。开展套期保值业务时，要摒弃研发、交易“各自为战”的业务方式，树立期货套保业务“研投一体化”发展理念。对现货和期货业务进行流程化监控和管理，建立完善的风险控制体系和交易决策机制，保

---

① 由于部分农产品（主要是粮食）品质呈现多样性，且随着我国粮食培育技术的不断更新迭代，同一品种的品质、等级、种类难以像工业品一样统一划分；另外，下游加工企业对粮食需求具有明显的个性化特征。因此，粮食期货交割等级及品质的确定是影响各地区粮食企业参与期货市场的重要因素。

证公司经营的平稳运行。成立套保工作领导小组，统筹期货和现货部门、研发和交易人员系统开展期货业务。

三、大商所“农民收入保障计划”试点的实践与创新[①]

大商所自 2015 年实行“保险 + 期货”模式以来，认真贯彻党中央的决策部署，围绕服务“三农”、服务实体经济、脱贫攻坚等国家战略，不断探索金融服务农产品价格波动风险管理的新模式，于 2018 年推出了涵盖“保险 + 期货”、场外期权、基差收购等多种形式，期货公司、保险公司、银行等多类型金融机构共同参与的综合性“农民收入保障计划”（以下简称“农保计划”），探索建立期货市场服务农民收入保障的整体框架。

2019 年农保计划继续深化和拓展模式内涵，在保障农民基本收入和解决农民卖粮难、贷款难等方面发挥了重要作用，初步形成了一套服务中国农业现代化进程的综合方案，达到良好效果。

（一）农保计划试点的实践与创新

2019 年，大商所农保计划的方案内涵、实操内容和试点效果进一步提高，融合期货、保险、银行、实体企业等多方市场资源，在各级政府的支持和推动下，在保障广大农业生产者利益和扶贫工作方面取得了显著成果。同时，财政资金支持力度持续扩大，保费来源愈发多元，产品设计科学性不断攀升，“金融扶贫”持续开展，“银期合作”助力服务“三农”，农民认可度继续大幅提升。

1. 县域覆盖试点实现新突破，“量价齐保”凸显收入保障效果

2019 年，大商所共对在黑龙江、吉林、辽宁、内蒙古、山东 5 个省份开展的 12 个县域覆盖试点给予立项资格，投保面积覆盖所在县级区域相应品种种植面积的 60% 以上，分别由 8 家期货公司牵头、10 家期货公司参与，并联合 6 家保险公司共同开展。全年开展 7 个县域覆盖玉米收入险试点和 5 个县域覆盖大豆收入险试点，投保土地 649. 4 万亩，总保费共计约 3. 64 亿元，其中各级政府补贴保费共计约 1. 5

---

① 本节数据均来源于大商所内部资料。

亿元，涉及玉米现货量 209.7 万吨、大豆现货量 31.9 万吨。

2019 年，黑龙江、山东等种植大省遭受恶劣天气影响受灾减产严重，导致农民收入减少。在此情况下，试点项目发挥了重要作用，较好地保障了农民的合理收入。分省域来看：黑龙江地区，九三管局、桦川县玉米及海伦市、赵光农场大豆受“利奇马”台风影响减产严重，4 个项目赔付总额约 2.3 亿元，赔付率约为 160%；吉林地区，双阳区、东辽市、铁东区玉米普遍增产，但玉米价格受市场供需情况影响大幅下跌，3 个项目赔付总额约 3828 万元，赔付率为 49%；辽宁地区，庄河市大豆小幅减产，大豆价格与投保初期基本持平，最终该项目赔付总额约 70 万元，赔付率为 17%；山东地区，陵城区、嘉祥县大豆受灾减产严重，部分地块出现绝产，虽然大豆价格变化不大，但最终 2 个项目实现赔付总额约 1148 万元，赔付率为 153%。

2. 产品设计更加科学，保费来源更多元，政府参与度更高，项目可持续性更强

2019 年县域覆盖试点项目承保规模更大，覆盖地域更广，涵盖农户更多，对农户收入保障的要求也更高。各项目的保险产品有效地解决了两方面问题：一是集中连片大面积承保导致保险公司风险加大。对于整个县域投保，承保现货量、面积均大幅增加，保险公司面临的风险也相应增大。2019 年，在黑龙江和山东出现投保量大、保障金额高、减产严重和理赔额度大的问题，试点项目单位积极安排投保信息搜集、集中出单、合理安排产量再保、期货公司理性进行风险对冲，最终保障了项目的顺利运行；二是全县域各地块产量差异较大，尤其囊括大量山地、土壤酸碱度不佳的低产地区，导致目标产量和保险费率厘定存在难度，保险公司的服务能力面临巨大挑战。项目单位将保险费率保额分档设置，产品设计因地制宜。根据不同乡镇的积温、土壤条件和历史近 5 年的平均产量，将目标产量和费率设置为 3 个档次，从而实现“精准投保，精准核保”。

2019 年，在大商所县域覆盖项目缴纳的保费中，交易所支持资金占比为 40.31%，政府补贴占比为 37.40%，农民自缴占比为 18.60%，龙头企业等市场主体占比为 3.69%。除交易所支持资金外，总体自筹比例达 56%（农民自筹 + 政府补贴 + 其他补贴），较 2018 年有较大幅度增长。“2 + 4 + 4”的多元化保费来源结构初步形成，即农民自筹 20%，政府及其他主体补贴 40%，大商所和期货公司①支持

① 包括未获得大商所支持的项目中期货公司垫付保费的部分。

40%。随着政府补贴的增加，试点的可持续性进一步增强。

3. 创新养殖类试点，金融助力“脱贫攻坚”再上新台阶

2019 年，农保计划对在国家级贫困县开展的试点项目给予立项评审加分并着重考量建档立卡贫困户的参保情况，同时鼓励试点单位合理分配试点项目补贴资金，重点补贴或减免建档立卡贫困户的保费支出。

全年引导 26 家期货公司和 6 家保险公司在 24 个国家级贫困县和 7 个省级贫困县开展了 1 个县域试点项目（海伦市）和 30 个分散试点项目，共计为超过 5.6 万建档立卡贫困户提供保障服务，并分别组织开展了期货市场服务“三农”培训会。

2019 年，大商所除聚焦玉米大豆种植区重点贫困地区外，继续推动产业扶贫有效模式，开创性地囊括了养殖类板块，为养殖户提供玉米、豆粕及大商所猪饲料成本指数“保险 + 期货”产品。在重点扶贫地区同时也是养殖主产区的江西、四川等地成功落地 14 个养殖类试点项目，探索了“造血”式扶贫模式。养殖类试点的发力，一方面对重点扶贫地区养殖户提供了切实保障，另一方面也为以生猪期货为代表的畜牧类期货品种的研发上市作了很好的市场推广和培育。

4. 推广基差收购，打造全产业链服务“三农”新模式

2019 年大商所农保计划积极鼓励在县域覆盖项目中附加基差收购，而龙头企业的积极参与起到了极强的示范效应。以浙商期货—黑龙江农垦九三管理局玉米收入险项目为例，该项目由北大荒粮食集团作为玉米收储主体，其与 34 家农户和 1 家粮食贸易公司共签署 2.99 万吨玉米基差收购合同，约定标的合约为大商所玉米 C2001 合约，基差为 −350 元/吨，点价时间为 2019 年 10 月 1 ~ 31 日，如期限内未点价，则以 11 月 1 ~ 6 日 C2001 合约收盘价均价进行结算。最终，34 户农户共收到 4768.18 万元粮款。同时，该项目还为农户免费提供了玉米看涨期权，累计为农户增收 23.93 万元。通过参与大豆基差收购，企业锁定了稳定粮源，且对基差收购运作方式以及相关金融衍生品的应用有了新的认识。

在国家决胜脱贫攻坚的大局之下，“保险 + 期货 + 基差收购”模式为农户打通了“保险 + 期货”的“最后一公里”，为农民提供了“收入 + 销售 + 售价”的三重保障。

5. 强化银期合作，创新金融服务“三农”新举措

在农业生产端，资金短缺是持续多年的难题。“保险 + 期货”的风险保障功能对涉农授信也提供保护措施。大商所持续开展的农保计划和银期合作对农业生产资

金的“收”和“支”的来源、使用效率都具有积极的作用。

2019 年，中国工商银行、中国建设银行和中国邮政储蓄银行分别对在黑龙江、辽宁、陕西和四川地区开展的玉米收入险和饲料成本保险试点项目给予授信支持，信贷金额达 8549.4 万元。

中国工商银行牵头联合华泰期货、安信农险在国家级贫困县巴中市通江县、达州市万源市开展了饲料成本“保险 + 期货”试点项目。中国工商银行总行支持 150 万元用于补贴保费，为 10027 户建档立卡贫困户及 6 家养殖企业提供饲料成本报价服务，同时为参保的 6 家企业提供 200 万元授信融资支持。

中国建设银行集团资产管理部在全国范围内发行扶贫专项理财产品，按产品约定，向试点地区农民捐赠部分产品收益 13 万元用于购买饲料成本保险。同时，中国建设银行安康分行与陕西阳晨牧业股份有限公司于 2012 年建立信贷业务关系，贷款存续期长达 7 年，目前集团总体授信 8000 万元。本次项目试点将有效提升阳晨牧业信用评级并为后期生猪养殖产业链涉农普惠金融信贷探索新思路。

（二）农保计划试点的典型案例

1. 南华期货—黑龙江海伦市大豆收入险

2019 年，为贯彻落实中央一号文件精神，助力脱贫攻坚决胜年，引导期货市场更好地服务乡村振兴战略，达到国家大豆振兴计划的目的，南华期货牵头多家期货公司，联合阳光农业相互保险、人寿财险海伦支公司等保险公司，携手黑龙江省农业投资集团，积极响应大商所农保计划，对接海伦市政府，成功开展了“海伦市大豆县域覆盖”模式的项目。

该项目是我国开展“保险 + 期货”试点项目以来，规模较大的大豆品种项目之一。该项目承保面积达到 152.9 万亩，涉及现货量 25.02 万吨，覆盖 23 个乡镇，投保户数达到 23784 户，总保费达 6730 万元。此次项目总计赔款金额 9772 万元，赔付率达 145%，有力保障了海伦豆农的种植效益。尤为重要的是，本次试点项目将海伦市种植大豆的 3883 户建档立卡贫困户全部纳入其中，助力海伦市于 2020 年 2 月正式脱贫摘帽。

项目特点主要包括：一是首次在海伦市开展大豆收入保险。本次试点项目是基于 2017 年、2018 年两年成功运行大商所“保险 + 期货”项目，在原有价格保险的基础上增加了产量因素，探索收入险产品新模式，为农民提供更加全面的保障。收入险产品与农户生产效益紧密结合，无论“大年小年”都有保障，更符合新型农业主体对农业经营风险的管理，起到了“定心丸”作用。二是因地制宜设置了分档的目标产量和费率。由于海伦项目承保地块的覆盖面广，涉及 23 个乡镇，地理位置、气候特点、生产条件等因素差别较大，因此，在设计收入保险产品要素的约定产量时，按照北部、中部、南部三大块分档设计约定产量，北部的 5 个乡镇、中部的 3 个乡镇的约定亩产分别设为 0.15 吨/亩、0.16 吨/亩，南部 15 个地块较为平整、产量稳定的乡镇设为 0.17 吨/亩，科学合理的设置符合了当地实际情况，收入保险产品也相应分为三档，更符合县域覆盖项目的合理性和实际操作。三是引入龙头企业，采取基差采购方式开展订单农业。项目引入黑龙江省农投集团，采用基差采购模式。海伦农户与农投集团按照事先约定的基差价格点价卖粮，充分发挥了期货市场价格发现和风险管理的特性，提高了农民自主售粮的主动性。同时，为保障农民履约，农投集团为海伦豆农提供保底价收购，最大程度保障农户利益。

2. 鲁证期货—黑龙江桦川县玉米收入险

鲁证期货自 2016 年起连续 4 年在黑龙江省桦川县开展项目，共同实践“保险 + 期货”模式，为当地脱贫攻坚作出贡献。经各方共同努力，桦川县于 2018 年成功“脱贫摘帽”。2019 年，桦川县人民政府专程向交易所致感谢信，并提出大商所在该地区开展的“保险 + 期货”项目推动了小农户与大市场的对接，提高了农户抵御市场风险的能力，“谷贱伤农”和“卖粮难”问题均得到有效解决。2018 年，全县旱田种植区玉米人均收入实现 4500 元，远高于贫困户人均收入 3550 元/年的脱贫标准。

2019 年为进一步保证农民持续稳定增收，脱贫不返贫，大商所推动鲁证期货在桦川县落地“保险 + 期货”县域覆盖玉米收入险，升级“桦川模式”。该项目总计覆盖面积 32.75 万亩，占桦川县 2019 年玉米种植面积的 80% 以上，总保费达 2338 万元。该项目采取收入险的保障方式，每亩保障收益 952 元，每亩扣除种植成本之后的收益为 252 元，折合每公顷 3780 元的种植收益。2019 年黑龙江部分地区遭遇内涝，桦川县受灾严重，玉米大幅减产。同时，玉米期货价格也受多重因素影响一路下行，双重因素导致玉米种植收入面临大幅下滑。种植户的亩均收入降至约 680 元，而此项目的收入险保障了农户每亩 952 元的收入，每亩实现理赔 271.77 元，最终理赔总额约为 8900 万元，赔付率达 380%，户均（与投保政策性种植险农户相比）实现增收约 1 万元，有效实现高额赔付，巩固脱贫成果，防止返贫。

项目特点主要包括：一是实现县域“愿保尽保”，全面提高农民的种粮积极性。在桦川县政府统筹组织下，为全县几乎所有玉米种植农户提供了收入险，让农户在种粮之前便有了保障，提高了农民的种粮积极性。二是有效实现高额赔付，巩固脱贫成果，防止返贫。三是项目模式持续创新升级，全方位打造“桦川模式”。2016 至 2019 年，“保险 + 期货”项目持续在桦川县开展，模式持续升级，已成为“保险 + 期货”服务“三农”的标杆。

3. 浙商期货—九三管理局玉米收入险

2019 年，在大商所支持下，浙商期货联合中信期货、申银万国期货，与阳光农业相互保险在黑龙江农垦总局九三管理局开展了玉米收入保险县域覆盖试点项目，为九三管理局下属的 9 家农场共 62 个管理区或合作社提供玉米收入保险。

该项目承保玉米 56.66 万亩，对应玉米现货 29.47 万吨，在黑龙江地区受灾、玉米价格下降的背景下，理赔 3483.75 万元，实现了九三管理局玉米种植户规避收入风险的目标。本次项目结合黑龙江地区原有的中央财政补贴的产量保险，创新设计了择时增强型亚式期权结构，价格端保障玉米目标为 2050 元/吨，产量端保障目标为 0.52 吨/亩，总体保障农户收入不低于 906.1 元/亩。项目还附加了基差收购模式，收购参保农户玉米现货 2.99 万吨，并向参与农户赠送看涨期权，鼓励农户积极参与价格风险管理。项目连续 3 年均取得了良好的赔付效果，一方面稳定了九三管理局地区粮食生产，为我国粮食安全增添了一份保障；另一方面加深了收入保险模式的影响力，促进了对农业风险管理模式的发展。

项目特点主要包括：一是项目赔付效果好，参保农户收入得到保障。2019 年，黑龙江地区玉米种植户面临严峻的形势：遭遇严重水灾，玉米减产；非洲猪瘟疫情导致养殖业遭遇重创，饲料需求不振，玉米价格也随之下跌。在这样的环境下，2019 年九三管理局玉米收入险项目取得了显著的赔付效果，理赔款达到了 3500 万元，弥补了参保农户在产量、价格两端同时遭受到的损失，对于黑龙江玉米种植产业良性发展、收入险模式未来推广起到了良好的效果。二是在国有农场连续三年开展，探索了收入险模式的可复制性。北大荒集团（黑龙江省农垦总局①）为农业农

---

① 2018 年 3 月 14 日，黑龙江省农垦总局摘牌，北大荒集团正式挂牌。2020 年 12 月 19 日，农垦总局及内设机构正式撤销。

村部、财政部两部直属企业，集团土地资源丰富，旗下拥有 9 个管理局、113 个大型国有农牧场，粮食生产连续 7 年稳定在 400 亿斤以上，为保障国家粮食安全作出了重大贡献。浙商期货自 2017 年起就与黑龙江农垦总局、阳光农险合作探索农产品收入险试点模式，2017 ~ 2018 年分别在宝泉岭管理局和九三管理局开展试点，2019 年项目升级为县域覆盖试点，三年均取得了良好的赔付效果。对参保国有农场提供收入保障，一方面证明了收入险模式的可复制性，另一方面也为我国粮食安全增添了一份保障。

4. 永安期货—吉林双阳玉米收入险

2019 年在大商所指引下，永安期货联合鲁证期货等 5 家期货公司在吉林双阳区开展了玉米县域覆盖"收入保险 + 供应链金融 + 基差贸易"创新试点，为双阳区农户提供"收入 + 销售 + 售价"的三重风险保障，提高了农民的经济效益及生产积极性。

该项目投保面积为 57.87 万亩，投保数量为 24.20 万吨，为 17162 户农户提供金额约为 5 亿元的风险保障。通过试点，参保农户共获得理赔金额为 1624.68 万元，总赔付率达 56%，收入险效果显著。

项目特点主要包括：一是玉米收入险走进千家万户，实现"保险 + 期货"普适性。试点项目参保农户共计 17162 户，户均承担保费 168 元均为农户自缴，且由于 2019 年玉米价格下跌、产量下降导致农民收入降低，参保农户通过购买玉米收入险获得的理赔额度达到农户自缴的 5 倍，农民的种植收益得到有效保障，收入险真正做到了走进千家万户，成为农民抵抗风险的护身盾甲。二是地方政府主导作用突出，助力探索"保险 + 期货"市场化。2019 年双阳区政府勇于尝试，大胆创新，拿出近 900 万元资金支持"保险 + 期货"试点项目，并在项目实施过程中起到主导作用，进一步促进了项目精准落地，也为"保险 + 期货"市场化运作提供支撑；同时提高了新型经营主体对"保险 + 期货"的认识及运用。三是国有企业强强联合，基差收购打通"保险 + 期货"的"最后一公里"。试点项目将浙江杭实、吉林吉粮资产的现货购销经验与永安期货多年的期货经验进行结合，优势互补，有效地解决了"保险 + 期货"中基差不断缩小的风险，用市场化方式通过"保险 + 期货"、基差收购为农户提供"收入 + 销售 + 售价"的三重保障，提高了农民的经济效益及生产积极性。同时，进一步树立行业标杆，发挥示范效应，从政策角度、市场角度扩大基差定价市场影响力，促进玉米产业转型升级，推动吉林省由农业大省向农业强省转变，实现乡村振兴战略、振兴东北老工业基地整体目标。

5. 华泰期货—四川巴中、达州饲料成本保险

2019 年，大商所联合华泰期货、安信农保在中国工商银行总行定点扶贫县巴中市通江县、达州市万源市开展了针对当地养殖户和养殖企业的饲料成本“保险 + 期货”试点，推动“保险 + 期货 + 银行”新型模式，化解贫困地区养殖户面临的饲料成本上涨的风险，解决贫困地区养殖企业贷款难问题。

该项目服务逾 1 万家农户及养殖企业，其中，保费共计约 169. 17 万元，农户无须缴纳保费。涉及现货总量豆粕 0. 83 万吨、玉米 2. 57 万吨，共计发生理赔 52. 19 万元，理赔率为 30. 85%，平均每家企业获得理赔 26921. 47 元，每户增收 35. 02 元。中国工商银行基于“保险 + 期货”试点项目的保障功能，对该项目中的养殖企业提供 200 万元授信融资。

项目特点主要包括：一是凝聚多方资源，打造产业扶贫全链条，发挥系统性作用。联合银行等金融机构共同参与的金融扶贫模式，由保险和期货提供风险保障渠道和风险对冲工具，由银行基于风险稳定这一预期提供授信融资服务，打造金融全面扶贫新举措，打通金融扶贫的“最后一公里”。二是利用价格险，保障农民合理收益。四川是畜牧养殖集中区，饲料原料和畜牧产品市场价格的大幅波动直接影响养殖成本控制和牲畜销售价格。通过“保险 + 期货”，有效保障价格下跌区间养殖企业和养殖户的基本利润。三是产业委托农户托管养殖，探索“造血”式扶贫模式。项目地区的养殖企业“委托”农户进行生猪、土鸡、兔子的饲养，由企业提供饲料、采购和养殖技术支持，养殖成熟后由企业统一收购，帮助贫困农户劳动致富，自主脱贫，为产业扶贫丰富内涵，形成典型示范效应。

（三）实践中遇到的主要问题

1. 缺乏财政资金支持是制约农保计划持续发展的瓶颈

试点实践表明，财政资金对保费的补贴是维持收入保险可持续性的关键因素。近几年虽然各级财政的保费补贴持续增加，但各交易所支持资金仍是试点项目保费补贴的“主力军”，财政资金补贴不足是突出问题。要实现更大范围的推广，还需中央和各级地方政府提供稳定的财政资金支持。

2. 与银行等金融机构形成合力还存在一定的制度障碍

延长金融链条，联合银行等金融机构共同参与，打造“保险 + 期货 + 银行”的新模式，是推动“普惠金融”政策落地的有效工具，能够弥补农户因缺乏有效抵押物而贷款难的短板。但实践中发现，由于现有客户信用审查规定的限制，农户即使参与“保险 + 期货”项目，在其收益有保障的情况下，也难以达到银行授信标准。同时，由于“保险 + 期货”模式下的保险产品虽然具有价值保障的功能，但理赔不是必然情况，无法将理赔款作为有效的还款保障，银行尚无法以“保险 + 期货”作为有效的抵押方式之一。

3. 农户对期货市场的认知度仍需要进一步提高

目前，“保险 + 期货”试点在地域、品种、资金支持上仍面临不平衡、不充分的问题。特别是国家级贫困县地区的项目，存在农户经济条件较差、地方财政支持不足、项目费用压力较大等问题。同时，保险公司在向农民介绍收入险的过程中发现，农民参保顾虑较多，持观望态度。在实际接触时还发现，地方政府对金融工具的认知不足，期货公司也很难获得地方政府部门的信任。

（四）下一步工作方向

1. 争取多种形式的试点财政补贴

“保险 + 期货”项目如果在不增加农户负担的前提下，实现更大覆盖面和数量级的推广，还需要中央和各级地方政府提供支持。

一是继续与相关部委及各级政府沟通协调，争取包括中央财政资金在内的多种形式的补贴资金，为农保计划增点扩面、提质增效提供良好的外部支撑；二是争取财政资金对县域覆盖项目给予保费补贴，聚焦深度贫困区县，以农保计划为抓手，探索中央或地方的保费补贴项目试点；三是继续与全成本保险和收入险等政策性农业保险结合，发挥期货市场“再保险”功能。

2. 完善农产品期货期权品种体系

“保险 + 期货”标的保障价格为期货合约价格。一方面需要完善期货合约的设计和运行，降低基差风险，盘活非主力合约流动性，满足不同时期的农产品风险管理需要；另一方面建议提供更加宽松的政策环境，丰富农产品期货和期权品种，丰富“保险 + 期货”的风险转移渠道与工具。

在提升期货价格应用性方面，建议进一步完善农产品期货产业链，吸引更多产业主体参与市场，从而更好地进行模式创新与实践。在对冲价格风险方面，建议立足农保计划，加快相关期权品种的研发上市，以满足市场需求。

3. 加快成熟试点模式推广和宣传进度

随着期货市场服务“三农”的深入，试点模式逐渐成熟，为了更好地发挥期货市场在稳定农民收入上的作用，在全国范围内复制和推广“保险 + 期货”试点任重道远。2019 年 10 月，财政部下发《关于加快农业保险高质量发展的指导意见》，明确指出农业保险在服务“三农”方面的发展目标：到 2022 年，稻谷、小麦、玉米三大主粮作物农业保险覆盖率达到 70% 以上，收入保险成为我国农业保险的重要险种，农业保险深度（保费/第一产业增加值）达到 1%，农业保险密度（保费/农业从业人口）达到 500 元/人。

对此，“保险 + 期货”试点要把握稳步推进原则，探索符合中国国情的模式，从而实现试点项目的全面推广和可持续发展。加强顶层设计、完善制度建设，建立功能完善、运行规范、基础完备的多层次农业保险体系，高效率、低成本地服务“三农”。

4. 多方携手形成合力，继续探索金融服务“三农”的新思路新模式

建议中央政府出台税收、市场准入等方面的优惠政策，鼓励支持保险、期货、银行、证券等更多金融机构利用期货市场服务农业风险管理。一是以“保险 + 期货”试点为依托，以农保计划为抓手，在成熟试点区域，继续开展“订单农业 + 保险 + 期货”和“保险 + 期货 + 银行”等模式试点。将基差收购、涉农信贷等嵌入试点，因地制宜，采用各具产业和地方特色的服务模式。二是进一步加大宣传推广力度。引入现代生产经营新思路，引导合作社、家庭农场等新型农业经营主体，利用期货市场开展产业化经营，鼓励其带动小农户开展组织化经营，实现“保农民收入，稳企业经营”。

第 15 章

农业保险创新与发展

2019 年中国农业保险市场发生了深刻的变化。中央深化改革委员会审议通过了《关于加快农业保险高质量发展的指导意见》，并由财政部、农业农村部、银保监会、国家林草局四部委联合印发，推动我国农业保险由粗放式发展向高质量发展迈进；财政对农业保险的支持政策取得新进展，全成本保险和收入保险试点正式实施，大灾保险试点范围进一步扩大，中央财政启动“以奖代补”特色农产品保险试点；农业保险为非洲猪瘟及超强台风“利奇马”等自然灾害提供了强有力的保障。2020 年，新冠肺炎疫情对于中国农业经济、农村社会以及农民生活产生了深刻的影响，并对农业保险发挥风险保障功能提出了更高的要求。在政策支持下，2020 年农业保险继续保持了较快增长，并在市场准入、招标、巨灾风险分散等制度建设方面出现了重要突破。未来要继续着力优化和完善农业保险的政策和制度设计：提升农业保险满足新型农业经营主体需求的能力；提升保费补贴的差异化程度，明确取消县级补贴；完善市场准入机制和退出机制，实现农业保险市场的适度竞争；组织研究风险区划，进行费率分区，实现风险与费率的匹配；丰富农业保险内涵，创新经营模式，推动我国农业保险实现高质量发展。

一、2019～2020 年农业保险市场发展特征

（一）保费收入规模迅速增加，保险深度和密度仍有待提高

在政策支持和推动下，我国农业保险实现较快发展。农业保险保费收入从 2007 年的 53.3 亿元，快速增长到 2019 年的 668.7 亿元。2020 年，农业保险继续保持较快增长，截至 9 月底，保费收入 710 亿元，同比增长 21.78%（见图 15－1）。

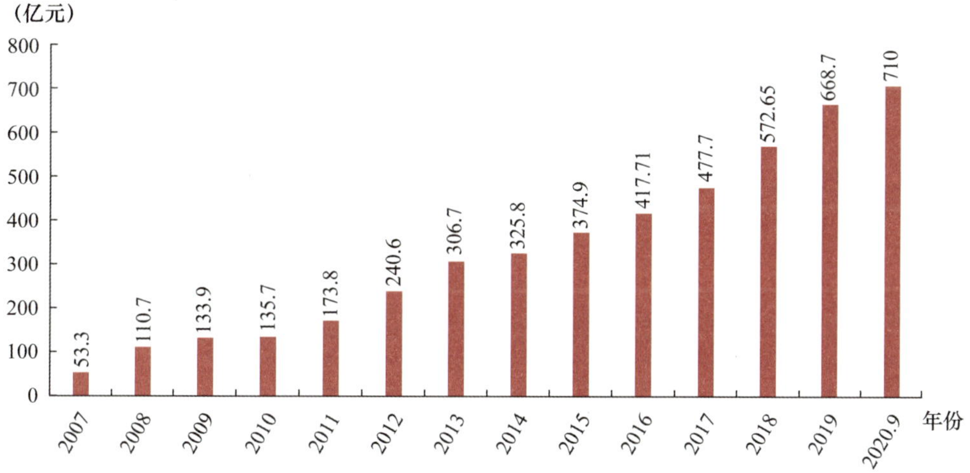

图 15－1　农业保险保费收入（2007～2020.9）

资料来源：中国银保监会、中国银行保险信息技术管理有限公司。

随着农业保险市场的快速成长，农业保险保费收入占财产保险保费收入的比例也逐步提高，2019 年底达到 5.77%，2020 年 9 月进一步提升至 6.7%，成为市场增量的重要贡献者（见图 15－2）。

从国际比较看，我国财政对农业保险保费的补贴比例较高，财政投入增加迅速，且行政推动使得保险覆盖面快速扩大，使得农业保险保费收入规模在较短的时间内增长迅速，成为全球第二大农业保险市场，仅次于美国，远远高于印度、菲律宾等新兴市场国家（见图 15－3）。

但我国农业保险深度较低，不仅远远低于美国、加拿大等发达经济体，而且也略低于印度和土耳其等新兴经济体（见图 15－4）。

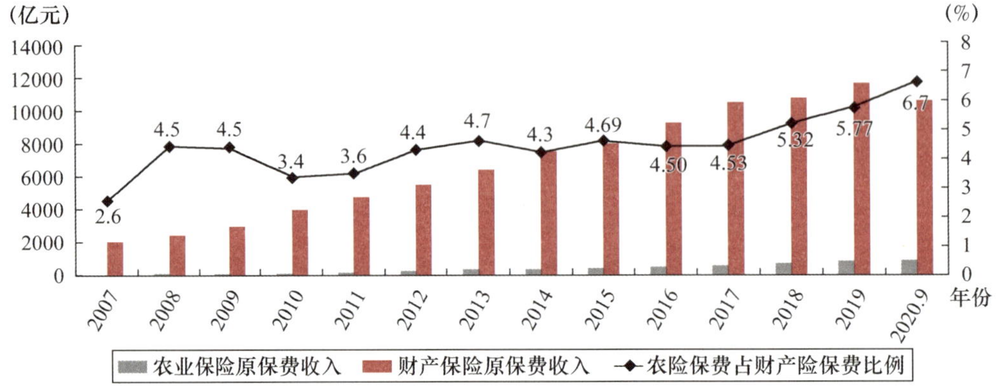

图 15－2　农业保险保费收入占财产险保费收入比例

资料来源：中国银保监会。

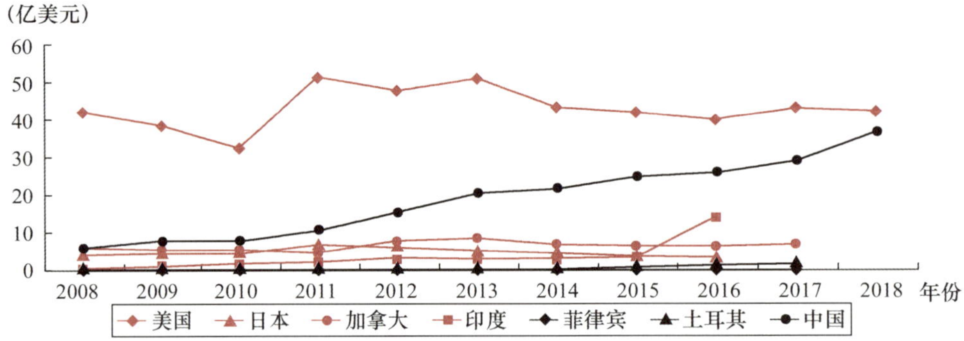

图 15－3　中国与典型国家农业保险保费收入规模比较

资料来源：中国农业科学院农业信息研究所“中国农业保险保障研究”课题组：《中国农业保险保障研究报告（2019）》。

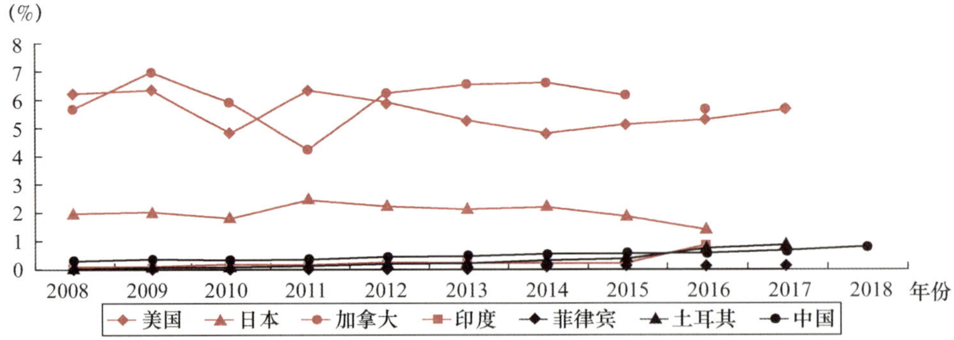

图 15－4　中国与典型国家农业保险深度比较

资料来源：中国农业科学院农业信息研究所“中国农业保险保障研究”课题组：《中国农业保险保障研究报告（2019）》。

从保险密度看，我国农业保险远低于加拿大、美国和日本等发达经济体，也低于土耳其等新兴经济体（见图 15－5）。

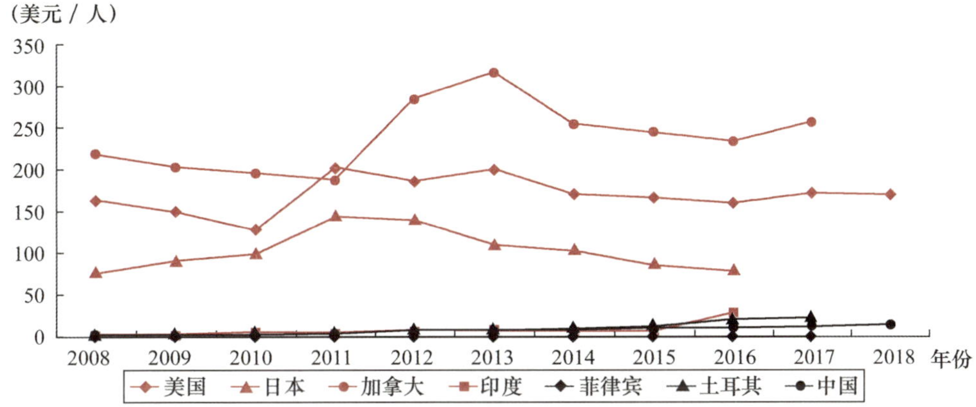

图 15－5　中国与典型国家农业保险密度比较

资料来源：中国农业科学院农业信息研究所“中国农业保险保障研究”课题组：《中国农业保险保障研究报告（2019）》。

（二）保险金额和赔款不断增加，风险补偿作用不断提升

随着保费收入规模的扩大以及亩均保险金额的逐步提高，我国农业保险提供的风险保障金额不断增加。截至 2019 年底，农业保险金额为 3.6 万亿元，占农林牧渔总产值的 29.04%（见图 15－6）。

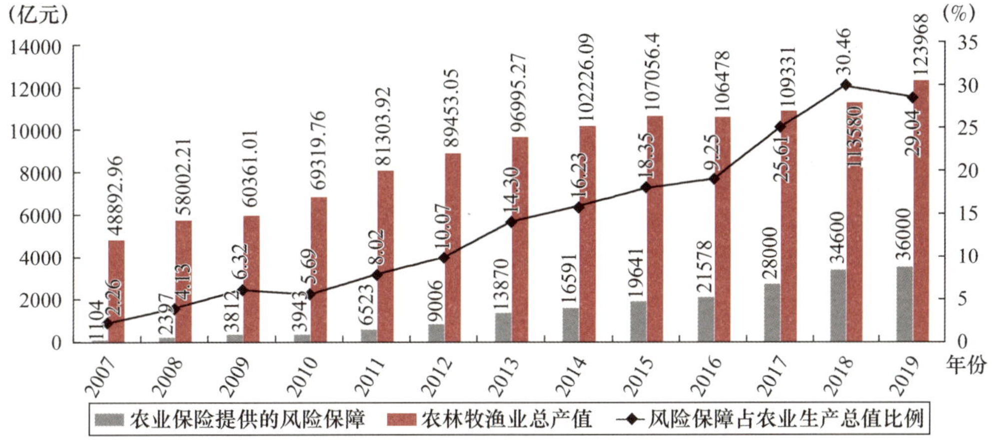

图 15－6　农业保险金额占农业生产总值的比例

资料来源：中国银保监会、中国银行保险信息技术管理有限公司。

随着保费收入的增加以及保障程度的提高，我国农业保险赔款也迅速增加，从2007 年的 29. 2 亿元增加到 2019 年的 452. 8 亿元（见图 15 –7），初步发挥了农业保险对于损失补偿和恢复生产的作用。

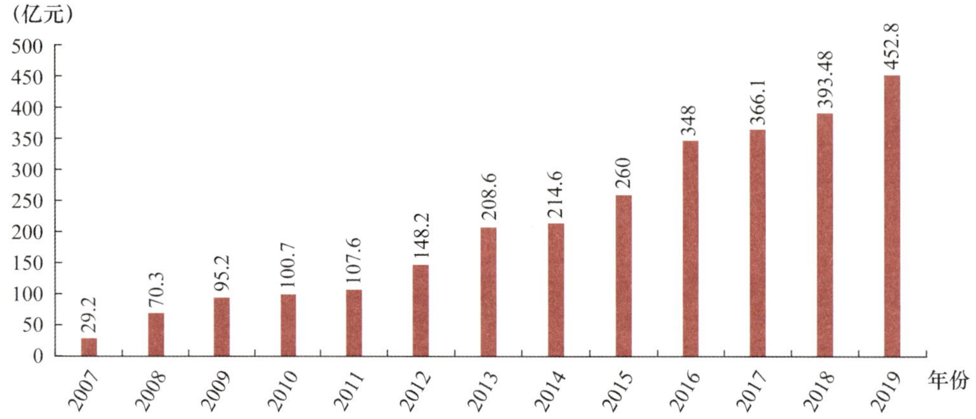

图 15 –7　农业保险赔款增长趋势

资料来源：中国银保监会、中国银行保险信息技术管理有限公司。

2019 年，农业保险在降低非洲猪瘟重大动物疫情、特大洪涝灾害对农业产业造成的损失中作出了重要贡献，农业及种、养两业保险赔付率均创历史新高，畜牧业简单赔付率更是达到 105. 52%。部分省份的农业保险亏损情况也十分严重，黑龙江、四川等 7 省份农业保险赔付率超过 100%，特别是四川等 4 省份生猪保险赔付率在 200% 以上。

（三）政策环境不断优化

第一，农业保险高质量发展的目标与路径初步确定。2019 年 5 月 29 日，中央全面深化改革委员会第八次会议审议并原则同意《关于加快农业保险高质量发展的指导意见》（以下简称《意见》）。2019 年 10 月 9 日，财政部、农业农村部、银保监会、国家林草局联合印发了《意见》。《意见》是继《农业保险条例》颁布之后最重要的政策文件，是我国今后一个时期农业保险发展的纲领。《意见》清晰地指出了农业保险未来发展方向，有针对性地提出了农业保险高质量发展的目标和路径，有助于解决现存矛盾和问题，不断完善政策性农业保险制度。

第二，中央继续加大支持农业保险的力度。2019 年，财政对农业保险的支持政策取得新进展，全成本保险和收入保险试点正式实施，推动保障水平在目前种子、化肥等物化成本和地租成本的基础上，进一步增加劳动力成本至覆盖全部农业生产成本或直接开展收入保险，切实促进农业保险转型升级，保障农户种粮积极性。大灾保险试点范围进一步扩大。经总结评估，自 2019 年起，财政部将进一步扩大大灾保险试点范围，将 200 个试点县扩大至 500 个试点县。中央财政启动“以奖代补”特色农产品保险试点。2019 年，中央财政启动对地方优势特色农产品保险“以奖代补”试点，选择 10 个省份，探索通过“以奖代补”形式，对各地需求强烈的优势特色农产品保险提供支持。2020 年，试点地区扩大到 20 个省份，每个试点省份的试点保险标的或保险产品由不超过两种增加至三种。

二、农业保险创新与发展的绩效及其存在的问题——以农业大灾保险为例

农业保险高质量发展至少包含三层含义：第一，对于农户而言，农业保险相对于其他分散风险的工具更有效率；第二，对于政府而言，农业保险相对于其他支农工具更有效率；第三，保险公司合规与高效运行。对照上述标准，近年来我国农业保险创新和发展取得了很多成就，但也存在一些问题和挑战。以下以农业大灾保险为例，初步评估农业保险创新与发展的绩效及其存在的问题。

（一）农业大灾保险试点背景和内容

为贯彻落实 2017 年政府工作报告和国务院常务会议要求，创新农业救灾机制，助力现代农业发展和农民增收，财政部牵头会同农业部①、保监会组织开展了农业大灾保险试点。

1. 试点背景

2017 年政府工作报告中明确提出，在 13 个粮食主产省份选择部分县市，对适度规模经营农户实施大灾保险，调整部分财政救灾资金予以支持，提高保险理赔标准，完善农业再保险体系，以持续稳健的农业保险助力现代农业发展。2017 年 4 月

① 现为农业农村部。

26 日，国务院第 170 次常务会议审议通过了实施大灾保险试点的汇报，并对试点进行总体部署。2017 年 5 月，财政部会同农业部和银监会、保监会研究制定了《粮食主产省农业大灾保险试点工作方案》，并印发了《关于在粮食主产省开展农业大灾保险试点的通知》。为了配合做好试点工作，农业部要求试点省农业部门发挥行业部门作用和优势，协助选择试点县，合理确定适度规模经营农户标准，积极参与保险产品方案制定，配合做好政策宣传。

2. 试点内容

政策目标。在 13 个粮食主产省开展农业大灾保险试点，是为了深入推进农业供给侧结构性改革，推动农业保险"扩面、提标、增品"，加大对适度规模经营农户的农业保险支持力度，提供多元化产品供给，提高保险保障水平和赔付金额，进一步增强适度规模经营农户防范和应对大灾风险的能力，促进现代农业发展和农民增收，更好地维护国家粮食生产安全。

试点期限和保险标的。为总结试点经验，尽快形成可推广、可复制的农业大灾保险模式，试点期限暂定为 2017 年和 2018 年，试点保险标的首先选择关系国计民生和粮食安全的水稻、小麦、玉米三大粮食作物。

试点地区。农业大灾保险试点选择在河北、内蒙古、辽宁、吉林、黑龙江、江苏、安徽、江西、山东、河南、湖北、湖南、四川 13 个粮食主产省份的 200 个产粮大县开展。其中，粮食产量位居全国前三的黑龙江、河南、山东各选择 20 个试点县，其余省份各选择 14 个试点县。试点县名单由各省份自行确定，原则上应具备：较好的农业保险工作基础，生产经营以适度规模经营农户为主，具有较强的代表性。

参保范围。适度规模经营农户的具体标准，由各省份根据中共中央办公厅、国务院办公厅《关于引导农村土地经营权有序流转发展农业适度规模经营的意见》有关精神，结合当地实际情况予以确定，原则上适度规模经营农户的经营规模应为当地户均承包地面积的 10 ~ 15 倍。

保障水平。在试点地区将试点县的农业保险基本保障金额按规定覆盖直接物化成本的基础上，开发面向适度规模经营农户的专属农业大灾保险产品，保障水平覆盖"直接物化成本 + 地租"，提高保险赔付金额，增强适度规模经营农户应对农业大灾风险的能力。保险标的在生长期内所发生的直接物化成本和地租，按照最近一期价格等相关主管部门发布或认可的数据执行。

补贴标准。在农户自缴保费比例总体不变的基础上，以取消县级财政保费补贴为目标，进一步提高中央财政保费补贴比例。对试点县面向全体农户的、保险金额覆盖直接物化成本部分的基础农业保险保费，在省级财政至少补贴 25% 的基础上，中央财政对中西部地区补贴 47.5%、对东部地区补贴 45%；对试点县面向适度规模经营农户的、保险金额覆盖地租成本部分的专属农业保险保费，中央财政对中西部地区补贴 47.5%、对东部地区补贴 45%。

（二）农业大灾保险试点总体成效较为显著

在中央财政支持下，农业大灾保险试点取得了较为显著的成效。

1. 保障程度明显提高

一是保险金额大幅提升。在试点前，三大粮食作物平均保额为 426 元/亩，占平均物化成本 437 元/亩的 97%，占全部生产成本 1094 元/亩的 39%，远不能满足农民特别是适度规模经营农户的风险保障需求。农业大灾保险为广大农户特别是适度规模经营主体提供了更加多元化的产品供给，保障水平覆盖“直接物化成本 + 地租”，大大提高了保险金额。试点县水稻、玉米、小麦三大粮食作物亩均保额 800 元左右，保障程度提升了 88%，是物化成本的 1.83 倍，约为完全成本的 73%。[①]

其中，水稻大灾保险每亩保险金额为 613.3 元（吉林）至 1520 元（河北），平均每亩保险金额为 900 元左右，相较于普通农户物化成本保险增幅为 103%（见表 15-1）；小麦大灾保险每亩保险金额为 450 元（湖北）至 1000 元（河北、江苏），平均每亩保险金额为 700 元左右，相较于普通农户物化成本保险增幅为 52%（见表 15-2）；玉米大灾保险每亩保险金额为 413.3 元（吉林）至 1000 元（江苏），平均每亩保险金额为 700 元左右，相较于普通农户物化成本保险增幅为 80%（见表 15-3）。保险金额的大幅提高有效增强了适度规模经营农户遭遇大灾后恢复生产的能力。

---

① 三大粮食作物承保资料来源于国家发展改革委员会发布的《全国农产品成本收益资料汇编 2018》。

表 15 - 1　　2017 ~ 2018 年试点地区水稻大灾保险的保险金额　　单位：元

试点地区	每亩保险金额	每亩物化成本	每亩地租
河　北	1520	620	900
内蒙古	1000	500	500
辽　宁	940	590	350
吉　林	613.33	346.67	266.67
黑龙江	940	466.98	469.04
江　苏	1100	400	700
安　徽	800	406	394
江　西	700	400	300
山　东	1100	650	450
河　南	673	487	186
湖　北	700	459	300
湖　南	800	—	—
四　川	700	400	300

资料来源：财政部金融司。

表 15 - 2　　2017 ~ 2018 年试点地区小麦大灾保险的保险金额　　单位：元

试点地区	每亩保险金额	每亩物化成本	每亩地租
河　北	1000	500	500
内蒙古	900/600	500/200	400
辽　宁	590	240	350
吉　林	—	—	—
黑龙江	520	223.17	293.57
江　苏	1000	—	—
安　徽	650	367	283
江　西	—	—	—
山　东	900	466.96	450
河　南	745	447	298
湖　北	450	333	150
湖　南	—	—	—
四　川	600	300	300

注：内蒙古的对应数据列式方式为水地/旱地，“每亩保险金额”的列式 900/600 表示水地为 900 元/亩，旱地为 600 元/亩。“每亩物化成本”与之类似。

资料来源：财政部金融司。

表 15－3　2017～2018 年试点地区玉米大灾保险的保险金额　单位：元

试点地区	每亩保险金额	每亩物化成本	每亩地租
河　北	700	400	300
内蒙古	900/700	500/400	400/300
辽　宁	720	370	350
吉　林	413.33	280	133.33
黑龙江	670	321.23	344.17
江　苏	1000	—	—
安　徽	550	282	268
江　西	—	—	—
山　东	850	406.65	450
河　南	—	—	—
湖　北	—	—	—
湖　南	—	—	—
四　川	700	400	300

注：内蒙古的对应数据列式方式为水地/旱地，“每亩保险金额”的列式 900/700 表示水地为 900 元/亩，旱地为 700 元/亩。“每亩物化成本”与之类似。

资料来源：财政部金融司。

二是部分地区保险责任有所拓展。内蒙古、江苏、山东、湖北、江西等省份分别增加了高温热害、低温冻害、干热风等保障责任，江西还增加了蓄洪损失。

2. 赔付水平明显提升

一是与同期非大灾保险相比，大灾保险赔付率显著提高。2018 年试点县农业保险简单赔付率约为 83%，超出全国农业保险平均简单赔付率近 9 个百分点。部分试点地区出现超赔，内蒙古小麦、安徽小麦和山东玉米保险赔付率分别达到 151.32%、115.41% 和 119.66%。部分试点省的数据显示，与非大灾保险业务相比，大灾保险试点业务赔付率提高幅度为 50%～100%。其中，河南省 2017 年度秋季播种的小麦大灾保险赔付率为 79%，较同期非大灾保险提高了 30 个百分点。黑龙江 2017 年和 2018 年水稻大灾保险赔付率分别为 96% 和 115%，分别较同期非大灾保险赔付率提高了 45 个和 63 个百分点。安徽 2017 年秋季播种的小麦大灾保险赔付率为 134%，较同期非大灾保险提高了 75 个百分点；2018 年夏季播种的玉米大灾保险赔付率为205%，较同期非大灾保险提高了80个百分点。[①]

二是受灾农户得到了更高的赔偿，参保后的获得感显著提升。例如，某保险公司在吉林省的经营数据显示，在相同损失程度下，农业大灾保险比成本保险的赔款大幅提高，其中玉米保险亩均赔款提高了47%，水稻保险亩均赔款提高了67%。2018年，吉林省农安县三盛玉乡四道岗村5户新型经营主体自缴保费3.29万元，参保玉米193公顷，因灾获得赔款31.4万元，赔款金额为自缴保费的9.5倍；永安乡永安村一农户自缴保费0.77万元，参保玉米45.2公顷，因灾获得赔款19.62万元，赔款金额为自缴保费的25倍。[②]

3. 调动了适度规模经营主体投保的积极性

由于保障水平显著提高，农业保险对适度规模经营主体的吸引力明显增强。试点县三大粮食作物保险覆盖面达到80%以上，较全国平均水平高出15个百分点。适度规模经营主体投保面积占试点县总投保面积的比重由2016年的17%提高到2018年的25%，部分地区适度规模经营主体承保覆盖面超过90%。2017~2018年，人保财险在13个粮食主产省份的153个县开展大灾保险试点，占全部试点县的77%。其提供的数据显示，参保的适度规模经营农户数量从2017年的20186户次提高至2018年的68043户次。

另外，大灾保险试点将家庭农场、专业大户、农民合作社等适度规模经营主体作为重点扶持对象，有助于引导农业生产向规模化、集约化发展，提升适度规模经营水平。数据显示，部分试点地区户均投保面积明显增加。比如，湖北省试点县户均投保面积由2016年的9.97亩增加到2018年的15.75亩，增长58%。[③]

4. 调动了地方政府开展大灾保险的积极性

在中央财政提高保费补贴比例的支持下，大部分省份取消了市、县级财政补贴，部分省份虽未取消但也大幅下调了市、县级财政补贴比例（见表15-4）。200个试点县县级财政补贴比例由2016年的6%下降至2018年的不到3%，县级财政补贴压力明显降低。比如吉林、内蒙古全部取消了大灾试点地区市、县两级财政补贴比例，

---

① 资料来源：中国财产再保险股份有限公司。

② 资料来源：吉林省农业保险工作领导小组办公室。

③ 资料来源：农业农村计划财务司。

辽宁省市、县财政补贴比例由试点前的 15% 降低至 5%。取消试点地区市、县财政保费补贴，在很大程度上解决了产粮大县财政配套能力不足的问题，增强了地方政府开展农业大灾保险的意愿。

表 15 – 4　　2017 ~ 2018 年试点地区各级财政补贴与农户自缴比例　　单位：%

试点地区	财政补贴比例				农户自缴
	中央财政	省级财政	市级财政	县级财政	
河　北	47.5	32.5	0	0	20
内蒙古	47.5	32.5	0	0	20
辽　宁	45	30	5	20	
吉　林	47.5	25	0	0	27.5
黑龙江	47.5	25	0	7.5	20
江　苏	45	25	0	0	30
安　徽	47.5	30/25	2.5	7.5	20
江　西	47.5	25	0	7.5	20
山　东	45	30	5	0	20
河　南	47.5	32.5/30	0/2.5	0	20
湖　北	47.5	30	0	0	22.5
湖　南	47.5	32.5	0	0	20
四　川	47.5	27.5	0	0	25

注：①江苏的对应数据列式方式为 2017 年/2018 年。

②安徽省对皖北三市和十县中的 7 个试点县省财政补贴比例为 30%，其他地区为 25%。

③河南省级财政、市级财政数据列式方式为财政直管县/非财政直管县。

资料来源：财政部金融司。

5. 财政支持作用进一步显现

2017 ~ 2018 年，中央财政共承担大灾保险试点保费补贴 33.74 亿元，占比为 46.34%；地方财政承担保费补贴 23.94 亿元，占比为 32.88%；农户自缴保费 15.13 亿元，占比为 20.78%。其中，2018 年中央财政承担保费补贴 18.93 亿元，带动实现保费收入 40.60 亿元，较 2016 年增加 12.32 亿元，增长 44.56%（见表 15 – 5）。在财政的有力支持下，大灾保险提供风险保障 3400 多亿元，中央财政补贴资金放大约 180 倍。

（三）农业大灾保险试点存在的主要问题

农业大灾保险试点在取得显著成效的同时，在政策设计、组织实施等方面还有进一步完善的空间。

表 15－5　　农业大灾保险试点保费补贴构成情况　　单位：万元

	2016 年	比重	2017 年	比重	2018 年	比重	合计	比重
中央	118118	41.76%	148028	45.98%	189342	46.63%	337369	46.34%
地方	103442	36.57%	106889	33.20%	132464	32.62%	239353	32.88%
其中：省级	82014	29.00%	92742	28.81%	115292	28.40%	208034	28.58%
市级	5365	1.90%	4781	1.48%	4990	1.23%	9771	1.34%
县级	16064	5.68%	9367	2.91%	12181	3.00%	21548	2.96%
农户	61265	21.66%	67045	20.82%	84217	20.74%	151262	20.78%
合计	282825	100.00%	321962	100.00%	406023	100.00%	727985	100.00%

资料来源：财政部金融司。

1. 政策的受益面有限，试点范围亟须拓宽

截至 2018 年底，农业大灾保险试点区域仅为 13 个粮食主产省份的 200 个产粮大县，试点县数量仅占试点省份产粮大县总数量的 20%～25%，大量具有类似风险保障需求的产粮大县尚未纳入试点范围，政策的受益面有限。

2. 参保范围易受地方财政补贴压力的影响，难以适应农户经营规模的巨大差异

总体来看，各试点省份结合当地实际情况确定适度规模经营农户的具体标准（见表 15－6）。河北、辽宁、湖南 3 省标准为 100 亩以上；安徽、山东、河南、江苏、江西 5 省标准为 50 亩以上；吉林省为 300 亩以上；湖北、黑龙江、内蒙古 3 省没有制定统一标准，由试点县确定；四川针对不同地区（是否位于成都平原）种粮大户、合作社等不同类型的适度规模经营主体制定了不同标准，30～500 亩不等。各省份参保范围的确定标准较为充分地体现了促进农业适度规模经营的政策导向，但尚存在两个问题：一是个别省份受制于地方财政补贴的压力，将适度规模经营户的标准定得较高，降低了农业大灾保险的覆盖面；二是大多数省份统一确定各试点县的适度规模经营户的标准，难以适应各地农户承包面积的较大差异。

表 15－6　适度规模经营农户的界定标准　单位：亩

试点地区	适度规模经营农户农地面积下限
河　北	100
内蒙古	在试点旗县范围内，适度规模经营主体单一标的种植面积不低于当地户均承包耕地面积的 10～15 倍，且地块支付地租的可以投保，盟市可以根据自身情况适当提高面积要求
辽　宁	100
吉　林	300
黑龙江	150～700
江　苏	50
安　徽	50
江　西	50
山　东	50
河　南	50
湖　北	种植面积需高于当地户均耕地面积（以 2016 年湖北农村统计年鉴为准）的 10 倍（含）以上，投保时须提供真实有效的土地来源合同或证明
湖　南	100
四　川	30～500

资料来源：各省农业大灾保险试点方案。

3. 保险金额仍偏低，保险合约的缺陷影响了保障水平提升

一是大灾保险的保险金额虽然显著提高，但仍不足以有效覆盖实际生产成本。在实践中，各省份确定保险金额时通常综合考虑平均物化成本、地租与地方财力等因素。一方面，由于不同试点县物化成本和地租存在较大差异，为了减少道德风险，试点省份大多取中等偏下的水平，作为确定保险金额的基础。另一方面，保险金额越高，地方需要配套的保费补贴越多，为了减缓地方财政保费补贴压力，部分试点省份倾向于控制保险金额水平。这些因素使得各省份确定的保险金额仍然偏低。与三大粮食作物平均 1094 元/亩投入相比，目前大灾保险保障程度仍不足以完全覆盖全部生产成本。有些省份大灾保险的保额仍仅占全部生产成本的一半左右，如河南水稻每亩保额 673 元，湖北小麦每亩保额 450 元，辽宁小麦每亩保额

590 元，安徽玉米每亩保额 550 元，保额与全部投入成本的差距较大，还需进一步提高。

二是分阶段赔付的方法影响了保障水平提升。大灾保险采用分阶段赔付的办法，即依据农作物受损时所处的生长阶段对农业保险保额进行调整。在现有农业保险合约下，保额的提高并不必然带来农业保险保障水平的提升。①

三是保险条款中不允许设置绝对免赔②，降低了大灾保险对于较大灾害损失的赔付水平。不允许设置绝对免赔，降低了获赔门槛，使得大灾保险的赔付呈现“高获赔概率、低保险赔付”的特征，既不利于发挥保险转嫁发生概率小、损失程度较大的风险的效率优势，也难以满足规模经营主体对“低获赔概率、高保险赔付”的保障需求。

4. 财政补贴的差异化不够，不合理的保费补贴拨付机制带来应收保费风险

一是中央财政补贴的差异化仍然不够充分。这造成部分省份地方财政保费补贴资金配套压力较大，从而难以有效提高保险金额、扩大承保规模以及取消县级财政补贴。例如，黑龙江省一方面耕地面积大，玉米、小麦、水稻三大作物耕地面积达 1.8 亿亩，地方配套保费补贴压力大。另一方面，黑龙江省地方财政困难，2017 年财政自给率仅为 27%，支出主要依靠转移支付。全省 76 个市县有 64 个享受省均衡性转移支付，28 个国家和省级贫困县中有 27 个是产粮大县。受财力的约束，黑龙江省三大作物大灾保险的保险金额相对较低，并维持了较高的县级财政补贴比例（7.5%），在很大程度上影响了农户参保和地方政府扩面的积极性，从而不利于政策的有效落地。③

二是保费补贴拨付机制不合理，出现大量的应收保费。为满足事权财权匹配原则，中央和省的财政补贴要拨付到县，再由县财政拨付到公司。由于各县财政状况

① 依据我国现有农业保险合约，保额和农户是否能够获得农业保险赔付是相互独立的两个变量，提高保额能否提升农业保险保障水平与农户所在地区的初始风险环境有关。如果农户所在地区为高风险环境，农户获赔概率高，则提高保额会提升农业保险保障水平；反之，如果农户所在地区为中低风险环境，农户获赔概率不高，而农户缴纳的保费相应增加，就很有可能不会提升农业保险保障水平。

② 2015 年，保监会、农业部、财政部联合下发《关于进一步完善中央财政保费补贴型农业保险产品条款拟订工作的通知》，明确要求取消农业保险绝对免赔。

③ 资料来源：黑龙江省财政厅。

不同，一些财政紧张县长期不拨付资金，有的长达几年，导致保险经办机构应收保费快速增加。大量的应收保费不仅大幅减少公司可运用资金与现金流，影响公司经营，而且有可能积累成地方政府债务风险。另外，补贴时间普遍滞后于保险责任承担期间，造成保险公司提前垫付赔款，大量占用企业资金。

5. 市场准入机制不明确，招标不规范造成竞争失序，退出机制不完善

一是市场准入机制不明确。2015 年，根据《国务院关于取消和调整一批行政审批项目等事项的决定》的要求，农业保险业务经营资格行政审批事项被取消。此后，农业保险市场适度的准入机制一直没有有效建立起来，不利于维护公平有序的市场秩序。

二是招标不规范造成了寻租和不正当竞争。各试点地区主要通过招标的方式确定大灾保险的经办主体。通过招标，新的主体不断进入，有利于促进竞争和增强市场活力，但招标规则存在缺陷，造成了寻租和不正当竞争。首先，招标的层次过低。一些试点地区在县一级招标，农业保险市场准入掌握在县级政府层面，缺乏有效约束。其次，招标的条件与对经办主体的选择标准不太客观。对大灾保险经办机构的能力研究不足，没有形成统一的基础标准，使得招标易受人为操作、主观偏好和自由裁量权的影响。再次，对经办大灾保险的主体数量缺乏必要的限制。某试点省已实现招投标的县区，经营主体不超过 2 家，仅占全部县区的 21%，3 家以上的近 80%，而 5 家以上的占比达 46%。有的县招六七家经办机构，造成农业保险经营主体过多，既诱发各种恶性竞争，又造成市场主体重复投入，带来资源浪费。最后，经办期限偏短。一些试点地区每年招标，造成经办主体缺乏稳定的预期，诱发短期行为，使得经办主体不愿意长期投入，不利于提升对参保农户的服务水平。

三是没有建立硬性的市场退出机制。一些地区对于违法违规机构初步建立了退出惩戒机制，但近年来没有一家公司被查处退出市场，没有很好地发挥市场约束作用，部分地区甚至出现了劣币驱逐良币的现象，造成市场无序竞争，市场运行成本高企，承办机构行为短期化严重，最终导致财政资金的浪费。

6. 保险费率与风险不匹配，造成逆向选择和交叉补贴

一是大灾保险试点业务风险与保险费率不匹配。大部分省份采用了与成本保险产品相同的费率，部分试点地区针对适度规模经营农户专属大灾保险产品适当下调了保险费率。其中，山东将玉米和水稻分别由 4.29% 和 4.62% 下调至 4.24% 和 4.55%，四川将小麦保费费率由3.47%和3%下调至2.72%、2.4%，黑龙江将水稻、小麦、玉米费率分别下调至4.79%、7.69%和7.46%（见表15－7）。而适度规模经营主体具有种植面积相对集中、不宜分散风险、防灾减损成本高等特点，其风险与小农户存在相当的差异，这使得费率与风险不尽匹配，不利于大灾保险的可持续发展。

二是试点省内统一费率与县域风险不匹配。13个粮食主产省份中，除了内蒙古和辽宁外，大灾保险试点对于本省内的同一作物基本采用了相同费率（见表15－7），不适应各试点省份14～20个试点县在种植条件和自然风险等方面存在明显差异，造成农户的逆向选择以及各试点县之间的交叉补贴。

表15－7　试点地区保险费率　单位:%

试点地区	水稻		小麦		玉米	
	2016年	2017年/2018年	2016年	2017年/2018年	2016年	2017年/2018年
河　北	5	5	4	4	6	6
内蒙古	—	4	—	6（水地）/8（旱地）	—	6（水地）/8（旱地）
辽　宁	8	8	10/11	10/11	10/11	10/11
吉　林	—	8	—	—	—	10
黑龙江	5.32～6.82	4.79	8.18～8.33	7.69	7.81～9.68	7.46
江　苏	4	4	4	4	4	4
安　徽	6	6	4.5	4.5	6	6
江　西	6	5	—	—	—	—
山　东	4.62	4.55	4	4	4.29	4.24
河　南	6/6.5	6	6/6.5	6	—	—
湖　北	7	6	—	6	—	—
湖　南	5	5	—	—	—	—
四　川	4.5/4	4.5/4	3.4/3	（3.4/3）/（2.72/2.4）	4.5/4	4.5/4

注：①辽宁小麦、玉米保险费率10%/11%是按地区划分的，保费10%的地区包括沈阳、鞍山、抚顺、本溪、丹东、营口、辽阳、盘锦；保费11%的地区包括锦州、铁岭、阜新、朝阳、葫芦岛。

②四川小麦2017年、2018年保险费率不同，分别为3.4%/3%、2.72%/2.4%。两个费率分别为面向小农户的基本保险和费率（较低）与面向适度规模经营者的专属保险费率（较高）。

资料来源：财政部金融司。

7. 超赔风险分散方式较为有限，多层次大灾风险分散机制有待完善

规模经营主体经营品种单一、风险集中度高，在理赔时博弈和议价能力更强，造成部分地区的大灾保险试点业务比非大灾保险业务的赔付率大幅提高。目前市场主体主要通过保险机构计提大灾准备金、商业再保险等方式分散超赔风险，难以有效应对大灾风险，亟须完善多层次大灾风险分散机制。

8. 大灾保险内涵有待拓展，经营模式创新有待加强

从试点地区的实践看，大灾保险与成本保险的区别主要体现为保险金额提高，内涵有待拓展。同时，大灾保险的经营模式与成本保险类似，创新不足。

一是没有体现出大灾保障的真正意义。大灾保险在理赔模式上与成本保险雷同，仍然是有灾就赔的无门槛式赔付，没有充分体现出保大灾的真正意义。

二是业务流程复杂，成本高昂。和成本保险类似，大灾保险业务流程复杂，承保理赔过程多达 50 多个环节。而由于参保标准的限制，大灾保险的投保手续比成本保险更为烦琐。经办主体需事先筛选，分别按大户、小户进行两次填表收费，有的地方则需要按照大灾和成本保险分别出单。同时，适度规模经营主体投保大灾保险，一些省份还要求额外提供经农经部门备案的土地流转合同、权属证明材料及小麦直补两级证明等资料。烦琐的手续不仅在一定程度上影响了农户投保的积极性，而且使保险公司耗费大量人力物力，并容易导致违规操作。

三是承保与理赔仍然主要依靠政府的行政推动。对地方政府相关部门的行政权力约束不够以及保险公司自身内控不足，造成一些地方存在虚假承保、虚假理赔和虚假费用等违规行为。

三、促进农业保险创新与发展的政策建议

（一）增强农业保险满足新型农业经营主体需求的能力

当前农业保险发展已经进入促进现代农业发展的新阶段，要从有至优，满足新型农业经营主体规模化经营对农业保险更高的风险保障要求。

一是加强针对新型农业经营主体的产品创新。农业保险要从当前主要面向传统小农的单一的产品体系向兼顾新型农村经营主体的多元化、多层次体系发展。要开

发“高保费、高保障”的专属性产品，满足新型农业经营主体的异质性需求，适应其高投入、高成本的要求。同时，产量保险、价格保险、收入保险的改革试点可以主要面向新型农业经营主体，从而将农业保险的创新性供给奠基于真实的需求基础之上。

二是要依托新型农业经营主体创新农业保险经营模式。依托新型农业经营主体的规模化经营及其内生的农业保险需求，有效降低农业保险的交易成本，有助于建立可持续发展的农业保险经营模式。

三是要加大财政对农业保险服务新型农村经营主体的支持。目前中央财政主要对“低保费、低保额”农业保险产品提供保费补贴，有必要适时改变补贴的原则，将面向新型农村经营主体的高保障创新产品纳入中央财政补贴范畴，为满足新型农业经营主体差异化需求的专属性产品提供保费补贴，以提高农业保险保障水平，促进现代农业的发展。

另外，保费补贴要适时向规模化经营的新型农村经营主体倾斜。规模化经营的新型经营主体土地利用率、产出率、商品化率高，对确保国家粮食安全的贡献大，国家对政策性农业保险的保费补贴理应向其倾斜。因此，有必要改变统一的保费补贴政策，将农业保险保费补贴政策的完善和优化与培育新型农业经营主体、促进农业规模化经营有机结合起来，即将补贴比例和投保人的种植规模与保险产品的保障水平结合起来，重点补贴农业规模化生产的新型农村经营主体，重点补贴保障水平高的保险产品，以加快构建新型农业经营体系。

（二）提高保险金额，完善保险合约，提升保障水平

一是继续提高保险金额。要使保险金额逐步达到“物化成本 + 地租”的水平，提高保障程度，进一步增强农户抵御风险的能力。为此，在同一个省份的不同地区，保险金额的确定要有差异化，充分反映各地不同的物化成本与地租水平，并随着成本和地租的增长建立保险金额的动态调整机制。

二是取消或提高分阶段赔付系数。在其他因素保持不变的情况下，取消或提高农业保险分阶段赔付系数会明显提升农业保险保障水平。同时，分阶段赔付规定可操作性不强，在实践中难以严格执行，而且不能有效激励农户在农作物早期受灾后积极补种，有悖于保障国家粮食安全的目标。因此应取消分阶段赔付规定，或参照

美国农业保险中的“补种安排（re-planting）”条款对其进行调整。[①]

三是允许设置绝对免赔。设置绝对免赔，有助于农业保险从目前的“高获赔概率、低保险赔付”模式向“低获赔概率、高保险赔付”模式转变，使得农户尤其是规模经营主体在遭受概率较低但损失程度较大的风险时能够获得较高水平的赔偿。

（三）提升保费补贴的差异化程度，明确取消县级补贴，优化补贴拨付机制

一是实施更大力度的差异化补贴政策。中央财政的补贴比例要充分考虑各地经济和社会发展水平的差异，加大对耕地面积大、粮食产量多、粮食商品化率高、地方财政困难省份的补贴力度。可以根据农业生产、财政状况等多种因素进行差异化补贴，对粮食大省和财政小省适当增加农业保险保费补贴的转移支付，缓解其财政配套压力，激发农业大省发展农业保险的积极性。

二是明确取消县级财政保费补贴。增强产粮大县农业保险推广的积极性，扩大农业保险覆盖面，促进现代农业发展和农民增收。

三是优化保费补贴拨付机制。为了遏制应收保费的快速增长及其带来的巨大风险，需提高财政补贴资金的配套效率，探索将中央和省级财政补贴直接补贴经办机构；或对保费补贴专户实行动态监控，动支必须经过财政厅、财专办审核同意。

（四）完善市场准入机制，完善招标规则，探索共保机制，完善市场退出机制

2020 年，银保监会发布了《关于进一步明确农业保险业务经营条件的通知》，针对行业反映较为集中的农险市场准入问题，建立完善全流程的农险业务经营条件管理制度体系，对于完善农业保险市场的准入和退出具有重要意义。同时，财政部起草了全国农业保险招投标管理办法，以规范保险机构管理，督促农业保险机构提高服务水平。未来要进一步完善市场准入和退出机制，优化招标规则，规范市场

---

① 在美国，“补种安排”条款的目的是鼓励农场在灾后恢复再生产。在美国农业部风险管理局颁布的《农业保险核灾定损通用手册》（*Loss Adjustment Manual Standards Handbook*）以及具体作物保险的核灾定损手册（如 *Corn Loss Adjustment Standards Handbook*）中都明确规定，在最早可播种日期之后种植的农作物在生长期间如发生严重灾害导致农作物受损严重，保险公司评估后认为可以补种的，农户必须补种；此时保险公司按照保障产量的 20% 或基于给定单产水平（8 蒲式耳/英亩）计算的保障产量之中较小者进行赔付，赔付金额在总保额中扣除，保单依然有效，农场复种的农作物仍受农业保险的保护。

运行。

一是完善市场准入机制。要构建财务指标体系，作为市场准入的基本条件。在这方面，美国农业保险经营主体的市场准入经验值得借鉴。在美国，有意愿经营农业保险的公司需要获得风险管理局的批准，与其签订标准再保险合同，被授权提供联邦农作物保险服务，这样的公司被称为 AIPs（Approved Insurance Providers）。AIPs 必须满足 10 余项财务标准与 A. M. Best（贝氏）保险评级。联邦农作物保险公司在每个再保险年度都会更新各州批准经营农业保险的公司（AIPs）名单。各州的 AIPs 的数量一般是不同的，保险公司在各州经营都需要获得批准。在 2020 年再保险年度，一共有 14 家 AIPs 经营联邦农作物保险，11 家 AIPs 经营联邦畜牧业价格保险。

二是完善招标规则，实现农业保险市场的适度竞争。首先，要提高招标层次。农险保险试点的经办权可以由省级统一招标。其次，规范经办机构选择标准。农业保险管理部门要加强对保险经办机构能力的评估和研究，充分考虑保险机构保险服务供给能力、操作合规性、专业管理水平、创新服务能力、承保理赔能力等绩效指标，形成统一的基础标准，避免招标中的人为操作。再次，适当限制县级经办主体的数量。根据试点地区种植面积的大小，合理确定经办机构的数量，促进经办主体建设服务网络，提高服务质量。最后，稳定市场主体经营期限。经办期限至少不低于 3 ~ 5 年，试点期间，如无特殊原因，不更换经办机构，以稳定市场主体的经营预期，促进经办机构加强基础投入，降低市场运行成本。

三是探索建立多家经营主体共保机制。主承保公司负责搭建农业保险服务平台，统一制定承保理赔服务标准，安排分保等相关事项；其他公司按照区域提供同等保险服务。同时，在共保体内部引入竞争机制，根据公司经营大灾保险的效率与质量动态调整市场份额。

四是完善市场退出机制。建立和完善对农业保险经办机构的绩效评价、服务评估、群众评议、违规惩戒等机制，限制违法违规机构开展农业保险业务，减少服务水平低的机构的经营区域。通过经办权和市场份额的调整，促进经办机构依法经营、提升服务水平。

（五）深化研究风险区划和费率分区，实现风险与费率的匹配

2020 年，中国精算师协会和中国银保信组织行业力量，组建了农险风险区划研

究测算小组，联合开展了稻谷、小麦和玉米的保险风险区划和费率分区研究工作，形成了《稻谷、小麦、玉米成本保险行业基准纯风险损失率表（2020 版）》，探索农业保险风险分区和费率分区。未来要以此为起点，推动农业保险风险与费率匹配。

一是根据农户，尤其是适度规模经营主体的生产风险特点，动态调整保险费率。规模化与专业化生产经营使得新型农业经营主体的种植品种较为单一，风险集中度高于传统小农户。保险的费率要与适度规模经营主体的风险相匹配。

二是进一步细化风险区划研究，推动费率分区。各地要根据不同地区风险程度的不同，实行差异化费率，避免逆选择与交叉补贴。

（六）以设立中国农业再保险公司为契机，完善多层次大灾风险分散机制

2020 年，中国农业再保险公司成立，这是完善我国农业保险大灾风险分散制度的重要举措。未来要以农业再保险公司为载体，基于市场化运作的原则，构建农业再保险公司与原保险人的风险共担机制，完善农业保险再保险体系。

一是督促保险机构落实农业保险大灾风险准备金制度，及时足额计提大灾风险准备金，增强应对农业大灾风险的能力。

二是完善市场化再保险安排。充分利用再保险风险保障及大灾风险管理功能，有效转移大灾风险，并平滑市场主体年际间的经营波动。

三是以设立中国农业再保险公司为契机，完善农业保险再保险体系，提高再保险能力，建立财政支持的农业保险巨灾风险风散机制。

（七）推动农业保险保障模式转型，构建“基本保障 + 附加保障”的多元化农业保险体系

一是推动大灾保险转型为真正保障重大灾害损失的产量保险模式。在目前提高保险金额的基础上，探索实施高起赔、高保额、保大灾的产量保险保障模式，以产量损失作为赔付依据，将其与低保额、低保障、“撒胡椒面式”的传统成本保险区别开来，使大灾保险真正成为参保农民应对巨灾风险的有效工具。

二是将转型后的大灾保险拓展为针对所有农户的普惠性农业保险。由政府全额补贴保费，提供最基本的风险保障。对普惠性农业保险全额补贴，不仅可以降低承保环节的成本，而且有助于遏制虚假承保、虚假理赔等违法违规行为。

三是以普惠性的大灾保险为基础，构建“基本保障 + 附加保障”的多元化农业保险体系。整合成本保险、大灾保险、完全成本保险、收入保险，构建“基本保障 + 附加保障”的多元化农业保险体系。在政府全额补贴保费、提供基本保障的大灾保险基础上，农户可以根据需要通过额外缴费购买部分补贴保费、提供更高保障程度的保险产品，满足自身，特别是规模经营主体的多元化需求，兼顾公平与效率。财政部门则可以对不同保障水平的产品设置不同的补贴比例，保障水平越高，补贴比例则相应越低，以体现市场化导向和公共财政的均等性。

四是鼓励发展指数保险，推动农业保险产品创新。鼓励发展区域产量保险、气象指数保险等指数形态的保险产品，有效降低农业保险在承保、定损以及赔付环节的成本，降低人为干预空间和违规操作风险，保证财政补贴资金安全。

第 16 章

农村中小金融机构的创新之路

一、农商行探路中医药供应链金融的实践与思考[①]

金融科技赋能下，供应链金融成了“香饽饽”。长期以来，小微企业因自身信用不足、抵质押物相对缺乏、信息不对称等导致融资难、融资贵、融资慢，而供应链金融就是银行围绕核心企业，管理上下游中小企业的资金流和物流，以核心企业的信用做背书，向链条中的小微企业提供贷款的金融服务，从产业视角鼓励供应链核心企业加大对上下游中小企业的帮扶力度。

近年来，亳州药都农商行积极贯彻落实党中央、国务院和监管部门的要求，以服务经济社会和实体经济为导向，积极探索大数据、区块链技术的创新应用，充分发挥科学技术在促进数据共享、优化业务流程、降低融资成本、提升协同效率等方面的作用，加快大数据、区块链和人工智能等前沿信息技术的融合应用，于2018年正式启动了中医药供应链金融项目，着力解决中小企业贷款融资难、融资贵、融资慢，银行风控难等焦点问题，帮助企业降杠杆、降成本、增效益。

（一）中医药供应链金融项目的行业背景

作为神医华佗故里、中华药都，亳州有着2000多年中药材种植、加工、经营历

① 本节数据均来源于亳州药都农商行内部资料。

史，是我国中医药文化的重要发祥地，位居中国四大药都之首，是全球最大的中药材集散中心和价格形成中心。2018 年现代中医药产业规模达 1096.8 亿元，突破 1000 亿元，已成为主导产业、立市之本。

（二）金融扶持亳州中医药行业的难点分析

自中医药供应链金融项目启动以来，药都农商行先后开展了 30 余场、涉及 220 余人次的座谈交流，30 余次的企业调研，围绕 268 家核心企业及其上下游，探讨在应收账款、应付账款、预付账款、存货等融资服务方面的现状，剖析中医药供应链金融存在的问题和难点。

从行业角度来看，中药材行业的特点和风险是：中药材品种多、产地分散、规格等级多，行业的专业性强和复杂程度高；中药材品种容易受到自然情况、囤积炒作等因素的影响，带来短期内供需失衡、价格快速波动的风险。亳州中医药核心企业规模较小，缺少话语权，其上游弱、下游强的特点非常明显，下游对上游进行账款确认的意愿性不强。

从核心企业角度来看，中药材相关企业仍存在融资难、融资贵的问题。中药材生产加工企业、经营批发企业，一般拥有存货多、应收账款多、应付账款多且资金需求旺盛的共性。其账期长、回款难、现金流不足、资金周转困难；企业生产经营活动中，原材料采购、成品销售存在单次、单品种交易量小、交易频繁的特点。

从中医药仓储公司角度来看，原有的线下办理一笔货押贷款流程较为复杂，仓储公司和贷户从入库到出库要经历十几道程序，填写各类证明材料，客户体验极差。以入库流程为例：客户申请—仓储公司货物入库—客户携带入库单到银行申请—银行方到仓储公司调查核实—银行内部授信流程—客户到银行签订借款合同—客户到银行用款且每次用款都需要到银行签订借据。

从亳州药商群体来看，亳州药商的业务范围包含了全国六大区十八大中药材专业市场（如河北安国、广西玉林、成都荷花池、广东普宁、江西樟树、河南禹州等），且业务呈现多、小、散（药商多、客户多、品种多、交易笔数多，单一品种交易量小、单笔交易量小，客户散、品种散、产地散、业务散）的特点。如何通过线上服务，将亳州药商散布在全国的贸易对象串起来，为亳州外的广大药商提供灵活的投融资服务，是摆在中医药供应链金融项目面前的一个课题。

从银行角度来看，信贷投放过程中仍存在“放”和“控”的两难境地。一方面，中药材市场变化快，企业有强烈的资金需求，对资金获得的时效性要求较高，而银行线下信贷业务普遍存在贷款手续烦琐、索证资料较多、流程复杂、审批慢、上下游客户风险把控难等问题。另一方面，中药材行业专业性较强，银行工作人员缺乏相关知识，对中药材价格、质量风险难以把控。

如何更好地满足中药材行业企业短、频、快的资金需求，处理好“放”和“控”对立统一的关系，做到线上与线下“无缝对接”，是中医药供应链金融项目的难点和痛点。

（三）药都农商行中医药供应链金融所具备的优势

对比传统供应链金融和其他互联网产品，药都农商行中医药供应链金融项目具备如下优势。

1. 强大的数据支撑

中医药供应链金融项目资料来源可分为三部分：一是亳州市政府智慧城市数据，包含了亳州市工商、公安、卫健委等 83 家单位 2998 类 64.68 亿条数据；二是银行金融数据，包含了药都农商行存款、贷款、中间业务等历史存量数据，以及省联社新核心系统、信贷系统数据；三是中国人民银行征信数据。与传统供应链金融和其他互联网产品相比，药都农商行的大数据更接地气，稳定可靠，数据质量高、更新快。

2. 药都农商行科技赋能能力强

业务的发展最终需要科技的支撑，业务发展和资产质量是药都农商行的生命线，科技创新和渠道建设是药都农商行的“大心脏”。2013 年药都农商行分设了科技信息部和电子银行部。目前，药都农商行科技部门共有员工 19 人，电子银行部共有员工 6 人，80% 以上具有相关专业的研究生学历。这样的配备体现了药都农商行对科技信息和渠道建设的重视程度。

部门分设方面，药都农商行已经具备较强的项目管理能力和小系统的自助开发能力，7 年间自行开发和委托开发系统 63 项，其中业务系统 45 项、管理支撑类系统 18 项，很多项目的开发和运行得到了省联社及市、区两级政府的高度评价和社会各界的充分认可。比如金农易贷项目，就是利用大数据和云计算线上信贷综合服务产品；智慧城市项目，就是药都农商行作为独家参与的金融机构，围绕智慧支付建立的政务服务、便民服务相结合的综合支付平台；公积金在线提取系统、新农合在线报销系统、“普惠快付”等，都是从便民、惠民的角度开展的“互联网 + 金融”等方面的尝试。

3. 省联社及市政府支持力度大

自项目启动以来，省联社主要领导多次到药都农商行指导与协调。项目打通了省联社信贷系统、网银系统，实现了银联系统的直通直联，搭建了基于手机 App 的强大安全防护系统。

亳州市政府统筹各部门及各企事业单位，为药都农商行中医药供应链金融项目研发提供便利，特别是在中医药产业链信息获取方面，提供了较多的上下游企业基本信息、贸易信息，确保了贸易真实性，为项目的推进打下了坚实的基础。

（四）解决中医药供应链金融难点和痛点

针对以上难题，药都农商行在中医药供应链金融平台搭建过程中，坚持痛点思维，不断强化供应链金融服务的探索和实践。

1. 开发接地气的金融产品

一是围绕核心企业及上下游，开发了应收账款、应付账款、预付账款和存货质押 4 个贸易类信贷产品。二是建设了药都农商行 App，除为客户提供供应链金融服务外，还为客户提供信用卡快申、信用和抵押类贷款申请等专业化服务。三是成立供应链金融部，实行专业、专岗、“5 +2”的工作制度。

2. 简化的操作流程

改变传统的线下申请模式，搭建平台 PC 端和 App 端，实现线上申请，足不出户就可申请贷款。与药都农商行合作的仓储机构及其上下游客户，在手机（电脑）上随时随地发起入库申请、出库申请、贷款申请、还款申请；核心企业及贸易方在平台上发起贷款申请、贸易确认、合同签订、用款还款，最大限度减少客户申请成本。客户从申请到最终获得贷款只需 3 步：线上发起申请、线上签订合同、线上用款还款（以货押贷款为例，通过中医药供应链系统，客户在入库后，从申请到获得贷款一般只需 5 分钟）。

3. 高效的审批系统

变业务流程“手动”为“自动”，变“人工受理”为“系统受理”，系统对符合条件的客户进行初步筛选，符合条件的自动受理、自动准入、自动评级、自动利率定价。通过本地系统与省联社系统的无缝对接，在信贷系统自动生成借款合同，省去客户经理在信贷系统中的操作录入，进一步压缩了业务办理时间。授信通过后，客户通过企业网银自助贷款、还款。

4. 严谨的风控管理

通过整合省联社下发数据，借助亳州市政府部门数据、中国人民银行征信系统数据，对接专业中药材价格评估机构数据，对接税务发票验真数据，搭建准入、评级授信、利率定价、风险防控、贷后预警等 5 大类 100 多个模型。关注供应链金融中的关键环节和关键风险，建设围绕核心企业的线上与线下风控体系，加强资金交易分析和税务数据分析，重点核实贸易背景，防止重复质押和空单质押，防范供应链金融风险。

（五）取得的成效

中医药供应链金融信贷产品自 2019 年 6 月 10 日上线，截至 2020 年 10 月底，“金农信 e 链”业务已合作核心企业 44 家、仓储 6 家，累计服务上下游客户和个体商户 563 户，累计授信 232574 万元，累计放款 2390 笔 179734 万元，存量贷款为 839 笔 68189 万元。

二、深耕“责任田”，以专业化服务、特色化经营助力脱贫攻坚、支持乡村振兴[①]

——长江村镇银行坚守市场定位、践行普惠金融纪实

2011 年以来，武汉农商银行响应党中央号召、顺应银保监会导向，在广东、云南、海南、广西、江苏、湖北等 6 省份发起设立了 47 家长江村镇银行，覆盖 25 个

① 本节数据均来源于长江村镇银行内部资料。

国定贫困县和连片特困地区县，形成“承东接西、集中连片”的机构布局。十年耕耘，春华秋实，在坚守市场定位、践行普惠金融的过程中，长江村镇银行推行的深耕“责任田”做法，独具差异和特色，在助力脱贫攻坚、支持乡村振兴方面发挥了重要作用、取得了积极成效。

（一）推行深耕“责任田”的背景和目的

长江村镇银行成立之初，就树立了“填补农村金融空白、支持县域经济发展”的金融思维，明确了“做小、做散、做量、做强”的发展战略，并为此搭建起“总部—驻外部—村镇银行”三级管理体系，引进了本土化的股东、本土化的高管和本土化的员工，复制了发起行的技术和产品，独创了长江小微金融模式，取得了一些成效：各地政府大力支持，机构网点迅速铺开，存贷等主要经营指标较快增长。但是，这种增长到了一定程度就会陷入瓶颈，总量无法突破，个体出现分化，关键是品牌认知度不够，当地很多老百姓不理解、不认同、不信任，因而难以发挥应有的作用。如何打开局面、突破瓶颈，更好地坚守市场定位、践行普惠金融，履行党中央、国务院赋予的职责，成为长江村镇银行迫在眉睫的课题。在深入调研不同群体客户需求、总结自身经验、借鉴同业做法的基础上，长江村镇银行逐渐认识到，作为新生的金融机构，与其他商业银行比，其品牌没有别人响、网点没有别人多、功能没有别人强。只有到农村去、到社区去，错时、错峰、错位服务，发挥决策链条短、方式灵活、接地气的优势，才能赢得当地老百姓支持。为此，长江村镇银行提出了依托精准扶贫、乡村振兴，到农村、社区深耕“责任田”的设想，即以网点为圆心画半径，通过将一个个村湾、社区划分为一块块“责任田”，让员工与老百姓同吃、同住、同劳动，增进感情，精耕细作，并逐步扩面、提质，不断提升金融助力脱贫攻坚、支持乡村振兴的能力，进而推动业务持续稳健发展。

（二）实施深耕“责任田”的主要做法

概括起来就是“一二三四五”，即划分“一块责任田”，明确“两到户”，落实“三固定”，抓好“四下沉”，细分“五维服务”。

1. 划分“一块责任田”

围绕精准扶贫、乡村振兴主要任务，将村镇银行服务区域合理规划、合理划分，由近及远，分步覆盖。首先，对以网点为圆心、5 公里为半径内的区域做到深度覆盖，对远离网点的乡镇、村湾，按经济活跃程度、人口密集度、辐射效应依次建立金融服务站、联系点，搭建起“网点 + 金融服务站 + 联系点 + 客户经理”四级工作架构；其次，将这些区域按照行政区划、经营主体、交通状况和便于管理的原则进行网格化划分，形成一块块“责任田”，在地图上作“已覆盖、拟覆盖、未覆盖”标记，分别以“红、黄、蓝”进行标注，编号管理，逐块建立信息台账，按季更新公示。

2. 明确“两到户”

围绕“不落一人”“两不愁、三保障”，使“责任田”分田到户，让员工走村入户。按照“统一划分、分片包干”的原则，兼顾地理位置远近、人地相熟程度等因素，每一块“责任田”由一个团队或一名员工认领，作为工作任务，纳入履职考核。村镇银行班子成员、党员带头将“责任田”打造成“示范田”。对单兵作战能力较弱的员工，先按 1 ~ 2 人编组，逐渐过渡到按人分片包干，逐步实现“责任田”全覆盖。责任人（组）主动走进包片的居民（农户）家庭，深入田间地头、商圈和单位开展宣传走访，建档维护客户信息，对接满足金融需求，做到“三有三必须”。一是有走访必须有记录。随身携带《客户走访记录本》，做到“一人一本、及时留档”；建立“责任田”内的客户信息电子和纸质台账，定期汇总，形成村镇银行的“意向客户数据库”。二是有建档必须有跟进。充分利用电子台账大数据，细分客户信息，做好客户画像，为精准服务做准备。灵活采用电话回访、上门拜访等方式，对存量客户开展交叉服务、增量客户开展精准服务，提高工作效率。三是有拓展必须有渠道。加强与社区物业、市场管理方、村湾有影响力人物的对接渠道，利用好政府部门网格化管理的现有信息，以点带面，快速提高陌生拜访、“扫街”宣传、主题活动等工作的投入产出效能。

3. 落实“三固定”

围绕美丽乡村建设和基础客户群，通过固定时间、固定地点，派出固定人员进村入户，使村镇银行产品和服务渗透居民（农户）的日常生产生活中，形成长效机制。一是固定时间。根据“责任田”内的经济特点和金融需求规律，避开客户农务忙、生产忙、生意忙的时段，选择较易切入的日期和时间段，以客户为中心开展错时服务。不局限于工作 8 小时内，到包保（粤语方言，即保证）社区和乡镇驻点每周不少于 1 次、商圈和企业每两周不少于 1 次，确保下“责任田”的工作时间固定，方便客户办事咨询。二是固定地点。选择“责任田”内公信力强、有影响力、对周边辐射能力强的地点作为固定的服务阵地。初期，采取“摆摊设点 + 扫街宣传”相结合的方式，主动宣传、推广产品、提供服务，增强村民（居民）的依附度；具备一定基础后，与社区物业、村委会和商圈管理方等“联合办公”，择优聘请“责任田”内有影响力的人作“信息员”，发挥地熟人熟的优势提高效率；到条件成熟时，建立“金融服务站”或“联系点”，采取“人 + 机具”方式长期驻守、挂牌服务，通过系列规范的管理、灵活的服务形式，引导客户习以为常。三是固定人员。“责任田”内的人员不随意更换，通过走街串户、宣传拜访、定点服务，成为村镇银行服务的“代言人”。当责任人不在“责任田”内时，客户也可通过预留电话或微信，直接寻求帮助。同时，责任人以本乡本土员工为主，熟悉当地环境，稳定性强、吃苦耐劳，既能较好地甄别和记录客户“软信息”，又能随叫随到。

4. 抓好“四下沉”

围绕金融服务网格化，做到工作力量下沉、长江金融服务下沉、宣传活动下沉、管理指导下沉，把工作做深做透。一是工作力量下沉。长江村镇银行高管人员带头下沉到“责任田”，发挥“一级做给一级看、一级带着一级干”的导向作用，把定点深耕的“责任田”打造成可复制、可推广的“示范田”。引导机关人员和柜台内人员合理安排时间下到“责任田”，扩充服务人员，提高对生活服务的参与度。客户经理更要下大力气、全身心地下沉到社区、村湾，通过精耕细作、经营客群，要求每人在“责任田”内建立一个“客户微信群”，扩大影响力。二是金融服务下沉。网点利用相对全面的设备设施、渠道阵地，根据客户需求提供特色存贷款、支付结算等传统金融服务；提供亲子、康乐、居民交流等非金融服务，成为客户体验店，增加客户的获得感和黏连度；“金融服务站”在网点尚未覆盖的乡镇形成服务前站，争取政策与乡政府合署办公，借助政策信息、工作协调等无缝对接的便利，通过“机具设备 + 人”的模式，提供客户建档、非现金业务、PAD（平板电脑）移动开卡以及部分信贷业务。“联系点”作为社区、村一级的固定阵地，负责对接物业、村委会，培育“信息员”，完成初步的客户信息、金融需求收集，有条件的牵网现场办公、开展部分信贷调查。责任人对“责任田”的居（村）委会、居（村）民、商户开展宣传拜访、组织主题活动，精准识别、对接金融需求，携带设备移动办公，协调资源便民服务。三是宣传活动下沉。按照“一村（社）一块宣传广告、一周一次宣传活动、一户一套客户档案”的工作思路，加强宣传力度，着力打破客户认为村镇银行是小银行、私人银行等顾虑；突出宣传重点，产品上突出“与同业的比较优势”、服务上突出“差异和特色”；选好宣传渠道，通过村（小区）宣传栏、楼宇电梯广告等张贴“责任田”责任人相关信息，包括人员照片、姓名、联系电话、服务内容等；确保宣传效果，做到宣传形式多样，效果立竿见影。四是管理指导下沉。各级班子成员、机关部门挂片包点，做好调研督办，提高现场解决问题的能力；建立内部“业务宣讲团”，培养一批“能做业务、能讲出来、能复制推广”的人才，一方面加强对深耕“责任田”方式方法的指导，将好经验在各“责任田”中传播复制；另一方面经常带队到“责任田”辅导，扩大“责任田”的渗透力。

5. 细分“五维服务”

围绕“产业兴旺、生态宜居、乡风文明、治理有效、生活富裕”，对“责任田”内客群进行分层分类，按社区、乡镇、商圈、企业和主题 5 个维度，对接不同关键节点，从而精准施策、精准服务；加强“五维服务”的技能辅导，制作“三化营销＋五维深耕”学习课件，上传百度网盘，使员工掌握常见的服务技能；运用“五维服务”技能，针对不同客群策划不同的推广活动，熟练运用工具表单跟进，加强存贷联动服务，并在实践中举一反三、活学活用。

（三）开展“深耕责任田”取得的成效

长江村镇银行通过深耕“责任田”，有效切入了基层治理和百姓生活，打通了金融服务的“最后一公里”，忠实履行了社会责任，得到各地政府、监管部门、广大群众的一致好评。

1. 助力脱贫攻坚

该行将精准扶贫作为扎根当地和业务发展的切入点和突破口，明确了“引进一批扶贫资金、储备一批扶贫客户和项目、发放一批扶贫贷款、帮助一批贫困户脱贫”的总体目标，制定了“三对接、四固定、五紧盯、六保障”的工作方案，落实了单设主管部门、单列信贷资源、单研扶贫产品、单评扶贫工作和专人沟通机制、扶贫责任人机制、合作共建机制等工作机制。具体工作中，该行把握“依托政府，获取信息资源”和“下沉重心，精准对接发力”两个着力点，锁定产业脱贫、项目脱贫、创业教育脱贫三大领域，打造出了易地扶贫搬迁的云南特色，支持农林牧渔的海南、广西特色，聚力红色金融的湖北特色和通过教育脱贫的广东，江苏特色。截至 2020 年末，长江村镇银行建档立卡贫困户累计 21.8 万户，发放扶贫贷款 15.5 亿元，支持贫困户创业带动脱贫 3.87 万户。

2. 支持乡村振兴

在精准扶贫与乡村振兴的历史交汇期，该行审时度势、科学研判，第一时间明确了以支持乡村振兴为新的历史使命，并在这个过程中实现长江村镇银行由支农“生力军”向“主力军”的转变。在服务对象上，通过“名企名镇名村名产”，有效推进对种植养殖及农业深加工、科技农业、农村电商、物流仓储、文化康养、生态旅游等延伸产业链和客户群的服务渗透，大力支持农民专业合作社、家庭农场、新型职业农民等新主体新产业新业态，全面拓宽村镇银行的服务面；在工作方式上，强化县、乡两级信息对接和沟通协作，建立常态联络机制，及时掌握政策动态，从源头获取客户资源和政策支持。实施差异化的信贷策略，建立“三农”业务绿色通道，对锁定服务对象的贷款全额保证资金头寸，优先审查、优先审批、优先放款。截至 2020 年末，长江村镇银行支持乡村振兴项目 70 余个，服务客户 50 余万户，累计发放“三农”、小微企业贷款 400 亿元。

3. 践行普惠金融

为持续填补农村金融服务空白点、提升金融服务可得性，长江村镇银行紧紧围绕普惠金融战略和当地配套措施，创造性地运用“一二三四五”工作法，在很大程度上解决了普惠金融的痛点和难点，摸索出了一条农村金融服务新模式。“一块责任田”“两到户”打通了金融服务“最后一公里”，“三固定”引导村（居）民享受金融服务成为习惯，“四下沉”增添了压力和动力，“五维服务”使农村金融更具差异化、特色化。截至 2020 年末，辖区共有乡镇 603 个，服务已实现全覆盖。400 多个金融服务站和村行联系点、223 名宣讲团成员更是将服务延伸到 605 个社区、5118 个村湾，直接为无网点乡镇的服务破题。

同时，通过深耕“责任田”，该行巩固了经营阵地、提升了服务能力、树立了品牌形象。随着“责任田”越耕越深，该行的路也越走越宽、发展空间越来越大、信心越来越足。

通过深耕“责任田”，该行的业务覆盖面扩大了。一直以来，该行的业务高度依赖网点，服务局限于网点周边，客户来源受到较大限制。通过“联产承包”“精耕细作”，建设更亲民、成本更低的金融服务站、联系点，把人员沉下去、服务跟上去。这一举措在很大程度上解决了营销“触角”的问题。普惠金融所及之处，也是该行客户来源之处，随着客户增多，黏性增大，不仅业务有了明显起色，而且发展后劲十足。仅试点阶段，该行就在这些过去无暇顾及、被视为盲点的乡镇、村湾，吸纳存款 7.4 亿元、发放贷款 4.15 亿元。

通过深耕“责任田”，该行的营销参与面更广了。对“三农”和小微企业的营销，最重要的是接地气、拼服务。以前，该行按传统的做法，内勤和外勤分离，机关和基层分离，效果不好。现在通过深耕“责任田”，让外勤担子更重，让机关和内勤也参与进来，全行 2000 多名员工，1700 多名“有田”种，营销队伍比原来扩大了一倍。全能店员制极大提升了营销成功率，客户经理人均管户增加 207 户，全员营销业绩显著提升。机关和内勤人员通过“种田”，直接带来存款 7.65 亿元、贷款 5.24 亿元。

通过深耕“责任田”，该行的市场定位更准了。深耕“责任田”既是一项基础性工作，也是一种错位经营模式。虽然在这种模式下要付出更多的努力，别人休息的时间他们要干，别人不愿意做的事情他们要做，加班加点成为常态，但效果很明显：截至 2020 年末，该行储蓄存款占比由深耕“责任田”实施前的 42% 上升到 50%，且还在继续上升，存款结构明显优化；全行 100 万元以上贷款由 2000 多户、60 亿元下降到 1000 多户、45 亿元，户均贷款由 52 万元下降到 28 万元，风险也得到有效控制。

从小散做起，聚沙成塔，集腋成裘。长江村镇银行深耕“责任田”，将金融活水引入县域乡村、润泽“三农”小微企业，用心用情践行了村镇银行的初心使命。凡是过往，皆为序章。在新的历史起点上，长江村镇银行将对标“十四五”规划，一如既往做实普惠金融，为乡村振兴作出应有的贡献。

三、加强中后台管理，为村镇银行提供管理与服务
——兴福村镇银行纪实

兴福村镇银行（以下简称“兴行”）作为新型农村金融机构，是由常熟农商银行发起设立的，并于2019年9月在海口开业。作为全国首家投资管理型村镇银行，兴行被赋予三大职能：一是在全国范围内新设兼并村镇银行，二是专业化管理和服务村镇银行，三是在海口范围内开展传统银行业务。开业一年多来，兴行全力推动兴福系村镇银行实现稳健经营，着力服务中西部地区“三农”和地方经济发展，积极践行投资管理型村镇银行使命。

（一）坚守理念，精准发力勇下沉

兴行于2007年在湖北咸丰县发起设立了第一家村镇银行，从此开始了对村镇银行经营发展道路的探索，逐渐找到了适合自身特色的发展模式，并从2012年启动了批量化组建村镇银行工作。兴行辖属31家兴福系村镇银行分布在海南、湖北、江苏、河南、云南5省。截至2020年11月末，兴福系村镇银行共计249个网点（站点）全部设在县域及以下地区，90%以上集中在镇、村和社区。

截至2020年11月末，兴福系村镇银行总资产超过282亿元，总存款超过217亿元，总贷款超过224亿元，贷款户数超过10.6万户，户均21万元；总体不良率在1%左右，资产质量良好。

（二）明确定位，支农支小促发展

在常熟农商银行“农村金融专家、小微金融专家”基因的传承下，兴福系村镇银行不忘普惠金融初心，始终坚持“支农支小”市场定位，在支持地方“三农”、小微经济，造福当地群众方面起到了积极作用，深受当地政府、监管部门和百姓的好评。

截至2020年11月末，兴行全辖80%以上贷款投向小微实体经济、90%以上的贷款投向涉农领域，推动金融资源向农村倾斜。其服务对象主要为当地建档立卡的贫困户，以及能够带动贫困户脱贫增收的从事种植业、养殖业、农产品加工（销

售）业的家庭农场、农民专业合作社、农业企业法人代表。涉农贷款较高的村镇银行普遍集中在相对贫困区域，确保对贫困地区、金融缺失地区的“三农”扶持到位。

扎根乡镇，下沉服务。截至2020年11月末，31家村镇银行中有22家设立在中西部欠发达县域，覆盖了原16个国家级贫困县，集聚了70%以上的信贷资源。累计发放扶贫贷款27.6亿元，产业精准扶贫贷款服务带动人数超过10万人；其中向5000户贫困户发放扶贫贷款超过5亿元，帮助其进行危房改造，猪羊圈舍修缮，农耕机械、农药采购等，对中西部地区打赢脱贫攻坚战发挥了积极作用。

（三）立足村行，集中管理同进步

作为主发起行，兴行承担着兴福系村镇银行经营发展、机制建设和监督管理的主要责任。兴行建立了信贷业务、普惠金融、风险合规、财务运营、人力资源、综合管理、审计共7个管理部门以及海口营业部，实施条线化、专业化管理。依托集中逻辑检验、集中监管报送等10项远程集中平台，加强对村镇银行的后台集中管理。

在履行发起行职责方面，兴行及时做好现有村镇银行资本规划和补充；截至2020年11月末，已完成对下辖12家村镇银行近1.6亿元的资本补充，促进兴福系村镇银行各项业务的可持续发展。

在信贷逻辑检验方面，打造出前台营销调查、中台审批、后台管理操作的流水线“小微信贷工厂”模式，由村镇银行和基层网点负责贷前初审和贷后管理，投管行进行集中审贷、集中监督管理。具体来讲，村镇银行在完成其内部信贷审批流程后，将资料通过网络传送至投管行进行合规性、完整性审核，从收到材料至出具审核意见，平均用时25分钟，确保了村镇银行业务办理效率；投管行对所有村镇银行风险较大的柜面交易进行集中授权管理，以控制村镇银行的操作风险。

在财务资金管理监督方面，由投管行进行集中清算、集中报支、集中监管报表、集中审计4项监督工作。一是集中清算。投管行成立村镇银行清算中心，负责各村镇银行的大小额、银联、柜面通、支付宝、农信银、代售理财等业务的资金集中清算工作，实现资金清算集中化、专业化，降低村镇银行的工作压力。二是集中报支。

在确保村镇银行财务审批自主权的同时，投管行财务报支后台人员对票据影像进行复核，实现财务列支的规范化与标准化，降低操作风险与税务风险。三是集中监管报表。投管行通过取数系统对所有下属村镇银行监管报表分批次按机构进行集中，在提高监管报表报送质量的同时，降低统计人员投入成本，实现监管报表报送集约化、规范化与标准化。四是集中审计。由投管行承担兴福系村镇银行的审计职能，明确村镇银行的审计监督机制，集中各村镇银行的全面审计、高管经济责任审计、不良贷款责任认定审计等工作。

在内控合规管理方面，面对新冠肺炎疫情带来的影响，兴行加强下辖村行风控督导，持续保障资产质量，通过设置十六宫格风险处置策略、逐笔过堂指导清收等方式，加大对不良及逾期贷款的清收、重组盘活、诉讼等力度。目前，全辖兴福系村镇银行不良率为1%左右，整体风险依然保持在可控范围。

在科技系统支持方面，组建村镇银行专属科技团队，专门服务于兴福系村镇银行产品、渠道、管理系统的开发和运维工作。目前，兴行已为兴福系村镇银行搭建系统70余个，通过快速精准的科技响应进一步提升村镇银行的服务能力和市场竞争力，有效促进了兴行与村镇银行科技集约化、标准化和专业化管理。

在征信管理方面，兴行统一作为虚拟法人向中国人民银行征信中心申请统一的征信平台，负责兴福系村镇银行征信平台的统一接入和后续管理工作，满足村镇银行征信报送与查询需求。

在加强队伍建设方面，兴行建立了“分层进阶、快速培养、梯次成长”的人才选拔培养长效机制，开展“北极星计划”“育树计划”等人才盘点和培养活动，建立人才选拔库。

在客户服务方面，投管行统一为村镇银行建立客服中心，以更好地服务兴福系村镇银行，提升村镇银行客户体验，宣传村镇银行的良好形象。

在企业品牌宣传方面，下属村镇银行统一使用“兴福”品牌，共享“兴福”品牌价值，共享企业文化和发展理念。

（四）不忘初心，行稳致远拓新篇

筑牢“兴福”之基，绘制发展蓝图。下一步，兴行将继续强化投资管理行的管理功能，持续引导兴福系村镇银行坚守支农支小的市场定位，继续做好普惠金融、乡村振兴和精准扶贫的金融支持工作，着力做好、做强村镇银行，逐步从支农支小生力军发展成为主力军；加快发挥投资功能，择机在中西部经济欠发达的地区投资新设村镇银行，并在加快完成首单收购的基础上，不断推进村镇银行兼并收购工作，通过新设和并购，不断完善兴福系村镇银行的全国布局，助力村镇银行事业稳健可持续发展。

第 17 章

其他农村金融服务机构的创新探索

一、中和农信①的小额微贷创新探索②

（一）公司概况

中和农信作为一家扎根农村的小微金融服务机构，由中国扶贫基金会于 2008 年 11 月 18 日成立。其小额信贷业务可追溯至 1996 年世界银行在秦巴山区扶贫项目中创设的小额信贷项目。公司历经商业化转型、国际知名“影响力投资基金”入股，20 多年的运营及发展，如今已经成长为一家集小额信贷、小额保险、农资电商、技术培训、紧急救助于一体的多元化综合助农机构。

截至 2020 年 12 月 31 日，中和农信在全国 13 个省（市）申请注册了小额贷款公司，小额信贷业务覆盖全国 20 个省（自治区、直辖市）375 个县 10 多万个村庄。贷款余额为 122.3 亿元，在贷客户为 42.7 万户，户均余额为 2.86 万元，30 天以上的风险贷款率仅为 1.98%，贷款平均使用时间为 252 天。自 1996 年以来，小额信贷业务累计放款 433 万笔 743.3 亿元，超过 700 万农户从中受益。

（二）客户画像

中和农信瞄准专一细分市场，其主要客群是县域内的中低收入群体，包括中低

① 中和农信：中和农信项目管理有限公司简称。

② 本节数据均来源于中和农信内部资料。

收入者、小微企业主、个体工商户等。在中和农信的 40 万户在贷客户中，77% 为农户，72% 为妇女，79% 为初中及以下文化水平，18% 为少数民族，37% 年龄在 45 岁以上，44% 的贷款直接用于种植、养殖业，95% 的贷款用于生产经营活动。在客户满意度调查统计中，98.06% 的客户对中和农信提供的服务感到满意，98.12% 的客户表示如果未来有资金需求愿意再找中和农信，98.12% 的客户愿意将中和农信推荐给身边的亲戚朋友。

（三）产品及业务模式

1. 产品类型

中和农信提供的小额信贷产品坚持“小额、分散”的原则，不但贷款金额小、还款方式灵活，而且范围广、覆盖地区多。引入授信模式，通过大数据授信和尽调授信（有人工调查），满足客户对贷款的多种需求。

目前提供的信贷产品主要有两大类：授信贷款和单笔贷款。

授信贷款，是一款在一定期限内可随时使用授信额度的贷款产品，最高授信额度为 5 万元。经审批通过的客户可在乡助 App 客户端自主支取，随借随还。

单笔贷款，是一款一次申请、一次使用的贷款产品，分为小组贷款和个人贷款。小组贷款，借鉴孟加拉国格莱珉小额信贷模式，进行本土化创新，无需抵押，3～5 人小组联保，每人额度在 2 万元以内，整组最高 8 万元。个人贷款，运用德国 IPC 公司的小额贷款调查技术，对农户、小微企业主等个人客户提供 1000 元到 50 万元不等的贷款。

2. 产品特点

准入门槛低。年龄为 20～60 周岁，本地常住人口，有劳动能力，信用良好，无须公职人员担保即可申请贷款。这大大降低了获得贷款的门槛，提高了信贷的可获得性。

贷款额度符合农村地区客户的资金需求。普通的农村家庭发展生产及改善生活，资金缺口一般是 3 万～5 万元。在贷款额度设定上，贷款额度从 1000 元到 30 万元，可以满足目标群体的需求。

方便快捷。始终秉承快捷方便的服务理念，所有贷前调查以及收放款都由客户经理上门完成，客户足不出户就可以获得贷款和完成还款。所有贷款申请一经受理，则须在 3～5 天内办结。如果通过乡助 App 线上申请，在授信额度内，客户自行支用，随借随还。自助申贷最高额度 5 万元，最快 10 分钟到账。

3. 业务模式

中和农信的业务模式，一方面延续了格莱珉银行的小组信贷模式，另一方面也根据中国的特殊国情进行了本土化创新。中和农信摸索出一条可推广、可复制、可持续的新型农村信贷服务模式。

连锁化运营。中和农信 20 多年来扎根农村市场，为农户量身打造信贷产品及服务，形成了标准化的产品和服务流程。公司按照总公司、分公司的连锁方式进行经营，以县为单位注册成立分公司，按照标准流程进行贷前调查、贷中审查和贷后检查。

地方分公司实行本土化管理，招聘当地员工，在每个乡镇按照 1∶3∶5 的比例设立了主任、督导、客户经理 3 个岗位，由各乡镇的员工出入田间地头，收集相关信息，为农村中低收入群体放款、收款，形成了高效的连锁化运营模式。

大后台管理。运用移动互联网技术，前端负责获客、展业、贷后管理，大后台支持业务发展。中和农信在北京和长沙设总部，有品牌、风控、人力、财务、IT 等职能部门，统筹规划和管理各分公司的信贷产品、风险机制、财务资金、IT 平台、人力资源等，确保操作规范化、流程标准化，以降低运营成本，提高工作效率，实现了统一的管理制度、IT 系统和品牌形象。

流程标准化。中和农信为小额信贷业务制定了标准化的项目操作流程，并建立了严格的监管体系。所有客户经理必须以“掌上中和”作为移动工作平台，在“掌上中和”上传客户所有信息，包括身份证件、照片、征信、银行流水、资产负债表等。统一规范的操作，使中和农信所有的业务流程标准化。

同时，中和农信还设有专门的内审部门，每年对分公司至少审计一次，包括员工档案、征信情况、客户还款方式、实际用款情况、还款资金来源等，以确保项目操作合规。

（四）风控体系

小额信贷的风险主要来自借款人不能还款的信用风险以及员工欺诈的操作风险，因此，中和农信在设立风险控制体系时主要考虑客户的信用风险和员工的操作风险（见图 17－1）。

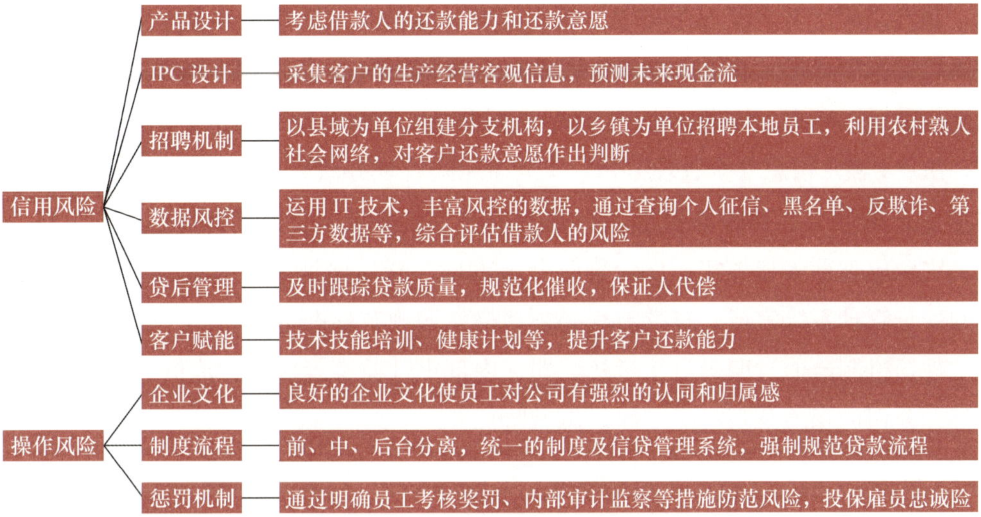

图 17－1　中和农信风险控制体系

1. 信用风险控制

针对客户的信用风险，公司在产品设计、招聘机制、数据风控、贷后管理等主要方面进行风控。

产品设计。考虑借款人的还款能力，产品设计要点是单户借款额度小且按月等额本息还款；考虑还款的来源，非优惠利率保证贷款用于创造价值的生产经营活动；考虑增强还款意愿和风险分担，部分借款需要保证人担保。

招聘机制。在县域内组建分支机构，以乡镇为单位招聘本地员工，利用农村的熟人社会网络，了解客户是否有不良爱好、家庭邻里关系等信息，及时对客户还款意愿作出判断。

数据风控。运用 IT 技术，丰富风控信息，通过查询个人征信、黑名单、反欺诈、网络公开信息等，进一步综合评估借款人的风险。

贷后管理。贷后及时跟踪贷款质量，尽可能避免违约发生。对违约客户，规范化催收。直至采取诉讼，保全资产，避免损失。

2. 员工操作风险控制

针对员工的操作风险，从企业文化、制度流程和惩罚机制 3 个方面进行风控。

企业文化。中和农信始终打造情怀至上、客户为尊，使员工认同公司的文化以及存在的社会价值，以良好的企业文化赢得员工对公司强烈的认同和归属感。

制度流程。客户经理在管理小额信贷业务时，必须严格按照各项管理和风控制度执行，保障小额信贷业务高效有序开展。目前小额信贷业务涉及的制度包括《贷款操作手册》《风险审核手册》《合同管理办法》《收款管理办法》《存续期业务管理办法》《客户信息安全管理办法》《全面风险管理办法》《内部控制管理办法》等 30 多项。同时，在业务流程上实行前台、中台、后台分离，前台上门服务实地调查，中台放款前入户核实，后台贷前合规审核、贷后电话回访。所有操作均通过统一的信贷管理系统完成，贷款流程必须严格按照规范标准进行。

惩罚机制。通过明确员工考核奖罚、内部审计监察等措施防范员工的操作风险。另外，公司向保险公司投保了雇员忠诚险。

（五）数字化应用

技术创新是公司发展的源动力，中和农信在技术创新上一直处于小贷行业领先地位。公司自成立以来，不间断地推出并实施技术创新。技术创新为公司的发展注入活力，促进公司竞争力的提升。10 年间，中和农信从“连锁化专业管理的时代”升级至“数字化时代”。

信贷追踪系统从 PC 端升级至手机端。2010 年自主研发的信贷追踪系统（PC 端）全面上线，中和农信迈入“连锁化专业管理”时代。2014 年信贷追踪系统（手机端）——“掌上中和”上线，实现所有信贷业务流程的标准化。

信息管理系统多次升级，实现自动化、无纸化办公。2011 年电子信息管理系统上线，同年信贷信息管理系统接入中国人民银行征信系统。2012 年信息管理系统改进，将线下数据搬到“云”上，实现运营数据传输、存储轻量化和可维护性；随后布局移动互联网应用，实现了 GPS 定位、数据上传、资料电子化等功能。

乡助 App 开启数字化战略。2016 年，中和农信加大金融科技的投入力度，利用大数据、云计算等工具，探索适应农村地区的数字金融模式。2018 年，正式推出中和金服 App（现已升级为乡助 App），客户可以通过智能手机自助申请贷款，获得授信后可以随借随还。2020 年，数字化应用突围，中和农服 App 服务全面升级，在原有信贷业务的基础上，以电商、金融、服务、公益大方向为主，涉及农资直销、农超对接、精品下乡、小额信贷、小额保险、技术培训、本地生活、紧急救助 8 个板块，成为综合助农平台，让农民足不出户就能享受到数字化带来的全产业链服务。

（六）社会责任

中和农信在实现公司保本微利可持续发展的前提下，更注重对社会的贡献。中和农信在提供金融服务的基础上，还提供非金融类服务，旨在提升客户的自立和自我发展能力。目前，能覆盖各个层面、满足不同需求的中和农信客户培训体系已初具规模。

1. 陪伴式服务

农户在经营中会遇到各种各样的问题，而解决这些问题需要具备多种能力。比如种植养殖客户的技术问题，个体工商户的经营能力问题，小企业主的管理能力问题，甚至农户的健康意识、金融意识以及法律意识等问题。

乡村基础金融教育。在农业技术培训方面，中和农信组织的免费技术培训，拓展了农户的技术技能，提升了农户的自信心，使农户在生产、生活中有足够的信心和技能去发展经营创收类项目。在乡村金融教育方面，中和农信开展惠及乡村的金融、法律、财务、健康意识等多维度普适性的教育，提高农户的综合实力和抗风险意识。

专业赋能培训。为提升农户及小微企业主等的经营管理能力，中和农信与福特基金会合作举办针对进城女企业主的微型女企业主经营能力培训；与壳牌中国合作，举办针对中小企业主的壳牌高端培训项目“创之道”。中和农信按照不同的群体需求，量身定制不同类型的培训，为农户及农村创业者提供全方位、多层级的帮扶。

2. 中和关爱

为帮助因突发事件出现经济困难的公司员工，形成互帮互助氛围，中和农信于2010年成立“中和基金”，通过合作伙伴、企业员工（中和农信提供1∶1配捐）、服务客群捐赠等形式募集资金，为项目区内遇到临时性困难的家庭提供紧急性捐助。中和基金采用定期捐款、“爱心日”捐款、不定期募捐活动捐款以及其他捐赠方式，保证资金的来源。目前，中和基金已成为传递公司关爱，体现中和农信人友爱互助精神的重要纽带。

同时，中和农信用诚意和行动反哺乡村，为农户提供“38”妇女健康义诊、“61”高考爱心车队、“99”重阳拍照留念、守护“碧海蓝天”等社会活动，惠泽乡村，把福祉带给更多人。

二、宜信普惠的小额贷款融资租赁探索①

（一）农村金融面临的主要挑战和成因

当前我国经济社会发展中的短板仍然在“三农”，而农村金融问题是制约“三农”发展的瓶颈之一。我国农村金融需求，既包括消费类需求也包括生产性需求，部分贫困农户的金融需求表现为满足基本生活需要。但随着我国经济快速发展，农民收入不断提高，生产经营类金融需求日益突出，不仅包括种植业、养殖业等农业生产费用贷款和农机具贷款等传统类型的生产贷款，也包括农田水利基本建设贷款、为农业生产服务的个体私营经营贷款等。这类生产经营活动是农村经济进一步发展、农村居民收入进一步提高的重要推动力。但我国农村金融市场发展相对滞后，广大农民的金融需求还不被充分满足，尤其是农户的信贷需求还不能完全得到满足。其原因主要包括三方面。

第一，金融供给的成本，包括业务成本、抵押物确权成本、信息搜寻成本比较高。我国贫困农户在地理上分布较为零散，贷款需求往往具有“金额小、频率高、时间急”的特点，难以实现批量化、规模化操作；农村资产多为自然资源类型，界定往往会遇到困难；农村农户的征信缺失，缺乏线上交易活动场景数据，没有量化资产证明，缺少规范化、标准化的信用数据征集，难以有效识别信贷风险，交易成本高。

第二，金融供给的风险，包括信用风险、道德风险比较高。涉农贷款具有天生脆弱性，农户还款能力受自然条件和市场行情的影响较大；我国信用体系和追偿机制不完善，部分贫困户习惯于接受资助，依赖心理严重。

第三，金融供给的收益比较低。农户信贷业务的盈利空间较小，金融机构信贷投放的积极性有限。

面对农村金融的诸多困难，其破解之道就是进行创新，包括模式创新、技术创新、移动互联网应用和高科技应用等。宜信作为较早为农村提供金融服务的金融科

---

① 本节数据除特别说明外均来源于宜信内部资料。

技领军企业，通过互联网技术及模式创新，推出了公益性的宜农贷和商业性的宜信融资租赁两大业务模块，希望通过创新手段提升农村群体的金融可获得性。

相对于农村传统金融服务，宜信创新的商业模式、多样的产品、先进的互联网技术和专业的金融服务能力为提高农村金融的可获得性提供了更多选择，增加了农村金融服务供给，有效引导资金由城市向乡村积极回流。在现有线上与线下业务协同发展、第三方机构积极合作的模式下，宜信依靠技术支撑、数据支撑，建设农村金融服务体系。

（二）公益型助农项目——宜农贷

宜农贷是宜信公司 2009 年针对农村贫困妇女发起的公益助农项目，也是为解决“三农”问题进行的探索和实践。

宜信公司创始人唐宁早年在孟加拉国格莱珉银行深入学习尤努斯教授的小额信贷助农理论，并与当地信贷员一起给贫困妇女发放贷款。他后来创立了宜农贷。

2009 年 7 月，宜信正式上线宜农贷。其模式是与公益性小额信贷组织、农民专业合作社、村基金等第三方组织合作，帮扶 20～60 岁、生活在合作机构所在贫困地区，并有一定生产能力的农村女性。上述第三方机构负责甄选农户、识别风险、收集农户信息、帮助农户建组、普及金融知识，先行向农户发放贷款，并跟进贷后的监督及催收工作，同时将农户的信息发送给宜农贷工作人员，由宜农贷工作人员上传到宜农贷平台。在出借人方面，宜农贷平台通过互联网，向全社会爱心人士开放，不限国籍、年龄，均可通过注册宜农贷平台，在网站上选择农户一对一帮扶，进行爱心出借。最低出借门槛仅为 100 元。出借人收取 2% 的爱心回报，“宜农贷”平台收取 1% 的象征性服务费，当地小额信贷组织收取必要的服务费。

自 2009 年 7 月成立以来，宜农贷不断稳步发展。2012 年，宜农贷成立 3 年，出借金额首次突破 1000 万元。2014 年，宜农贷成立 5 年，出借金额突破 1 亿元。2018 年 7 月，宜农贷作为中国唯一代表入围麻省理工学院普惠创新国际大奖。2019 年，宜农贷成立 10 年，为来自全国 18 万名助农人士及近 3 万个农村家庭，汇聚超过 3.7 亿元爱心资金。2019 年 5 月，《欧洲货币》举办中非数字普惠金融论坛，宜信向全球介绍宜农贷“造血式”可持续扶贫方式。2019 年 11 月，宜农贷入选“2019 中国企业社会责任优秀案例库”。

除了爱心资金出借，宜农贷还积极尝试县域综合金融服务。宜信与兰考县政府以“科技兴农，合作致富”为理念建立了战略合作。宜农贷培训并组织兰考县 20 家农民专业合作社成立了兰考县谷雨农业专业合作社联合社。该联合社成为兰考县合作社对内开展县域综合金融服务，对外开拓市场、对接资源的桥梁。联合社以合作社社员为服务对象，帮助成员开展经济活动，协调成员之间的关系，为成员提供产前、产中和产后服务，在产品销售、宣传策划、质量标准、技术服务等方面进行统一指导和协调。在 20 家农民专业合作社中，国家级示范社 1 家、省级示范社 1 家、市级示范社 2 家、县级示范社 3 家，覆盖社员 3000 余户，生产经营包括大米、黑杂粮、食用菌、瓜果蔬菜、红薯、黄秋葵、食用玫瑰等种植和加工，以及猪、羊、鱼等养殖。截至 2020 年，宜信公司共为兰考县对接 1306 笔、共 2604.4 万元的贫困妇女公益性小额信贷，提供了近 500 万元的农机融资租赁服务和近 2000 份农户及农村儿童保险产品，累计为兰考谷雨联社成员销售优质农副产品超过 300 万元。在信息化能力建设方面，宜农贷免费为兰考 783 家合作社提供“爱社员”云平台使用权，已有百余家合作社通过“爱社员”进行合作社日常管理。

此外，宜农贷还发起了助农系列活动。“宜农万里行”助农系列活动，每年组织爱心助农人士前往欠发达地区考察公益宜农成果，进行助农体验。“宜农场”项目旨在帮助借款农户推广和销售优质农产品、手工艺品。一方面，通过互联网帮助宜农户拓宽产品销路，教授农户掌握电商营销技术；另一方面，也能让爱心出借人体验到农户脱贫增收的成果。面向农村儿童的保险保障服务——保贝计划，给数万名农村儿童购买意外或者重疾险。

扶贫先扶志，作为一种“可持续扶贫”的创新公益模式，宜农贷以出借而非捐赠的方式实现“造血式”扶贫，不仅实现了精神扶贫和物质扶贫，而且兼顾了公益性和商业性。

宜农贷的小额贷款业务引入农村小额信贷机构作为金融聚合器的工作模式，实现了四方共赢的局面：出借人在实现公益目标的同时，还能获得小笔利息；宜农贷既实现风险可控，又节约了触达目标客户的成本；小额信贷机构通过与宜农贷合作，可以赢得机构财务可持续的机会；借款人在获得最急需的贷款之后，获得改善家庭生活状况的机会。

（三）商业型助农平台——宜信租赁

宜信租赁平台创立于2012年，设立了农机租赁（“农租宝”）和活体租赁（“宜定牛”）两款创新性农村普惠金融产品。其中，农机租赁涉及的农机种类覆盖耕、种、管、收、烘干、储藏、加工全产业链的各种设备；活体租赁主要以奶牛为主，将奶牛作为租赁物，为牧场主购买奶牛、饲料及牧场转型升级设备提供资金支持。

在“农租宝”的产品链条中，宜信租赁平台引入农机经销商作为合作伙伴；而“宜定牛”则引入了奶业协会、畜牧局、饲料厂等作为合作伙伴。这些合作伙伴与有承租需求的农民、农业经营主体，或者符合一定条件的牧场之间有着比较紧密的联系，如买卖关系。因此，合作伙伴对承租人的需求、还款意愿、还款能力等比较了解。如图 17－2 所示，合作机构把宜信租赁平台与承租人链接起来，他们各自承担责任，也相应获益。

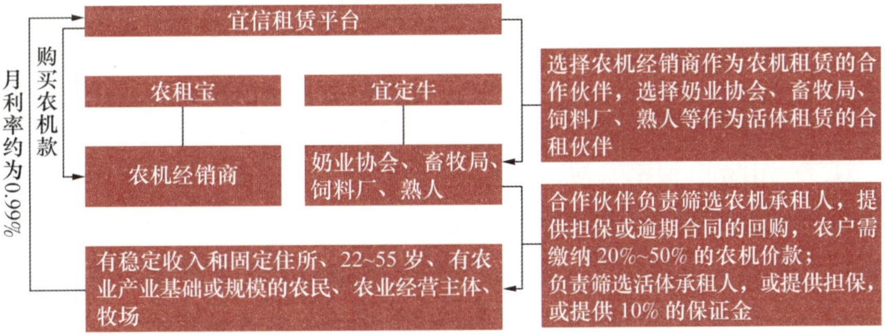

图 17－2　宜信租赁与农机经销商、奶业协会、畜牧局、饲料厂等的合作模式

宜信租赁平台为承租人提供融资租赁服务，先将农机或活体购买下来，再租给承租人。承租人只需支付少部分资金，就可以先行使用农机或养殖活体，并获得收益。待承租人按期还款之后，宜信租赁平台再将农机或活体的所有权转让给承租人。

农机经销商与宜信租赁平台建立合作之后，之前赊销给承租人的资金可以立刻回款；在整个链条中，农机经销商要承担筛选农户、提供担保的责任；如果遇到逾期情况发生，还要回购农机，进行二次销售。奶业协会、畜牧局、饲料厂，甚至熟人，可以为宜信租赁平台推荐有需求的承租人。

有承租需求的农民、农业经营主体、牧场通过与宜信租赁平台的合作，以租赁的形式得到获取收益的机会，收益用于还款之后，有盈余用于改善生活或扩大生产。

宜信租赁平台的风控模式比较特殊，即承租人获得的融资有非常明确的用途，即场景明确。尤其是活体租赁的目标客户牧场，其风险指标比较规范，如奶款账户、出库入库、饲料用量，只要数据真实，风控模型给出的评分都比较可信。据宜信租赁平台累积的风控经验来看，评分在 680 分以上的牧场，基本上没有坏账；500 分以下的，坏账率就要高一些。实际上，好的风控模式也是宜信租赁平台可持续运营的重要保障之一。

总的来说，宜信租赁平台的租赁业务引入农机经销商、奶业协会、畜牧局等合作伙伴，实现多方共赢：对于农机经销商来说，与宜信租赁平台合作，其最大好处是解决了赊销的问题，有利于资金回笼；对于饲料厂来说，与宜信租赁平台和牧场合作，对饲料直销有很大的帮助，免去了饲料销售的中间环节，形成稳定的饲料供应关系，而且同样有利于解决赊销的问题；对于有承租需求的农民、农业经营主体、牧场来说，不仅解决了资金的时间错配问题，而且有可能获得更优惠的农机、饲料等。

自 2014 年起，宜信租赁平台的农机租赁业务已累计放款近 12 亿元，合作经销商达 500 多个，涉及农机设备约 10 大类，已覆盖中国的粮食主产区黑龙江、吉林、内蒙古、辽宁、山东、河南、河北等近 30 个省份。自 2015 年 7 月第一单活体租赁业务以来，活体租赁业务已累计放款 5 亿元，范围覆盖 16 个省份、48 个县市、近 500 家牧场，涉及租赁物共 11 万头牛。

2020 年，宜信租赁持续创新，开发了果树融资租赁业务和能繁母猪融资租赁业务。果树融资租赁主要以 20 年以上树龄的木本科果树为租赁物，客户为果园经营主，通过融资租赁获取的资金主要用于果园建设、规模扩建等。能繁母猪融资租赁主要以能繁母猪作为租赁物，一般母猪租赁物在猪场可以使用 4 年左右，符合宜信租赁标准的 24 期产品要求，资金主要用于养猪场购买饲料、养殖基地扩建、引进新的能繁母猪增加产能等。

第18章

福建南平绿色金融发展实践探索研究[①]

一、引　言

自十八届五中全会提出绿色发展理念以来，绿色发展成为新时期我国社会经济发展的底色，这对绿色金融的发展提出了要求。2015 年中央开始在顶层设计层面推动绿色金融发展，《中共中央　国务院关于加快推进生态文明建设的意见》《生态文明体制改革总体方案》和“十三五”规划等文件，均从绿色信贷、绿色股票指数、绿色债券、绿色发展基金等方面发力建立绿色金融体系。2016 年，中国人民银行等 7 部门联合发布《关于构建绿色金融体系的指导意见》，提出从大力发展绿色信贷、推动证券市场支持绿色投资、设立绿色发展基金、发展绿色保险、完善环境权益交易市场、支持地方发展绿色金融、推动开展绿色金融国际合作等方面建立多层次的绿色金融市场体系。自此，中国绿色金融市场开始迅速发展，各类绿色金融创新产品大量涌现。

自 2016 年被列为全国首个国家生态文明试验区以来，福建省大力发展绿色产业，推进绿色金融改革，各地绿色金融创新频出。其中，南平市逐步建立了相对完整的绿色金融体系，有力推动了绿色金融的发展。

① 本章数据除特别说明外，均为作者调研收集整理而来。

二、南平市绿色金融发展的政策脉络和体系建设

2017 年，南平市委、市政府印发了《南平市支持绿色产业发展十条政策》，从绿色经济、绿色效益、绿色创新、绿色生态、绿色生活 5 个方面初步建立了绿色发展导向机制。同年，南平市委、市政府还出台了《南平市绿色产业发展行动纲要（2017—2020 年）》，并围绕相应的产业规划及支持政策制定了绿色金融体系建设指导意见，建立由分管副市长为召集人，市直有关部门、金融监管部门共同参与的绿色金融发展联席会议制度，基本建立了绿色金融政策体系。自《南平市关于贯彻落实〈绿色金融体系建设实施方案〉的指导意见》出台后，中国人民银行南平市支行和地方金融监管局牵头成立绿色金融工作领导小组及办公室，引导当地金融机构成立绿色金融工作领导小组及牵头部门。各银行分支机构设立绿色金融专营部门或将绿色信贷业务挂靠相关部门；法人机构成立以董（理）事长为组长的绿色金融领导小组，负责推动绿色金融发展方案的实施。

2018 年，中国人民银行南平市支行开始将地方法人机构绿色信贷业绩纳入考核评价体系。2019 年，南平市制定了《南平市绿色发展考核评价体系》，将绿色金融作为重要内容纳入考核评价体系。南平市深入开展了银行业绿色标识行动，从资金用途、行业属性、项目领域三个维度精准对接绿色客户和项目，从定性和定量两个方面共计 20 个指标进行评价考核，并将评估结果作为金融机构享受央行政策、监管评级等参考依据。这些政策基本构筑起了南平市绿色金融评价体系。

三、南平市绿色金融发展的运行机制

（一）绿色金融的推进措施

1. 绿色标识认证机制

为了提高绿色信贷投放精准度，南平市各银行业金融机构持续开展“绿色标识”行动，2018 年完成了全部存量授信客户的绿色标识信贷认证，并且对所有新增

客户进行了绿色标识信贷认证。其中，中国工商银行、兴业银行、厦门银行等已实现线上认证；交通银行实现了客户号建立、授信申报、放款、贷后管理等全流程标识。

2. 绿色金融高效审批授信机制

南平市的国有银行和股份制银行对绿色信贷业务开辟了绿色通道。其中，中国工商银行南平市支行对单笔绿色信贷的审批权限达到 5000 万元；中国农业银行、中国邮政储蓄银行、厦门银行等给予绿色标识客户特事特办、优先审批，在条件落实的情况下最快一个工作日即可完成审信工作；中国银行执行《关于落实绿色信贷、能效信贷监管要求 加强授信合同管理的通知》，加强能效信贷业务审批；海峡银行建立了绿色信贷授信业务预审制度，缩短 200 万元以下信贷审批周期。

3. 绿色信贷利率优惠

一些银行采取了差别化利率定价策略，对绿色信贷给予一定的利率优惠。比如南平市农商银行按照《关于延长农金条线贷款利率优惠期限的通知》，对现代绿色农业项目信贷给予一定的利率优惠。也有一些银行在普惠金融、小微贷款、涉农贷款等产品框架下实施差别化利率定价，使绿色信贷产品的整体利率水平得以下降。

4. “三高”领域“一票否决制”

南平市银行业金融机构陆续建立了对“三高”（高污染、高耗能、高耗水）企业贷款投放“一票否决制”：对存在环保违法违规问题的信贷客户，在其整改达标前暂停新增融资发放；对整改不达标的信贷客户，制订具体的信贷退出计划，逐步收回贷款；对虽未被环保部门处罚但存在环保违法违规问题的企业，及时采取追加担保、冻结授信额度使用、调降年度信用等级等风险缓释措施。

5. 绿色金融业务激励机制

2019 年，南平市的国有银行均已将绿色信贷纳入年度绩效考核方案，单独统计绿色信贷储备，优先安排绿色信贷规模。中国邮政储蓄银行在新增机构绿色信贷考核项目的基础上，逐年提升绿色信贷考核权重。股份制银行也逐步加大绿色金融业务的激励机制，如《厦门银行绿色信贷指引》规定，各机构绿色信贷增速不得低于各项贷款增速，对不达标的机构要采取约谈、扣减季度竞赛激励 10% 等措施，并加入分行 KPI（关键绩效指标）考核体系。

（二）绿色金融产品和服务体系

1. “生态银行”模式

“生态银行”模式是按照精细调查—全域整合—多元增值—链接信用—价值变现的操作流程，实施生态资源的开发运营。“生态银行”在资源类别上覆盖了森林、土地、水、矿产、古迹等多种类型，已形成顺昌“森林生态银行”、建阳“建盏生态银行”、光泽“水生态银行”等典型案例，形成了基础设施投入、科技研发、制度红利释放、业态创新、经营水平提升等多种资源提质途径，创新了单株林业碳汇、乡村艺术旅游、沿水旅游与水上体育等多种产业形态。“生态银行”模式通过将规模化持有的资源作为“信用池”，与金融机构实现利益共享、风险共担，解决资本进入的后顾之忧，有效解决农村地区资本导入难的问题。例如，顺昌“森林生态银行”以林业等资源开发预期为抵押，实施国家储备林质量精准提升 PPP（政府和社会资本合作）项目，获得国家开发银行等政策性银行的贷款9.12亿元。此外，南平市还着手构建了市、县两级产业基金体系，并引入省旅游产业基金、国家开发银行等金融机构参与投资，积极推动旅游、林业、水等优势资源上市，实现资源资产证券化，进一步促进“生态银行”模式更好发挥作用。

2. 环境权益融资

南平市积极推动环境权益融资实践探索，排污权交易和竹林碳汇交易创新走在前列。2019 年，南平市排污权储备与管理技术中心和福建南平三元循环技术有限公司举行了硅胶和生物质炭棒项目（一期）新增污染物 COD（化学需氧量）排污权交易签约仪式，福建利树浆纸有限公司在可交易排污权有效期内顺利出让了排污权指标，交易量为 31.3695 吨/年，总成交额为 1380258 元。与市场价 13794.02 元/吨年相比，作为受让方的福建南平三元循环技术有限公司节约了排污权购买资金约 78 万元；而作为出让方的福建利树浆纸有限公司也及时回笼了资金，收回约 138 万元。

同年，顺昌县“森林生态银行”下属国有林场在福建海峡股权交易中心挂牌的 6.9 万吨竹林碳汇，以每吨 18 元、总价 124.2 万元销售给智胜化工股份有限公司，完成全省首笔竹林碳汇交易。截至 2019 年末，南平市已有顺昌、建阳、邵武等地试点开发并实施林业（竹林）碳汇项目，共成交林业碳汇项目 62.48 万吨，交易额达 921.46 万元。

3. 绿色信贷

南平市各银行类金融机构重点围绕绿色产业创新信贷产品和服务，优化绿色信贷管理制度，合理执行差异化审批，加大了对绿色产业的支持力度。

第一，在文旅产业方面，南平市各金融机构借助“培育千亿旅游产业行动计划”契机，重点围绕武夷山旅游（集团）、苏闽集团等文旅企业，支持建阳、邵武、政和等地的优质旅游项目，加大了对文旅产业的信贷投放力度。截至 2019 年末，南平市文旅产业贷款余额达到 9.14 亿元。其中，邵武市和平古镇特色小镇旅游开发项目（一期）贷款余额为 5.3 亿元，比年初增加 4.5 亿元；武夷山茶旅小镇开发有限公司“会展中心项目”贷款余额为 3 亿元，比年初增加 2.5 亿元；夜游崇阳溪配套工程和武夷夜景提升工程获得 4450 万元建设贷款，目前已用信 4400 万元。

第二，各银行类金融机构通过实行差别化利率定价、提升专项授信规模等支持企业节能技术改造项目，如对闽铝轻量化车厢和物流车项目、福建南纺高新产业园建设、永太高新材料生产项目、南孚速充高容量锂电池项目、绿康生化年产 2400 吨活性杆菌肽系列产品及技术中心扩建项目提供技术改造贷款，贷款余额达 7.22 亿元。

第三，在清洁能源领域，各金融机构支持辖内重点能源项目和小水电行业发展。截至 2019 年底，中国邮政储蓄银行已累计发放 6022.5 万元贷款支持顺昌谟武水电、富昌水电、邵武市金龙水电发展。邵武华电、政和橙源风电、建瓯筹岭风电等重点项目贷款余额已达 7.94 亿元。厦门国际银行出台了《厦门国际银行股份有限公司福建战区小水电行业授信业务微指引》，为小水电企业提供金融服务。南平永沣水电、武夷山金宁水电、南平长泉电力等水电企业已累计获得 4360 万元绿色信贷支持。

第四，在环境综合治理领域，金融机构加大了垃圾处理及污染防治项目信贷投放。截至 2019 年底，南平市垃圾处理及污染防治项目融资约达 6.12 亿元，其中：延平新城绿洲工业固体废物无害化处置项目获得授信 2 亿元（已投放）；邵武绿益新环保 6 万吨/年危险废物处置及综合利用项目获得授信 1.3 亿元（已投放）；瀚蓝（南平）固废处理生活垃圾焚烧发电厂改扩建项目获得授信 0.7 亿元（已投放）。此外，金融机构结合 PPP 项目，对小流域综合治理工程予以信贷支持。中国建设银行率先审批通过了延平区“水美城市”小流域综合治理工程 PPP 项目 6 亿元项目贷款。

第五，在资源循环利用领域，金融机构针对重点企业予以稳定信贷支持。比如，元力集团是国内综合实力较强的木质活性炭生产企业，其生产的木质活性炭以林业“三剩物”（采伐剩余物、造材剩余物、加工剩余物）为原材料，可有效实现资源循环利用。目前，该企业“高端精制活性炭项目”累计获得 16850 万元信贷支持，该项目投产后每年将节省标煤 2.4 万吨，减少二氧化硫等污染物 480 吨，由于采用物理炭尾气燃烧，烟尘浓度也由烧煤的 $2700mg/m^3$ 降至 $65mg/m^3$。截至 2019 年末，南平市资源循环利用项目贷款余额达 31664 万元，较年初增加 2524 万元。

第六，在绿色交通项目领域，截至 2019 年末，南平市绿色交通项目贷款余额达 15.46 亿元。例如，交通银行支持南平福投新能源投资有限公司运营的南平客运中心 LNG/L－CNG 加气站，满足南平天然气公交车用气需求，填补了南平出租车加气市场的空白；中国工商银行给予福建南平武夷有轨电车有限公司在建的武夷新区轻轨项目授信 17.52 亿元，目前已发放 7000 万元贷款支持轻轨一号线建设。

第七，在生态农业和绿色农业发展领域，中国农业银行、中国建设银行、中国邮政储蓄银行和农村信用社系统金融机构等均推出系列产品精准对接特色农产品生态种植产业信贷需求。如中国农业银行依托“快农贷”系列产品，对烟、茶、水果、莲子、中药材等 18 个特色产品种植给予信贷支持。截至 2019 年末，“快农贷”余额达 17.08 亿元，支持农户 1.76 万户。同时，中国农业银行推出“武夷岩茶茶园抵押贷”，已为 13 户法人提供贷款支持，贷款余额达 8320 万元。此外，农村信用社系统金融机构推出“福林贷”业务，支持林业开发、林下经济等绿色富民产业。截至 2019 年末，南平农村信用社系统给 76 户农户发放了“福林贷”，贷款余额达 3822 万元。

4. 绿色企业上市融资和再融资

为了进一步加强培育绿色企业上市，南平市推出“一企一策”制定辅导方案行动，在完善扶持上市政策措施的同时，积极推动符合条件的绿色产业企业在主板、中小板、创业板、科创板、新三板和区域性股权市场等多层次资本市场上市挂牌融资。在兴业证券统筹协调和积极推动下，2020 年 6 月，龙泰家居（831445.OC）新三板精选层挂牌申请无条件通过股转系统审核，这是福建首家、全市场第五家过会的新三板精选层项目。顺昌林业、武夷旅游上市进程也在酝酿筹备中。

5. 绿色保险投资和服务

为推动农业绿色高质量发展，南平市大力发展绿色保险，在遵循“政府引导、市场运作、协同推进”的原则下，围绕扩面、提标、增品要求，持续推动农村住房保险、森林综合保险、水稻种植保险、能繁母猪保险等一系列财政补贴型农业保险发展，积极发挥保险增信功能，为小微企业主、个体工商户提供保险保障，帮助其获得银行信贷资金。

6. 融资担保体系

近年来，南平市发力做强市、县级政府性融资担保机构，加大“银担”合作力度，细化政府性融资担保机构尽职免责和考核激励政策，积极对接国家融资担保基金，发挥再担保公司作用，落实多层次“银担”分险机制，通过综合运用业务风险补偿、降费奖补等财政政策，提高绿色担保业务占比。

四、南平市绿色金融取得的成效

（一）绿色信贷规模持续扩大

随着绿色信贷政策体系的日臻完善，南平市绿色信贷市场规模不断扩大。截至2019年末，南平市绿色信贷规模达到122.89亿元，较2018年增加24.57亿元，增长24.99%。其中：绿色项目贷款融资较2018年增加18.56亿元，同比增长35.49%。南平市金融机构绿色金融服务提供融资规模连续两年保持在20%以上同比增速，如表18－1所示。

表 18－1　　2018～2019年南平市绿色金融发展情况　　单位：万元

项目	2018年12月	2019年12月
绿色农业开发项目	7578	13088
绿色林业开发项目	12282	19452
工业节能节水环保项目	8240	8050
自然保护、生态修复及灾害防控项目	95441	195591
资源循环利用项目的贷款	29140	31664
垃圾处理及污染防治项目	51273	61161

续表

项目	2018 年 12 月	2019 年 12 月
可再生能源及清洁能源项目	151579	132770
农村及城市水项目	0	89047
建筑节能及绿色建筑项目	0	0
绿色交通运输项目	166166	154656
节能环保服务	1183	13032
合计	522882	718511

资料来源：中国人民银行南平市中心支行。

（二）绿色产业贡献逐步增大

2018 年以来，得益于绿色金融的有效支持，南平市绿色经济对整体经济的贡献率持续增大。2019 年，南平市绿色产业对规模工业的贡献率超过九成①。其中：367 家现代绿色农业产业增加值增长 6.7%，占规模以上工业增加值的 34.3%；321 家先进制造业产业增加值增长 7.7%，占规模工业增加值的 33.1%；50 家数字信息产业增加值增长 10.6%，占规模以上工业增加值的 7.2%；87 家文化创意产业增加值增长 13.7%，占规模以上工业增加值的 6%；63 家生物产业增加值占规模以上工业增加值的 5.6%。见表 18－2。

表 18－2　　2019 年南平市绿色产业对规模工业的贡献

产业类型	数量（家）	产业增长率（%）	占比（%）
现代绿色农业	367	6.7	34.3
先进制造业	321	7.7	33.1
数字信息产业	50	10.6	7.2
文化创意产业	87	13.7	6
生物产业	63	—	5.6

资料来源：作者调研整理所得。

① 贡献率由高到低分别为绿色现代农业（36.3%）、先进制造业（30.2%）、生物产业（9.6%）、文化创意产业（7.5%）、数字信息产业（7.1%）。

（三）绿色金融的环境效应增强

随着对绿色发展的持续践行和绿色金融的持续发力，南平市的环境质量不断提升，环境效应不断增强。2018 年，南平市通过绿色信贷支持绿色产业项目，合计促进企业节约标准煤约 23.99 万吨（相较于 2016 年），并实现工业“三废”排放持续下降①。同时，南平市公众对环境的满意率逐年提升，2016～2019 年，公众对环境的满意率分别为 72.8%（全省第五）、86.6%（全省第五）、88%（全省第四）和 91.5%（全省第三）。

五、南平市绿色金融发展面临的问题

（一）绿色信贷一枝独秀，融资方式多样化不足

近年来，南平市绿色产业项目融资主要依靠绿色信贷，股票、债券等在绿色产业领域基本未得到发展。南平市地处山区，债券二级市场交易不活跃，发行绿色债券和管理成本较高，再加上缺乏真正有实力、运行规范的绿色企业，使南平市的直接融资市场发育缓慢，获得绿色标识认证的企业上市成功率较低，融资规模较小。2017～2019 年，全市每年平均有 35 家企业纳入省重点上市后备企业，但仅有 2 家②企业在 2017 年成功上市，募集资金总额为 4.56 亿元。同时，南平市推动企业发行绿色债券受阻。以福建利树股份有限公司为例，2017 年，中国人民银行南平市支行曾试图推动“利树股份”发行 1 亿元绿色债券，但未成功。

（二）绿色信贷授信核定机制尚待完善

南平市大多数金融机构对绿色信贷单笔额度的审批权限较低，如绿色信贷的额度超过审批权限，就需要提交到上级行审核，审批流程较长，降低了服务效率。同

---

① 其中：废水排放量由 2016 年的 12540 万吨下降至 2018 年的 12127 万吨，降低 413 万吨；废气排放量由 2016 年的 8356063 万标立方米下降至 2018 年的 7427650 万标立方米，降低 928413 万标立方米。

② 2017 年 5 月 3 日，绿康生化在深交所（中小板）上市；2017 年 1 月 20 日，印象股份在新三板成功挂牌。

时，各金融机构对绿色信贷的核定尚不规范。虽然各金融机构均自行制定或转发了上级行发行的绿色信贷管理制度，但在实际操作中制度落实常常不到位。部分金融机构可以通过线上绿色信贷认证体系准确识别绿色信贷，但多数金融机构在绿色信贷核定上缺乏规范，一些合规项目不能享受绿色信贷利率优惠和补贴政策。

（三）绿色信贷增信机制不健全

绿色产业的迅速发展推动了绿色信贷增信需求的明显增加，而实现绿色信贷增信，需要绿色保险和绿色担保等配套体系的支持。目前，南平市政策性农业保险产品覆盖面较广，但新型农业经营主体投保的积极性不高。同时，南平市商业保险参保率较低，比如环境污染责任险参保企业仅占应保企业的 20%。此外，南平市融资担保体系实力仍然较弱。南平市现有融资担保公司 24 家，注册资金总额达 13.31 亿元，其中，注册资本最大的为 5 亿元，最小的仅为 1000 万元，总体上担保能力较弱，无法满足企业绿色信贷融资担保需求。特别是近两年来，受财政收入减少、财政划拨困难等因素掣肘，绝大多数担保机构的担保业务量出现一定萎缩。

（四）配套政策体系尚不能支撑绿色金融创新

尽管南平市在构建绿色金融发展体系方面进行了一系列探索，但当前配套政策体系仍不能有效满足绿色金融发展创新的需求。首先，对排污权、用能权、污水处理经营权等环境权益融资工具的抵质押价值评估和定价机制不完善。其次，缺少环境权益抵押登记交易公示制度和平台，导致相关环境权益无法作为合格抵质押物，以环境权益为标的的回购、保理、托管等金融产品缺乏运用基础。最后，对收益权的价值评估和管理能力不足，导致收益权难以转化为有效的质押物。如小水电及污水处理的收费由电业局和住建局等专门单位负责统计结算，数据清晰稳定，因而收益权比较容易转为有效质押物；而文旅产业的门票收益权属于文旅企业，由于缺乏权威的收益权评估和有效的第三方监管，门票收益权难以成为金融机构认可的质押物。

六、南平市绿色金融实践的政策启示

（一）完善绿色金融基础设施体系建设

一是建立完善自然资源统计、确权登记以及交易体系。依托国有自然资源资产统一信息管理平台，加快资源调查摸底、确权登记等基础工作进程，整合零散的生态资源，提升生态资产质量，借助商业资金和专业运营激活生态产品交易，从而实现生态产品的市场价值。

二是进一步健全绿色产业、企业和项目识别体系。因地制宜制定绿色产业、企业和项目认定办法，采取绿色分类贴标等方式，多维度设定认定指标。建立绿色产业、企业和项目数据库，实时更新、动态管理，定期推介给各金融机构。利用租赁、托管、股权合作、特许经营等归集自然资源经营权，发挥规模效应，创新开发优质资源资产体系。

三是加强金融监管部门、金融机构与自然资源、生态环境、住房城乡建设、安全生产等行业主管部门之间的信息共享，完善风险信息披露机制。推动金融机构实行绿色金融风险全流程管理。完善绿色金融信息共享体系，促进各类金融机构与绿色产业企业组织实现信息对称共享，引入股权投资基金、创业投资基金，支持融资租赁公司、融资担保公司等金融组织和会计师事务所、律师事务所等综合金融服务机构参与绿色金融业务及乡村生态保护与修复项目，引入专业机构参与研究并发布绿色债券发行企业环境信息与分析报告。

（二）推进绿色金融体系发展，激发金融产品和服务创新

一是优化绿色信贷管理制度，合理执行差异化审批，提高对绿色产业的支持力度。结合现代绿色农业、旅游业、森林康养产业等产业特色和已有实践经验，探索有多种抵质押担保方式的贷款模式。鼓励发展动产质押和未来收益权质押信贷模式。将绿色信贷、绿色票据纳入央行再贷款、再贴现优先支持范围，引导金融机构加大绿色信贷投入。将绿色贷款余额、增量、户数和覆盖面等指标纳入评价体系，在财政性资金存放管理、财政贴息、风险补偿金等方面，鼓励引导金融机构提升绿色金

融贡献度。实施绿色金融差异化监管，适度提高银行业绿色贷款不良容忍度，鼓励银行业机构实施绿色贷款内部资金转移价格优惠措施。

二是大力发展绿色债券。积极引导符合条件的企业发行企业债、公司债、非金融企业债务融资工具等，在资本市场上募集资金，以支持传统生产技术与模式转型升级，以及新基建、清洁能源、生态保护等项目。支持地方法人金融机构发行绿色金融债券并确保专项用于绿色项目，对发行绿色金融债券的地方法人金融机构给予适当奖补、税收减免等财税支持。积极探索绿色信贷资产证券化，鼓励市政、污水处理、垃圾处理、社区改造、公共交通、节能环保等绿色基础设施项目运营主体发行绿色资产证券化产品。

三是加大对绿色企业上市培育的支持力度，完善扶持上市的政策措施。积极推动符合条件的绿色产业企业在主板、中小板、创业板、科创板、新三板和区域性股权市场等多层次资本市场上市、挂牌融资。支持已上市企业通过可转债、增发和配股等方式进行再融资。

四是进一步支持完善绿色产业基金体系建设，依托现有政府产业基金和股权投资基金，发挥政策引导和种子资金撬动作用，积极发展绿色产业项目。推动金融机构和社会资本成立绿色产业发展基金，以投贷联动模式支持优质绿色产业项目。充分挖掘绿色产业和项目潜力，积极向绿色金融业务模式成熟的金融机构推送绿色企业或项目融资需求，通过金融资金引导带动其他资源流向绿色产业。探索 ESG（环境、社会和公司治理）投资理念在绿色基金领域的应用，将 ESG 评价机制纳入投资决策。

五是鼓励保险资金深度进入绿色产业领域，通过股权、债权等多种形式为重点绿色项目提供长期、稳定的资金支持。推动保险机构研发绿色企业或绿色项目贷款保证保险产品，为绿色融资提供增信支持。建立健全绿色保险赔偿机制，探索在高风险领域实行环境污染强制责任保险，推广重点园区整体投保环境污染责任保险和安全生产责任保险。持续扩大食品安全责任险、生猪保险、奶牛保险、森林保险、农牧业灾害保险、竹木制品和食品加工业产品质量险、环保技术装备保险等绿色保险覆盖面，探索发展综合保险，合理确定风险保障水平和保费额度。培育具有一定专业能力的保险中介服务组织，以便合理降低保险机构开展绿色保险业务的综合成本，促进绿色保险商业化发展。

六是促进融资担保在绿色产业领域的发展。加强担保与银行、保险合作，细化政府性融资担保机构尽职免责和考核激励政策，发挥再担保公司作用，落实多层次“银担”风险分担机制。通过综合运用业务风险补偿等财税政策，激发担保公司开展绿色产业领域担保业务的积极性。

（三）合理利用改造乡村资源禀赋权能，建立可持续的生态产品价值实现机制

一是盘活乡村生态资源资产，将保护修复项目管理转变为资产管理。建立健全资源价值评估体系、补偿机制，探索资源变现途径和绿色投融资服务模式，持续推动生态资源价值合理变现，提高生态保护与修复领域项目的效益。探索多种形式的环境权益交易，积极开展排污权、碳排放权、用能权及其他收益权交易和抵质押贷款融资创新。健全排污权管理、出让、有偿使用和交易机制，推进排污权质押贷款工作，增强排污权流动性和融资能力。

在县域层面，统筹整合农村环境整治资金、重点生态保护修复治理专项资金、水污染防治专项资金、农村饮水安全资金、沼气推广补助资金等相关涉农财政资金。

二是利用财政资金和税收优惠政策的引导作用进一步整合各类社会资本，建立以财政资金带动、金融和社会资本参与的融资机制，形成乡村生态环境保护修复基金。积极引导企业家等投身家乡建设，依托现有资金进行抵押担保，扩大融资规模。制定合理的报酬分配机制，探索将生态产品经营的投入和报酬分配与乡村振兴的具体目标结合起来，激发社会资本参与的积极性。